Adolf Soetbeer

Literaturnachweis über Geld- und Münzwesen

Insbesondere über den Währungsstreit, 1871-1891

Adolf Soetbeer

Literaturnachweis über Geld- und Münzwesen
Insbesondere über den Währungsstreit, 1871-1891

ISBN/EAN: 9783742897879

Hergestellt in Europa, USA, Kanada, Australien, Japan

Cover: Foto ©Suzi / pixelio.de

Manufactured and distributed by brebook publishing software
(www.brebook.com)

Adolf Soetbeer

Literaturnachweis über Geld- und Münzwesen

Litteraturnachweis

über

Geld- und Münzwesen

insbesondere über den

Währungsstreit, 1871–1891.

Mit geschichtlichen und statistischen Erläuterungen.

Von

Dr. Adolf Soetbeer.

BERLIN 1892.

Puttkammer & Mühlbrecht.

Buchhandlung für Staats- und Rechtswissenschaft.

Vorwort.

In den letzt verflossenen Jahrzehnten haben die Silberentwertung und der Währungsstreit eine lange Reihe von Untersuchungen, Schriften und Verhandlungen veranlafst. Die Wichtigkeit und Schwierigkeiten des Gegenstandes erklären und rechtfertigen diese Thätigkeit. Die Fülle und Vielseitigkeit des hierdurch beschafften Materials erschweren den Überblick und ein richtiges Verständnis. Ein geordneter umfassender Litteraturnachweis dürfte daher als zeitgemäfs und vielen willkommen erachtet werden. Langjährige Beschäftigung mit der Sache in ihren verschiedenen Beziehungen, namentlich die Ausarbeitung einiger Denkschriften in betreff der Münzfragen für den Handelsstand in den Jahren 1846 bis 1869 und dann die Herausgabe der „Materialien zur Erläuterung und Beurteilung der wirtschaftlichen Edelmetallverhältnisse und der Währungsfrage", 1885 und 1886, haben es von selbst mit sich gebracht, dafs der Verfasser, soweit sich ihm irgend Gelegenheit bot, von den auf das Geldwesen bezüglichen Vorgängen und Veröffentlichungen fortlaufend nähere Kentnis nehmen mufste. Auch ist man ihm von allen Seiten mit reichhaltigen Mitteilungen freundlichst entgegengekommen. Hiernach hat er es als eine gerade ihm obliegende Aufgabe betrachtet, gewissermafsen als Ergänzung zu den erwähnten Materialien, die von ihm gesammelten Litteraturnachweisungen über den Währungsstreit und die Silberfrage zu ordnen und mit Erläuterungen zu veröffentlichen.

Der anfängliche Plan einer Beschränkung dieser Litteraturnachweisungen auf die Jahre 1871—91 und auf die speziellen Währungsfragen ist im Verlauf der Ausarbeitung aufgegeben und deren Erweiterung auf den ganzen langen Zeitraum, seit Ende des fünfzehnten Jahrhunderts bis zur Gegenwart, sowie auf das Geld- und Münzwesen überhaupt versucht worden. Eine solche Erweiterung hat freilich die Schwierigkeiten und Bedenken dieser Veröffentlichung aufserordentlich vermehrt, allein sie erschien erforderlich, um ein zusammenhängendes Ganzes vorzulegen. Daneben durften die Theorie des Geldes sowie die Geschichte und Statistik der Preise in einem Litteraturnachweis, welcher über die Silberfrage und die Münzpolitik umfassende Auskunft verschaffen soll, eine eingehende Berücksichtigung nicht entbehren. Was hingegen der eigentlichen Numismatik angehört, die bekanntlich allmählich eine unübersehbare Litteratur ins Leben gerufen hat, ist absichtlich beiseite gelassen; nur solche numismatische Schriften, in denen beachtenswerte Auskunft über wirtschaftliche Geld- und Münzverhältnisse geboten wird, sind mit aufgeführt worden.

Den Litteraturangaben, welche den eigentlichen Zweck und hauptsächlichen Inhalt dieser Veröffentlichung bilden, sind für die verschiedenen Abschnitte Übersichten in Bezug auf die Münzgesetzgebung, den mutmaßlichen Betrag der Edelmetallgewinnung, die Wertrelation des Silbers zum Golde, u. a. beigefügt worden. Für die älteren Zeiten konnten diese erläuternden sachlichen Angaben, weil das uns vorliegende Material lückenhaft und häufig unsicher war, und auch des Raums wegen, nur summarisch und kurz sein; sie erheben keinen weiteren Anspruch als zur allgemeinen Orientierung zu dienen. Hinsichtlich ihrer Begründung und des Vorbehalts, daß es sich vielfach nur um annähernde statistische Abschätzungen handeln kann, verweisen wir auf unsere vorhin erwähnten „Materialien".

Für den letzten Abschnitt, der den Zeitraum 1871—1891 behandelt, sind dagegen unsere Ausführungen, die ein richtiges Verständnis der gleichzeitigen monetaren Litteratur bezwecken, wesentlich weiter gegangen, und wird man in denselben eine Darlegung aller wichtigeren Vorgänge in Bezug auf den Bimetallismus finden. Bei der gegenwärtigen Lage der Währungsfragen im allgemeinen, und namentlich in den Vereinigten Staaten, in England und Österreich-Ungarn, wird dies einer näheren Begründung kaum bedürfen. Die Rücksicht hierauf erklärt es auch, daß beim Litteraturnachweis über die letztverflossenen Jahre manche kürzere aber beachtenswerte Abhandlungen in Zeitschriften mit aufgeführt worden sind. — Im „Nachtrage" findet man einige Bemerkungen über die gegenwärtige Lage und die unsichere Zukunft der Silberfrage.

Durchweg ist unser Bestreben dahin gerichtet gewesen, den bimetallistischen Tendenzen gegenüber unseren jetzt veröffentlichten Nachweisungen und Erörterungen den Charakter der Unparteilichkeit und Objektivität zu bewahren.

Göttingen, 21. Februar 1892.

Ad. S.

Inhaltsverzeichnis.

Berichtigungen und Zusätze.

S. 169 Z. 11 v. u.: Statt „eine Million" muſs es heiſsen: „zehn Millionen".

S. 176 Z. 14 v. o.: Hinter „Gesetzentwurf" beizufügen: „auf freie Silberprägung".

S. 201: In einer späteren revidierten Übersicht werden die „sichtbaren Gold- und Silbervorräte zu Ende 1891" von Hrn. Haupt wie folgt angegeben:

8670 Millionen Frcs. [7023 Mill. M.] Gold und 4580 Millionen Frcs. [3710 Mill. M.] Silber; gegen bezw. 7840 Millionen Frcs. [6350 Mill. M.] Gold und 4200 Millionen Frcs. [3400 Mill. M.] Ende 1890.

Der Mehrbetrag dieser Aufstellung gegen unsere Angaben SS. 290 und 291 erklärt sich dadurch, daſs bei letzteren einige minder bedeutende Banken, wie die Nationalbanken von Griechenland, Bulgarien, Serbien, Rumänien, Finnland, Portugal u. a., nicht berücksichtigt sind.

Litteraturnachweis über Geld- und Münzwesen.

Erster Abschnitt.

Von der Entdeckung Amerikas bis zum Jahre 1620.

Gegen Ende des fünfzehnten Jahrhunderts hatte der Silberbergbau im Sächsischen Erzgebirge, in Böhmen und in Tirol eine für damals bedeutende Ausdehnung gewonnen, während gleichzeitig die Goldgewinnung im Erzbistum Salzburg, in Ungarn und Siebenbürgen erfolgreich betrieben wurde. Aufserdem wurde eine ansehnliche Menge Goldstaub aus Afrika eingeführt. Die Edelmetallzufuhr aus den neu entdeckten amerikanischen Ländern war anfangs sehr geringfügig und brachte nur Gold. Zu einer ziffermäfsigen Schätzung des zu jener Zeit in Europa zu Geldzwecken benutzten Edelmetallvorrats fehlt jeder Anhalt. Nur das läfst sich aus gelegentlich gemeldeten baren Zahlungen und einigen uns erhaltenen Münzregistern abnehmen, dafs der in den Kulturländern aus dem Mittelalter übernommene monetäre Edelmetallvorrat nicht ganz unbeträchtlich gewesen ist. Im vierzehnten und fünfzehnten Jahrhundert war von Italien ausgehend die Goldwährung zur vorherrschenden Geltung gekommen; gegen Ende dieser Periode trat infolge der wachsenden Ausprägung von deutschen Silberthalern im Wert der Goldgulden die Silberwährung allmählich wieder in den Vordergrund.

Für den Zeitraum von 1493 bis 1520 ist die jährliche Produktion von Gold auf ungefähr 5800 kg (= 16,2 Mill. Mk.)

1

und von Silber auf etwa 47 000 kg (= 12,2 Mill. Mk.) geschätzt
worden. Das Wertverhältnis des Silbers zum Golde war in den
verschiedenen Ländern und von Jahr zu Jahr sehr schwankend;
im allgemeinen Durchschnitt möchte dasselbe auf etwa 10,75 : 1
anzunehmen sein.*) — Für diese wie auch die folgenden Angaben über die Edelmetallproduktion und die Wertrelation muſs
selbstverständlich der Vorbehalt gemacht werden, daſs dieselben
nur als gewagte ungefähre Abschätzungen gelten können, die
um so unsicherer sind, je weiter sie in die Vergangenheit
zurückreichen.

Für die Jahre 1521 bis 1545 — von der Eroberung
Mexikos bis zur beginnenden Ausbeutung der Silberminen von
Potosi — hat man die durchschnittliche Produktion von Gold
auf ungefähr 7160 kg (= 20 Mill. Mk.) und von Silber auf
etwas mehr als 90 000 kg (= 23 Mill. Mk.) veranschlagt, bei
einer durchschnittlichen Wertrelation von 11,25. In einigen
Ländern zeigt sich dieselbe aber schon damals etwas günstiger
für Gold. In einem Gutachten, welches Nicolaus Copernicus im
Jahre 1526 wegen einer für das Ordensland Preuſsen beabsichtigten Münzreform dem König Sigismund erstattete („Monetae cudendae ratio“) wird bemerkt: bei allen Völkern sei
1 Pfund reines Gold so viel wert wie 12 Pfund reines Silber;
früher sei das Verhältnis gewesen wie 1 : 11. — In dem 1518
verfaſsten und i. J. 1527 in Erfurt erschienenen Rechenbuch von
Adam Riese ergeben die mitgeteilten Aufgaben über Silber-
und Goldrechnung als Durchschnittspreis für die Mark Feinsilber 8,13 Gulden, für die Mark Feingold 83,82 Gulden, mithin
eine Wertrelation von 10,31 : 1. Die Plünderungen in Mexiko
und Peru lieferten einmalige ansehnliche Beträge von Gold und
Silber, welche indes sehr überschätzt werden. Gegen Schluſs
dieser Periode erlangen die Goldwäschereien in Neugranada
und die Silbergruben von Porco in Peru gröſsere Bedeutung.

---

*) Die Angaben über die Edelmetallgewinnung beziehen sich auf
Feingold und Feinsilber. — Die Wertberechnung des Silbers ist durchweg nach dem präsumtiven durchschnittlichen Goldpreis des Silbers
in jeder Periode geschehen. Bei den bisherigen Berechnungen wurde
fast durchweg das Wertverhältnis von 15,5 : 1 angenommen.

In den Jahren 1545 bis 1560 macht sich in der Edelmetallproduktion infolge der enormen Silbergewinnung in
Potosi ein wesentlicher Umschwung bemerkbar. Die Silberproduktion steigt auf das Dreifache, während die Goldproduktion
sich nur um etwa ein Fünftel vermehrt. — Die gesamte
Edelmetallgewinnung in diesen Jahren ist durchschnittlich auf
8510 kg (24 Mill. Mk.) Gold und 311 600 kg (77 Mill. Mk.)
Silber geschätzt worden, wonach im Wert auf Silber 76,4 %,
auf Gold 23,6 % fallen würden, während vorher auf jedes der
beiden Edelmetalle etwa die Hälfte zu rechnen wäre. — In
der Wertrelation besteht auch in diesem Zeitraum ein starkes
Schwanken nach Ländern wie nach Jahren. Als ungefähren
allgemeinen Durchschnitt wird man vielleicht 11,50 ansetzen
dürfen.

In den auf 1560 folgenden 60 Jahren, namentlich 1581
bis 1620, war die riesige Silberproduktion in Potosi von ganz
vorwiegender Bedeutung, während die Silbergewinnung in
Mexiko und die Goldproduktion überhaupt ziemlich stabil
blieben. Die allgemeine Wertrelation hob sich langsam zu
Gunsten des Goldes bis auf ca. 12,50.

Der mutmaßliche Betrag der durchschnittlichen jährlichen
Edelmetallproduktion und die ungefähre Wertrelation dürfte
für zwanzigjährige Perioden von 1561 bis 1620 mit allem Vorbehalt zu veranschlagen sein:

Jahre (Durchschnitt)	Goldgewinnung		Silbergewinnung		Verhältnis nach dem Wert	
	kg	Tausend Mk.	kg	Tausend Mk.	Gold	Silber
1561—1580	6 840	19 100	299 500	72 800	20,8 %	79,2 %
1581—1600	7 380	20 600	419 000	98 900	17,2 %	82,8 %
1601—1620	8 520	23 800	423 000	96 400	19,8 %	80,2 %

Ungefähres Wertverhältnis des Silbers zum Golde
in den Jahren 1561—1580: 11,50.
„ „ „ 1581—1600: 11,90.
„ „ „ 1601—1620: 12,25.

Münzgesetzgebung.

Deutschland.

In den letzten Jahrzehnten des vierzehnten Jahrhunderts war die Goldwährung und die Rechnung nach Goldgulden in Deutschland mehr und mehr zur Geltung gekommen. Längstens bis zum Jahre 1375 wurden in Deutschland Goldgulden nach dem florentiner Vorbilde geprägt. Seitdem veränderte fast jeder Kurfürst das ursprüngliche Gepräge der Gulden. Die hierdurch entstehende Verschiedenheit und die Ungleichheit des Münzfusses der Gulden veranlafste den Abschlufs zahlreicher Münzverträge zwischen dem Kurfürsten von der Pfalz und den übrigen Kurfürsten am Rhein. Am 8. Juni 1386 vereinigten sich dieselben, unter Zuziehung der Städte Frankfurt, Speyer und Worms, zu einem Münzverein und beschlossen die gleichmäfsige Ausprägung von Goldgulden, 66 Stück auf die Mark von 23 Karat Feinheit. Durch Verträge in den Jahren 1402 und 1409 ward die Feinheit des Münzgoldes auf $22^{1}\!/_2$ und 22 Karat herabgesetzt. In späteren Münzverträgen erfolgte eine weitere Wertverringerung. Der Reichstag trat bei verschiedenen Gelegenheiten den von den rheinischen Münzvereinen angenommenen Bestimmungen bei. Demgemäfs ward auf den Reichstagen zu Eger und Nürnberg in den Jahren 1437 und 1438 beschlossen, dafs künftig 68 Goldgulden aus der Mark von 19 Karat zu münzen, die feine Mark also in $80^{12}\!/_{19}$ Stück auszubringen sei. Auf dem Reichstage zu Worms i. J. 1495 ward dann verabschiedet, dafs $71^{1}\!/_3$ Gulden auf die Mark von $18^{1}\!/_2$ Karat Feinheit gehen sollten, also $92^{20}\!/_{37}$ Stück auf die feine Mark Gold.

Aus dieser fortgesetzten Verschlechterung des Münzfusses der Goldgulden und den noch ärgeren Veränderungen in der Ausprägung der kleineren Silbermünzen entstanden im deutschen Münzwesen unerträgliche Mifsverhältnisse und ein allgemeines Drängen nach dessen durchgreifender Reform.

Eine solche Abhilfe ward auf Grundlage der Silberwährung erstrebt. In Tirol, wo zu Ende des fünfzehnten Jahrhunderts

beträchtliche Silbermengen gewonnen wurden, hatten die Erz-
herzöge Maximilian und Sigmund, 1479 und 1484, mit der
Ausmünzung schwerer Silbermünzen (sog. Guldengroschen)
8 Stück aus der Mark Feinsilber begonnen, welche Münzsorte,
als die Grafen von Schlick solche 1519 in grofser Menge in
Joachimsthal in Böhmen prägen liefsen, hiervon den Namen
„Thaler“ (Dollars) erhielt. Da die Klagen über „das Ein-
reifsen falscher, unnützer und geringer Münzen“ und über die
vielen Gebrechen im Münzwesen, woraus „dem Gemeinwesen
je länger je mehr Schaden erwachse“, immer stärker und
allgemeiner wurden, konnten Kaiser und Reichstag nicht umhin,
sich ernstlich mit der Münzreform zu beschäftigen. Am 10. November 1524 ward zu Efslingen die erste Reichsmünzordnung
von Kaiser Karl V. publiziert. Hiernach sollte künftig der rheinische Gulden in Silber zu $8^{8}/_{13}$ Stück auf die Mark Feinsilber
gemünzt werden und 8 Gulden 10 Schillinge und 8 Heller in
Gold gelten, welches in Feinheit von 22 Karat künftig zu
89 Stück auszumünzen sei, wonach die Wertrelation nahezu
$11^{1}/_{3}$ betragen würde.

Die Reichsmünzordnung von 1524 kam jedoch nirgends
„zur Observanz“, und die Münzverwirrung wurde nur ärger.

Münzvertrag zwischen den Herzogen zu Braunschweig,
dem Bischof von Hildesheim und den Städten Braunschweig,
Nordheim u. a. vom 11. Dezember 1533.

Münzgebot und Münzordnung, welchergestalt die Chur- und
Fürsten sich vereinbart haben zu Torgau am Michaelistag 1541.

Die zweite Reichsmünzordnung, errichtet auf dem Reichstage zu Augsburg am 18. Juli 1551, welcher eine Wertrelation des Silbers zum Gold wie $10^{3}/_{6}:1$ zu Grunde gelegt
war, obschon durch ein allgemeines Münzedikt vom Kaiser
publiziert, hatte ebensowenig den gehofften Erfolg als die
erste Reichsmünzordnung.

Die dritte und letzte Reichsmünzordnung ward, nachdem
der Reichstag zu Augsburg solche genehmigt hatte, am
19. August 1559 vom Kaiser Ferdinand I. publiziert. Diese
bestimmte, dafs die Goldgulden, zu 75 Kreuzern gerechnet,
$18^{1}/_{2}$ Karat fein und 72 Stück auf die Mark auszumünzen

seien, die groben Silbermünzen aber, der Gulden zu 60 Kreuzern
gerechnet, $9^{1}{}_{2}$ Gulden auf die Mark von 14 Lot und 16 Gr.
Feinheit — also Wertrelation 11,41. — Die Prägung von
Thalerstücken ward aber ausdrücklich untersagt.

Der Reichstagsabschied zu Augsburg vom 30. Mai 1566
rehabilitierte jedoch die Thalerprägung nach dem früheren
Münzfufs.

Obschon thatsächlich die Ausmünzung von reichskon-
stitutionsmäfsigen Thalern (9 Stück auf die Kölnische Mark
fein Silber) in den verschiedenen Münzstätten nicht immer
ganz strikte innegehalten wurde, so behielt diese Münzsorte
doch lange Zeit hindurch eine prinzipielle Geltung, und ward
hierauf 1609 die Hamburger Bankvaluta begründet. —

Vereinbarung der Kaufleute auf der Frankfurter Messe
i. J. 1585 wegen Berechnung des Dukats und des Reichsthalers. (W. R. 11,50.)

Auf dem Münzprobationstage der oberen Kreise zu Speier
im Mai 1595 ward eine gründliche Beratung über das fest-
zustellende Verhältnis des Goldes zum Silber nachdrücklich
empfohlen, es äufserten jedoch manche der Münzverständigen
schon damals die Ansicht: man müsse es jedem freistellen, das
Gold zu welchem Preise er wolle anzunehmen, „denn Gold
und Silber mögen *per naturam rerum* nie eine gewisse Ver-
gleichung im Wert finden“.

Kaiserliche Münzmandate vom 8. August 1596 und
16. März 1597 bedrohten jeden Gebrauch der verrufenen
Münzsorten, das Seigern, Verfälschen, Aufwechseln und Ausführen der Münzen etc. mit schwerster Strafe, allein ohne Erfolg.

Münzedikt und Probierordnung des Niedersächsischen
Kreises vom 30. Juni 1588. — Münzordnung desselben vom
20. Januar 1610 und 30. September 1617.

Münzrezefs der Städte Lübeck u. Hamburg v. Jahre 1618.

Mandat wegen Errichtung der Hamburger Bank vom
20. Februar 1619.

In die Zeit von 1566 bis 1620 fallen verschiedene Münz-
vereinbarungen in den einzelnen Reichskreisen; u. a. im Nieder-

sächsischen Kreise 1568, in den oberen Kreisen 1571, 1576, 1582, 1594.

Gegen Ende der Periode zeigt sich in Deutschland schon mehr und mehr das Unwesen der „Kipper und Wipper“, welches eine Menge einzelner Verordnungen zur Folge hatte.

Frankreich.

Münzverordnung vom 7. April 1497. (Preis der Mark Gold 130 livres 3 sous 4 deniers; der Mark Silber 11 livres — Wertrelation 11,83.)

Münzverordnung vom 10. Juni 1519. (Die Mark Gold 147 livres; die Mark Silber $12^1/_2$ livres — Wertrelation 11,76.)

Münzverordnung vom 18. Mai 1540. (Die Mark Gold 165 livres $7^1/_2$ sous; die Mark Silber 14 livres — Wertrelation 11,82.)

Münzverordnung vom 23. Januar 1549. (Die Mark Gold 172 livres; die Mark Silber 15 livres — Wertrelation 11,47.)

Münzverordnung vom 30. August 1561. (Die Mark Gold 185 livres; die Mark Silber $15^3/_4$ livres — Wertrelation 11,74.)

Ordonnance du roy pour le règlement général de ses monnaies, le 9 juin 1573. (Die Mark Gold 200 livres; die Mark Silber 17 livres — Wertrelation 11,77.)

Auf einen ausführlichen Bericht der Cour des monnaies erfolgte im September 1577 ein entsprechendes Münzedikt, welches am 13. und 18. November desselben Jahres vom Parlament registriert wurde, jedoch nicht erfolgreicher war, als die früheren Ordonnanzen.

Ordonnance du roy sur le decry des espèces legères et rognées, 1586.

Münzverordnung vom September 1602. (Die Mark Gold $240^1/_2$ livres; die Mark Silber 20 livres 5 sous 4 deniers — Wertrelation 11,38.)

Edit et règlement des monnaies, décembre 1614.

Niederlande.

Ordonnance, statut et permission de l'Impériale Majesté des espèces d'or et d'argent aiant cours au pais de par deça, 17 juill. 1548.

Ordonantie Philippi II. Hisp. r. van gouden en silveren munte, 1559.

Der Burgundische Kreis ist den deutschen Reichsmünzordnungen fremd geblieben. Nach dem Burgundischen Münzfuſs gingen goldene Realen, 40 Stück zu 70 Stüvern gerechnet, auf die rauhe Mark Troygewicht zu 23 Karat und $9\frac{1}{2}$ Grän und silberne Philippsthaler, zu 35 Stüvern gerechnet, auf die rauhe Mark Troygewicht, was eine Wertrelation von $10\frac{5}{6}$ ergiebt.

Errichtung der Amsterdamer Bank i. J. 1609.

———

England.

Der ursprüngliche Standard der englischen Silbermünze, wonach das Tower-Pfund Silber von 12 Unzen zu 20 Pennygewicht, ohne absichtlichen Zusatz, zu 240 Pence, 12 Pence für 1 Schilling gerechnet, ausgemünzt werden sollte, war gegen Ende des fünfzehnten Jahrhunderts durch eine Reihe von Parlamentsakten allmählich auf $37\frac{1}{2}$ Schilling (450 Pence) aus dem Pfund Silber verringert worden. Die thatsächliche Beschaffenheit der neueren Münzen entsprach immer weniger dem gesetzlichen Münzfuſs, und wurden solche vielfach im Verkehr zurückgewiesen. Proklamationen von König Heinrich VII. aus dem Jahre 1498 und 1504 verboten strenge solche Zurückweisung, sowie die Ausfuhr von Edelmetall aus dem Lande.

Im achtzehnten Regierungsjahre Königs Heinrich VIII. (1526), nachdem das Troygewicht für die Ausmünzung angenommen war, ward der Münzfuſs für Silber wiederum verringert, indem das Pfund Silber zu 45 Schilling ausgemünzt werden sollte, eine Verschlechterung um nahezu 6 Prozent. (Die Wertrelation war $11{,}27$.)

Von da an bis zum zweiten Regierungsjahre von Elisabeth (1559) herrschte im englischen Münzwesen arge Willkür und

Unordnung. Nachdem damals der Münzfufs zu 60 Schilling aus dem Troypfund Standard Silber bestimmt worden war, erfolgte 43 Jahre später (1602) die letzte gesetzliche Änderung des Silbermünzfufses, durch dessen Festsetzung zu 62 Schilling aus dem Troypfund Standard Silber; das Troypfund Gold vom neuen Standard ($^{11}/_{12}$) ward damals zu $33^1/_2$ Pfund Sterling ausgemünzt. Die angenommene Wertrelation 10,99 war aber gegen den thatsächlichen Wert zu günstig für Silber; wenige Jahre später war sie 12,11.

Spanien.

Sanctio praematica zur Regelung des Münzwesens in Castilien, erlassen von der Königin Isabella zu Medina del Campos am 13. Juni 1497.

Die Mark Gold im Feingehalt von $23^3/_4$ Quilates ($^{95}/_{96}$) ist auszumünzen zum Wert von 24 500 Maravedis und die Mark Silber im Feingehalt von $11^1/_6$ Dineros ($^{67}/_{72}$) zum Wert von 2278 Maravedis. Dies ergiebt ein Wertverhältnis des Silbers zum Golde wie 10,11 : 1 — (nicht 10,76 : 1, wie meistens angegeben wird).

Die Hauptmünzsorte in Castilien und im spanischen Amerika bildeten längere Zeit die sog. Excellentes oder Ducados. In den Minenländern wurde vornehmlich nach Castellanos oder Pesos d'oro gerechnet, als Fünfzigstel einer Mark Gold.

Durch Münzverordnung vom Jahre 1587 ward die Feinheit des Münzgoldes auf $^{11}/_{12}$ vermindert. — In demselben Jahre ward in Mexiko eine Münzstätte errichtet, in welcher bald massenhafte Prägungen von Silber-Pesos zu 8 Realen, 67 Stück aus der Mark Silber ($^{67}/_{72}$ fein), stattfanden.

Litteratur.

Brunus, A. Tractatus de augmento et diminutione monetarum. 1506. — (Abgedruckt im Sammelwerk von Budelius: de monetis et re numaria. Coloniae 1591. 4°.)

Widmann, J. Behende und hübsche Rechnung auff allen Kaufmannschaften. Pforzheim 1508.

Collegium Papiense. Consilium in materia augmenti monetarum, 16. Januar. 1511. (Abgedruckt im Sammelwerke von Budelius.)

Riefs (Riese), Adam. Rechnung auf der Linihen gemacht etc. Erfurt 1518.

Copernicus, N. Monetae cudendae ratio. 1526.

Aquila, J. De potestate et utilitate monetarum. 1530. 4°.

Byel, G. De monetarum potestate simul et utilitate liber aureus. Norimbergae 1542. 4°.

Pyrckheimer, B. De valore priscorum numismatum secundum monetam Norimbergensem. 1542. 4°.

Der Cooplieden Handbouexkin. Ghend 1545.

Molinaeus, C. Tractatus commerciorum et usurarum redituumque pecunia constitutorum. Par. 1546. — Tractatus de mutatione monetarum. (Abgedruckt im Sammelwerke von Budelius.)

Agricola, G. De mensuris etc. . . . . de pretio metallorum et de monetis. Basileae 1550. Fol.

Orphus, J. Quilatador de la plata, oro y piedras etc. Madrid 1558.

Knaust, H. H. Müntzbüchlein. Disputation auff Frage und Antwort gestellet, v. der Müntz, in entscheidt und verrichtung der schultsachen und bezalung diser zeit unter den kauffleuten und andern händelern sehr nütz und dienstlich allen die in Gerichten und Räthen sitzen etc. Frankf. 1566.

de Malestroiet. Les paradoxes sur le fait des monnoies, presentés à Sa Majesté. Par. mars 1566.

Experimenta valoris ac ponderis plurimorum nummorum Italiae, Galliae et Hispaniae acta in officina monetaria (vulgo zecca) civitatis Placentiae anno 1566. (Excerpta ex libro cui titulus: Aritmetica e geometria pratica del dottore G. Bassi in Piacenza 1566. Fol. (Abgedruckt in Argelatus de monetis p. 3. Mediolani 1750.)

Bodin, J. Responce aux paradoxes de Mr. de Malestroiet touchant l'enchérissiment de toutes les choses et les monnoyes. Par. 1568. 4°.

Covarruvias, D. Veterum numismatum collatio cum his, quae modo expenduntur. Francof. 1571. — (Abgedruckt im Sammelwerke von Budelius II, 578—661.)

Bodin, J. Discours sur les causes de l'extrême cherté qui est aujourd'hui en France. Par. 1574.

Garrault, F. Les recherches des monnoies, poids et manière de nombrer des premières et plus renommées nations du monde, reduites aux monnoies etc. des François. Par. 1576.

Bodin, J. Discours sur le rehaussement et diminution tant d'or que d'argent, et le moyen d'y remedier etc. Par. 1578.

— — De republica. (Lib. VI, cap. 3.) Par. 1578.

> Von Herrn de Malestroict war behauptet worden, dafs eine wirkliche beträchtliche Verteurung der Waren gegen frühere Jahrhunderte nicht stattgefunden habe, und dafs diese vermeintliche Verteurung durch Verschlechterung des Münzfufses zu erklären sei. Bodin hingegen vertrat die Ansicht: *„pretia rerum omnium decuplo majora esse quam temporibus Ludovici XII. fuerint, propter auri argentique copiam, quae ob India Occidentali in Europam adportata, viliorem utriusque metalli aestimationem fecit.“*

Garrault, F. Recueil des principaux avis sur le contenu des memoires, portant l'etablissement du compte par Ecus, et suppression de celui par sols et livres, avec les paradoxes sur le fait des monnoies etc. Par. 1578.

A brief conceipte touching the commonweal of this realm of England. Lond. 1581.

A compendious or briefe examination of certayne ordinary complaints of divers of our countrymen in these our days. Lond. 1581.

Scaruffi, G. L'Alitinonfo par fare ragione e concordanza d'oro e d'argento, che servirà in universale tanto per procedere a gli infiniti abusi . . . . quanto per regolare ogni sorte de pagamenti, e ridurre anco tutto il mondo ad una sola moneta. — Discorso sopra le monete e della vera proporzione tra l'oro et l'argento. Reggio 1582. — (Abgedruckt im Sammelwerke von P. Custodi, Scrittori classici Italiani di economia politica. Milano 1803—1816. Parte antica T. 1.)

> Der Titel L'Alitinonfo soll „wahrhaftes Licht“ bedeuten. Die Schrift ist dem Herzog Alfonso V. von Ferrara zugeeignet, und trägt die Vorrede das Datum des 16. Mai 1579, ist aber erst i. J. 1582 veröffentlicht. Scaruffi ist der Ansicht, das Wertverhältnis des Goldes zum Silber wie 1 : 12 sei „per ordine cosi dato da Dio ed osservato della natura“. Scaruffi war Vorstand der Münze in Reggio und ist wohl der erste, der für eine universelle Münzeinheit auf Grund der Goldwährung eintrat.

Hullin, L. Le rapport des poids et monnoyes des anciens aux nôtres et manière de compter en iceux. Orleans 1585.

Discours sur l'excessive cherté, présenté à la Reine mère du Roi par un sien fidèle serviteur. Bord. 1586.

Davanzati. B. Lezione delle monete etc. Notizie de cambj. 1588.
Diese Abhandlungen sind in die Sammelwerke von Argelatus und Custodi aufgenommen. Davanzati geboren zu Florenz am 30. August 1529, gestorben 1606.

Friese, J. Münzspiegel. Frankf. 1588. 4º.

Budelius. R. De monetis et re nummaria. Colon. 1591. 4º.

Zerbin. B. Traité sur le debordement ou surhaussement de la monnoye advenu au pays de Provence aux années 1590—1593, avec la reduction et juste prix par ceux qui ont emprunté pendant ce temps. 1594.

Garrault. F. Memoires et recueil des nombres, poids, mesures et monnoies anciennes et modernes des nations plus renommées. Par. 1595.

Passchier Goessens. Reduktion und Vereinbarung siebenerley Müntz Sorten, als v. Reichs Taler m. Marck Lübisch, Pfundt Flamisch Hamburger, Pfundt Flamisch Anthoffen, Pfundt Flamisch Amsterdamer, Florin oder Gulden zu Franckfort, Lisaboner Millereefs und Dantzigker Florin etc. Hamb. 1595.

La Barre. Traité des espèces et monnoies, de la matière, forme et figure et usage d'icelles. Par. 1599.

Le Blanc, N. Traité et Avis sur le désordre des monnoies et diversité des moyens d'y remedier. Par. 1600. 4º.

Boissily. C. Calcul ou tariffe sur le debordement des monnoies. Aix 1600.

Pratisvoli. B. Considerationi sopro l'Alitinonfo del signor Scaruffi. Reggio 1604. Fol.

Freher, M. De re numaria veterum Romanorum et hodierni apud Germanos imperii libri duo: Accedit N. Oresmii liber de origine et potestate necnon de mutatione monetarum. Lubodani 1605. 4º.

de Coquerel, N. Discours sur la perte, que les François reçoivent en la permission d'exposer les monnoies étrangères etc. Par. 1608.

de Chabans, L. Raisons pour montrer que l'édit nouvellement foit sur les monnoies est juste etc. Par. 1609.

de Coquerel. N. Avertissement pour servir de reponse au discours nagueres publié sur les faits de monnoies etc. — Evaluation de l'or et de l'argent et nouveaux prix de monnoies etc. Par. 1609.

Mariana, J. Disp. de mutatione monetae in XIII capita distincta etc. Coloniae 1609. Fol.

de Chabans, L. Apologie de l'édit des monnaies. Par. 1610.

de Coquerel, N. Veritable rapport des conférences tenues pour remedier aux desordres des monnoies etc. Par. 1610.

Rennemann, K. Controversiae monetariae circa bonitatis extrinsecae incrementum et decrementum. Erford. 1610. 4°.

Thesaurus, C. H. Tractatus de augmento et variatione monetarum. — Tractatus varii de mutatione et falsitate monetae. Francof. 1610. 4°.

Godefroy, D. Avis pour reduire les monnoies à leur juste prix et valeur, et empecher le surhaussement et l'empirance d'icelles. Paris 1611.

de Coquerel, N. Les causes principales du rehaussement des monnoies de France et la maniere d'y remedier à la conservation des finances du Roy et du Royaume. Par. 1612.

Garrault, F. Sommaire des édits et ordonnnances royales concernant la cour des monnoies etc. Par. 1612.

Alemannus, J. Palaestra consultationum juris illustr. No. VIII. Consultatio de jure, valore, mutatione, reprobatione, solutione et variis speciebus monetae. Magdeb. 1613.

Serra, A. Breve trattato delle cause che possono far abbondare li regni d'oro e d'argento dove non sone miniere. 1613.
    Custodi, p. a. T. 1. Serra, Anton, geb. zu Cosenza, Geburtsjahr und Sterbejahr sind unbekanat.

Snellius, W. De re numaria liber singularis. Lugd. Bat. 1613.

Brerewood, E. De ponderibus et pretiis veterum nummorum eorumque cum recentioribus collatione. Lond. 1614. 4°.

le Clerc, J. Recueil d'édits touchant la jurisdiction de la cour des monnoies etc. Par. 1614. 4°.

de Coquerel, N. Seul et unique moyen de conserver les richesses etc. Par. 1614.

— — Moyen d'enricher la France de la depouille des Indes, d'augmenter les finances du Roy etc. Par. (1614?).

le Begue, F. Raisons de l'édit et reglement des monnoies du mois Novembre 1614. Par. 1615.

le Blanc, N. Avertissement au Roy etc. pour remedier aux desordres et confusions qui s'excertent sur le fait des monnoies etc. Par. 1615. 4°.

Scaliger, J. De re numaria dissertatio. Lugd. Bat. 1616.

Auer, J. W. De jure monetarum. Basil. 1617. 4°.

Briot, N. Reponse aux remonstrances de la cour des monnoies et des prevots, ouvriers et monnayeurs de France. Par. 1617. 4⁰.

Poulain, H. Traité des monnoies. Par. 1617.

Wolphargus, J. Diss. politico-juridica de jure monetarum. Basileae 1617. 4⁰.

Beckmann, L. Disputatio de monetis. Witteb. 1618. 4⁰.

Briot, N. Raisons pour rendre et faire toutes les monnoies du Royaume à l'avenir uniformes et semblables etc. Par. 1619. 4⁰.

Goldast, M. Catholicon rei monetariae, sive leges monarchicae generales de rebus nummariis et pecuniariis, quotquot ab orbe condito ad C. N. annum 1620 promulgatae fuerunt. Frankf. 1620. 4⁰. (Zweite Ausg. Frankf. 1661.)

de St. Germain, S. Grammont. Le denier royal. Traité curieux de l'or et de l'argent. Par. 1620.

de Sora, J. Vasquez. Reduciones de oro y senorage de plata con las reglas y tablas generales. Gadibus 1620. —

Das Unwesen der Kipper und Wipper im Beginn des sechzehnten Jahres veranlafste eine aufserordentlich grofse Zahl von Schriften, deren spezielle Aufführung hier zu weit führen würde.

Vom Jahre 1621 bis zum Jahre 1810.

Nach den beiden ersten Jahrzehnten des siebzehnten Jahrhunderts beginnt für das Wertverhältnis der beiden Edelmetalle ein Steigen des Goldes, aber nur allmählich. Die durchschnittliche allgemeine Silbergewinnung von 1621 bis 1700 zeigt eine merkwürdige Gleichmäfsigkeit, was dadurch herbeigeführt wird, dafs die Abnahme der Silbererträge von Potosi seit der Mitte des Jahrhunderts durch die anhaltend zunehmende Ergiebigkeit der mexikanischen Silberbergwerke wesentlich ausgeglichen wird. In der Silberproduktion von Peru ist während der ganzen Periode eine erhebliche Veränderung nicht nachzuweisen. Gegen Ende des Jahrhunderts erfährt die Goldproduktion durch Brasilien eine erhebliche Vermehrung, was eine weitere allgemeine Wertsteigerung des Goldes verhindert.

Neben der Versorgung Europas durch die aus Mittel- und Südamerika Jahr für Jahr in Cadix und Lissabon eintreffenden und von dort alsbald weiter verbreiteten Gold- und Silberzuflüsse erscheint während dieses Zeitraums jede sonstige Vermehrung der Edelmetallbestände von untergeordneter Bedeutung.

Rogers (Hist. of prices, Vol. 5. preface) bemerkt: Der Einflufs des Einströmens der Edelmetalle aus Amerika auf die Preise hatte sich um die Mitte des siebzehnten Jahrhunderts vollzogen. Von da an bis zum letzten Viertel des achtzehnten Jahrhunderts hat in den Preisen wenig andere Änderung stattgehabt, als solche, die sich auf nachweisbare Ursachen der Wohlfeilheit oder Verteurung zurückführen läfst, z. B. Verminderung der Produktionskosten. Während des siebzehnten Jahrhunderts trat auch ein steigender Begehr nach Goldmünze ein mit der natürlichen Folge einer Erhöhung des Marktwerts des Goldes gegen dessen bisherigen Münzpreis.

Wegen der Veränderungen im Wert des Geldes oder im Niveau der Preise bis Ende des siebzehnten Jahrhunderts entnehmen wir den Untersuchungen des genannten Verfassers beispielsweise nachstehende Angaben. Als effektive Durchschnittspreise in England sind von ihm u. a. ermittelt

	In den Jahren 1541—1582		In den Jahren 1582—1642		In den Jahren 1643—1702	
	sh	d	sh	d	sh	d
Weizen	13	6½	36	1	41	11¼
Gerste	8	5¾	19	9¾	22	2¼
Hafer	5	5½	12	5	15	2½
Rindfleisch	1	7	2	5½	3	5½
Butter	2	8	4	9½	6	1
Eisen	26	2¾	33	11¼	38	10
Lohn der Maurergesellen	3	4½	4	9¾	6	7¾
Lohn der landw. Arbeiter	3	3	4	10	6	4¾

Zwanzigjährige Perioden angenommen, verhält sich nach ungefährer Schätzung die Produktion und die Wertrelation der Edelmetalle wie folgt.

Perioden (jährlich. Durchschn.)	Goldgewinnung		Silbergewinnung	
	an Gewicht kg	an Wert Tausend Mk.	an Gewicht kg	an Wert Tausend Mk.
1621—1640	8 300	23 157	393 600	78 326
1641—1660	8 770	24 468	366 300	70 330
1661—1680	9 260	25 835	337 000	62 682
1681—1700	10 765	30 034	341 900	63 593

Wertverhältnis des Silbers zum Golde.

Perioden (jährlich. Durchschn.)	Prozentverhältnis der Produktion nach dem Wert		Durchschnittl. Wertverhältnis des Silbers zum Gold ? kg Silber = 1 kg Gold	Fingierter Goldpreis des Silbers nach jetziger Londoner Notierung pro Unze Stand. Pence
	Silber	Gold		
1621—1640	77,2	22,8	14,09	67
1641—1660	74,2	25,8	14,50	65
1661—1680	70,8	29,2	15,00	62⅞
1681—1700	67,9	32,1	15,00	62⅞

Vom Anfange des achtzehnten Jahrhunderts an treten in der allgemeinen Edelmetallproduktion nach achtzigjähriger verhältnismäfsiger Stabilität Perioden des Steigens ein, hauptsächlich infolge der glänzenden Entwickelung der mexikanischen Silberminen, wodurch der Rückgang der Silberausbeutung in Potosi beträchtlich überwogen wird, und daneben durch die gröfsere Ergiebigkeit der brasilianischen Goldwäschen und der Goldgewinnung in Neugranada. Es gilt dies zunächst für die ersten sechs Jahrzehnte, 1701 bis 1760. Die stärkere Goldproduktion äufsert ihren Einflufs dahin, dafs, nachdem im Zeitraum von 1681 bis 1720 das Wertverhältnis des Goldes zum Silber durchschnittlich auf etwa 15,00 bis 15,21 : 1 gestiegen war und eine Zeit lang sich so behauptet hatte, in den hierauf folgenden Jahrzehnten der Goldpreis des Silbers vorübergehend wieder teurer wurde.

In den Jahren 1761 bis 1780 findet eine Abnahme in der Goldproduktion Brasiliens statt, während die Silbergewinnung in Mexiko sich erheblich ausdehnt, wodurch das Übergewicht des jährlich neu in den Verkehr gebrachten Silbers im Vergleich zum Golde dem Werte nach bedeutender wird.

Die Periode 1781—1810 zeigt für die Edelmetallproduktion eine bemerkenswerte Gleichmäfsigkeit. Der durchschnittliche jährliche Wertbetrag bleibt im ganzen ziemlich gleich, und auch in dem Anteil der beiden Edelmetalle hierbei bemerkt man keine wesentlichen Schwankungen. Dagegen wird die Wertrelation zu Ende des achtzehnten und im Anfange des neunzehnten Jahrhunderts dem Golde erheblich günstiger.

Übersicht
der Edelmetallproduktion im Zeitraum von 1701 bis 1810.

Perioden (Jährlich. Durchschn.)	Goldgewinnung		Silbergewinnung	
	an Gewicht kg	an Wert Tausend Mk.	an Gewicht kg	an Wert Tausend Mk.
1701—1720	12 820	35 768	355 600	65 075
1721—1740	19 080	53 233	431 200	79 772
1741—1760	24 610	68 662	533 145	100 764
1761—1780	20 705	57 767	652 740	124 021
1781—1800	17 790	49 634	879 060	162 626
1801—1810	17 778	49 600	894 150	169 053

Wertverhältnis des Silbers zum Golde.

Perioden (jährlich. Durchschn.)	Prozentverhältnis der Produktion nach dem Wert		Durchschnittl. Wertverhältnis des Silbers zum Gold ? kg Silber = 1 kg Gold	Fingierter Goldpreis des Silbers nach jetziger Londoner Notierung pro Unze Stand. Pence
	Silber	Gold		
1701—1720	64,5	35,5	15,21	62
1721—1740	60,0	40,0	15,08	62½
1741—1760	59,5	40,5	14,75	63¹⁵/₁₆
1761—1780	68,2	31,9	14,73	64
1781—1800	76,6	23,4	15,00	62½
1801—1810	76,3	23,7	15,01	60¾

Münzgesetzgebung u. w. d. g.

Deutschland.

In den ersten Jahren des hier behandelten Zeitraumes (1621 bis 1623) erreichte der Unfug des sogenannten „Kippens und Wippens" in Deutschland seinen Höhepunkt. Die Münzherrschaften und andere gaben sich in schamloser Weise zu dem Betruge her, gewerbmäßig ältere bessere Münzen einzuschmelzen und immer schlechteres Geld zu gleichem Nennwert auszuprägen. Ganz Deutschland ward mit geringhaltigen Münzen überschwemmt, das gute Geld (die nach dem Reichsmünzfuß geprägten schweren Thalerstücke) wurde immer seltener und bedang immer mehr Aufgeld, eine allgemeine Zerrüttung des Verkehrs und Teuerung waren die natürliche Folge dieses Unwesens. Eine große Zahl strenger Verordnungen und weitläufiger Bekanntmachungen wurde in den verschiedenen Territorien in rascher Folge erlassen, um dieser Kalamität abzuhelfen, allein es dauerte lange, bis erhebliche Besserung eintrat. Es würde, wie vorhin schon bemerkt wurde, zu weit führen, solche Erlasse von nur vorübergehender und lokaler Bedeutung im einzelnen zu erwähnen.

Wolfenbüttelsches Münzedikt vom 28. Januar 1622.

> In diesem heifst es treffend: das beste Mittel, um den Münz-
> verfälschungen zu steuern, würde sein, das Silber „ohne
> einigen Zusatz" ausmünzen zu lassen.

Niedersächsischer Kreisabschied, beschlossen zu Lüneburg am 12. Juni 1622, nebst Valvation etc.

> Da um diese Zeit der Dukat zu 67⁶⁷/₇₁ Stück aus der feinen
> Mark Goldes um 152 Gulden 52 Kreuzer, die feine Mark
> Silber aber um 13½ Gulden ausgebracht wurde, war die
> gesetzliche Wertrelation nahezu 11½.

Chursächsische Münzordnung vom 31. Juli 1623.

Münzprobationstage süddeutscher Münzvereinigungen in den Jahren 1631, 1637, 1642, 1650, 1659, 1677 u. s. w.

Münzrezefs zwischen Sachsen und Brandenburg, geschlossen zu Zinna am 27. August 1667.

> Nach dem sog. Zinnaischen Münzfufs sollte die feine Mark
> Silber um 10½ Thaler oder 15 Gulden 45 Kreuzer aus-
> gebracht werden und die Proportion mit dem Golde auf 13⁵/₉
> zu stehen kommen.

Münzrezefs der drei oberen Kreise vom 8. Mai 1669.

> Der Thaler ward auf 90 Kreuzer reduziert. — Im Gegensatz
> zum Zinnaischen Münzrezefs sollte eine Proportion von 15½
> zwischen Gold und Silber behauptet werden.

Münzrezefs geschlossen zu Leipzig am 16. Januar 1690 zwischen Sachsen, Brandenburg und Braunschweig-Lüneburg wegen Errichtung eines neuen Münzfufses. — Nach diesem sog. „Leipziger Fufs" ward die feine Mark Silber in ²/₃- und ½-Stücken um 12 Thaler oder 18 Gulden ausgebracht.

Verordnung des Schwäbischen Kreises wegen Herabsetzung des äufseren Werts des Reichsthalers auf 1½ Gulden, vom November 1693.

Preufsisches Münzedikt von 1750 wegen Annahme des sog. Graumannschen Münzfufses — 21 Gulden oder 14 Thaler aus der Mark Feinsilber, ausgeprägt in 1-, ½- und ¼-Thalerstücken.

> Dieser Münzfufs beruhte auf der Annahme, dafs der
> Friedrichsd'or, wovon 35 Stück auf die Mark Gold von
> 21 Karat 8 Grän fein gingen, zu 5 Thalern gesetzt werde,
> was eine Wertrelation von 13¹¹/₁₃ ergab. Während des sieben-
> jährigen Krieges geriet dies System durch enorme Münz-
> verschlechterung gänzlich in Verfall, wurde aber nach Ende
> des Krieges wiederhergestellt, mit der Abweichung, dafs
> statt der ½- und ¼-Thalerstücke ⅓- und ¼-Thaler geprägt
> wurden.

Österreichisches Münzpatent vom 12. März 1761.

Münzabschied der drei in Münzwesen korrespondierenden Kreise Franken, Bayern und Schwaben vom 6. Mai 1761.

Derer dreien im Münzwesen korrespondierenden oberen Reichs-
kreise abgefafstes Münzpatent vom 21. März 1761.

> Dasselbe enthält: „Verzeichnis der im Handel und Wandel
> geläufigen Gold- und Silbersorten mit der Aufgabe ihres
> Werts im 20- und 24-Guldenfufs etc."

Kurfürstlich Sächsisches Münzedikt wegen Annahme des Kon-
ventionsmünzfufses vom 14. Mai 1763.

> Indem die seit 1755 in den Niederlanden geprägten sog.
> Brabanter- oder Kronenthaler (7¹¹/₁₂ Stück auf die Kölnische
> Mark Silber von 13 Lot 17 Grän Feinheit) sich in Süd-
> deutschland sehr verbreiteten und zu 2 Gulden 42 Kreuzern
> angenommen wurden, entstand nach 1763 faktisch ein neuer
> Münzfufs von 24½ Gulden.

Preufsisches Münzedikt vom 29. März 1764 wegen Wiederherstellung des 14-Thalerfufses.

Münzunion der Kurfürsten von Mainz, Trier und Pfalz, von
Hessen-Darmstadt und der Stadt Frankfurt, geschlossen zu
Frankfurt am 22. Februar 1765 wegen Annahme des
20-Guldenfufses.

Rat- und Bürgerschlüsse der Stadt Hamburg wegen Begründung der Bankvaluta 27¾ Mark Banko auf die Mark
Feinsilber (statt auf Reichsspeziesthaler), aus den Jahren
1770, 1780 und 1790.

Frankreich.

Eine von der Regierung i. J. 1641 veranstaltete umfassende Untersuchung über das Münzwesen der benachbarten
Staaten ergab in Bezug auf die dort beobachtete Wertrelation:
in Deutschland und in Mailand 12, d. h., dafs 12 Mark Silber
auf eine Mark Gold gingen, in Flandern und den Niederlanden
12½, in England 13⅓, und in Spanien 13⅓. — Für Frankreich sei die Wertrelation von 13½ anzuraten, um aus den
anderen Ländern Gold heranzuziehen.

Münzverordnungen aus den Jahren 1640 und 1641.

> Ausmünzung der Mark Gold zu 400 Livres 18²/₁₁ Sous, der
> Mark Silber zu 29²/₃ Livres, Wertrelation 13⁵⁰³/₉₇₉.

Münzverordnung vom Dezember 1655.

Münzverordnungen von 1656, 1665 und 1679, wonach schliefslich die feine Mark Goldes zu 477 l. 9 s. 8 d., die feine
Mark Silbers zu 29 l. 6 s. 11 d. ausgemünzt werden sollte
(Wertrelation 15). — Nach den Ausmünzungen von 1687
stellte die Wertrelation sich auf 15¼.

Das Lawsche System und die mit demselben verbundenen Finanzoperationen in den Jahren 1716 bis 1721 veranlaßten eine Reihe von Münz- und Bankverordnungen, die große Verwirrungen zur Folge hatten, deren spezielle Erwähnung aber hier unterbleibt.

Durch königliche Edikte von Januar, Februar und Mai 1726 wurden die älteren Goldmünzen und gröberen Silbermünzsorten außer Kurs gesetzt und ein neues Münzsystem angeordnet. Es sollten Louisd'or zu 24 Livres geprägt werden, 30 Stück aus der rauhen Pariser Mark, 22 Karat fein, und Ecus (sog. Laubthaler) zu 6 Livres, $8^3._{10}$ Stück aus der rauhen Pariser Mark, 11 Deniers fein. (Gesetzliche Wertrelation hiernach $14^{498}/_{1200}$.)

Declaration du roi portant fixation de la valeur de l'or relativement à l'argent, et de la proportion entre les monnoies de l'un et de l'autre métal; avec ordonnance d'une nouvelle fabrication des monnoies d'or. Donnée à Fontainebleau le 30 octobre 1785; registrée en la Cour des Monnoies le 21 novembre audit an.

In diesem Dokument, durch welches für längere Zeit das als normal betrachtete Wertverhältnis des Goldes zum Silber wie $1:15{,}5$ inauguriert ward, lautet der Anfang des ersten Artikels wie folgt:

„Chaque marc d'or fin de vingt quatre karats vaudra quinze marcs et demi d'argent fin de douze deniers."

Es soll die Mark Feingold bei der Münze angenommen und bezahlt werden mit 828 livres 12 sous, dem Wert von $15^1/_2$ Mark Feinsilber, diese zu 53 livres 9 sous und 2 deniers ausgemünzt, nach dem Münztarif vom Mai 1773.

Münzverordnungen vom 27. Mai 1791, 11. Juli 1791, 28. Thermidor an III, 8. Frimaire an IV.

Loi sur la fabrication et la vérification des monnaies des 7—17 germinal an XI de la Republique française. (28 mars 1803.)

Disposition générale. Cinq grammes d'argent, au titre de neuf dixièmes de fin, constituent l'unité monétaire.

Art. 6—8. Il sera fabriqué des pièces d'or de vingt francs et de quarante francs. — Leur titre est fixé à neuf dixièmes de fin et un dixième d'alliage. — Les pièces de vingt francs seront à la taille de cent cinquante-cinq pièces au kilogramme.

Niederlande.

Aufser einer Verordnung vom 21. Juli 1622 sind uns von da bis 1810 wichtigere Münzverordnungen nicht bekannt geworden. — Die Prägung der Dukaten geschah gleichmäfsig nach dem Münzfufs 67 Stück aus der Kölnischen Mark Gold von 23 Karat 7 Grän Feinheit.

Grofsbritannien.

Unter der Regierung von König Jacob I. und in der hierauf folgenden Zeit bis Ende des siebzehnten Jahrhunderts wurden viele Proklamationen gegen die Ausfuhr von Gold und Silber, Landesmünze wie ungemünztes, gegen das Beschneiden und das Einschmelzen von Münzen, über die Knappheit des Münzumlaufs u. s. w. erlassen, deren beständige Wiederholung auf die Erfolglosigkeit dieser Verordnungen schliefsen läfst.

Eine durchgreifende Reform des völlig zerrütteten Münzwesens durch eine umfassende Ummünzung der bisherigen groben Silbermünzen und sonstige Mafsregeln ward erst in den Jahren 1695 und 1696 herbeigeführt. Die wichtigsten Münzgesetze sind:

An act for encouraging of coinage. 18 year Caroli II., c. 5. (1666.) (Erneuert: 25 Caroli II., c. 8. — 1 Jac. II., c. 7. — 4 et 5 Will. and Mar. c. 24 u. w.)

An act to prevent counterfeiting and clipping the coin of the Kingdom, 3. Mai 1695.

Die hierauf begründete königliche Proklamation ward am 19. Dezember 1695 veröffentlicht.

An act for remedying the ill state of the coin of the Kingdom, 22. November 1695.

> Der Betrag der von 1696 bis Ende 1699 neu geprägten Silbermünzen, gröfstenteils aus eingezogenen geringhaltigen älteren Münzen, belief sich auf 6 882 909 Pfund Sterling, mit einem Verlust von über 2 700 000 Pfund für den Staat und das Publikum.

Hinsichtlich des Münzfufses fanden bei Gelegenheit der 1695—1699 durchgeführten Herstellung eines neuen Silbergeldes keine Abänderungen statt; die eingetretenen thatsächlichen Änderungen im Wertverhältnis des Goldes und Silbers äufserten sich in der Wertbestimmung der Goldmünzen der Guineas.

Eine Proklamation vom 22. Dezember 1717, infolge einer Adresse des Unterhauses, erklärte, daß in England der Wert des Goldes im Vergleich zum Wert des Silbers zu hoch sei, wodurch die Ausfuhr der Silbermünze befördert werde, und verbot die Annahme der Guinea zu einem höheren Preise als 21 Schilling.

An act to continue the duties for encouragement of the coinage of money, 1 Geo. III. c. 16 (1759).

An act for making perpetual an act made in the first year of the reign of his present Majesty etc., 9 Geo. III. c. 25 (1768).

An act concerning the bad condition of silver coins., 14 Geo. III. c. 42 (1774).

„That no tender in payment of money made in the silver coin of this realm, of any sum exceeding the sum of 25 l., at any time, shall be reputed in law or allowed to be, legal tender, within Great Britain and Ireland, for more than according to its value by weight, after the rate of 5 s. 2 d. for each ounce of silver." — Wiederholt erneuert, u. a. durch An Act 38 Geo. III. c. 59 (1798).

Infolge des Krieges mit Frankreich und der außerordentlichen Zahlungen von Subsidien an die verbündeten Kontinentalmächte sah sich die Brittische Regierung im Jahre 1797 veranlaßt, durch die „Restriction act" den Noten der Bank von England Zwangskurs zu verleihen und die Einlösung dieser Noten bis nach Herstellung eines allgemeinen Friedens zu suspendieren.

Spanien.

Münzgesetze vom 29. Mai 1772 und von 1786. (Hiernach war die gesetzliche Wertrelation $16\tfrac{32}{63}$.)

Vereinigte Staaten von Amerika.

Resolutions of Congress on coinage of July 6, 1785 and of August 8, 1786. — An ordinance for the establishment of the mint of the United States of America etc. for regulating the value and alloy of coin, October 16, 1786.

Die Werte wurden festgestellt: das Troypfund Gold $\tfrac{11}{12}$ fein 209 Dollars und 77 Cents; — das Troypfund Silber $\tfrac{11}{12}$ fein 13 Dollars und $77\tfrac{7}{10}$ Cents.

Litteratur.

Billich, C. Unvorgreifliches Bedenken, wie man dem Münz-wesen abhelfen und eine wohlfeile Zeit wiederum zu Wege bringen könne. s. l. 1621. 4⁰.

Mun, T. A discours of trade from England to the East Indies. Lond. 1621.

de Spaignart, C. G. Theologische Müntzfrage, ob christliche evangelische Obrigkeiten umb ihres eygnen Nutzes willen die Müntz von Zeit zu Zeiten, mit gutem Gewissen schlechter und geringer können machen lassen. Magdeb. 1621. 4⁰.

Dinnerus, A. Commentatiuncula de justo rerum pretio de-finiendo etc. Norimb. 1622. 4⁰.

Geitzkofler, Z. Ausführliches in den Reichs-Constitutionibus und sonsten in der Experientz wohlgegründetes fundamental Bedenken über das eingerissene höchst schädliche Müntz Unwesen und staygerung der groben Geldsorten von Golt und Silber. Nach dem Tode seines Verfassers von einem Liebhaber der Gerechtigkeit der teutschen Nation zum Besten zum Drucke befördert. 1622.

de Spaignart, C. G. Die andere theologische Müntzfrage was evangelische christliche Obrigkeiten bey jetzigen entstandenen bösen Müntzen in Acht nehmen sollen. Erfurt 1622. 4⁰.

Dernis. Traité des changes étrangers. Par. 1624. 4⁰.

Corranza, A. Ajustamiento i proporcion de las monedas de oro, plata i cobro etc. Madrid 1629. 4⁰.

Turbolo, G. D. Discorsi e relazioni sulle monete del regno di Napoli. Napoli 1629. (Custodi P. a. Vol. I).

Drouet, J. Avis au Roy pour ôter aux merchants le moyen de contrefaire les monnaies et diminuer les bonnes de leur poids. Par. 1634.

Remonstrance générale sur la grande utilité publique de l'augmentation des prix des monnaies tant de France qu' étrangères. Par. 1636.

Cellarius, B. Disp. politica de moneta seu re nummaria. Jena 1639.

Turquet, L. de Mayerne. Traité des monnaies. Rouen 1642.

de Pajot, A. Remonstrances faites par la cour des monnaies sur le sujet des desordres en la police des monnaies. — — Quelques remarques sur les remonstrances etc. Par. 1651. 4⁰.

de Pierre, A. Traité des monnaies usées et de leur cours et de leur pesanteur. Par. 1651. 4⁰.

de Castro, S. Gonzales. Declaracion del valor de la plata, ley y peso de las monedas .... de Castella y Arragon. Madrid 1658. 4⁰.

Constant, G. Traité de la cour des monnaies et de l'étendue de sa jurisdiction. Par. 1658. Fol.

Born, J. Diss. de monetis et re numaria. Lips. 1659. 4⁰.

(Potter, W.) The tradesman's jewel: or a safe, easy, speedy and effectual means for the incredible advancement of trade .... by making bills become current instead of money. Lond. 1659. 4⁰.

de Bleville, T. Banquier et negociant universel ou Traité général des changes etrangères. 2 tms. Par. 1660. 4⁰.

Cradocke, F. An expedient for taking away all impositions, and for raising a revenue without taxes, by creating banks for the encouragement of trade. Lond. 1660. 4⁰.

Oehlhafen, T. De rei monetariae statu hodierno in I. R. G. corruptissimo etc. Norimb. 1660.

Conring, H. Disp. politica de re nummaria in re publica quavis recte constituenda. Helmstadt 1662.

Mun, T. Englands treasure by foreign trade. Lond. 1664.

Lentz, J. C. Kurtz gegründete Fürstellung der bei dem Münzwesen im Reiche sich vornemblich erzeigenden Mängel. Regensbg. 1665.

v. Schoellenbach, O. V. De rei monetariae hodie in R. I. G. corruptissimo statu. Norimb. 1665.

Bouteroue, C. Recherches curieuses des monnaies de France etc. Par. 1666. Fol.

Alberti, V. Diss. de numo in genere. Lips. 1667. 4⁰.

Krull, J. G. Tractatus de regali monetarum jure, in quo in primis de remediis restituendi rem monetariam depravatam agitur. Jena 1667. 4⁰. (Neue Ausg. Hannover 1728.)

Child, Sir Josiah. Brief observations concerning trade and the interest of money. Lond. 1668.

Uffelmann, H. De mensura pretii rerum et re numaria in republica recte constituenda. Helmst. 1668. 4°.

The use and abuse of money. Lond. 1671.

Schulze, B. Diss. de bonitate monetae. Rinteln 1673. 4°.

Kurze Vorstellung des jetzigen Münzwesens, und was dabei weiter zu vermuten, auch wie demselben Übel abzuhelfen. Lübeck 1673. 4°.

Rice Vaughan. Discurse of coin and coinage. Lond. 1675.

Selden, J. Liber de nummis in quo antiqua pecunia romana et graeca metitur pretio ejus etc. Lond. 1675.

Ein kurtzes und einfältiges Münzgespräch zwischen einem Priester, Kauffmann, Münzmeister u. Fuhrmann. (s. l.) 1676.

Spener, G. W. Diss. de re monetaria S. R. I. Argentor. 1677. 4°.

Lewis, M. Proposals to the King and Parliament; or a large model of a bank, showing how the fund of a bank without much charge or any hasard etc. Lond. 1678.

Cotton, Sir Robert. A speech made before the lords and his majesties .... touching the alteration of coin. Lond. 1679.

Hoffmann, L. W. Gründlicher und ausführlicher Bericht .... was solche Münzen wert gewesen etc. Nürnb. 1680. Fol.

Petty, Sir William. Several essays etc. — — Quantumcunque or a tract concerning money. Lond. 1682. 4°.

Hoffmann, L. W. Alter und neuer Müntz-Schlüssel oder Beantwort- und Eröffnung 222 curioser Fragen das Münz-Wesen betreffend. etc. etc. Nürnb. 1683.

Montanari, G. Della moneta, trattato mercantile. — — Breve trattato del valore delle monete. 1683. (Custodi P. a. 3.)

du Hamel, G. Cours des changes à Hambourg. — Hamburger Wechselkurs etc. Hmbg. 1685.

Diskurs, den Silberverkauf betreffend etc. Regensb. 1685. 4°.

v. Schröder, W. Fürstliche Schatz- u. Rentkammer. (Kap. 80. Bankwesen.) Wien 1686.

(Fabricius, A. C.) Verbessertes und vermehrtes Kippe die Wippe nach der jetzigen Mode, oder Müntz Betrug etc. (s. l.) 1688.

(Barbon, N.) A discourse of trade. By N. B. M. D. Lond. 1690. Conrads Jahrb. f. N. O. N. F. B. 21. Jena 1890: „vielleicht eine der glänzendsten Leistungen der vorklassischen Ökonomik".

le Blanc, M. Traité historique des monnaies de France avec leurs figures depuis le commencement de la monarchie jusqu'à présent. Par. 1690. 4º.

Filargius. Entlarvtes Münzwesen. 1690. 4º.

Morhof, D. G. Oratio de auro. Kilon. 1690.

Locke, J. Some considerations of the consequences of the lowering the interest and raising the value of money. Lond.1691.

North, D. Discurse on trade. Lond. 1691.

Boizard, J. Traité des monnaies etc. Par. 1692.

ab Hagelstein, D. Thomann. Des H. R. R. acta publica monetaria. Augsp. 1692. Fol.

Pfenninck, J. G. De rei monetariae mutatione et augmento. Lips. 1692.

E. H. Reasons for the abatement of interest to four in the hundred. Lond. 1692.

Lucius, C. L. Neuer Münztractat von approbierten und devalvierten Guldinern und andern Münzsorten samt den Münzactis von 1676—1691. Nürnb. 1693. 4º.

(Godfrey, M.) A short account of the intended Bank of England. Lond. 1694. 4º.

Schröder, J. Kompendiöse in Tabellen vorgestellte Gold- und Silberrechnung. Hmbg. 1694.

(Barbon, N.) The settlement of the land bank. Lond. 1695.

Lowndes, W. A report to the Lords of the Treasury containing an Essay for the amendment of the silver coins. Lond. 1695.

Murray, R. A proposal for a national bank, consisting of land, or any valuable securities or depositums etc. Lond.1695. 4º.

Paterson, W. Conferences on the public debts by the wednesdays club in friday street. Lond. 1695. 4º.
    Bezieht sich auf die Vorgänge, die zur Errichtung der Bank von England führten.

Angliae tutamen: or the safety of England, being an account of the banks, lotteries, mines, diving, draining, metallic, salt, linen, engines . . . and many pernicious projects now on foot etc. Lond. 1695.

A report containing an essay for the amendment of the silver coins. Lond. 1695.

(Asgill, J.) Several assertions proved in order to create another species of money than gold. Lond. 1696.

Barbon, N. Discourse concerning coining the new money lighter in answer to Mr. Locke's Considerations. Lond. 1696.

Cary, J. Essay on the coin and credit of England; as they stand with respect to its trade. Bristol 1696.

Davenant, C. Essay on the East India trade. Lond. 1696.

Locke, J. Further considerations on raising the value of money, wherein Lowndes Arguments.... are examined. Lond. 1696.

— — Several papers relating to money interest and trade. Lond. 1696.

— — Short observations on a printed paper entitled „for encouraging the coining Silver Money in England and after for keeping it here". Lond. 1696.

Dialogus zwischen d. Gelde u. d. Armut. Münch. 1696. Fol.

A discourse on money. Lond. 1696.

A political and historical essay on money. Lond. 1696.

Decus et tutamen or our new money as now coined in full weight and fineness proved to be for the honour, safety and advantage of England. Lond. 1696.

Chamberlen, H. The constitution of the office of land credit declared in a deed. Lond. 1698.

Davenant, C. Essay on the probable ways of making the people gainers in the balance of trade. Lond. 1699.

Boisguillebert, P. Dissertation sur la nature des richesses, de l'argent et des tributs. Par.

— — Essay sur la rareté de l'argent. Par.

Bircherod, J. B. Specimen rei monetariae Danorum etc. Hafniae 1701. 4°.

Olearius, J. C. Curiöse Münzwissenschaft. Jena 1701.

Rinck, E. G. De veteris numismatis potentia et qualitate lucubratio . . . sive cognitio totius rei nummariae ad intelligentiam iuris accomodata. Lips. et Frft. 1701. 4°.

Cuno, M. Der gar zu gemein werdende alte und neue Betrug unter denen Reichsthalern, mit Fleifs entdecket und vor Augen gestellet. Hmbg. 1702.

(Law, John.) Discourse concerning money and trade 1705. — Money and trade considered with a proposal for supplying the nation with money. Edinburgh 1705. (Neue Ausg. Glasgow 1750.)

Fleetwood, B. Chronicon pretiosum, or an account of english gold and silver money; the price of corn and other commodities and of stipends, salaries, wages, jointures, portions, day labour etc. in England for six hundred years past. Lond. 1707. (2. ed. 1745.)

Justice. A general treatise on money and exchanges. Lond. 1707.

de Scheidlin, J. De conventibus monetalibus S. R. I. trium circulorum superiorum etc. Jen. 1707. 4⁰. (Neue Ausg. Augsb. 1719.)

v. Ludewig, J. P. Einleitung zu dem teutschen Münzwesen mittlerer Zeiten etc. Halle 1709. (Neue Ausg. Mit Anmerkungen von J. J. Moser. Ulm 1752.)

Weinrich, J. M. De ortu et progressu rei numariae, imprimis apud Germanos. Erfurdt 1710. 4⁰.

Ceva, J. De re nummaria, quoad fieri potuit geometrice tractata. Mantuae 1711. 4⁰.

Dohler, J. G. Untersuchung vom heutigen Geldmangel. Lpz. 1712. 4⁰.

de Bünau, H. De iure circa rem monetariam in Germania. 1716. 4⁰.

de Berger, C. H. Progr. de computo et genere florenorum. Witemb. 1717. 4⁰.

Marperger, P. J. Beschreibung der Banquen, wobei zugleich von dem Rechte der Banquen und Banquiers etc. Halle u. Leipzig 1717. 4⁰.

Newton, Sir Isaac. Report concerning the state of the gold and silver coins., Nov. 23, 1717. Lond. 1717.

Gleichmann, J. Z. Diskurs von dem politischen Nutzen der deutschen Münzwissenschaft mittler Zeiten etc. Lpz. u. Jena 1718.

Law, John. Considerations sur le commerce et sur l'argent. A la Have 1720. — Gedanken von Waaren und Geldhandel. Lpz. 1720.

Schwedenberg, E. Consilium de monetarum mensurarumque ordinatione decimali etc. Stockh. 1720.

Eröfnetes Geheimnis der Probierkunst, des Münzwesens und des Wardeins Verrichtung von F. B. Lpz. 1720.

Franklin, B. Modest inquiry into the nature and necessity of a paper currency. 1721.

Braun, D. Historischer Bericht vom pohlnischen und preußischen Münzwesen. Elbing 1722. 4⁰. — Anhang. Ebend. 1726. 4⁰.

Mascovius, J. J. De iure circa rem monetariam in terris circuli Saxoniae superioris. Lips. 1723. 4°.

Reusch, E. Origines metalli fodinarum in Germania. Helmstädt. 1725. 4°.

Fauvel. Discours touchant les monnaies. Par. 1726.

Leake, S. M. Historical account of english money from the conquest . . . . . . to the present time. Lond. 1726. (Neue Ausg. 1745.)

Nummi Britannici historia. Or an account of English money . . . . i. e. dissertatio historica de moneta anglicana inde a tempore Wilhelmi Conquest. usque ad haec tempora. 1726.

Gedanken, die jetzige Geldnot betreffend. 1727. 4°.

Gull, W. De utilitate bonae monetae et maxime novae Hamburgensis in commercio. Traj. ad Rhen. 1728. 4°.

Wiertz, J. Traité des changes étrangers. Basel 1728. 4°.

An historical account of the establishment, progress and state of the Bank of Scotland; and of the several attempts that have been made against it etc. Edinburgh 1728.

Doederlein, J. A. Commentatio historica de nummis Germaniae mediae, quos vulgo bracteatos et cavos adpellant . . . . . Accessit de pecuniae medii aevi valore nummorumque nostrae aetatis disquisitio. Norimb. 1729. 4°.

Köhler, J. D. Historische Münzbelustigungen 1.—22. Th. Nürnb. 1729—1750. 4°.

Graumann, J. P. Europäischer Arbitragetraktat. 1731.

Mélon. Essays politiques sur le commerce. Par. 1731.

Vanderlint, J. Money answers all things or an essay to make money sufficiently plentiful amongst all ranks of people and increase our foreign and domestic trade. Lond. 1734.

Einige Nachrichten zur Erläuterung der zwischen der Krone Dänemark und der Stadt Hamburg wegen der von dieser 1725 beliebten Münzordnung entstandenen Mißhelligkeiten. Mit 56 Beilagen. Hmbg. 1734. 4°.

Nachricht von der Beschaffenheit der Stadt-Hamburgischen Münz-Verfassung, in Ansehung der Commercien der k. dänischen Unterthanen. Hmbg. 1734. 4°.

Berkeley, G. The Querist. Lond. 1735.

Gespräche in dem Reiche der Wahrheit zwischen einem Dänen, Lüneburger und einigen Hamburgern, über die von dieser Stadt im Jahr 1726 eingeführten Münzverordnungen etc. Hmbg. 1735. 4⁰.

Folkes, M. Tables of english gold coins from the 18 year of King Edward III. etc. Lond. 1736. 4⁰.

Heineccius, J. G. Dissertatio de reductione monetae ad justum pretium. Halae 1737. 4⁰.

Sommer, J. H. Entwurf der heutigen Verfassung des Münzwesens im h. Röm. R. deutscher Nation. Rudolst. 1737. 4⁰.

Muratori, L. A. De moneta, sive iure cudendi nummos. De diversis pecuniae generibus, quae apud veteres in usu fuere etc. Mediol. 1738—42. Fol.

Unparteiische Betrachtung über den Verfall des Münzwesens etc. — Anhang das Münzwesen und den Silberpreis insonderheit betr. Regensb. 1738. Fol.

v. Praun, G. H. S. Gründliche Nachricht von dem Münzwesen insgemein etc. Götting. 1739. (Neue Ausg. Lpz. 1784.)

Feustel, C. J. De iure monetandi, deque novissimis circa eius exercitium consulationibus in comitiis. Lips. 1740. 4⁰.

Newton, J. Table of the assays, weights and values of most foreign silver and gold coins, actually made at the mint by order of the Privy Council. Lond. 1740. Fol.

Wachter, J. E. Archaeologia nummaria. Lips. 1740. 4⁰.

A discourse concerning the currency of the British plantations in America especially with regard to their paper money. Boston 1740. Reprinted Lond. 1751.

Hume, D. Essays moral and political. Lond. 1741.

Broggia, C. A. Trattato delle monete considerate ne' rapporti di legittima riduzione, di circolazione e di deposito. 1743. (Custodi p. a. T. 4. 5.)

Decker. Essay on the cause of decline of foreign trade. Lond. 1744.

Folkes, M. Tables of english silver coins from the Norman conquest to the present time etc. Lond. 1745. 4⁰.

Jaster, G. F. Gespräch vom Münzwesen im römischen Reich, eiusdem correctura et cura, zwischen einem Juristen und Münzguardein. Frankf. 1745. 4⁰.

Dupré de Saint-Maur, N. F. Essai sur les monnaies, ou reflexions sur le rapport entre l'argent et les denrées. Par. 1746. 4°.

Graumann, J. P. Abdruck eines Schreibens, die deutsche und anderer Völker Münzverfassung und insbesondere die braunschweigische Münze betreffend. Lpz. 1749. 4°.

Simon, J. An essay towards an historical account of Irish coins and of the currency of foreign monies in Ireland. Dubl. 1749.

Argelatus, P. De monetis Italiae variorum illustrium virorum disputationes, quarum pars nunc primum in lucem prodit. (3 tmi). Mediol. 1750. 4°.

Belloni, G. Dissertazione sopra il commercio. 1750. (Deutsche Ausgabe von G. Schumann. 1752.)

Faber, W. C. Entwurf einer numismatischen Kenntnis der europäischen Staaten nach ihren Abteilungen. Frankt. und Lpz. 1750.

Galiani, F. Della moneta libri cinque. Napoli. 1750. 4°. (Custodi, P. m. T. 3. 4.)

Indole ed equalit à naturale e civile della moneta Roma. 1750. 4°.

· · ·

Achenwall, G. Entwurf einer Betrachtung über die Zunahme des Goldes und Abnahme des Silbers. (Hannöv. Gel. Anzeigen, Jahrg. 1751, S. 345—351.) Hannov. 1751.

Carli, G. R. Dell' origine e del commercio della moneta e dell' institutione delle zecche d'Italia dalla decadenza dell' impero sino al secolo XVII. Hajae (Venetiis) 1751. 4°. (Custodi, P. m. T. 13. 14.)

Child, Sir Josiah. New discourse of trade, wherein are recommended several weighty points etc. 5. Aufl. Glasgow 1751.

Jaster, G. F. Münz und Wechsel Anmerkungen, den Grund des Leipziger Fußes und Gold und Silber Preises betreffend. Mainz 1751. 4°.

— — Weiter ausgeführte Gedanken über den Leipziger Fuß. Frankf. u. Lpz. 1751. 4°.

Neri, P. Osservazioni sopra il prezio delle monete. 1751. (Custodi, P. a. T. 6. 7.)

Achenwall, G. Anmerkungen über die in den hannov. Anzeigen 1751 S. 787 ff. eingerückten Gedanken . . . . . . von der

Zunahme des Goldes etc. (Hannöv. Gel. Anzeigen, Jahrg. 1752, S. 169—183.) Hannov. 1752.

van Bynkershoek, C. In mutuo aliam pro alia pecuniam reddi posse et aurum pro argento et v. v. (Observationes juris romani. L. I No. 9.) Lugd. Batav. 1752. 4⁰.

Hume, D. Political discourses. Lond. 1752.

Martini, M. Der kunstreiche Münzmeister und wolerfahrene Münzwardein. Berl. 1752.

North, G. Remarks . . . . . in which will be considered the standard of the most ancient english coins, the state of the mints and the beginning of sterling etc. Lond. 1752. 4⁰.

Unger, J. F. Von der Ordnung der Fruchtpreise und deren Einflufs in die wichtigsten Angelegenheiten des menschlichen Lebens. Göttingen 1751. 4⁰.

Vernünftige Verteidigung des Schreibens, die Teutsche und anderer Völker Münzverfassung betr. . . . . nebst einem Anhang vom Steigen und Fallen des Silberpreises. Berl.1752. 4⁰.

Nuovo trattato del modo di regolar la moneta. Venez. 1752. 4⁰.

Bidermann, J. G. Acht Abhandlungen von Bergwerksmünzen. Freiberg 1753—1772. 4⁰.

Kruse, J. E. Allgemeiner und besonders Hamburgischer Comtorist etc. Hmbg. 1753. 4⁰. (Viele neue Ausg. bis 1783.)

Michaelis, J. D. Commentatio de pretiis rerum apud Hebraeos ante exilium babylonicum. (Commentarii Societatis regiae scientiarum Gottingensis. T. 3.) Göttingen 1753. 4⁰.

Hamberger. De pretiis rerum apud veteres Romanos disputatio. Götting. 1754.

Schott, C. F. Dissertatio de cura principis circa pretium monetae. Tubing. 1754. 4⁰.

— — Dissertatio de cura principis circa mutationem monetae. Erf. 1754. 4⁰.

de Cantillon. Essai sur la nature du commerce en général. Trad. de l'angl. Lond. (Par.) 1755.

Hewitt, J. A treatise upon money, coins and exchanges, in regard both to theory and practice. Lond. 1755.

Entdeckte Ursachen des verderbten Münzwesens in Teutschland. 1755.

Hirsch, J. C. Des teutschen Reichs Münz-Archiv. I—IX. Nürnb. 1756—59. Fol.

Orsini, J. Storia delle monete della casa de'Medici. Fir. 1756. 4°.

Allgemeine Begriffe vom Münzwesen etc. Frankf. 1756.

Caryophilus, B. De antiquis auri, argenti, stanni, aeris, ferri plumbique fodinis. Viennae 1757. 4°.

Harris, J. An essay upon money and coins. Lond. 1757.

Herbach, J. C. Europäische Wechselhandlung wie auch von denen vornehmsten Banchi etc. Nürnb. 1757. Fol.

Newton, J. Abhandlung über die Proportion zwischen Gold und Silber. — Erläuterung der Wechselgeschäfte aus der Tabelle etc. (Hannov. nützliche Sammlung.) Hannov. 1757

Simonon, P. Traité historique et methodique sur l'usage et la nature des anciennes monnaies d'or et d'argent et rehaussage des capitaux. Liege 1758. 4°.

Hirsch, J. C. Bibliotheca numismatica, exhibens catalogum auctorum, qui de re monetaria et nummis tam antiquis, quam recentioribus scripsere. Norimb. 1760. Fol.

Orsini, J. Storia delle monete della republica Fiorentina. Firenze 1760. 4°.

Snelling. A view of the coins at this time current troughout Europe, exhibiting the figures of more than 300 etc. Lond 1760.

Untersuchung der Frage: ob das Silbergeld zu erhöhen sei. Regensb. 1760. 4°.

Zufällige Gedanken über die Proportion von Silber und Gold. Dann Gegenerläuterung deren zufälligen Gedanken etc. 1760. Fol.

de Bettange, M. Traité des monnoyes. P. 1 et 2. Avignon 1761.

Graumann, J. P. Tabellen zum Ausrechnen des Silbers und Goldes nach dem Gehalte. 1761.

Patriotische Gedanken eines Kaufmanns über das Münzwesen, worinnen .... behauptet wird, dafs ein schwerer Münzfufs zum Ruin der Fabriquen .... gereichen werde. Frankf. u. Lpz. 1761. 4°.

Beccaria Bonesana, C. Del disordine e de' remedii delle monete nello stato di Milano nel 1762. Lucca 1762.

Dupré de Saint-Maur, N. F. Recherches sur la valeur des monnaies et sur le prix des grains avant et après le concile de Francfort. Par. 1762. 4°.

Friderici, C. C. W. Gründliche Abhandlung von dem Münzwesen im heil. röm. Reiche, worinnen der Ursprung des

Münzwesens u. der Wert der Reichsmünzen dargethan, auch m. Urkunden erläutert wird. Bresl., Thorn u. Lpz. 1762.

Graumann, J. P. Gesammelte Briefe von dem Gelde, von dem Wechsel u. dessen Kurs; von der Proportion zwischen Gold u. Silber; von dem Pari des Geldes u. den Münzgesetzen verschiedener Völker, besonders aber von dem englischen Münzwesen. 2 Bde. Berl. 1762. 4⁰.

Hirsch, J. G. Eröffnetes Geheimnis der praktischen Münzwissenschaft, samt beigefügter Tariffe von Gold u. Silber. 1762. 4⁰.

Snelling, T. A view of the silver coin and coinage of England from the Norman conquest to the present time. Lond. 1762. Fol.

Reflections on coin in general, on the coins of gold and silver in Great Britain in particular . . . . ., on those metals as merchandise; and also on paper passing as money. Lond. 1762. 4⁰.

Benitez, P. de Cantos. Escrutinio de maravedises y monedas de oro antiguas, su valor etc. Madrid 1763. 4⁰.

Obermayr, J. F. Historische Nachricht von bayrischen Münzen etc. Frankf. u. Lpz. 1763. 4⁰.

Snelling, T. A view of the gold coin and coinage of England from Henry III. to the present time. Lond. 1763. Fol.

de Bazinghen, Abot. Traité des monnaies et de la jurisdiction de la cour des monnaies, en forme de dictionnaire etc. 2 vols. Par. 1764. 4⁰.

Carli, G. R. Delle monete e dell'instituzione delle zecche d'Italia. Mant. 1764.

— — Del valore e della proporzione de' metalli monetati con i generi in Italia. (Custodi P. m. Vol. 13.)

Macé de Richebourg, M. Essay sur les qualités des monnaies étrangères. Par. 1764. Fol.

Haas, S. Vollständiger Münzmeister und Münz-Wardein. Frankf. 1765. 4⁰.

v. Meidinger, J. F. Patriotische Gedanken über das zerrüttete Münzwesen etc. Frankf. 1765. 4⁰.

— — Vernünftige Verteidigung des Konventions- oder Zwanzig-guldenfußes. Frankf. 1765. 4⁰.

Pagnini, G. J. Della decima e delle altre gravezze della moneta e della mercatura de'Fiorentini fino al secolo 16. etc. (4 tmi.) Lucca 1765—66. 4⁰.

Nähere Beleuchtung des Konventions-Zwanzigguldenfufses etc.
Frankf. 1765. 4⁰.

Baumhauer, M. P. Versuch eines neuen und richtigen Lehr-
gebäudes der politischen Münzwissenschaft im Grund-
risse. 1766. 4⁰.

Carli, G. R. Osservazioni preventive al piano intorno alle
monete di Milano. Mil. 1766.

— — Ragionamenti sopra i bilanci economichi delle nazioni.

Hirsch, J. C. Schlüssel zu dem teutschen Münzarchiv etc.
Nürnb. 1766. 4⁰.

(de Neufville, J. N.) Unverfängliche Vorschläge zur Errichtung
eines dauerhaften Münzwesens in Teutschland. Frankf. u.
Lpz. 1766.

— — Nöthige Erläuterung derer unverfänglichen Vorschläge.
Hanau 1766.

Schneidt, J. M. Systematischer Entwurf der Münzwissenschaft
bei den Teutschen. 1766.

> In diesem Buche scheint zuerst der bimetallistische Grund-
> satz ausgesprochen zu sein: „Da der Abgang der Proportion
> durch das Agio ersetzt wird, so wird ohngeachtet aller
> Praecaution im Münzfufs das Agiottiren verbleiben, wenn
> nicht die sämmtlichen mit einander commerzicreuden Na-
> tionen eine feste Proportion setzen und auf derselben fest-
> halten. — Und dieses bleibt ein *pium desiderium* und gehört
> zu dem ewigen Friedensprojekt."

Snelling, T. The doctrine of gold and silver computations,
in which is included that of the price of money, the proportion in value between gold and silver etc. Lond. 1766.

— — A view of the copper coin and coinage of England.
Lond. 1766.

— — A view of the coins at this time current throughout
Europe etc. Lond. 1766.

Turgot, A. R. J. Réflections sur la formation et la distribution des richesses. 1766. — — Lettre sur le papier
monnaie. — — Mémoire sur la théorie des valeurs. — —
Mémoire sur les prêts d'argent.

The causes of the dearness of provisions assigned with effectual
methods of reducing the prices of them. Lond. 1766.

Reflections on the present high price of provisions and the
complaints and disturbances arising therefrom. 1766.

Baumhauer, M. P. Neue juristische Gedanken über das Recht
der Wiederbezahlung der Kapitalien bei Veränderung des
Münzfufses. Frankf. u. Lpz. 1767. 4⁰.

de Bazinghen, Abot. Table des monnaies courantes dans les quatre parties du monde, avec leur valeur, réduite aux espèces de France. Par. 1767.

Hirsch, J. C. Gesammelte kleine Schriften in Münzsachen. Ansbach 1767.

v. Keffenbrinck, J. F. Versuch den Geldkours in den märkischen Landen vom 12. Jahrh. an bis 1750, nebst den von Zeit zu Zeit gebräuchlichen Rechnungsarten zu bestimmen. — — Unterricht von dem Werte eines pommerschen Guldens. Berl. 1767. 4°.

Lüdike, J. H. Von dem Ursprung der Münzen. — — Von dem europäischen Münzwesen. Cöthen 1767 ff. 4°.

Soame Jenyns. Thoughts on the causes and consequences of the present high price of provisions. Lond. 1767.

Steuart, Sir John. An inquiry into the principles of political economy; being an essay on the science of domestic policy in free nations. 2 vols. (P. 3: On money and coins. P. 4: On credit and debts.) Lond. 1767. 4°.

An enquiry into the causes of the present high price of provisions in two parts. Lond. 1767.

Combrune, M. An inquiry into the prices of wheat, malt and occasionally of other provisions, of land and cattle etc. as sold in England from the year 1000 to the year 1765. Lond. 1768.

(Zetterstén, E.) Afhandling om mynt och banker. Stockh. 1768.

Schreiben an einen Kaufmann über die Frage: kann die Handlung eines Staats wesentlichen Schaden leiden, wenn eine unrichtige Proportion in den Wert des Goldes und des Silbers sich einschleicht. Bremen 1768.

Serious reflections on the high price of provisions, in which is contained a candid inquiry into the true causes of the present scarcity. Lond. 1768.

Reinhard, J. P. De vera metallifodinarum circa montem piniferum origine. Erlang. 1769. 4°.

Vasco, G. B. Della moneta; saggio politico. (Franz. Übers. 1772.) Custodi, P. m. Vol. 33.

Verri, P. Consulta sulla reforma delle monete dello stato di Milano. 1772.

Considerations on money, bullion and foreign exchanges, being an enquiry into the present state of the English coinage. Lond. 1772.

La zecca in consulta di stato sopra il saggio, conio e valore delle monete di tutte le città d'Italia, trattato legale mercantile. 2 tmi. Mediol. 1772. Fol.

Moor, F. Considerations on the present exorbitant price of provisions. Lond. 1773.

An essay on the causes of the present high price of provisions as connected with luxury, currency, taxes and the national debt. Lond. 1773.

An inquiry into the connection between the present price of provisions and the size of farms etc. ... by a farmer. Lond. 1773.

Conduit, J. Observations on the present (1730) state of our gold and silver coins; from an original manuscript formerly in the possession of the late Dr. Swift. Lond. 1774.

A critical inquiry into the legality of the proceedings consequent to the late gold act. Lond. 1774.

Lange, J. P. Beiträge zur Geschichte des Schwäbischen und Fränkischen Münzwesens in mittlern Zeiten. Halle 1775.

Zanetti, G. A. Nuova raccolta delle monete e zecche d'Italia. T. 1—5. Bologna 1775—1789. 4°.

de Meyer, R. J. Theoretische Einleitung in die praktische Münzwissenschaft und eine genaue Prüfung und Kenntnifs des Goldes und Silbers. Solothurn 1776. (Neue Ausg. Frkf. 1783. 4°.)

Olbers, T. De valore monetae mercatorum auctoritate mutato. Gotting. 1776. 4°.

Guden, P. P. Über den Vorteil u. Schaden der Landesherrn u. Unterthanen vom schwer. u. leicht. Münzfufs. Hannov. 1777.

v. Keffenbrinck, J. F. Abhandlung über das Verhältnis des Werts des Geldes und der Lebensmittel seit Constantin dem Grofsen bis zur Teilung des Reichs und dessen Einfluss etc. Berl. 1777.

Mauvillon, J. Untersuchung über den verschiedenen Münzfufs in Teutschland. (Samml. v. Aufsätzen 2. T.) Lpz. 1777.

Smith, A. Inquiry into the nature and causes of the wealth of nations. (Book 1. cap. 4—7.) Edinb. 1778.

Ulrich, P. F. Commentatio de eo quod in Germania circa censum s. monetae reditus, quod vulgo Schlegelschatz vocant, justum est. Marpurgi 1778. 4°.

Waser, J. H. Abhandlung vom Gelde. Zür. 1778. 4°.

Behn, F. D. Versuch von der Theorie der Alligationsregel u. der Münzwissenschaft. Lübeck 1779. 4°.

Klotzsch, J. F. Versuch einer kursächsischen Münzgeschichte von den ältesten Zeiten bis auf die jetzige Zeit. 1. u. 2. T. Chemn. 1779—80.

Grundlehren von Münzen. München 1779.

Galiani, F. Della moneta. Napoli 1780. 4°. (Custodi, P. m. T. 3, 4.)

Paucton, M. Métrologie ou traité des mesures, poids et monnaies des anciens peuples et des modernes. Par. 1780. 4°.

Raynal, G. T. Histoire philosophique et politique des établissements et du commerce des Européens dans les deux Indes. 4 vlms. Genève 1780. 4°.

Kraut, A. J. Beitrag zu einer chronologischen Geschichte des innern Gehalts der lübischen Währung in der mittleren Zeit. (Hannoversches Magazin.) Hannov. 1782.

Möhsen, D. J. E. W. Münzwesen in der Mark seit den ältesten Zeiten bis zu Ende des 16. Jahrh. (Beiträge z. Gesch. d. W. in der Mark Brandenburg.) Berl. u. Lpz. 1783.

Angot de Rotours, X. F. Almanach des monnoies. Par. 1784.

Hope, J. Letter on credit. 2. ed. W. a postcript and a short account of the bank of Amsterdam. Lond. 1784.

Pütter, S. Über den Wert der heutigen sogenannten Conventionsmünze. Göttingen 1784.

Burtrel du Pasquier, M. Observations sur la déclaration du 30. Oct. 1785 et l'augmentation progressive du prix des matières d'or et d'argent, depuis le 1. janv. 1726. Par. 1785.

Eberle, J. A. Versuch einer Beantwortung auf verschiedene bei der gegenwärtigen Lage unseres Münzwesens aufgeworfene Fragen. Frankf. 1785.

de Florencourt, C. Chassot. Über die Bergwerke der Alten. Göttingen 1785.

de Mirabeau, H. G. Riquetti comte. De la caisse d'escompte. 1785. — De la banque d'Espagne, dite de Saint Charles. 1785.

Reitemeyer. Über den Bergbau der Alten. Göttingen 1785.

Sabba Phosei Roter, Cosmoplettaenus. Discorso economico e politico sull'uso delle moneta per ovviare alla di lei penuria in qualsisia stato e specialmente nello stato pontificio. Bologna 1786.

Schneidt, J. M. Gedanken über die dermalen bevorstehende Münzrevolution. Würzb. 1786. Fol.

Bemerkungen über die Golderhöhung in Frankreich und Österreich u. der. Anwendbarkeit i. Reich etc. Augsb.1786. Fol.

Unmafsgebliche Gedanken über die Proportion zwischen Gold und Silber etc. Augsb. 1786. Fol.

v. Meidinger, J. F. Gedanken zur Verbesserung des Münzwesens und dessen Einflufs auf die Handlung. Wien 1787.

Pinto. Traité de la circulation et du crédit. Amsterdam 1787.

Zoega, J. Versuch zur Entwickelung fester Begriffe von Arbeit und Handel .... und hauptsächlich über die neu einzuführende Speziesmünze etc. Kopenhagen u. Altona 1787.

Behn, F. D. Anfangsgründe d. Münzwissenschaft. Lübeck 1789. 4°.

Brodhagen, P. H. C. Kurze Übersicht und Beurteilung des französischen Münzwesens bei der letzten Veränderung der Proportion des Goldes zum Silber in Rücksicht auf Deutschland. (Büsch u. Ebeling's Handelsbibliothek. B. 2.) Hmbg. 1789.

Büsch, J. G. Grundsätze der Münzpolitik in näherer Rücksicht auf den Lübschen Münzfufs. Nebst zwei Anhängen über den Schlagschatz und die Unmöglichkeit der Einführung einer allgemeinen Münze. Hmbg. 1789.

Merrey, W. Remarks on the coinage of England from the earliest to the present times, with a view to point out the causes of the present scarcity of our silver coins. Nottingh. 1789.

Romé de l'Isle, M. Métrologie, ou Tables pour servir à l'intelligence des poids et mesures des anciens, et principalement à déterminer la valeur des monnaies Grecques et Romaines etc. Par. 1789. 4°.

Sieveking, G. H. Über den Hamburgischen Münzfufs, mit Rücksicht auf Büsch's Grundsätze der Münzpolitik. Hmbg. 1789.

Zoega, J. Etwas zur Erläuterung über das Münzwesen überhaupt und über den Ursprung und Beschaffenheit des dänischen Münzfufses. A. d. Dänischen v. H. Kamphorener. Kopenh. 1789.

Bemerkungen über die neue Einrichtung des Geldes in den Herzogtümern Schleswig u. Holstein. Hmbg. 1789.

Gesammelte Schriften über die dänische Münzeinrichtung, über Bankozettel, Handelsbalanz etc. Kopenh. 1789.

Büsch, J. G. Ein Wort zu seiner Zeit über die Hamburgische Bank. Hmbg. 1790.

— — Erfahrungen. Hmbg. 1790—1802.

Dietze, J. G. Versuch einer münzwissenschaftlichen Beantwortung der Fragen: wie ist eine Geldschuld abzutragen, und wie hat man bei Valvierung aller eherdessen in Gold als Silbergeld angelegten Kapitalien zu verfahren etc. Frankf. 1790.

Diodatus, L. Dello stato presente della moneta del regno di Napoli etc. Napoli 1790.

de Mirabeau, H. G. Riquetti comte. Observations préliminaires sur le rapport du comité des monnaies, et Mémoire sur la constitution monétaire. Par. 1790.

Gedanken über den gegenwärtigen Zustand des deutschen Münzwesens überhaupt und dessen erforderliche Verbesserung etc. Frankf. 1790.

* Rapports (1. et 2.) du comité des monnaies à l'assemblée nationale. Par. 1790.

---

* Hamilton, A., Secretary of the Treasury. Report on the establisment of a mint in the House of Representatives of the United States, May 5, 1791.

Webster, P. Nature and operation of money, w. essays on finance. Philad. 1791.

Drei Schriften über Geld und Banken, besonders über die Hamburgische Bank. Zweite Auflage veranstaltet von der Hamburgischen Kommerzdeputation. Hmbg. 1791.

Arnould. De la balance du commerce et des relations commerciales extérieures de la France etc. Par. 1792.

Hegewisch, D. H. Über den richtigen Begriff vom Gelde. über die Wichtigkeit des Geldes in Absicht auf Nationalreichtum und über die Schwierigkeit in Ländern, wo der schwere Münzfuss üblich ist, den leichten einzuführen. — Schreiben an Professor Büsch über die Möglichkeit und Nützlichkeit eines allgemeinen Münzfuses. (Deutsches Magazin.) Hmbg. 1792.

Rachon, M. Essay sur les monnaies anciennes et modernes. 1792.

Tetens, J. N. Über die letzten Veränderungen in der Bank und dem Geldwesen in Dänemark. Nebst einigen allgemeinen Untersuchungen. Kopenh. 1793.

Diccionario universal de moedas, que se conhecem na Europa, Asia, Africa e America. Lisb. 1793.

Crawford, G. The doctrine of equivalents, or an explanation of the nature, the value and the power of money etc. Part 1. Rotterdam 1794.

Schedel, J. C. Die Handlung nach ihrer Beziehung auf Münzwesen. 1796.

Etwas über Geld und Banken. Hmbg. 1796.

Baring, Sir Francis. Observations on the establishment of the bank of England and on the paper currency of the country. Lond. 1797.

Mongez, J. A. Considérations sur les monnaies. Par. An IV.

Schlözer, A. L. Münz-, Geld- und Bergwerksgeschichte des russischen Kaisertums von 1700—1789. Götting. 1797.

Allardyce, A. Address to the proprietors of the Bank of England. Lond. 1798.

Eckhel, J. Doctrina numorum veterum. Lips. 1798. 4°.

Evers, C. F. Mecklenburgische Münzverfassung, besonders die Geschichte derselben. Schwerin 1798.

Hallenberg, J. Historische Afhandling om Mynt och Warors Wärde i Sverige, under Koning Gustav I. Regering. Stockh. 1798.

Prieur. Rapport sur la loi des monnaies fait au nom de la commission des finances au Conseil des Cinq-Cents. Par. An VI.

Solera, M. Essai sur les valeurs. 1798. (Custodi, P. m. T. 39.)

Völlinger, J. A. Lehrgebäude über Geld-, Bank- und Wechselwesen. Heidelb. 1798.

Thoughts upon a new coinage of silver, more especially as it relates to the alteration in the division of the pound Troy. By a banker. Lond. 1798.

Ruding, R. A proposal for restoring the ancient constitution of the mint, so far as relates to the expense of coinage etc. Lond. 1799.

Brand, J. A determination of the average depression of the price of wheat in war, below that of the preceding peace, and of its advance in the following etc. Lond. 1800.

Büsch, J. G. Abhandlung von dem Geldumlaufe in anhaltender Rücksicht auf die Staatswirtschaft und Handlung. 2. Aufl. Hmbg. 1800.

Buse, G. H. Vollständiges Handbuch der Geldkunde in systematischer Ordnung. Praktischer Teil. 2 Bde. u. theoretischer Teil. Erfurt 1800—1803.

Young, A. The question of scarcity plainly stated and remedies considered, w. observations on permanent measures to keep wheat at a more regular price. Lond. 1800.

Baring, Sir Francis. Observations on the publication of Walter Boyd, M. P. Lond. 1801.

Boyd, W. A. Letter to William Pitt on the influence of the stoppage of issues in specie at the bank of England, on the prices of provisions and other commodities. 2. ed. with additional notes and a preface containing remarks on the publication of F. Baring. Lond. 1801.

Büsch, J. G. Vortrag über Münzen, deren Gold- und Wechselpari. Hmbg. 1801.

— — Sämtliche Schriften über Bank- u. Münzwesen. Hmbg. 1801.

Gerhardt. Tabellarisches Taschenbuch zur Berechnung des Goldes und Silbers. Berl. 1801.

Lipsius, J. G. Bibliotheca numaria sive catalogus auctorum qui usque ad finem seculi 18. de re monetaria aut numis scripserunt. Praefatus est C. G. Heyne. 2 tmi. Lips. 1801.

Cleynmann, Fr. C. Über das Münzwesen. Frankf. a. M. 1802.

Dietze, J. G. Patriotische Gedanken u. Vorschläge den gegenwärtigen Verfall des Kreismünzwesens u. dessen Verbesserung betreffend. Frankf. a. M. 1802.

— — Geschichtliche Darstellung des alten u. neuen deutschen Münzwesens.

(Fortune, F.) A concise and authentic history of the Bank of England, w. dissertations on metals and coin etc. 3. ed. Lond. 1802.

Juncker, F. Abhandlung über die Folgen u. Einflüsse von einem unter einem Volke entstandenen, im Verhältnis zu einem andern Volke übermäfsigen Metallreichtum. 1802.

Thornton, H. An inquiry into the nature and effects of paper credit in Great Britain. Lond. 1802.

Über das Münzwesen. Frankf. a. M. 1802.

The utility of country banks considered. Lond. 1802.

Krug, P. Zur Münzgeschichte Rufslands. Petersb. 1803.

Say, J. B. Traité d'économie politique etc. Par. an XI (1803).

Der Papierkredit von Grofsbritannien etc. A. d. Engl. von L. H. v. Jacob. Halle 1803.

Béranger. Rapports (1. et 2.) sur les monnaies. — Section des Finances. — Citoyen Béranger rapporteur. Par. An X.

Bosc, J. Considérations sur l'accumulation des capitaux et les moyens de circulation chez les peuples modernes. Par. An X.

King, Lord. Thoughts on the effects of bank restrictions. 2. ed. enlarged, w. some remarks on the coinage. Lond. 1804.

Leslie Foster, J. An essay on the principle of commercial exchanges, and more particularly of the exchange between Great Britain and Ireland; w. an inquiry into the practical effects of the bank restrictions. Lond. 1804.

Magens, D. An inquiry into the real difference between actual money consisting of gold and silver and paper money. Lond. 1804.

Parnell, H. Observations upon the state of the currency in Ireland and upon the course of exchange between Dublin and London. 3. ed. Lond. 1804.

* Premier rapport du Ministre des Finances aux Conseils sur les monnaies. (Gaudin). Par. Imp. de la Rép. An XI.

* Second rapport du Ministre des Finances aux Conseils sur les monnaies. (Gaudin). Par. Imp. de la Rép. An XI.

v. Coeverden. Versuch einer Entwickelung der nachteiligen Folgen einer gar zu grofsen Masse Staatspapiergeldes. Göttingen 1805.

Flörke, H. G. Die Münzkunst und Münzwissenschaft. Berl. 1805.

Liverpool, Charles Earl of. A treatise on the coins of the realm, in a letter to the King. Oxford 1805. 4°.

Arnould. Histoire générale des finances de la France. Par. 1806.

Bonneville. Traité des monnaies d'or et d'argent, qui circulent chez les différents peuples, examinés sous les rapports du poids, du titre et de la valeur réelle, avec leur diverses empreintes. Par. 1806.

Rare, S. Encyklopädie der gesamten Geldwissenschaft. Erlangen 1806.

v. Jacob, L. H. Kurze Belehrung über das Papiergeld zur Beurteilung der preußischen Tresorscheine. Halle u. Lpz. 1806.

Ideen über die reelle Grundlage eines notwendigen Papiergeldes. Auf Veranlassung der k. preußischen Verordnung vom 4. Febr. 1806 (die Tresorscheine betreffend). Regensburg 1806.

Seidensticker, J. A. L. Specimen doctrinae de jure monetae chartaceae. Jena 1807.

Bethe, J. C. J. Commentatio de Hispaniae antiquae re metallica. Gotting. 1808. 4°.

Wagner, A. Anleitung zur Berechnung der Kronenthaler und der Brabanter Thaler. Lpz. 1808.

v. Humboldt, A. Versuch über den politischen Zustand des Königreichs Neu-Spanien, enthaltend Untersuchungen über die Geographie des Landes etc. 5 Bde. Tübingen 1809—14. (Eine vermehrte französische Bearbeitung dieses Werkes ist später erschienen.)

Locker. Addresses to the king, ministry and people of the money system. Lond. 1809

Murhard, C. Über Geld u. Münze. Cassel u. Marburg 1809.

Blake, W. Observations on the principles which regulate the course of exchanges, and on the present depreciated state of the currency. Lond. 1810.

Bonnet, A. Manuel monétaire et d'orfévrerie ou nouveau traité des monnaies. Par. 1810.

Bosanquet, C. Practical observations on the report of the bullion committee. Lond. 1810.

Gallatin, A. (Secretary of the treasury.) Letter to a committee of the House of Representatives on the valuation of foreign coin. Dez. 17. 1810. (American State Papers. Finance II, 457.)

Grattenauer, K. W. F. Über die preußische Realmünze u. ihren Zahlwert. Bresl. 1810.

Hill, J. An inquiry into the causes of the present high price of bullion in England and its connection w. the state of foreign exchanges, w. observations on the report of the bullion committee. In a series of letters addressed to T. Thompson. Lond. 1810.

Huskisson, W. The question concerning the depreciation of our currency stated and examined. 3. ed. corrected. Lond. 1810.

Mushet, R. (of his Majesty's mint.) An inquiry into the effects produced on the national currency and rates of exchange by the bank restriction bill, explaining the cause of the high price of bullion etc. Lond. 1810.

Ricardo, D. The high price of bullion a proof of the depreciation of bank-notes. Lond. 1810.

Simonde de Sismondi. J. C. L. Du papier-monnaie dans les Etats Autrichiens, et des moyens de le supprimer. Weim. 1810.

Report, together w. minutes of evidence and accounts, from the select committee on the high price of gold bullion. 8. June. 1810. (Parl. pap.) Lond. Fol.

Dieser Bericht, bekannt unter dem Titel „Bullion report", ist eines der wichtigsten und ausgezeichnetsten Aktenstücke, die jemals auf dem Gebiet des Geldwesens veröffentlicht sind. Die Restriktion der Barzahlungen der Bank von England vom Jahre 1797 hatte nach Verlauf einiger Jahre ein Sinken der auswärtigen Wechselkurse und Steigen des Goldes zur Folge. Die Ansichten über die wahren Ursachen dieser Erscheinung gingen weit auseinander. Der vom Unterhaus niedergesetzte Untersuchungsausschufs *„to enquire into the cause of the high price of bullion, and to take into consideration the state of the circulating medium, and of the exchanges between Great Britain and foreign parts"* veranstaltete eine gründliche Enquete, und der hierauf begründete Bericht brachte vollständige Aufklärung.

An der Abfassung des Berichts waren hauptsächlich beteiligt die Herren Horner, Huskisson und Thornton. — *„The committee expressed their conviction, that the paper currency was depreciated by excess; and recommended as the only means by which the evil could be checked, and the value of paper maintained on a par with gold, that cash payments should be resumed."*

Dritter Abschnitt.
Vom Jahre 1811 bis zum Jahre 1850.

Die Jahre 1811 bis 1830 stehen hinsichtlich der Edelmetallproduktion in vollständigem Gegensatz zu den unmittelbar vorhergegangenen drei Jahrzehnten. Die jährliche Gold-
und Silbergewinnung verminderte sich um mehr als 70 Millionen
Mark oder um etwa 40 %. Infolge der politischen Unruhen
und Umgestaltungen in Mexiko, Neugranada, Peru und Chile
erfuhr der dortige Bergwerksbetrieb anhaltend die gröfsten
Störungen und bedeutende Einschränkungen. Von den auswärtigen Gesellschaften und Unternehmern, welche in den
zwanziger Jahren den Minenbetrieb in jenen Ländern auf-
nahmen, wurden zwar beträchtliche Kapitalien verwendet, aber
verhältnismäfsig nur geringe Erträge erzielt. Zugleich verminderte sich aufserordentlich die früher so wichtige brasilia-
nische Goldgewinnung. Der Rückgang des vor 1811 gewohnten
jährlichen Zuflusses von Edelmetall in den allgemeinen Verkehr
wäre noch empfindlicher gewesen, wenn nicht inzwischen ein
neuer Produktionsfaktor hinzugetreten wäre, die in den
dreifsiger Jahren zu gröfserer Ausdehnung gelangende Goldgewinnung im Russischen Reich. Die Wertrelation der Edelmetalle erfuhr trotz dieser grofsen Veränderungen in der
Produktion 1811 bis 1830 und auch in den folgenden Jahrzehnten bis 1850 keine besonderen Änderungen.

Im Zeitraum von 1831 bis 1848 hob sich allmählich die
Silberproduktion in den Staaten des spanischen Amerikas. In
Chile, das früher hauptsächlich nur Gold geliefert hatte, ge-
wann die Silbergewinnung gröfsere Bedeutung. Den vor-
wiegenden Faktor in dieser Periode bildete aber die russische
Goldproduktion, welche bis über 20 000 kg stieg.

Wir haben früher für die Zeit von 1560 an bis zum Jahre 1850 eine Zusammenfassung von zwanzigjährigen bezw. zehnjährigen Perioden für die Wirtschaftsgeschichte der Edelmetalle als angemessen erachtet. In betreff der Periode 1841 bis 1850 muſs jedoch darauf hingewiesen werden, daſs vielleicht richtiger mit dem Jahre 1848 ein Abschluſs hätte gemacht werden sollen, um die Jahre 1849 und 1850, in denen bereits die kalifornische Goldgewinnung einen beträchtlichen Umfang erreichte, der folgenden Periode zuzurechnen. Der Durchschnitt der Jahre 1841 bis 1848 hätte eine wesentlich geringere Goldproduktien aufzuweisen, als die von uns beibehaltene zehnjährige Periode 1841 bis 1850 angiebt. Übrigens haben die kalifornischen Goldzuflüsse eine erhebliche praktische Einwirkung auf den allgemeinen Verkehr vor 1851 kaum geäuſsert, namentlich nicht auf die Wertrelation.

Übersicht
der Edelmetallproduktion im Zeitraum von 1811 bis 1850.

Perioden	Goldgewinnung		Silbergewinnung	
	an Gewicht	an Wert	an Gewicht	an Wert
(jährlich. Durchschn.)	kg	Tausend Mk.	kg	Tausend Mk.
1811—1820	11 445	31 932	540 770	97 339
1821—1830	14 216	39 663	460 560	81 519
1831—1840	20 289	56 6˜6	596 450	105 572
1841—1850	54 759	152 777	780 415	137 353

Übersicht
der durchschnittlichen Wertrelation des Silbers zum Golde.

Perioden	Prozentverhältnis der Produktion nach dem Wert		Durchschnittl. Wertverhältnis des Silbers zum Gold	Fiktiver Goldpreis des Silbers pro Unze Stand.
(jährlich. Durchschn.)	Silber	Gold	x kg Silber = 1 kg Gold	Pence
1811—1820	75,3	24,7	15,31	60 13/16
1821—1830	67,6	32,4	15,59	59 11/16
1831—1840	65,5	34,5	15,75	59 7/8
1841—1850	47,9	52,1	15,83	59 9/16

In betreff wichtigerer besonderer Vorgänge im Geldwesen während der Jahre 1811 bis 1850 wäre noch Folgendes zu erwähnen.

In den ersten fünf Jahren stand alles noch unter der Einwirkung des allgemeinen Kriegszustandes, welcher einen bedeutenden Papiergeldumlauf und grofses Begehr nach Gold mit sich brachte. Nach 1815 war man aber fast überall bemüht, auch im Geldwesen zu normalen Verhältnissen zurückzukehren.

In Deutschland mufste die Verbesserung der Münzzustände zunächst dadurch angebahnt werden, dafs das Übermafs geringhaltiger Scheidemünze beseitigt wurde. In Preufsen ward alsdann durch ein Gesetz vom 30. September 1821 die Ordnung im Münzwesen hergestellt. Die gesetzmäfsige Ausbringung der preufsischen Friedrichsd'or ($38^{10}/_{13}$ Stück auf die Mark fein Gold) und der Thaler (14 Stück auf die Mark fein Silber) ergiebt bei einem Zahlwert des Friedrichsd'or zu $6^2/_3$ Thalern Kurant ein Wertverhältnis des Silbers zum Golde wie $15^9/_{13} : 1$. Auch in anderen deutschen Bundesstaaten besserten sich die Münzverhältnisse, doch dauerte in einigen derselben das Unwesen bei der Scheidemünze noch längere Zeit fort, und das Bedürfnis besserer Übereinstimmung der Münzsysteme in Deutschland wurde je länger je mehr empfunden. Der Direktor des Statistischen Bureaus in Berlin, J. G. Hoffmann, empfahl schon damals in verschiedenen Schriften 1838 und 1841 den „Übergang zur Rechnung und Zahlung in Goldwerten als sicherstes Mittel zur Begründung eines haltbaren Münzfufses". Diese Anregung fand indes wenig Anklang und blieb ohne allen Erfolg. Dagegen gelangte man durch den Dresdener Münzvertrag von 1838 zu einem wesentlichen Fortschritt in den deutschen Zollvereinsstaaten. Beachtenswert ist, dafs die königliche Sächsische Regierung ausdrücklich sich die Ausmünzung von Drittelthalerstücken mit Dezimalteilung vorbehielt, die Wertgrundlage der jetzigen deutschen Reichsmark.

Ein wichtiger Vorgang für das deutsche Geldwesen war die durch Kabinetsordre vom 11. April 1846 herbeigeführte Errichtung der Preufsischen Bank, welcher die Befugnis zur Notenausgabe erteilt wurde.

4

In Grofsbritannien ward die i. J. 1797 verfügte Einstellung der Barzahlungen der Bank von England nach hergestelltem allgemeinen Frieden nicht so bald gesetzlich aufgehoben, wie man erwartet hatte, sondern dauerte bis zum Jahre 1820.

Das Münzwesen ward in Übereinstimmung mit den früheren gesetzlichen Bestimmungen auf der Grundlage der reinen Goldwährung durch Gesetz vom 22. Juni 1816 geregelt. Die Unze Standard-Gold ($^{11}/_{12}$ f.) wird zu $77^{?}/_{?}$ Schilling, die Unze Standard Silber ($^{37}/_{40}$ f.) zu 62 Pence ausgemünzt, also in der Wertrelation von $1 : 14{,}28731$.

Über die Gesetze, welche den Zinsfufs regeln, ward i. J. 1818 vom Unterhaus eine Enquête angeordnet, bei welcher u. a. die Herren David Ricardo, Edward Sugden, Nehemias Rothschild, S. Gurney, Swinton Holland vernommen wurden. Es erfolgte hierauf eine Modifikation der bestehenden Wuchergesetze.

Bei der ebenfalls vom Unterhaus i. J. 1819 angeordneten Enquête wegen Wiederaufnahme der Barzahlungen, unter dem Vorsitz von Sir Robert Peel wurden u. a. vernommen: die Herren Samuel Thornton, Thomas Tooke, Nathaniel Myers Rothschild.

Am 22. Mai 1832 ward vom Unterhaus ein geheimer Ausschufs von 32 Mitgliedern ernannt zu einer Enquête über die Zweckmäfsigkeit einer Erneuerung des Freibriefs der Bank von England und über das System, worauf die Notenbanken in England und Wales beruhen. — Unter den Herren, welche dem Ausschufs Auskunft erteilten, befanden sich u. a.: John Horsley Palmer, Samuel Jones Loyd, Thomas Tooke und N. Rothschild.

Der Ausschufs erachtete in seinem Bericht vom 11. August 1832 die bisherigen Auskünfte für noch nicht genügend, um sich eine bestimmte und genaue Meinung zu bilden und beantragte die Veröffentlichung der Protokolle der Enquete. — Regelmäfsige Bekanntmachungen des Status der Bank von England fanden damals noch nicht statt.

Bei der im Jahre 1840 stattgehabten Enquête über die Notenbanken wurden u. a. vernommen die Herren Richard Cobden, Samuel Jones Loyd und Thomas Tooke.

In den Jahren 1814 bis 1816 hatten 240 Notenbanken ihre Zahlungen eingestellt, und im Jahre 1825 waren in einer einzigen Woche Noten von Provinzialbanken zum Betrage von nahezu 7 000 000 £ wertlos geworden.

Die bei den Handelskrisen gemachten Erfahrungen hatten die Meinung bestärkt, daſs das bisherige Geldsystem des Landes mangelhaft sein müsse. Die Leichtigkeit, von den Zettelbanken Geld zu erhalten, reize zu übertriebener Spekulation, diese wirke wiederum zurück auf weitere Vermehrung der Notenzirkulation; mit den Noten werde aber Gold angekauft, um es auſser Landes zu senden. Den Übelständen werde abgeholfen werden durch Beschränkung der Notenausgabe der Provinzialbanken und durch Feststellung eines Maximums der auf Grund des Kredits überhaupt zu emittierenden Banknoten sowie durch die damit verbundene Notwendigkeit, für jede Vermehrung des zirkulierenden Mediums einen genau entsprechenden Vorrat Edelmetall anzuhalten oder neu herbeizuschaffen.

Die Peelsche Bankakte regelt das Geldwesen in diesem Sinne. Die hauptsächlichen Bestimmungen sind: Die Summe der emittierten Noten der Bank von England darf den festen Betrag von hinterlegten Sicherheiten (ursprünglich 14 000 000 £, jetzt 16 450 000 £) nur um so viel übersteigen, als dem Emissionsdepartement an Goldmünzen und Edelmetall überliefert worden. — Das Maximum des zu diesem Zwecke überwiesenen Silbers darf ein Viertel des gleichzeitig im Besitze desselben befindlichen Goldes nicht überschreiten. — Jedermann kann stets gegen Gold Noten der Bank verlangen zum Satze von 3 £ 17 s. 9 d. für jede Troy-Unze Standard Gold. — Eine Bilanz über die Notenausgabe und das sonstige Bankgeschäft soll wöchentlich in vorschriftsmäſsiger Form veröffentlicht werden. — Auſser den Bankinstituten, die vor dem 6. Mai 1844 bestanden haben und zur Notenausgabe berechtigt waren, darf in England ferner keine Notenbank errichtet

werden. — Die bestehenden Banken sind befugt, die Ausgabe
ihrer Noten fortzusetzen, jedoch vom 10. Oktober 1844 an
nicht über den durchschnittlichen Betrag der Zirkulation derselben während des zwölfwöchentlichen Zeitraums vor dem
27. April 1844. — Jedes Bankinstitut, das falliert oder
liquidiert oder aus irgendwelchem Grunde die Notenausgabe
aufgiebt, verliert für immer das Recht zu solcher Ausgabe.

Für die Notenbanken in Schottland und Irland wurden
i. J. 1845 entsprechende Gesetze beliebt. Diesen Banken verblieb die Befugnis zur Ausgabe kleinerer Noten (bis zu 1 £),
während den Provinzialbanken in England seit 1826 untersagt
war, Noten in kleineren Abschnitten als 5 £ auszugeben.

Die Peelsche Bankakte von 1844 ist von Anfang an von
manchen Seiten heftig bekämpft worden. Man hat ihr insbesondere vorgeworfen, dafs sie unter Umständen unnötiger-
weise eine Geldklemme verursachen und ihren eigentlichen
Zweck völlig verfehlen werde u. s. w. Und in der That trat
schon nach drei Jahren (1847) der Fall ein, dafs, um eine
schlimme Katastrophe zu vermeiden, die Bankakte im Ver-
waltungswege zeitweilig suspendiert werden mufste.

Vom Haus der Lords ward gleich zu Anfang des folgenden
Jahres eine Enquête über die stattgehabte Handelskrisis ange-
ordnet. bei welcher die von den Herren James Morris,
Samuel Jones Loyd, George Warde Norman, Thomas
Tooke, Lord Ashburton erteilten Auskünfte vornehmlich
in Betracht kamen.

Der Ausschufs schliefst seinen Bericht vom 8. Juni 1848
mit der Erklärung, dafs er nach aufmerksamer Prüfung aller
Auskünfte sich nicht in der Lage sehe, eine Änderung der
Bankakte von 1844 empfehlen zu können.

In Frankreich waren neben der „Bank von Frankreich"
auf Grund des Bankgesetzes vom Germinal des Jahres XI
nach 1815 durch königliche Verordnungen verschiedene Departementsbanken mit der Befugnis zur Notenausgabe errichtet
worden. Als der Zeitpunkt näher kam, dafs über die Verlängerung des Privilegiums der Bank von Frankreich eine
Entscheidung zu treffen war, fanden lebhafte Verhandlungen

wegen der Notenausgabe statt. Von den Herren Rossi, Dufaure, Wolowski u. a. ward diese Frage eingehend erörtert.

Nach der Februarrevolution wurden durch Dekret vom 27. April 1848 die neun Departementsbanken mit der Bank von Frankreich vereinigt. Die bei dieser Gelegenheit von den Herren Léon Faucher und d'Eichthal am 21. und 22. Februar 1848 für „unité de la circulation fiduciaire" gehaltenen Reden sind sehr beachtenswert.

In den Niederlanden ward durch Gesetz vom 25. Februar 1825 eine Doppelwährung angenommen, unter Zugrundelegung eines Pari von 15,873, was zur Folge hatte, daſs die neugeprägten Silbermünzen alsbald eingeschmolzen wurden. Das nach langwierigen Verhandlungen von den Generalstaaten am 26. November 1847 beschlossene Münzgesetz beseitigte die Doppelwährung, indem die Demonetisation des Goldes und die Einführung der reinen Silberwährung nach einem neuen Münzfuſs beliebt wurde. Es ist ein oft wiederholter, aber vollständiger Irrtum, wenn behauptet wird, die zu Ende 1850 in Holland stattgehabte Einziehung der Goldmünzen und Einführung der alleinigen Silberwährung sei unter dem Einfluſs des entdeckten kalifornischen Goldreichtums verfügt, denn im November 1847 war hiervon noch keinerlei Kunde nach Europa gekommen, und die 1850 vollzogene thatsächliche Einziehung der nationalen Goldmünzen geschah lediglich in Ausführung des schon im November 1847 erlassenen Münzgesetzes. — Die damalige Münzreform erstreckte sich auch auf die Umprägung des älteren Silbergeldes und kostete 4 970 000 Gulden. Beiläufig mag noch erwähnt werden, daſs beim Affinieren von 586 147 kg Feinsilber aus den eingeschmolzenen alten Münzen ein Betrag von 566 556 Gulden Gold gewonnen ward, der zu der neuen Goldproduktion des Jahres hinzuzurechnen ist.

Vereinigte Staaten von Amerika.

Im Jahre 1830 ward der gesamte Metallgeldumlauf in den Vereinigten Staaten auf nur 23 Millionen Dollars geschätzt, wovon der bei weitem gröſste Teil aus spanischen Piastern und anderen fremden Silbermünzen bestand, die nach einem gesetzlich angeordneten Kurs umliefen. Das alleinige Zahlmittel bis 1834 war Silber, da bei der gesetzlichen Wertrelation von 15 : 1 die Goldmünzen ins Ausland gingen. — Wie aus dem Litteraturnachweis zu ersehen, wurden in den Jahren 1819 bis 1837 über die in Anwendung zu bringende gesetzliche Wertrelation von Silber und Gold eine Reihe amtlicher Berichte vorgelegt von den Herren Lowndes, W. H. Crawford, S. D. Ingham, C. P. White, S. Moore und Benton. Auf Grund des Berichts des letztgenannten Herrn Benton änderte das Münzgesetz vom 28. Juni 1834 die gesetzliche Wertrelation von 15 auf 16, was zur Folge hatte, dafs nun umgekehrt die vollhaltige Silbermünze aufser Landes ging und thatsächlich die Goldwährung vorherrschend wurde.

Münzgesetzgebung.

Deutschland.

Gesetz über die Münzverfassung in den preufsischen Staaten. Vom 30. September 1821.

Hannoversches Münzgesetz vom 8. April 1834.
Übergang vom Konventionsmünzfufs zum Vierzehnthalerfufs (Konvertierung im Verhältnis von 36 zu 37).

Münzvertrag der südd. Staaten, München 25. August 1837.

Allgemeine Münzkonvention der zum Zoll- und Handelsverein verbundenen Staaten, Dresden 30. Juli 1838.

Münzvertrag der südd. Staaten, München 27. März 1845.

Frankreich.

Loi relative au cours des anciennes monnaies. Du 14 Juin 1829.

Ordonnance du Roi relative aux frais de fabrication des monnaies d'or et d'argent. Du 25 Fevrier 1835.

Arrêté qui fixe les frais de fabrication des monnaies d'or et d'argent et la tolerance de titre des monnaies d'argent. Du 22 Mars 1848.

Décret sur la fabrication des monnaies nationales. Du 3 Mai 1848.

Belgien.

Münzverordnungen vom 5. Juni 1832, 31. März 1847 u. 28. Dezember 1850.

Schweiz.

Bundesgesetz über das eidgenössische Münzwesen, vom 7. Mai 1850.

Niederlande.

Münzverordnungen vom 28. Sept. 1816 u. 26. Nov. 1846.

Großsbritannien.

52 Geo. III. (1812) c. 157. An act to prevent the issuing and circulating of pieces of gold and silver or other metal, usually called tokens, except such as are issued by the Bank of England and Ireland respectively.

56 Geo. III. (1816) c. 68. An act to provide for a new silver coinage, and to regulate the currency of the gold and silver coin of this realm.

57 Geo. III. (1817) c. 113. An act to prevent the further circulation of dollars and tokens issued by the governor and company of the Bank of England for the convenience of the public.

6 Geo. IV. (1823) c. 79. An act to provide for the assimilation of the currency and moneys of account throughout the United Kingdom of Great Britain and Ireland.

7 William IV. and 1 Victoria (1837) c. 9. An act to amend several acts relating to the royal mint.

12 & 13 Vict. (1849) c. 41. An act to extend an act of the 56. year of King George III. for providing for a new silver coinage and for regulating the currency of the gold and silver coin of this realm.

Vereinigte Staaten von Amerika.

An act concerning the gold coins of the United States, and for other purposes. Approved, June 28, 1834.

An act supplementary to the act entitled „An act establishing a mint and regulating the coins of the United States". Approved, January 18, 1837.

An act to authorize the coinage of gold dollars and double eagles. Approved, March 3, 1849.

Litteratur.

1811 bis 1820.

Chalmers, G. Considerations on commerce, bullion and coin. Lond. 1811.

Cleynmann. F. C. Zusammenstellung einzelner Abhandlungen, welche das Münzwesen betreffen. Frankf. a. M. 1811.

Koslin. J. T. Short statement of the trade in gold bullion etc. Liverp. 1811.

Ricardo. D. Reply to Mr. Bosanquet's „Practical observations on the report of the bullion committee“. Lond. 1811.

— — An essay on the influence of the low price of corn on the profits of stock, showing the inexpediency of restriction. Lond. 1811.

— — Observations on some passages in an article of the Edinburgh Review on the depreciation of paper currency. Lond. 1811.

Watteroth. Polit. Vorlesungen über Papiergeld. Wien 1811.

Essay on the theory of money and exchange. Lond. 1811.

Lauderdale. Earl of. Considerations on the state of the currency. Lond. 1813.

Smith. J. P. Elements of the science of money, founded on the principles of the laws of nature. Lond. 1813.

Reitemeyer, J. F. Neues System des Papiergeldes und des Geldwesens. Kiel 1814.

Oersted. A. S. Betragtninger over Danmarks unvaerende Pengevaesen. Kopenh. 1815.

Witherspoon. J. Essay on money as a medium of commerce. Edinb. 1815.

Young. A. An inquiry into the rise of prices in Europe during the last twenty-five years compared w. that which has taken place in England, w. observations on the effects of high and low prices. Lond. 1815.

Martineau. Du numéraire et des moyens de remplacer celui qui sortira de la France. Par. 1816.

Müller, A. Versuch e. neuen Theorie d. Geldes. Lpz. 1816.

Prinsep, C. R. A letter to the Earl of Liverpool on the present distress of the country, and the efficacy of raising the standard of our silver currency. Lond. 1816.

Ricardo, D. Proposals for an economical and secure currency. 2. ed. Lond. 1816.

Tatham, E. Observations on the scarcity of money and its effects upon the public. Lond. 1816. (In „The Pamphleteer".)

Zach-Gaillard. De la conservation du numéraire en France. Par. 1816.

(Chelius, G. C.) Aphorismen aus dem Fache der Münzgesetzgebung u. des Münzwesens der vergangenen und gegenwärtigen Zeit. Frankf. a. M. 1817.

Dietze, J. G. Geschichtliche Darstellung des alten und neuen teutschen Münzwesens. Weimar 1817.

Garnier, G. Deux mémoires sur la valeur des monnaies de compte chez les peuples de l'antiquité. Par. 1817 (1824).

v. Jacob, L. H. Über Rufslands Papiergeld u. die Mittel, dasselbe bei einem unveränderlichen Werte zu erhalten. Nebst einem Anhang über die neueren Mafsregeln in Österreich, das Papiergeld daselbst wegzuschaffen. Halle 1817.

Letronne, M. Considérations générales sur l'évaluation des monnaies Grecques et Romaines et sur la valeur de l'or et de l'argent avant la découverte de l'Amérique. Par. 1817.

Murhard, C. Theorie des Geldes u. der Münze. Altenb. 1817.

Ricardo, D. On the principles of political economy and taxation. Lond. 1817.

Ruding, R. Annals of the coinage of Britain and its dependencies, from the earliest period of authentic history to the end of the fiftieth year of his Majesty King George III. 4 vols. Lond. 1817. 4º.

Geschichtliche Darstellung des alten u. neuen teutschen Münzwesens u. Vorschläge zur Gründung einer dauerhaften Münzverfassung in den teutschen Bundesstaaten. (Aus der „Nemesis" 9. B. 3. Stück.) Weimar 1817.

Berghaus, F. J. Über das repräsentative Geldsystem. Lpz. 1818.

Garnier, G. Observations en réponse aux considérations générales sur l'évaluation des monnaies Grecques et Romaines par Letronne. Par. 1818.

Prinsep, C. R. An essay on money. Lond. 1818.

v. Schmidt - Phiseldek, K. F. Über den Begriff von Geld u. Geldverkehr im Staate. Kopenh. 1818.

Sinclair, Sir J. The approaching crisis; or impracticability of resuming cash payments at the bank. Lond. 1818.

Considérations sur la sortie du numéraire à l'occasion de la situation commerciale et financière de la France. Par. 1818.

* Report of the Select Committee, May 1818 (betr. die Gesetze, welche den Zinsfuſs regeln).

v. Boucqoi, Graf. Vorschlag, wie in jedem Staate ein auf ächten Nationalkredit fundiertes Geld geschaffen werden könne. Lpz. 1819.

Garnier, Comte G. Histoire de la monnaie depuis le temps de la plus haute antiquité jusqu'au règne de Charle-magne. 2 tms. Par. 1819.

Hufeland, G. Die Lehre v. Gelde u. Geldumlaufe. Giessen 1819.

Liverpool, C. Earl of. Considerations on the sinking fund. Lond. 1819.

Geschichtliche Darstellung des alten und neuen teutschen Münzwesens. Weimar 1819.

* Reports from and evidence taken before the committees of the Houses of Lords and Commons on the expediency of the Bank of England resuming cash payment. Lond. 1819. Fol.

Three letters on the cause of the state of the exchanges and price of gold bullion, as printed in „the Times" under the signature of „an old merchant" w. an introductory address to the Earl of Lauderdale. Lond. 1819.

Appel, J. Repertorium zur Münzkunde des Mittelalters u. der neueren Zeit. M. Abbildungen der seltensten Münzen u. Medaillen. 4 Bde. Pesth 1820.

* Crawford, W. H. (Secretary of the Treasury.) Report on the circulation. Washington 1820.

Gompertz, E. Theoretic discourse on the nature and property of money. Lond. 1820.

Nebenius, C. F. Der öffentliche Kredit etc. Karlsruhe 1820. (2. Aufl. B. 1. Karlsruhe 1829.)

Elementary thoughts on the bullion question, the national debt, the resources of Great Britain etc. Barnstaple 1820.

1821 bis 1830.

Cleynmann, F. C. Nachweisung einer der neuern auffallendsten Münzvalvations-Divergenzen. Frankf. 1821.

Cobbett, W. Paper against gold: or the history and mystery of the bank of England. 4. ed. Lond. 1821.

Mushet, R. Tables exhibiting the gain and loss of the fundholder, arising from the fluctuations in the value of the currency, 1820—1821. Lond. 1821.

* Report of the committee of the House of Representatives on currency. Feb. 21. 1821, on the expediency of increasing the relative value of the gold hereafter to be coined at the mint of the United States. (2. Session. 16th. Congress.)

(Cleynmann, F. C.) Materialien für Münzgesetzgebung u. dabei entstehende Erörterungen. Frankf. a. M. 1822.

Dietze, J. G. Verteidigung gegen die . . . . . Kritik der geschichtlichen Darstellung etc. Frankf. 1822.

Freuchen, H. P. Du papier-monnaie, considéré comme unique moyen de paiement dans un pays, et particulièrement dans la Norvège. Copenh. 1822.

Klaproth, J. Sur l'origine du papier-monnaie. Par. 1822.

Lips, M. A. Die deutsche Bundesmünze, oder über Einheit der Münze, des Mafses etc. Marburg 1822.

Loos, G. B. Bemerkungen zu der in Frankfurt erschienenen Druckschrift: Nachweisung einiger Münzvalvations-Divergenzen. Berl. 1822.

Lowe, J. The present condition of England. Lond. 1822.

Über Münzgesetzgebung (Recension der „Materialien" in der hallischen Litteratur-Zeitung u. Antwort des Verfassers der Materialien). Frankf. a. M. 1822.

Benedicks, M. Penningvaesen dets natur, betraktad, utur en filosofisk synpunkt. Stockholm 1823.

v. Jacob, C. H. England nach seinem gegenwärtigen Zustande des Ackerbaues, des Handels u. der Finanzen betrachtet von Joseph Lowe. Nach dem Engl. bearbeitet u. m. Zusätzen versehen. Lpz. 1823.

Loos, G. B. Über die preußische neue nach dem Gesetze vom 30. September 1821 ausgeprägte Scheidemünze. 2 Hfte. Berl. 1823.

Malthus, T. R. The measure of value, stated and illustrated w. an application of it to the alterations in the value of the English currency since 1790. Lond. 1823.

Schulze, F. G. Über Papiergeld, besonders in Bezug auf Sachsen-Weimar-Eisenach. Lpz. 1823.

Tooke, T. Thoughts and details on the high and low prices of the last thirty years. 4 parts. Lond. 1823.

Über Curs-Pari. Eine in das Gebiet der Staats-Commerzien-Wissenschaft gehörige Abhandlung vom Geld- und Wechsel-wesen. Frankf. 1823.

v. Bülow-Cummerow, E. Betrachtungen über Metall u. Papiergeld. Berl. 1824.

Letronne, M. Quelques observations sur le second mémoire du comte Germain-Garnier. Par. 1824.

(Warin, A.) Bedenkingen over het muntwezen in het koningrijk der Nederlanden. s'Gravenh. en Amsterd. 1824.

The theory of money; or a practical inquiry into the present state of the circulating medium etc. Lond. 1824.

Cruttwell, R. A treatise on the state of the currency at the present time, 1824—25: being a full and free exposition of the erroneous principles of Mr. Ricardo, the Earl of Liverpool, Mr. Huskisson, Mr. Peel, Dr. Copleston, Mr. Brougham, Mr. Baring, Mr. Western, Mr. G. Bennett, Mr. Mushet, Edinburgh and Quarterly Reviewers, and others: showing the numberless evils now daily resulting from our present false, unjust and ever-fluctuating money-standard; recommending also a plan for fixing the same in future upon a permanently reduced gold-scale of continental prices, taking wheat at an average of 40 s. instead of 80 s. the quarter. Lond. 1825.

Maclean, J. H. Remarks on fair prices and produce-rents. Edinb. 1825.

Warin, A. Discours sur trois articles du code civil relatif aux monnaies, avec des notes explicatives. Brux. 1825.

Drummond, H. Elementary propositions on currency. Lond. 1826.

Graham, J. Corn and currency. 2. ed. Lond. 1826.

Mushet, R. An attempt to explain from facts the effect of the issues of the Bank of England upon its own interests, public credit, and country banks. Lond. 1826.

Scott, Sir Walter. Letters of Malachi Malagrowther on the proposed change of currency etc. Edinb. 1826.

Tooke, T. Considerations on the state of the currency. Lond. 1826.

Die Spekulationswut der Jahre 1824 u. 25. Versuch, die letzten Handelskrisen geschichtlich zu erklären. Lpz. 1826.

* Reports from the Committee on the Bank of England, and on the necessity of the continuance of suspension of cash payments. Lond. 1826. Fol.

Löw. Über das Münzwesen der alten u. neuen Zeit. Weiden 1827.

Parnell, H. Observations on paper money, banking, overtrading etc. Lond. 1827.

Senior, N. W. Three lectures on the transmission of the precious metals. Lond. 1827.

Dronsberg, C. Diss. de re monetaria, imprimis de legibus et delictis monetalibus etc. Traject. a. R. 1828.

Klüber, J. L. Das Münzwesen in Teutschland nach seinem jetzigen Zustande, m. Grundzügen zu einem Münzverein teutscher Bundesstaaten. Stuttg. u. Tüb. 1828.

Leitzmann, J. Abrifs einer Geschichte der ganzen Münzkunde oder Nachricht von dem Münzwesen u. den Münzen aller Völker, Fürsten u. Städte mittlerer u. neuerer Zeit. Erfurt 1828.

Mathes, A. L. Über Veränderung des Münzfufses mit besonderer Rücksicht auf das Königreich Sachsen. Lpz. 1828.

Melzer, E. T. De origine pecuniae. Olsnae 1828.

Burgess, H. A petition to the Honourable the Commons House of Parliament to render manifest the errors, the injustice and the dangers of the measures of parliament respecting currency and bankers; suggesting more just and practicable arrangements, and praying for an investigation. Accompanied w. illustrations and reflections which show the utter impractibility of perfecting the present policy and the danger of further attempts to enforce that policy. Lond. 1829.

Desforges. Nouveau mode de crédit public et privé ou projet d'une banque territoriale et véritablement nationale. Anvers 1829.

Hülshoff. Handbuch des gesamten Münzwesens in Europa. Neuwied 1829.

Schön, J. Novae quaedam in rem numariam antiquae Rossiae observationes. Wratisl. 1829.

Tooke. T. A letter to Lord Grenville on the effect ascribed to the resumption of cash payments on the value of the currency. Lond. 1829.

— — On the currency in connection with the corn trade and on the corn laws, in a second letter to Lord Grenville. Lond. 1829.

Hagen. Über die Anwendung des Platina zur Münze. (Pölitz, Jahrb. d. Gesch. Januar.) Lpz. 1830.

* Ingham, S. D. (Secretary of the treasury). Report on the relative value of gold and silver etc. Washington 1830.

Lloyd, W. F. Prices of corn in Oxford in the beginning of the 14. century and also from 1583 to the present time. Lond. 1830.

Senior, N. W. Three lectures on the cost of obtaining money and on some effects of private and government paper money. Lond. 1830.

* Rapport au Roi sur l'administration des finances, par le Comte de Chabral. Mar. 15. 1830. (Partie intitulée: Commission des monnaies.)

* Report from the select committee of the Senate on the state of the current coins, by Mr. Sanford. 21. congress, 2. sess. Washington 1830.

1831 bis 1840.

Brüel, L. A. Materialien für die zu erwartende Reform des deutschen Münzwesens. 2. Aufl. Hannov. 1831.

Gallatin, A. Considerations on the currency and banking system of the United States. Philad. 1831.

Jacob, W. An historical inquiry into the production and consumption of the precious metals. Lond. 1831. 2 vols. 4º.

Mac Culloch, J. R. Historical sketch of the Bank of England, w. an examination of the question as to the prolongation of the exclusive privileges of that establishment. Lond. 1831.

Hoffmann, J. G. Drei Aufsätze über das Münzwesen. Berl. 1832.

Joplin, J. An analysis and history of the currency question. Together w. an account of the origin and growth of joint stock banking in England. Lond. 1832.

Liebholdt, J. E. Geschichtliche Übersicht der deutschen Münz-gesetzgebung vom 16. Jahrh. bis 1832. Frankf. a. M. 1832.

(Lobero, A.) Memorie storiche della banca di S. Georgio. Genova 1832.

Lube, D. G. Argument against the gold standard, w. an exa-mination of the systems of modern economists. Lond. 1832.

Parnell, H. A plain statement of the power of the Bank of England, and the use it has made of it, w. a refutation of the objections made to the Scotch system of banking, and a reply to the „Historical sketch of the Bank of Eng-land". Lond. 1832.

* Report from the Secret Committee on the expediency of re-newing the charter of the Bank of England, and the system on which the banks of issue in England are conducted. With the minutes of evidence. Lond. 1832. Fol.

* Returns relative to the precious metals, which have been of late years raised, coined etc. in the several mining countries of America and in Russia. Parl. Paper No. 338. Lond. 1832.

Gouge, W. M. A short history of paper money and banking in the United States etc. Philad. 1833.

Moore, S. Report on the relative value of gold and silver bullion etc. in a letter of the director of the mint. Jan. 11, 1833. Washington.

Pestalozzi, L. Beiträge zur schweizerischen Münzgeschichte. Zürich 1833.

Binder, C. Die Münzgeschichte Ulms und Ulmer Münzen. (Württemb. Jahrb. Hft. 2.) Stuttg. 1834.

Grote, H. Hannöversche Blätter für die Münzkunde. 1—4. B. Hannover 1834—40.

v. Hermann, F. B. W. Abhandlung über den gegenwärtigen Zustand des Münzwesens in Deutschland u. die neueren Vorschläge zur Abstellung seiner Gebrechen. (Rau's Archiv der politischen Ökonomie u. Polizeiwissenschaft. 1. B. S. 58—100 u. 141—206.) Heidelb. 1834.

Lord, E. On credit, currency and banking. New York 1834.

* Report of the select committee of the House of Representatives on coins etc. C. P. White, chairman, Febr. 1834, 23. cong. 1. sess. H. R. No. 278; containing also a reprint of the Report of March 17., 1832, on the state of the coins, by Mr. White etc. Washington 1834.

Albrecht, J. Mitteilungen zur Geschichte der Reichsmünz-
stätten zu Frankfurt a. M., Nördlingen und Basel im
zweiten Viertel des 15. Jahrh. Heilbronn 1835.

Beyschlag. Versuch einer Münzgeschichte Augsburgs im Mittelalter etc. Stuttg. u. Tübingen 1835.

Gilbart, J. W. The history and principles of banking. Lond. 1835.

Parnell, H. Observations on paper money, banking and overtrading. New ed. Lond. 1835.

Schädtler, H. D. Über die Wichtigkeit einer vermehrten
u. erleichterten Geldzirkulation, m. besonderer Beziehung
auf den allgemeinen Zollverband Deutschlands. Hmbg.
u. Itzehoe 1835.

* Return: East India — Gold currency. Febr. 25. Lond. 1835.

Gilbart, J. W. The history of banking in Ireland. Lond. 1836.

Hussey, R. An essay on the ancient weights and money and
the Roman and Greek liquid measures. Oxford 1836.

(Bailey, S.) Money and its vicissitudes in value, as they affect
national industry and pecuniary contracts. By the author of
„The Rationale of political representation". Lond. 1837.

Döring, L. Handbuch der Münz- und Wechselkunde. Frankfurt 1837. (2. Aufl. Koblenz 1854.)

Gilbart, J. W. The history of banking in America; with an
inquiry how far the banking institutions of America are
adapted to this country etc. Lond. 1837.

Horsley Palmer, J. The causes and consequences of the
pressure upon the money market, w. a statement of the
action of the Bank of England from the 1. of Oct. 1833
to the 27. of Dec. 1836. Lond. 1837.

— — Reply to the reflections etc. of Mr. S. Jones Loyd on the
pamphlet entitled „Causes and consequences etc." Lond. 1837.

Loyd, S. J. Reflections suggested by a perusal of Mr. J. Horsley
Palmer's pamphlet on the „causes and consequences of the
pressure on the money market". Lond. 1837.

— — Further reflections on the state of currency, and the
action of the Bank of England. Lond. 1837.

Morrison, W. H. Observations on the system of metallic
currency adopted in this country. Lond. 1837.

Torrens, R. A letter to the Right Hon. Lord Viscount Melbourne, on the causes of the recent derangement in the
money market and on bankreform. Lond. 1837.

Kurzer Abrifs der deutschen Münzgeschichte. Nördlingen 1837.

Kurze und klare Darstellung, wie sich der preufsische und rheinische Münzfufs etc. vereinigen lassen. Nördling. 1837.

Money, the representative of value etc. Lond. 1837.

Money and its vicissitudes in value as they affect national industry and pecuniary contracts. Lond. 1837.

Monetary system, the inconvenience of a gold standard and circulating medium stated, w. a proposed substitute, by J. M. C. Lond. 1837.

A view of the silver coin and coinage of Great Britain from the year 1662. Lond. 1837.

* Report of the Select committee of the House of Commons to inquire into the establisment of the royal mint. Lond.1837. Fol.

Becher, S. Das österreichische Münzwesen vom Jahre 1524 bis 1838 in historischer, statistischer u. legislativer Hinsicht. (3 Bde.) Wien 1838.

Böckh, A. Metrologische Untersuchungen über Gewichte, Münzfüfse u. Mafse des Altertums in ihrem Zusammenhange. Berl. 1838.

Carey, H. C. The credit system of France, Great Britain, and the United States. Philad. 1838.

Cournot, A. Recherches sur les principes mathématiques des richesses. Par. 1838.

* Dumas et Colmont. Rapports à M. le Ministre des Finances. Par. 1838—1840.

Flor, A. Münzzustände. Altona 1838.

Hoffmann, J. G. Die Lehre vom Gelde als Anleitung zu gründlichen Urteilen über das Geldwesen. Berl. 1838.

v. Humboldt, A. Über die Schwankungen der Goldproduktion, m. Rücksicht auf staatswirtschaftliche Probleme. (D. Viertelj. Schr., B. 4.) Stuttg. 1838.

Jacob, W. Über Produktion und Consumption der edlen Metalle. Eine geschichtliche Untersuchung. A. d. Engl., m. Benutzung handschriftlich mitgeteilter Verbesserungen des Herrn Verfassers u. m. eigenen Zusätzen versehen von C. Th. Kleinschrod. Lpz. 1838. 2 Bde.

Mees, J. Dissertatio de vi mutatae monetae in solutionem pecuniae debitae. Rotterdam. 1838.

N . . . ., J. B. M. Histoire de la marche des idées sur l'emploi de l'argent. Lyon 1838.

Tooke, T. A history of prices and of the state of the paper circulation from 1798—1837. 2 vols. Lond. 1838.

Warde Norman, G. Remarks on some prevalent errors w. respect to currency and banking. Lond. 1838.

Chitti. Des crises financières et la réforme du système monétaire. Brux. 1839.

Pfaff, K. Über die Münzzerrüttungen . . . . . des Landes Württemberg. Stuttg. 1839.

Say, H. Histoire des relations commerciales entre la France et le Brézil, et considérations générales sur les monnaies, les changes, les banques et le commerce extérieur. Par. 1839.

Tucker, G. The theory of money and banks investigated. Boston 1839.

Money and banking. By a citizen of Ohio. Cincinnati 1839.

(Bailey, S.) A defence of joint stock banks and country issues. Lond. 1840.

Bell, R. A letter to J. W. Gilbart on the regulation of the currency by foreign exchanges and of the appointment of the Bank of England to be the sole bank of issue throughout Great Britain. Lond. 1840.

Courcelle Seneuil. J. G. Le crédit et la banque: Études sur les réformes à introduire dans l'organisation de la Banque de France etc. Par. 1840.

Carey. H. C. Answers to the questions: what constitutes currency? what are the causes of unsteadiness of the currency? and what is the remedy? Philad. Lond. 1840.

Corvaja, J. Die Bancocratie oder die den Staaten selbst angehörenden Bankanstalten. Ins Deutsche übers. v. U. v. Mohr. Heidelb. 1840.

Dureau de la Malle. Économie politique des Romains. 2 tms. Par. 1840.

Hildreth, R. Banks, banking and paper currencies. Boston 1840.

Loyd, S. J. Remarks on the management of the circulation, and on the condition and conduct of the Bank of England and on the country issues during the year 1839. Lond. 1840.

— — A letter to J. B. Smith, Esq. President of the Manchester bank of commerce. Lond. 1840.

— — Effects of the administration of the Bank of England. A second letter to J. B. Smith etc. Lond. 1840.

Ruding, R. Annals of the coinage of Great Britain and its dependencies; from the earliest period of authentic history to the reign of Victoria. 3. ed. corr. enl. and cont. to the reign of her present Majesty; to which is added an entirely new index of every coin engraved etc. 3 vols. Lond. 1840.

Norman, G. W. A letter to Charles Wood, Esq. M. P., on money and the means of economising the use of it. Lond. 1840.

Say, J. B. Cours complet d'économie politique. 2 tms. (3. partie. Des échanges et des monnaies.) Par. 1840.

Tooke, T. A history of prices and of the state of the circulation in 1838 and 1839, w. remarks on the corn laws, and on some of the alterations proposed in our banking system. Being a continuation of the history of prices from 1793—1837. Lond. 1840.

Über die Einführung eines gemeinschaftlichen Münzsystems in den Zollvereinsstaaten. (D. Viertelj. Schr.) Stuttg. 1840.

The bankers magazine. Journal of the money market etc. Lond. 1840 ff.

1841 bis 1850.

Gallatin, A. Suggestions on the banks and currency of the several United States in reference principally to the suspension of specie payments. New York 1841.

Hoffmann, J. G. Die Zeichen der Zeit im deutschen Münzwesen als Zugabe zu der Lehre vom Gelde. Berl. 1841.

v. Köhne. Das Münzwesen der Mark Brandenburg unter Churfürst Friedrich II. Berl. 1841.

Leitzmann, J. J. Verzeichnis sämtlicher seit 1800 bis jetzo erschienenen numismatischen Werke, als Fortsetzung der bibliotheca numaria von J. G. Lipsius. Weifsensee 1841. (2. Aufl. 1867.)

Nebenius, F. Über die Schwankungen des zirkulierenden Mediums in Europa u. deren Einfluß auf die Geldpreise der Dinge in den letzten 5 Decennien (D. Viertelj. Schr. B. 12). Stuttg. 1841.

Wright, J. C. Thoughts on the currency. Lond. 1841.

Der neue Münzfuß im Königr. Sachsen. Ein Wort zur Verständigung der öffentlichen Meinung. Zwickau 1841.

Bosanquet, J. W. Metallic, paper and credit currency. Lond. 1842.

Cibrario, L. Della economia nel medio evo. Torino 1842.

Vom Wesen des Geldes. Von einem russischen Schriftsteller. Lpz. 1842.

Deux mots sur la réduction du décime au poids de 10 grammes. Par. 1842.

Addenet, R. F. De l'importance du crédit public avec appendix sur le rejet de la refonte monétaire. Par. 1843.

Bonneville, P. F. Nouveau système de réforme monétaire pour la refonte des monnaies d'argent. Par. 1843.

St. Clair Duport. De la production des métaux précieux au Mexique, considérée dans ses rapports avec la géologie, la métallurgie et l'économie politique. Par. 1843.

Cowell, J. W. Letters on currency. Addressed to the Right Hon. F. T. Baring. Lond. 1843.

Faucher, L. Recherches sur l'or et l'argent considérés comme étalon de la valeur. Par. 1843.

Helferich, J. Von den periodischen Schwankungen im Werte der edlen Metalle von der Entdeckung Amerikas bis zum Jahre 1830. Eine historisch - ökonomische Monographie. Nürnb. 1843.

Hubbard, J. G. The currency and the country. Lond. 1843.

Hüllmann, C. D. Staatswirtschaftlich - geschichtliche Nebenstunden (III, S. 71—166 Geldwesen u. Banken). Bonn 1843.

Warin, A. Bijdragen tot de kennis van het muntwesen. s'Hage 1843.

Über die Banken. Von einem schwedischen Fürsten (König Oskar). Deutsch von F. E. Feller. Lpz. 1843.

* Return: Production of gold and silver mines. Parl. Paper No. 476. Lond. 1843. Fol.

Theory of a new system of increasing and limiting issues of money. Lond. 1843.

Coquelin, C. Des monnaies en France et d'une réforme du système monétaire francais. (Rev. d. d. m. Octob.) Par. 1844.

Fullarton, J. On the regulations of currencies; being an examination of the principles, on which it is proposed to restrict, within certain fixed limits, the future issues on credit of the Bank of England, and of the other banking establishments throughout the country. Lond. 1844.

Tooke, T. An inquiry into the currency principle, the connection of the currency with prices, and the expediency of a separation of issue from banking. Lond. 1844.

Torrens, R. An inquiry into the practical working of the proposed arrangements for the renewal of the charter of the Bank of England, and the regulation of the currency etc. Lond. 1844.

The currency question. The gemini letters. Lond. 1844.

Speeches of the Right Hon. Sir Robert Peel, Bart. in the House of Commons, may 6. and 20. 1844 on the renewal of the bank charter, and the state of the law respecting currency and banking. Lond. 1844.

heory of money. Lond. 1844.

Ackersdijck, J. Nederlands Muntwezen. Inwesseling der oude Munten voor papier. Utrecht 1845.

Alison, A. England in 1815 and 1845; or a sufficient and a contracted currency. Lond. 1845.

Bake, J. Brief aan den Heer Y. D. C. Suermondt over enige vragen betreffende ons Muntstelsel. Leiden 1845.

Beit, F. Über die Preisdifferenz des in der Hamburgischen Bank ein- u. ausgehenden Silbers. Hmbg. 1845.

Mac Culloch, J. R. The litterature of political economy: a classified catalogue etc. Lond. 1845.

Norfolk, W. J. The general principles of banking, bills of exchange, british funds and foreign exchanges. Lond. 1845.

Rodbertus, J. K. Die preussische Geldkrisis. Anclam u. Swinemünde 1845.

Unser Münzwesen u. seine Mängel. Neubrandenb. 1845.

Arsenjew. Historisch-statistische Übersicht des Münzwesens in Rufsland (Abhandlung im russischen Invaliden 1846 No. 176, 177). Petersburg.

Bergius, C. J. Das Geld u. Bankwesen in Preufsen. Bresl. 1846.

v. Bülow-Cummerow, E. Das Bankwesen in Preufsen. Berl. 1846.
— — Das normale Geldsystem in seiner Anwendung auf Preufsen. Berl. 1846.

Chevalier, M. Des mines d'argent et d'or du Nouveau Monde. (Rev. d. d. m.) Par. 1846.

Hübner, F. O. Die Banken. Nach den neuesten statistischen Notizen u. Berichten. Lpz. 1846. (Neue Aufl. 1854.)

Liverpool, C. Earl of. A treatise on the coins of the realm, being a concise account of all the facts relating to the currency, which bear upon the exchanges of Europe and the principles of political science. 2. ed. Lond. 1846.

Noback, F. Münzwesen der Vereinigten Staaten von Nordamerika. 1846.

Soetbeer, A. Denkschrift über Hamburgs Münzverhältnisse. Hmbg. 1846. 4°.

Cieszkowski, A. Du crédit et de la circulation. Par. 1847.

Doubleday, T. A financial, monetary and statistical history of England. 2 vols. Lond. 1847.

Leber, M. C. Essai sur l'appréciation de la fortune privée au moyen âge, relativement aux variations des valeurs monétaires et au pouvoir commercial de l'argent, suivi d'un examen critique des tables de prix du marc d'argent, depuis l'époque de Saint-Louis. 2. éd. revue et augmentée. Par. 1847.

Paltauf, C. Die Kunst aus nichts Geld zu machen. Gesetzvorschlag zur Gründung eines Geld- u. Bankwesens. Tirnau 1847.

Pavadaltas. Tratado de moneda. Madrid 1847.

Ward, W. Remarks on the monetary legislation of Great Britain. Lond. 1847.

Wilson, J. Capital, currency and banking; being a collection of a series of articles published in the Economist in 1845, on the principles of the bank act of 1844, and in 1847, on the recent monetarial and commercial crisis; concluding w. a plan for a secure and economical currency. Lond. 1847.

Wöhler, H. Das Münzwesen in Mecklenburg - Schwerin. Schwer. 1847.

Bergius, C. J. Vorschläge zur Verbesserung des preußischen Münzwesens. (Archiv der politischen Ökonomie. N. F. 7. B.) Heidelberg 1848.

Gray, J. Lectures on the nature and use of money. Edinburgh 1848.

Mill, J. S. Principles of political economy. 2 vols. (Book 3. Exchanges.) Lond. 1848.

Milner, T. H. On the regulation of floating capital, and freedom of currency: w. an attempt to explain practically the general monetary system of the country. Lond. 1848.

Nelkenbrecher, J. C. Handbuch der Münz-, Mafs- u. Gewichtskunde. 17. Aufl. Berl. 1848.

Ravit, J. C. Über unsere Münzzustände. Kiel 1848.

Sealy, H. N. A treatise on coins, currency and banking. W. observations on the bank act of 1844 and on the reports of the committees of the House of Lords and of the House of Commons on the bank act. Lond. 1848.

Tooke, T. A history of prices and of the state of the circulation, from 1839 to 1847 inclusive; w. a general review of the currency question, and remarks on the operation of the act 7 and 8 Vict. c. 32. Lond. 1848.

Torrens, R. The principles and practical operations of R. Peel's bill of 1844 explained and defended against the objections of Tooke, Fullarton and Wilson. Lond. 1848.

Vrolik, A. De edele metallen en het papier. Twee Voorlezingen. Utrecht 1848.

* Report of the Royal Commission upon the establishment of the mint. Evidence. Lond. 1848. Fol.

Avril, V. Histoire philosophique du crédit. Par. 1849.

Bonneville, A. Encyclopédie monétaire, ou nouveau traité des monnaies d'or et d'argent en circulation chez les divers peuples du monde avec un examen complet du titre, du poids, de l'origine et de la valeur intrinsèque des pièces et leur reproduction par des empreintes. Par. 1849 pp.

Comstock, J. L. A history of the precious metals. Hartford 1849.

Escher, H. H. Die Gesetze des Verkehrs u. ihre Konsequenzen für die Geldverhältnisse der Schweiz. Zürich 1849.

Fueter, F. Die Münzreform. Beiträge zur Aufklärung der schweizerischen Münzverhältnisse. Bern 1849.

Milner, T. H. Some remarks on the Bank of England; its influence on credit; and the principles upon which the bank should regulate its rate of interest. Lond. 1849.

Pestalozzi, L. Über die schweizerische Münzeinheit. — Die Münzwirren der westlichen Schweiz. — Der Schweizerfranken als eidgenössische Münzeinheit. Zürich 1849.

du Puynode, G. Études sur les banques. (Journ. d. écon. Janv. ss.) Par. 1849.

Vial, T. Jean Law. Le système du papier-monnaie de 1716, préconisé de nos jours. Par. 1849.

Über das Münzwesen. M. Beziehung auf die bevorstehende schweizerische Münzreform. Basel 1849.

Reflections on the manner in which property in Great Britain may be affected by a large influx of gold from California, and suggestions as to the means, by which such effects may be neutralized, and any material disturbance in the currency prevented. By a merchant. Lond. 1849.

Ackersdijck, J. Over het collegie van Raden en General-meesters van de Munt. Utrecht 1850.

Chevalier, M. Cours d'économie politique fait au Collége de France. 3. vol. La monnaie. Par. 1850.

Deym, Graf F. Das Bank- und Notenwesen mit Bezug auf die Geld- und Finanzverhältnisse in Österreich. Wien 1850.

Mommsen, T. Über das römische Münzwesen. Lpz. 1850.

du Puynode, G. Les banques en France. (Journ. d. écon. Juin et Août.) Par. 1850.

Sabatier, J. L. Production de l'or, de l'argent et du cuivre chez les anciens et les hotels monétaires de l'empire Romain et Byzantin. St. Pétersbourg 1850.

(Soetbeer, A.) Erscheint eine Belehnung auf Gold abseiten der Bank zweckmäfsig und unbedenklich? (Abgedr. aus No. 13, 14 u. 15 des wöchentlichen Beiblatts zur Liste der Börsenhalle.) Hmbg. 1850.

Speiser. Sechs Aufsätze über die Münzfrage. Basel 1850.

Trinci, D. Del modo e del bisogno d'aumentare la moneta. Firenze 1850.

Ansichten über Gold u. Silberwährung in Bremen. Bremen 1850.

Die Entdeckung der Goldschätze in Californien u. deren Folgen. (Vierteljahrschrift f. Volksw. B. 16.) Berl. 1850.

Vom Gelde. Berl. 1850.

Über Metall- u. Papiergeld u. die Täuschungen des Bank-notensystems. N. d. Engl. v. C. G. Allhusen. Kiel 1850.

Die Silberminen von Mexiko, deren Reichtümer und deren mangelhafte Bebauung etc. Hmbg. 1850.

Vierter Abschnitt.
Vom Jahre 1851 bis zum Jahre 1870.

Während des Zeitraums 1851 bis 1870 fand in den Produktionsverhältnissen der Edelmetalle infolge der neu entdeckten und mit gröfster Energie nachhaltig ausgebeuteten Goldablagerungen in Kalifornien und Australasien eine gewaltige Änderung für die Goldproduktion statt, während gleichzeitig die Silbergewinnung eine nur mäfsige Zunahme erfuhr. Ungeachtet dieser Divergenz blieb das Wertverhältnis zwischen Gold und Silber ziemlich stabil, und die vielfach erwartete relative Wertverminderung des Goldes trat nicht ein. Die nachstehenden Übersichten zeigen nach annähernder Schätzung die allgemeine Gestaltung der Edelmetallproduktion und der Wertrelation von 1851 bis 1870 in fünfjährigen Perioden.

Goldproduktion.

Perioden (durchschnittlich)	Vereinigte Staaten kg	Australasien kg	Rufsland kg	Im ganzen einschl. der übrig. Länder kg
1851—1855	88 800	69 573	24 730	199 388
1856—1860	77 100	82 392	26 570	201 750
1861—1865	66 700	77 634	24 034	185 057
1866—1870	76 000	73 526	30 050	195 026

Silberproduktion.

Perioden (durchschnittlich)	Vereinigte Staaten kg	Mexiko kg	Südamerika kg	Im ganzen einschl. der übrig. Länder kg
1851—1855	8 300	466 100	218 600	886 115
1856—1860	6 200	447 800	190 400	904 990
1861—1865	174 000	473 000	191 100	1 101 150
1866—1870	301 000	520 900	229 800	1 339 085

Dem Wert nach verhielt sich die Goldgewinnung zur Silbergewinnung:

Perioden (durchschnittlich)	Gold-produktion in Tausend Mk.	Silber-produktion in Tausend Mk.	Prozent-verhältnisse d. Produktion		Silberpreis per Unze Standard Pence
			Gold	Silber	
1851—1855	556 308	160 387	77,6	22,4	(59½—62½) 61¼
1856—1860	562 899	164 709	77,4	22,6	(60½—62¾) 61⅝
1861—1865	516 326	199 308	72,1	27,9	(60¼—62½) 61¼
1866—1870	544 139	239 696	69,4	30,6	(60—62½) 60¾

Die Ausmünzungen der bedeutenderen Staaten betrugen während der zwanzigjährigen Periode im jährlichen Durchschnitt:

Perioden (durchschnittlich)	Gold in Tausend Mk.	Silber in Tausend Mk.	Gold	Silber
			Prozentverhältnis	
1851—1855	666 221	91 516	87,9	12,1
1856—1860	716 477	184 458	79,5	20,5
1861—1865	626 153	141 486	81,6	18,4
1866—1870	515 640	234 436	68,7	31,3

Die Ausprägung von mexikanischen Silberpesos und von indischen Silberrupien sind bei diesen Angaben absichtlich aufser Betracht geblieben.

Die Wechselkurse auf London (3 Monat) und der Diskontsatz einiger Hauptbanken haben sich nach monatlichen Durchschnitten, bezw. am höchsten und niedrigsten, wie folgt gestellt:

	1851—1855	1856—1860	1861—1865	1866—1870
Berlin Thaler pr. £	6,13 —6,25	6,14—6,23	6,13—6,24	6,17½—6,25
Paris Francs pr. £	24,62—25,32	24,70—25,08	24,67—25,20	24,70—25,28
Petersburg Pence pr. Rubel	33½—39 7/16	33 1/16—39 1/16	30 3/16—37 1/16	25 1/16—33 3/16
Wien Gulden pr.10£	(10,33—14,00)	104,10—144	103,80—153,40	101,70—131,70

Diskont	1851—1855	1856—1860	1861—1865	1866—1870
der Bank v. England	2—6 %	2¼—9¼ %	2—9 %	2—10 %
der Bank v. Frankr.	3—6 %	3—9 %	3—8 %	2¼—6 %
der Preufsisch. Bank	4—5 %	4—7½ %	4—7 %	4—9 %
a. d. Hambger. Börse	1¼—6 %	1—10 %	1¼—7 %	1¼—8½ %

Das allgemeine Niveau der Engroswarenpreise, berechnet nach den Ermittelungen der Hamburgischen Handelsstatistik, stellte sich in den Jahren 1851—1870, verglichen mit den betreffenden Durchschnittspreisen in den Jahren 1847—1850, diese zusammen zu 100,00 angenommen, wie folgt:

Jahre	Verhältniszahlen der Preise			Jahre	Verhältniszahlen der Preise		
	für 114 Artikel	für Weizen	für geschm. Eisen		für 114 Artikel	für Weizen	für geschm. Eisen
1847—1850	100,00	100,00	100,00	1847—1850	100,00	100,00	100,00
1851	100,21	85,49	80,91	1861	118,19	126,54	93,03
1852	101,69	89,31	83,94	1862	122,65	118,83	95,15
1853	113,69	108,33	112,12	1863	125,19	102,17	98,49
1854	121,25	155,25	128,19	1864	120,23	85,80	111,92
1855	124,23	160,49	114,35	1865	122,63	88,99	108,79
1856	123,27	150,62	121,82	1866	125,85	104,63	106,06
1857	130,11	115,74	121,21	1867	124,44	146,30	102,12
1858	113,52	95,66	102,42	1868	121,99	140,43	94,35
1859	116,31	101,23	102,42	1869	123,35	107,41	93,64
1860	120,98	118,32	98,48	1870	122,87	103,39	99,89

Über die Zahlungsbilanz von Britisch Indien, den Edelmetallabfluß nach Britisch Indien und nach dem Osten überhaupt geben wir nachstehende Übersichten:

Zahlungsbilanz von Britisch Indien 1850/51—1869/70.

Fiskaljahre (durchschnittlich)	Mehr-Ausfuhr von Waren Tausend Rupien	Mehr-Einfuhr von Gold Tausend Rupien	Mehr-Einfuhr von Silber Tausend Rupien	Verkaufte Council Bills £
1850/51—1854/55	77 990	10 772	21 846	3 370 728
1855/56—1859/60	88 493	32 182	100 725	992 523
1860/61—1864/65	254 114	70 007	99 680	4 721 019
1865/66—1869/70	209 995	49 855	94 294	5 371 371

Silberausfuhr nach dem Osten nach den Berichten von Pixley & Abell und Netto-Silberausmünzung in Britisch Indien.

Jahre	Silberausfuhr £	Silberprägung Tausend Rupien	Jahr	Silberausfuhr £	Silberprägung Tausend Rupien
1851	1 715 100		1861	6 824 807	51 917
1852	2 447 450		1862	10 091 460	70 704
1853	3 117 980	durchschn. 37 972	1863	8 263 011	92 515
1854	3 095 490		1864	6 254 004	114 797
1855	6 431 733		1865	3 598 058	104 859
1856	12 113 991		1866	2 365 626	145 071
1857	16 731 915	durchschn. 94 998	1867	642 912	61 189
1858	4 753 933		1868	1 635 642	43 133
1859	14 828 521		1869	2 362 943	42 070
1860	8 478 739		1870	1 579 473	74 736

Die Angaben über den Silberexport beziehen sich nur auf die Verschiffungen aus Southampton. Die Angaben über die Silberprägungen sind für die im beibemerkten Jahre endenden Fiskaljahre, und sind die Umprägungen älterer einheimischer Münzsorten darin nicht einbegriffen. — Der jährliche Durchschnittswert der Rupie (im Jahrzehnt 1851—1861 $24^{1}/_{4}$ Pence) bewegte sich in den Jahren 1861—1870 zwischen $23^{1}/_{16}$ und $23^{15}/_{16}$ Pence; es entspricht dies dem Verhältnis des durchschnittlichen Silberpreises, welcher im Jahrzehnt 1851—1860 sich auf $61^{1}/_{4}$ Pence (W. R. 15,39) und im Jahrzehnt 1861—1870 auf $60^{5}/_{8}$ Pence (W. R. 15,19) gestellt hat.

Das im Verlauf der Jahre 1851 bis 1870 stattgehabte beträchtliche Steigen der Preise im allgemeinen ist vorwiegend der aufserordentlichen Zunahme der Goldproduktion, und damit des Geldumlaufs überhaupt, zugeschrieben worden (sog. Quantitätstheorie), wie die gedrückten Preise nach 1820 durch die beträchtliche Einschränkung des zirkulierenden Papiergeldes erklärt worden waren.

Unmittelbar nach dem Bekanntwerden der aufserordentlichen neuen Goldgewinnung in Kalifornien und Australien, während für die Silberproduktion zunächst keine erhebliche Vermehrung eintrat, ward von manchen angesehenen Volkswirten in Frankreich und England (Michel Chevalier, Richard

Cobden u. a.) zuversichtlich die Meinung geäußert, daß eine progressive Wertverminderung des Goldes im Verhältnis zum Silber zu erwarten und daß für die Staaten, in denen die Goldwährung bestehe, ein alsbaldiger Übergang zur Silberwährung, namentlich auch im Interesse der Schuldner, dringend zu empfehlen sei. Ein Steigen des Goldpreises für Silber schien um so gewisser bevorzustehen, als gleichzeitig mit dem so stark vermehrten Goldangebot eben in den fünfziger Jahren der Begehr nach Silber zur Versendung nach Britisch Indien wesentlich stieg, hauptsächlich infolge der dort mit englischen Kapitalien herzustellenden großen Eisenbahnanlagen. Es verbreitete sich nunmehr auch in weiteren Kreisen die Besorgnis, daß in den Staaten mit Silberwährung durch eine nachhaltige Wertsteigerung des Silbers und damit des Geldes überhaupt eine ungerechte Verschiebung der Vermögensverhältnisse zur Begünstigung der Zahlungsempfänger und Beeinträchtigung der allgemeinen Verkehrsinteressen werde herbeigeführt werden. Sobald der Marktpreis des Barrensilbers den Satz von 60⅞ Pence pro Standardunze überschritten hatte, konnte natürlich in den Ländern, wo die Doppelwährung auf der Basis einer Wertrelation des Silbers zum Golde von 15½ : 1 Geltung hatte, ein Einschmelzen und Export der vollhaltigen Kurantsilbermünzen nicht ausbleiben. Vornehmlich geschah dies in Frankreich und anderen Ländern des Frankensystems, und wurden die silbernen Fünffrankstücke massenhaft eingeschmolzen. Ein weiteres Steigen des Silberpreises bewirkte, daß das Einschmelzen selbst der schon etwas abgenutzten Silbermünzen stattfand und sich die Unzuträglichkeit eines unzureichenden Münzvorrats für den täglichen gewöhnlichen Verkehr fühlbar machte, der man durch Verringerung des Münzfußes für kleineres Silbergeld abzuhelfen suchte. Ein am 23. Dezember 1865 zwischen Frankreich, Belgien, Italien und der Schweiz abgeschlossenes Übereinkommen begründete mit zu diesem Zwecke eine gemeinschaftliche Regelung des Münzwesens und die sog. Lateinische Münzunion.

Schon einige Jahre früher war ein anderer Münzverein errichtet worden, nämlich zwischen den Staaten des Deutschen

Zollvereins und Österreich durch einen am 24. Januar 1857
zu Wien abgeschlossenen Münzvertrag. Die Österreichische
Regierung, von der Ansicht ausgehend, daſs die Annahme der
Goldwährung zeitgemäſs und leicht ausführbar geworden, und
die Aufhebung des Zwangskurses ihres Papiergeldes erstrebend,
hatte in den vorhergehenden Jahren die Regierungen der
deutschen Zollvereinsstaaten, mit welchen von ihr ein Handels-
und Zollvertrag zustande gebracht war, zu einer Münzkonferenz eingeladen. Das Ergebnis dieser Konferenz war
aber ein ganz anderes, als es nach der ursprünglichen Absicht
geplant war. Der Wiener Münzvertrag bestätigte so bündig
wie nur möglich die Aufrechthaltung der reinen Silberwährung; die zugelassene theoretisch vollkommene Goldmünze
der Krone, 10 Gramm Feingold enthaltend, ward ausdrücklich
nur als Handelsmünze anerkannt und hat sich im Verkehr als
erfolgloser Versuch erwiesen.

Ohne praktische Folgen blieb auch der um dieselbe Zeit
mit den Verhandlungen über den Wiener Münzvertrag von
der Kommerzdeputation in Hamburg angeregte Plan, bei der
Hamburger Bank statt der reinen Silbervaluta die Goldvaluta
einzuführen.

Für Deutschland kam es vor allem darauf an, endlich
aus den seit Jahrhunderten bestandenen bunten und irrationellen
Münzverhältnissen zu einer möglichst einfachen Münzeinheit
zu gelangen, sei es mit Silberwährung, oder Goldwährung,
oder Doppelwährung. Ungeachtet der durch die Dresdener
Münzkonvention von 1838 und den Wiener Münzvertrag von
1857 bewirkten Verbesserungen gab es im Jahre 1861 in
Deutschland, abgesehen von Österreich und der Hamburger
Bankvaluta, acht verschiedene Münzsysteme. Der erste
deutsche Handelstag, der im Mai 1861 in Heidelberg zu-
sammentrat, richtete daher vor allem seine Aufmerksamkeit
und Bestrebungen auf die Herstellung eines gemeinsamen
Münzsystems, zu welchem Zwecke die Annahme des Drittel-
thalers als „Mark" mit Dezimalteilung empfohlen wurde. Der
zu Ende September 1865 in Frankfurt abgehaltene dritte
deutsche Handelstag bestätigte die vor vier Jahren gefaſsten

Beschlüsse mit hinzugefügtem Wunsche nach Ausprägung von Goldmünzen identisch mit dem Zwanzigfrankenstück, denen ein von Zeit zu Zeit zu bestimmender Kassenkurs beigelegt werden möge.

Auf dem vierten deutschen Handelstage im Oktober 1868 in Berlin erklärten sich die Delegierten sämtlicher Handelsvorstände, mit Ausnahme der Berliner Kaufmannschaft, für das Prinzip der Goldwährung, wenn auch über deren Modalität und eventuelle Zulassung der Doppelwährung verschiedene Ansichten vertreten wurden. Der Münzvertrag von 1857 bildete kein Hindernis mehr für eine durchgreifende Münzreform in Deutschland, da Österreich 1867 aus dem Münzverein ausgeschieden und durch die Herstellung des Norddeutschen Bundes die Erreichung einer solchen Reform wesentlich erleichtert war. Die Anträge des deutschen Handelstages wurden im März 1869 durch dessen Ausschuß den Regierungen mit ausführlicher Denkschrift zu Gunsten der Goldwährung überreicht.

Der Bundesrat des Norddeutschen Bundes, welcher bereits eine einheitliche Regelung der Banknoten- und Papiergeldfragen ins Auge gefaßt hatte, der eine Reform des Münzwesens vorangehen mußte, beschloß zunächst letztere durch eine „Enquête über die bei der Ordnung des Münzwesens in Betracht kommenden Verhältnisse" vorzubereiten. Dieser Beschluß wurde im Juni 1870, also kurz vor dem Ausbruch des Krieges mit Frankreich gefaßt, welcher dessen Ausführung einstweilen verhindern mußte. In den vom Bundeskanzleramt verteilten Fragebogen hatte sich eine gewisse Hinneigung zur Doppelwährung und eine Nachwirkung der bei Gelegenheit der Weltausstellung von 1867 in Paris abgehaltenen internationalen Münzkonferenz zu erkennen gegeben.

Diese Konferenz war von der Französischen Regierung, hauptsächlich auf Betrieb des Herrn Esquiros de Parieu, Vizepräsidenten des Staatsrats, in Anknüpfung an die am 23. Dezember 1865 zustande gebrachte sog. Lateinische Münzunion, unter Hinweisung auf das Wünschenswerte einer Gleichförmigkeit des Münzsystems aller Kulturstaaten, ein-

berufen worden. Es waren auf derselben vertreten: Österreich, Baden, Bayern, Belgien, Dänemark, Spanien, die Vereinigten Staaten von Amerika, Frankreich, Grofsbritannien,
Griechenland, Italien, die Niederlande, Portugal, Preufsen,
Rufsland, Schweden und Norwegen, die Schweiz, die Türkei
und Württemberg. Es fanden acht Sitzungen statt vom
17. Juni bis 6. Juli 1867. Bindende praktische Beschlüsse
wurden nicht vereinbart. In einem Schlufsbericht glaubte der
Referent de Parieu die Ansichten der Konferenz dahin zusammenfassen zu sollen: es sei die so sehr wünschenswerte
Münzübereinstimmung zwischen den Kulturstaaten in der
Weise zu erstreben, dafs überall die Doppelwährung beseitigt
und die alleinige Goldwährung schliefslich angenommen werde,
dafs der Feingehalt der Goldmünzen zu 0,900 festzusetzen
und dafs bei künftigen Münzänderungen in Staaten, in welchen
gegenwärtig noch ein abweichendes Münzsystem bestehe, das
Fünffrankenstück, 620 Stück auf 1 kg Münzgold, als „dénomi-
nateur commun“ angenommen werden möge.

Es ward der Wunsch erklärt, dafs die verschiedenen
Regierungen thunlichst bald der Französischen Regierung ihre
Entschliefsungen wegen der angeregten Münzreformen mit-
teilen möchten und diese alsdann eine neue internationale Münzkonferenz berufe.

Wie sich die verschiedenen Regierungen hierauf geäufsert
haben, ist nicht bekannt geworden. Eine Einberufung der
Konfererenz hat nicht stattgefunden.

In England hat die Pariser Münzkonferenz von 1867
indes Anlafs zur Ernennung einer königlichen Kommission
gegeben (18. Februar 1868), „to consider and report upon the
proceeding of the said International monetary conference .... and
to examine and report upon the recommendations of the conference,
and their adaptability to the circumstances of the United Kingdom,
and whether it would be desirable to make any, and what, changes
in the coinage of the United Kingdom in order to establish, either
wholly, or partially, such uniformity, as the conference held
in contemplation“. Die Kommission bestand aus folgenden
Mitgliedern: Charles Viscount Halifax, C. P. Villiers,

S. Cave, J. W. Patten, M. Longfield, Sir John Lubbock,
T. Baring, L. N. Rothschild, J. B. Smith, T. Hankey,
J. G. Hubbard, T. N. Hunt, G. Biddel Airy und
T. Graham.

Vom 13. März bis 8. Juli 1868 wurden 23 Auskunfts-
erteiler mündlich vernommen, unter ihnen: S. S. Lloyd,
F. Hendricks, Leone Levi, W. Newmarch, W. Stanley
Jevons, W. Bagehot, G. Goschen, J. Bowring, L. Mallet.

Dem Berichte sind 35 Anlagen, meistens statistischen
Inhalts, beigegeben: wie über die Münzsysteme und die Edel-
metall-Einfuhr und -Ausfuhr anderer Länder, Übersetzung
der Protokolle der internationalen Münzkonferenz von 1867 u. a.

Von der Kommission wird anerkannt, daſs die universelle
Annahme eines gleichen Münzsystems ebenso wie einer Uniformität der Maſse und Gewichte, die damit verbunden sein
müſste, groſse Vorteile gewähren würde. Die Schwierigkeiten,
ein solches gleichmäſsiges Münzsystem durchzuführen, das auch
die kleineren Münzen umfassen müſste, seien jedoch ganz
auſserordentlich und schwer zu bewältigen bei den weit aus-
einandergehenden Interessen und Ansichten der verschiedenen
Staaten hinsichtlich der Modalität des geplanten uniformen
Münzwesens etc. — Der Vorschlag einer Reduktion des Pfund
Sterling auf den Wert von 25 Franken Gold ward entschieden
zurückgewiesen.

In Frankreich blieben nach dem Schluſs der internationalen
Münzkonferenz von 1867 die Ansichten und Bestrebungen in
betreff der Währungspolitik sehr geteilt. Um zu einer Entscheidung zu kommen, beschloſs die Regierung, eine möglich
umfassendste Enquête zu veranstalten und beauftragte hiermit
den Conseil supérieur du commerce. Diese Enquête ist denn
auch eine der umfangreichsten und gründlichsten gewesen, die
überhaupt stattgefunden haben. Ihre Ergebnisse sind in sechs
voluminösen Bänden enthalten und füllen 4750 Seiten groſsen
Quartformats. Die Beratungen des Conseil begannen am
6. Februar 1865 und dauerten bis zum 30. Juli 1866. Nachträglich fanden zu Ende des Jahres 1868 noch einige Vernehmungen statt. — Der Fragebogen enthielt 42 Punkte und

umfaßte das ganze Gebiet des Geldwesens, insbesondere der
Bankverhältnisse. Berichterstatter war der Generalkommissar
der Enquête, de Lavenay. Es fanden statt 74 mündliche
Auskunftserteilungen, darunter von Vertretern der zahlreichen
Unterzeichner einer Petition gegen Erhöhung des Bankdiskonts,
vom Vorstande der Bank von Frankreich, von den ange-
sehensten Bankfirmen in Paris, dem Delegierten der Pariser
Handelskammer und von vielen bekannten französischen und
auswärtigen Ökonomisten. Schriftliche Gutachten waren ein-
gegangen von 69 französischen und 10 ausländischen Handels-
kammern, sowie von 16 französischen und 27 ausländischen
Kaufleuten, Bankiers oder Ökonomisten. Ferner enthält die
Publikation in Anlagen Nachweise über die hauptsächlichen
Bankanstalten. Der Schlußbericht, der die Ergebnisse der
Enquête in thunlichster Kürze vorlegt, behandelt in beson-
deren Abschnitten: die Geldkrisen — den Zinsfuß — die
Kreditgesellschaften — das Kreditgeld — die Schranken der
Notenausgabe — die Frage wegen Einheit oder Mehrheit der
Notenbanken in einem Lande — die Geschäfte und überhaupt
die Verhältnisse der Bank von Frankreich.

Erst zwei Jahre nach der Abstattung des Berichts fanden
die schließlichen Beratungen des Oberen Handelsrats statt,
welche sich selbstverständlich vornehmlich auf etwaige Veränderungen bei der Bank von Frankreich bezogen.

Derselbe erklärte sich im Prinzip für die Zulässigkeit und
die Nützlichkeit des Kreditgeldes (der Banknoten), aber gegen
jede gesetzliche Beschränkung der Notenemission, gegen die
Übernahme dieser Emission seitens des Staats, für die Überweisung derselben an eine einzige Zentralanstalt, gegen die
gesetzliche Beschränkung der Höhe des Diskonts für die
Banken u. a.

Von den vielen Auskunftserteilern mögen hier erwähnt
werden die Herren: d'Audiffret, Bagehot, V. Bonnet,
Brentano, A. Burckhardt-Bischoff, H. Cernuschi,
Courcelle-Seneuil, Darimon, A. Fould, T. Hankey,
Helferich, K. von Hock, C. Juglar, E. de Laveleye,
L. de Lavergne, W. C. Mees, W. Newmarch, H. Passy,

E. u. J. Pereire, Rochussen, A. de Rothschild, Rouland, L. Say, Schaeffle, Soubeyran, L. Stein, J. Stuart Mill, J. Telkampf, A. Thiers, A. Vitu, Waru, L. Wolowski.

Aus den Beratungen des Oberen Handelsrats sind die Bemerkungen der Herren Michel Chevalier und d'Eichthal hervorzuheben.

Münzgesetzgebung u. w. d. g. (1851—1870.)

Deutschland u. Österreich-Ungarn.

Münzvertrag zwischen den deutschen Zollvereinsstaaten einerseits und Österreich und Liechtenstein andererseits, abgeschlossen zu Wien am 24. Januar 1857.

Vertrag betr. das Ausscheiden des Kaisertums Österreich und des Fürstentums Liechtenstein aus dem deutschen Münzvertrage vom 24. Januar 1857, abgeschlossen zu Berlin am 13. Juni 1867.

Münzvertrag zwischen den süddeutschen Staaten, vom 4. August 1858.

Gesetz über das Münzwesen in den preußischen Staaten, vom 4. Mai 1857.

Verordnung betr. die Erweiterung des Rechts der Preuß. Bank zur Ausgabe von Banknoten, vom 28. Januar 1856.

Kaiserl. Patent zur Regelung des Münzwesens in Österreich, vom 19. September 1857.

Kaiserl. Verordnung, betr. Durchführung des Münzvertrags vom 24. Januar 1857 in Bezug auf die österreichische National-bank, vom 30. August 1858.

Convention monétaire préliminaire entre la France et l'Autriche, le 31 Juillet 1867.

Gesetz über die Einführung neuer Goldmünzen (8- und 4-Guldenstücke) in Österreich-Ungarn, vom 9. März 1870.

Frankreich.

Décret qui retire de la circulation les pièces d'argent de 25 centimes, 30 avril 1852.

Loi sur la refonte des monnaies de cuivre, 6 Mai 1852.

Décret qui fixe le diamètre des pièces d'or de 10 francs et prescrit la fabrication des pièces de 5 francs, 12 janvier 1854.

Décret qui fixe les frais de fabrication des monnaies d'or, 12 mars 1854.

Décret qui fixe les époques auxquelles les anciennes monnaies de cuivre cesseront d'avoir cours légal et forcé, 12 mars 1856.

Décret qui modifie la tolerance de poids des pièces d'or de 10 francs, 10 novembre 1857.

Décret qui retire de la circulation les pièces de 5 francs en or du diamètre de 14 millimètres, 19 février 1859.

Loi qui autorise une nouvelle émission de monnaies de bronze, 18 juillet 1860.

Loi relative à la fabrication de nouvelles pièces d'argent de 50 centimes et de 20 centimes.

Loi relative à la convention monétaire conclue le 23 décembre 1865 entre la France, la Belgique, l'Italie et la Suisse, 20 juillet 1866.

Décret qui fixe l'époque à laquelle les anciennes monnaies d'argent de 2 francs, de 1 franc, de 50 centimes et de 20 centimes cesseront d'avoir cours légal et forcé, 17 juin 1868.

Niederlande.

Münzgesetze und Münzverordnungen vom 25. Febr. 1825; — 22. März 1839; — 22. März 1845; — 17. Sept. 1849; — 9. Juni 1850.

Großbritannien.

22 & 23 Vict. (1859) c. 30. An act to extende the enactments relating to the copper coin to coin of mixed metal.

26 & 27 Vict. (1863) c. 74. An act to enable Her Majesty to declare gold coins to be issued from Her Majesty's branch mint at Sydney, New South Wales, a legal tender for payments, and for other purposes relating thereto.

29 & 30 Vict. (1866) c. 65. An act to enable Her Majesty to declare gold coins to be issued from Her Majesty's colonial branch mints a legal tender for payments; and for other purposes relating thereto.

33 Vict. (1870) c. 10. An act to consolidate and amend the law relating to the coinage and Her Majesty's mint. (Coinage act, April 4, 1870.) —

In Bezug auf das Bankwesen im Vereinigten Königreich sind 1821—1850 folgende Parlamentsakten beliebt worden: 7 Geo. IV (1826) c. 46. — 3 & 4 Will. IV (1833) c. 98. — 1 & 2 Vict. (1837—38) c. 96. — 7 & 8 Vict. (1844) c. 32. (Peel's Bankgesetz.)

Vereinigte Staaten von Amerika.

Act establishing a branch mint in California. March 3, 1853.

An act amendatory of existing laws relative to the half-dollar, quarter-dollar, dime and half dime. Approved, February 21, 1853.

An act to prevent the counterfeiting of the coins of the United States. Approved, February 26, 1857.

Provisions for limiting amount of refining at the mint extended to the branch mints and assay office, February 20, 1861.

An act to provide a national currency, secured by a pledge of United States bonds, and to provide for the circulation thereof. Approved june 3, 1864.

Branch mints at New Orleans, Charlotte, and Dahlonega may be discontinued. Act of July 23, 1866.

Litteratur.

1851 bis 1855.

Coquelin, C. De la dépréciation de l'or, et du système monétaire français. (Journ. d. écon. Janvier.) Par. 1851.

Danson, J. T. Of the quantity of gold and silver supposed to have passed from America to Europe, from the discovery of the former country to the present time. (Journ. of the Stat. Soc. of Lond. V. 14.) Lond. 1851.

Fort, L. Neueste Münzkunde. Abbildung u. Beschreibung der jetzt kursierenden Gold- u. Silbermünzen m. Angabe ihres Gewichts, Feingehalts, ihrer Geltung u. ihres Wertes. 2 Bde. Lpz. 1851. 1853.

Lisch, G. C. F. Münzsorten und Münzwert im 16. Jahrh. (Jahrb. des meckl. V. für Geschichte. B. 9.) Schwerin 1851.

Mees, W. C. Het muntwezen van Nederl.-Indie. Amsterd. 1851.

Meyer, G. Die schweizerischen Münzen von den ältesten Zeiten bis auf die Gegenwart. 2. Aufl. Zür. 1851.

de Molinari, G.   Observations sur la formation des prix. (Journ. d. écon. Juin.) Par. 1851.

Poisat, M.   Discours et rapport sur les monnaies et sur les métaux précieux. Par. 1851.

Arguello, V.   Memoria sobre el valor de las monedas de D. Alfonso el sabio mencionados en las leyes del Espéculo, Fuero real y Partidas. C. appendice. Madrid 1852. 4°.

Berry, M.   Études et recherches historiques sur les monnaies de France. 2 vols. Par. 1852.

— — Études historiques sur les monnaies et le monnayage des Romains. Par. 1852.

Cochut, A.   La refonte des monnaies de cuivre. (Rev. d. d. m. Mars.) Par. 1852.

Collot, E.   De la démonétisation de l'or. Par. 1852.

Faucher, L.   De la production et de la démonétisation de l'or. La démonétisation en Hollande et la production en Russie, en Amérique et dans l'Australie. (Rev. d. d. m. Août.) Par. 1852.

Halphen, L.   De la démonétisation de l'or. Par. 1852.

Marchand, R. F.   Das Gold. Lpz. 1852.

Millies, H. C.   De munten der Engelschen voor den Oost-indischen Archipel. Amsterdam 1852.

du Puynode, M. G.   De la monnaie, du crédit et de l'impôt. 2 vols. Par. 1852.

Scheer, F.   A letter to Th. Baring, Esq., on the effects of the Californian and Australian gold discoveries. Lond. 1852.

Soetbeer, A.   Andeutungen in Bezug auf die vermehrte Gold-produktion u. ihren Einfluss. Nebst einer lithographierten Tabelle. Hmbg. 1852.

Steijn Parvé, D. G.   Geschiedenis van het munt- en bank-wezen en Nederlandsch-Indie. Zalt-Bommel 1852.

Ward, J.   A history of gold as a commodity and as a measure of value. Its fluctuations both in ancient and modern times, w. an estimate of the probable supplies from California and Australia. Lond. 1852.

Lectures on gold. For the instruction of emigrants about to proceed to Australia. Lond. 1852.

Observations on the effect of the Californian and Australian gold, and on the impossibility of continuing the present standard in the event of gold becoming seriously depreciated. Lond. 1852.

Verslag van de wetsontwerpen tot regeling van het muntwezen en Nederl. Indie. 1852.

Austin, W. On the imminent depreciation of gold and how to avoid it. Lond. 1853.

Bergfolk, P. E. Något om guldets framtid. Upsala 1853.

Bodemer, H. Die Wirkungen der Kreditpapiere in Bezug auf die Vermehrung der Banken in Deutschland. Lpz. 1853.

Capefigue, B. H. R. Histoire des grandes opérations financières, banques, bourses, emprunts, compagnies industrielles etc. Par. 1853 ss.

Faucher, L. De la production et de la démonétisation de l'or. La démonétisation en Hollande etc. (Rev. d. d. m. Août.) Par. 1853.

Garnier, J. Réflexions sur la notion de la monnaie, au sujet d'un article de M. Lipke. (Journ. d. écon. Oct.) Par. 1853.

Gossen, H. H. Entwicklung der Gesetze des menschlichen Verkehrs u. der daraus fliessenden Regeln für menschliches Handeln. Cöln 1853. (Neue Ausg. Berl. 1888.)

Heymann, J. Law und sein System. München 1853.

Hübner, O. Die Banken. Lpz. 1853.

Lipke, W. Notion de la monnaie. (Journ. d. écon. Sept.) Par. 1853.

Maclaren, J. The effect of a small fall in the value of gold upon money; the secret progress of a depreciation of the currency etc. Lond. 1853.

Mills, R. H. The principles of currency and banking, being 5 lectures delivered in Queens college, Cork 1853. Lond. 1853.

Newmarch, W. The new supplies of gold; facts and statements relative to their actual amount and their present and probable effects. Lond. 1853.

Prince Smith. Valeur et monnaie. (Journ. d. écon. Déc.) Par. 1853.

Stansfeld, H. A letter to the Right Hon. W. E. Gladstone, M. P., Chancellor of the exchequer etc., on the necessity of an immediate relaxation of the currency act of 1844, to prevent the present monetary pressure being aggravated into a monetary panic as disastrous as that of 1847; and on the urgency of providing a legal tender as a temporary substitute for gold abstracted by drains, in order to avoid the perpetual derangement of our monetary system and the periodical recurrence of monetary panics. Lond. 1853.

Stirling, P. F. The Australian and Californian gold discoveries and their probable consequences, or an inquiry into the laws which determine the value and distribution of the precious metals. Edinburgh 1853.

Vrolik, A. Verslag van al het verrigte tot herstel van het Nederlandsche muntwezen. Utrecht 1853.

— — Le système monétaire du Royaume des Pays-Bas, la refonte des vieilles monnaies d'argent et la démonétisation de l'or. Utrecht 1853.

Walsh, R. H. Elementary treatise on metallic currency. Dublin 1853.

Wilson, T. Jettings on money; or a few remarks on currency, coinage and a new decimal system, w. the theory of annular coinage. Lond. 1853.

Anderes Geld. Vorschlag, ein neues vorteilhafteres Verkehrsmittel in Umlauf zu bringen. Bresl. 1853.

Die Wichtigkeit d. Silberwährung f. Deutschland. Frankf. 1853.

* Report from the select committee on decimal coinage, together w. the proceedings of the committee, minutes of evidence, appendix and index. Lond. 1853. Fol.

Bergius, C. J. Eine deutsche oder eine preußische Münzreform? (Zeitschr. f. Staatsw.) Tübingen 1854.

Berlepsch, H. A. Chronik der Gold- u. Silberschmiedekunst, ihre Beziehung zum Münzwesen u. s. w. St. Gallen 1854.

Bowring, J. The decimal system in numbers, coins and account: especially w. reference to the decimalisation of the currency and the accountancy of the United Kingdom. Lond. 1854.

Cairnes, J. A. An examination into the principles of currency involved in the bank charter act of 1844. Lond. 1854.

Clément, A. Influence de la hausse ou de la baisse des valeurs sur la richesse générale. (Journ. d. écon. Juillet.) Par. 1854.

Escher, H. H. Die schweizerische Münzreform u. ihr Schlußergebnis. Zürich 1854.

Graville, Sharp. The Gilbart price essays on the adaption of recent discoveries and inventions in the science and art to the purpose of practical banking. Lond. 1854.

Grote, H. Münzstudien. 1—4. B. Lpz. 1854—66.

Kraus, K. Handbuch für das Berg-, Münz- u. Forstwesen im Kaisertum Österreich. Wien 1854.

Laurie, J. Decimal coinage etc. Lond. 1854.

de Léobardy, P. Question de l'or. (Journ. d. écon. Déc.) Par. 1854.

Levasseur, E. Recherches historiques sur le système de Law. Par. 1854.

de Molinari, G. De la dépréciation de l'or. (Journ. d. écon. Mai.) Par. 1854.

Paignon, E. Théorie légale des opérations de banque ou droits et devoirs des banquiers en matière de commerce d'argent. Par. (1854).

Schübler, V. Metall und Papier. Zur Lehre vom Gelde u. Geldwesen. Zur Orientierung in der gegenwärtigen Geldkrisis. Stuttg. 1854.

Soetbeer, A. Beiträge zur Erörterung der Goldfrage I—VIII. — Zur Goldfrage I u. II. (Hamb. Börsenhalle, Januar bis April u. Juli.) Hmbg. 1854.

Whitney, J. D. The metallic wealth of the United States described and compared w. that of other countries. Philad. 1854.

Yates, J. On the french system of money and weights. Lond. 1854.

C. M. Valeur relative de l'or et de l'argent. New York 1854.

Die civilrechtlichen Wirkungen der den Zwangskurs des Papiergeldes anordnenden Gesetze. Wien 1854.

Sur la suppression du rapport légal entre l'or et l'argent. (Société d'écon. politique. Janvier.) Discussion. Par. 1854.

* Verhandlungen der auf dem Handels- u. Zollvertrage vom 19. Febr. 1853 beruhenden Konferenz über eine allgemeine Münzkonvention. Wien 1854—57. Fol.

* Further papers relative to the discovery of gold in Australia, in continuation of papers presented Aug. 1853. Lond. Febr. 1854. Fol.

Alison, A. Bankreform, or a new legal tender w. an unrestricted currency. Lond. 1855.

Baudrillart, H. Des crises monétaires et de la question de l'or. (Journ. d. écon. Sept.) Par. 1855.

Courcelle-Seneuil, J. G. Études sur la théorie de l'interêt. (Journ. d. écon. Mai et août.) Par. 1855.

Frichot, A. P. Études monétaires au point de vue de l'adoption par tous les peuples de l'uniformité de poids, de mesures et de monnaies. Par. 1855.

Helferich. Die österr. Valuta seit 1848 1—3. Art. (Zeitschr. f. Staatsw.) Tüb. 1855, 1856.

Humphrey, H. N. The coinage of the British empire, an outline of the progress of coinage in Great Britain and her dependencies from the earliest period to the present time etc. Lond. 1855. 4°.

Knies, K. Die nationalökonomische Lehre vom Wert. (Zeitschr. f. Staatsw.) Tüb. 1855.

Lanjuinais, V. Nouvelles recherches sur la question de l'or (Rev. d. d. m. Juillet). Par. 1855.

Macleod, H. D. The theory and practice of banking, w. the elementary principles of currency prices, credit and exchanges. 2 vols. Lond. 1855, 1856.

Oppenheim, S. Die Natur des Geldes. Mainz 1855.

Rossi, E. Reflexions sur le prix probable des céréales à Rome, pendant les trois premiers siècles de la republique. (Journ. d. écon. Fevr.) Par. 1855.

Schübler, V. Gold u. Getreide oder die Lösung der Goldfrage an der Hand der Erfahrung, der Wissenschaft u. Gesetzgebung. Stuttg. 1855.

Soetbeer, A. Beiträge u. Materialien zur Beurteilung von Geld u. Bankfragen, m. besonderer Rücksicht auf Hamburg. Hmbg. 1855. 4°.

Swiney, W. Notes on monetary panics and convulsions and the effects of the currency acts of 1819 and 1844; also on the feasibility of creating „a suitable, sound and sufficient currency". W. extracts, references and illustrations. Lond. 1855.

Tagman, R. Über das Münzwesen Schlesiens bis zum Anfange des 14. Jahrh. Bresl. 1855.

Tiffereau, C. T. Die Golderzeugung auf künstlichem Wege ist thatsächlich erwiesen. A. d. Franz. Berl. 1855.

Zugschwerdt, J. B. Das Bankwesen und die privilegierte Österreichische Nationalbank. Wien 1855.

O. K. Über Gold- u. Silberwährung. Frankf. a. M. 1855.

The currency question etc. Lond. 1855.

1856 bis 1860.

Courcelle-Seneuil, J. G. Traité théorique et pratique des opérations de banque et théorie des entreprises industrielles. Par. 1856.

Fernandez, M. B. Memoria das monedas correntes em Portugal desde o tempo dos Romanos ate'a anno 1856. 2 vlms. Lisboa 1856. 4⁰.

Galotti, G. Del ribasso del valore permutabile dell'oro e delle consequenze che debbono derivare da questo ribasso. Napoli. 1856.

Haubold, M. Die Banken u. Kreditinstitute der Gegenwart. Lpz. 1856.

Heyder, C. F. Die Börsenskrisis u. das Gold. Frankf. 1856.

Hill, E. Principles of currency. Means of ensuring uniformity of value and adequacy of supply. Lond. 1856.

Karmarsch, C. Beiträge zur Technik des Münzwesens. Hannover 1856.

Kolb, G. F. Gold- oder Silberwährung? (Zeitschr. f. Staatsw. B. 12.) Tübingen 1856.

Levasseur, E. Une méthode pour mesurer la valeur de l'argent. (Journ. d. écon. Mai.) Par. 1856.

Muret de Bort, L. Crise monétaire. De la situation respective des grands états commerçants. De la crise et de ses causes. Du rôle important de la monnaie. De la bourse et du crédit mobilier. De la Banque de France. De la production et du mouvement des métaux précieux etc. Par. 1856.

Nasse, E. Zur Banknoten- u. Papiergeldfrage m. besondrer Beziehung auf den preußischen Staat. (Zeitschr. f. Staatsw. B. 12.) Tübingen 1856.

Soetbeer, A. Denkschrift, betreffend die Einführung der Goldwährung in Deutschland, m. besonderer Rücksicht auf die Hamburger Bankvaluta. Ausgearbeitet im Auftrage der Kommerzdeputation in Hamburg. Hmbg. 1856. Fol.

— — Das Gold. Eine geschichtliche u. volkswirtschaftliche Skizze. (Gegenwart B. 14.) Lpz. 1856.

— — Silberströmungen nach Ostasien. — Die Fortschritte der Goldwährung seit d. J. 1848. — Vorschlag zu einer deutschen Goldwährung. (Bremer Handelsblatt v. 2. Juni, 26. Juli, 20. September u. 18. Oktober.) Bremen 1856.

Tooke, T. On the bank charter act of 1844, its principles and operation, w. suggestions for an improved administration of the Bank of England. Lond. 1856.

Tarassenko-Otreschkoff, C. De l'or et de l'argent, leur origine, quantité extraite dans toutes les contrées du monde depuis les temps les plus reculés jusqu'en 1856; accumulation actuelle etc. Tome 1. Par. 1856.

Tellkampf, J. L. Über die neuere Entwickelung des Bankwesens in Deutschland etc. Bresl. 1856.

Umpfenbach, C. Über das Wesen des Geldes. Giefsen 1856.

v. K. Die Münzreform in Österreich. Wien 1856.

Die deutsche Münzeinigung. (Vierteljahrschr. f. Volksw. etc. B. 23.) Berl. 1856.

Gegen die Errichtung von Zettelbanken. Geschrieben zu Gotha im März 1856. Gotha 1856.

Arbuthnot, G. Sir Robert Peel's act of 1844 regulating the issues of banknotes vindicated. Lond. 1857.

v. Baumgartner, A. Die edlen Metalle u. ihre natürliche Rangordnung als Geldstoffe. Wien 1857.

Booth, J. P. Gold a delusion. Lond. 1857.

Carey, H. C. Money; a lecture delivered before the New York geographical and statistical society 1857. New York 1857.

Coq, P. La monnaie de banque ou l'espèce et le portefeuille. Par. 1857.

Fort, L. Die Lehre vom Gelde. Geschichte, Technik u. gegenwärtiger Stand des deutschen Münzwesens etc. bearbeitet von J. S. Meyer. Lpz. 1857.

Grün, K. Die Gefahren des Bankfiebers oder Entwicklung des Kapitalbegriffs. Stuttg. 1857.

Horn, J. E. Das Kreditwesen in Frankreich. Nationalökonomische Skizze. 2. Aufl. Lpz. 1857.

Karmarsch, C. Über die Abnutzung der Geldsorten durch Umlauf u. das Verhalten verschiedener Gold- u. Silberlegierungen in dieser Hinsicht. (Mitteil. des Gewerbevereins für das Kgr. Hannover. Neue F.) Hannover 1857.

Lackner, M. F. Was für Geld werden wir in Zukunft haben? Wien 1857.

Lowe, J. S. Zur Gold- u. Silberwährungsfrage. Hmbg. 1857.

Overstone, Lord. Tracts and other publications on metallic and paper currency, edited by J. R. M'Culloch and privately printed for Lord Overstone's friends. 6 vols. Lond. 1857—59.

Peschel, O. F. Die gegenwärtigen Schwankungen im Werte der edlen Metalle. (Deutsche Vierteljahrschr.) Tüb. 1857.

Schäffle, A. Die deutsche Münzkonvention vom 24. Januar 1857, volkswirtschaftlich und politisch betrachtet. (Zeitschr. f. Staatsw.) Tübingen 1857.

de Schubert, T. F. Monnaies russes des derniers trois siècles, depuis le czar Joan Wasiliewicz Groznyi jusqu'à l'empereur Alexandre II, 1547—1855. Avec un atlas. Lpz. 1857.

Soetbeer, A. Die Silberfrage. I—IV. (Bremer Handelsblatt v. 21. u. 28. Febr. u. 11. April.) Bremen 1857.

Stansfeld, H. The bane and antidote of our monetary system suggested, and the impolicy of the bank charter of 1844 demonstrated, in a series of letters and essays. Lond. 1857.

Toegel, T. Die gegenwärtige Geldkrise. Ein Vortrag. Mühlheim a. R. 1857.

Tooke, T. and Newmarch, W. A history of prices and of the state of the circulation during the nine years 1848 to 1856. In two volumes; forming the fifth and sixth volumes of the history of prices from 1792 to the present time. Lond. 1857.

Voigt, F. Die Ursachen u. Folgen der Geldkalamität u. die Mittel für deren dauernde Beseitigung. Ein Vortrag geh. im kaufmänn. Verein zu Breslau. Bresl. 1857.

Wagner, A. Beiträge zur Lehre von den Banken. Lpz. 1857.

de Wailly, N. Mémoire sur les variations de la livre tournois depuis le règne de Saint-Louis jusqu'à l'établissement de la monnaie décimale. Par. 1857. 4°.

Walker, A. Nature and uses of money and mixed currency. Boston 1857.

Zille, F. X. M. Geschichte der Metalle. Wien 1857.

Questions communicated by Lord Overstone to the decimal coinage commissioners w. answers. Lond. 1857.

* Report of the decimal coinage commissioners (Parliam. papers). Lond. 1857. Fol.

* Report from the select committee of bank acts; together w. the proceedings of the committee, minutes of evidence, appendix and index. Part I. Report and evidence. (Parliam. papers.) Lond. 1857. Fol.

The banker's common place book. I—XI. New York 1857.

Helferich, J. Württembergische Getreide- u. Weinpreise von 1456—1628; ein Beitrag zur Geschichte der Geldentwertung nach der Entdeckung von Amerika. (Zeitschr. f. Staatsw. B. 14.) Tübingen 1858.

Kenner, F. Die Anfänge des Geldes. Wien 1858.

Knies, K. Über die Geldentwertung und die mit ihr in Verbindung gebrachten Erscheinungen. (Zeitschr. f. Staatsw.) Tübingen 1858.

Laurier, C. La liberté de l'argent. Par. 1858.

Lechevalier Saint André, J. Question monétaire. Description et usage du mode de paiement par „cheques" universellement adopté en Angleterre dans les transactions civiles, domestiques et commerciales. Par. 1858.

Levasseur, E. La question de l'or. Les mines de Californie et d'Australie. Les anciennes mines d'or et d'argent. Leur production. La distribution et l'emploi des métaux précieux. L'influences des nouvelles mines d'or sur la société. Par. 1858.

de L'Huiller. Transformation de la banque et du système monétaire en Europe par l'inauguration d'une monnaie, mesure et puissance circulatoire. Par. 1858.

MacCulloch, J. R. A treatise on metallic and paper money and banks, written for the Encyclopedia Britannica. Edinburgh and Lond. 1858.

Maclaren, J. A sketch of the history of the currency, comprising a brief review of the opinions of the most eminent writers on the subject. Lond. 1858.

Mason, J. An inquiry into the laws which regulate the circulation and distribution of wealth. 2. ed. W. a supplementary review of the late financial crisis. New York 1858.

Mohl, M. Über Bankmanöver, Bankfragen u. Krisis. Stuttg. 1858.

de Puynode, G. De la monnaie, du crédit et de l'impot. Par. 1858.

Rau, H. Das Geld. Nach M. Chevalier's nationalökonomischen Vorträgen. Wien 1858.

Rösinger. Über den Gold- u. Silberreichtum des alten Spaniens. Schweidnitz 1858.

Schübler, V. Geld u. Kapital. Beitrag zu einer deutschen Bankordnung. Stuttg. 1858.

Thiers, A. Histoire de Law. Par. 1858.

Torrens, R. The principles and practical operation of Sir Robert Peel's act of 1844 explained and defended. 3. ed., comprising critical examinations of the report of the Lords' committee of 1848 etc. Lond. 1858.

Waldner, M. Versuch eines Entwurfs der Hauptmomente des deutschen Münzwesens. Insbr. 1858.

Wirth, M. Geschichte der Handelskrisen. Frankf. 1858.

K. O. Zur Regulierung der Papiergeldwährung. Frankf. 1858.

Die Banknoten und die Not der Banken. Lpz. 1858.

Rapport de la commission chargée d'étudier la question monétaire. Documents relatifs à la question monétaire. Par. 1858. 4°.

The currency under the act of 1844. Together w. observations on joint-stock banks and the causes and results of commercial convulsions. From the city articles of the „Times". Lond. 1858.

Barnes, W. Views of labour and gold. Lond. 1859.

Benneau. Quelques vues sur l'émission d'une nouvelle monnaie d'or en Belgique. Bruxelles 1859.

Boscarolli, J. Die Finanzen Österreichs. Ein Vorschlag zur Regelung der Valuta. Lpz. 1859.

Chevalier, M. De la baisse probable de l'or, des conséquences commerciales et sociales, qu'elle peut avoir, et des mesures, qu'elle provoque. Par. 1859. — (Transl. w. preface by R. Cobden. Manchester 1859.)

Colwell, S. The ways and means of payment: a full analysis of the credit system, w. its various modes of adjustment. Philad. 1859.

Coquelin, C. Le crédit et les banques. 2. éd., augmentée d'une introduction par J. G. Courcelle-Seneuil et d'une notice biographique par G. de Molinari. Par. 1859.

Emminghaus, A. Die Banken der Schweiz. (Zeitschr. f. Staatsw.) Tübingen 1859.

MacCulloch, J. R. Geld u. Banken. A. d. Engl. übers. v. C. J. Bergius u. J. L. Tellkampf m. ergänzenden Abhandlungen beider Übersetzer. Lpz. 1859.

Malou, J. La question monétaire. Bruxelles 1859.

de Matigny, H. De la disparition de la monnaie d'argent et de son remplacement par la monnaie d'or, ou situation monétaire de la France en 1859. 2. éd. Par. 1859.

Millies, H. C. Notice sur les nouvelles monnaies pour les colonies orientales neerlandaises. (Rev. num. belge. 3. sér. T. 3.) Bruxelles 1859.

Morel, A. Étude de la question monétaire à propos de la brochure de Mr. Malou. Bruxelles 1859.

de Parieu, E. La question monétaire. (Rev. contemporaine.) 1859.

Queipo, V. Essai sur les systèmes métriques et monétaires des anciens peuples, depuis les premiers temps historiques jusqu'à la fin du khalifat d'Orient. 2 vols. Par. 1859.

Soetbeer, A. Über die deutschen Münzverhältnisse. (Bremer Handelsblatt Januar.) Bremen 1859.

Tooke, T. and **Newmarch, W.** Die Geschichte und Bestimmung der Preise während der Jahre 1793—1857. Deutsch und mit Zusätzen versehen von L. W. Asher. 2 Bde. Dresden 1858, 1859.

M. O. L. La situation monétaire de la Suisse en Sept. 1859. Trad. de l'Allem. par. J. Malou. Bruxelles 1859.

* Bericht der Mehrheit der nationalrätlichen Münzkommission . . . . in betreff der Münzfrage. (Feer-Herzog.) Bern 1859.

* Chambre de Représentants (Séance du 20 août 1859). Question monétaire. Rapport déposé par M. le Ministre des finances. Bruxelles 1859.

* Notes et documents . . . . . . pour examiner diverses questions relatives aux monnaies. Bruxelles 1859.

* Final Report of the decimal coinage commissioners. Lond. 1859.

Campau, C. A. La question de l'or en Belgique. Brux. 1860.

v. Carnap. Zur Geschichte der Münzwissenschaft und der Wertzeichen. (Zeitschr. f. Staatsw.) Tübingen 1860.

de Cocquiel, C. La chambre de commerce d'Anvers et la question de l'or. Bruxelles 1860.

Cogel, baron. Cours légal de la monnaie d'or française. Bruxelles 1860.

Fischer, B. F. (von Brugg). Gold u. Silber. Eine Antwort auf die vom Eidgenössischen Finanzdepartement aufgestellten Fragen, aus Auftrag des Verwaltungsrates der schweizerischen Kreditanstalt in Zürich bearbeitet. Zür. 1860.

de Haerne. La question monétaire, considérée en général, et dans ses rapports avec l'Angleterre, la France, la Suisse et la Belgique. Bruxelles et Par. 1860.

Hank, F. La question monétaire du point de vue pratique. Bruxelles 1860.

Jacobi, M. H. Sur le platine et son emploi comme monnaie. Petersb. 1860.

Keller, F. Die Gold- u. Silberfrage. Ein Versuch. St. Gallen 1860.

Lang, O. Gold u. Goldwährung (Gegenwart.) Lpz. 1860.

de Laveleye, E. La question de l'or en Belgique. Brux. 1860.

Malou, J. De l'adoption légale de l'or français. Brux. 1860.

Mommsen, T. Geschichte des römischen Münzwesens. Berl. 1860.

Müller, J. H. Deutsche Münzgeschichte. 1. B. Bis zur Ottonenzeit. Lpz. 1860.

Noerdlinger, W. Die Zukunft des metrischen Systems und die deutsche Münz-, Mafs- und Gewichtseinigung. Stuttg. 1860.

de Parieu, E. La question monétaire en France. (Rev. contemporaine.) Par. 1860.

Pfaff. Geschichte des Münzwesens in Württemberg in seiner Verbindung mit dem schwäbischen und Reichsmünzwesen. (Württemb. Jahrb. Jahrg. 1858, 2. Heft.) Stuttg. 1860.

Prové, F. De la question de l'or en Belgique. Bruxelles 1860.

Rosé. De la question monétaire en Belgique. Bruxelles 1860.

Soetbeer, A. Aussichten auf ein gleichmäfsiges Geldwesen in den Hansestädten und im übrigen Deutschland. (Bremer Handelsbl. v. 6. u. 20. Okt. u. 3. Nov.) Brem. 1860.

M. X. Simples questions à propos de la question monétaire. Bruxelles 1860.

1861 bis 1865.

Allard, A. L'or, l'argent et le commerce Belge. Brux. et Par. 1861.

Blake, W. P. Silver ores and silver mines etc. New Haven 1861.

Blaise, A. La question monétaire (Journ. d. écon. Août) 1861.

Goschen, G. The theory of foreign exchanges. Lond. 1861.

Horn, J. E. Le double étalon monétaire. (Journ. d. écon. Juillet.) Par. 1861.

— — Où en est la crise monétaire. (Journ. d. écon. Juillet.) Par. 1861.

Léon, M. Question monétaire. Lettre à M. le directeur du Journ. d. écon. (Journ. d. écon. Janv.) Par. 1861.

de Parieu, E. La question monétaire française dans ses rapports avec la législation monétaire des pays étrangers. (Journ. d. écon. Avril.) Par. 1861.

— — État de la question monétaire en 1861. (Revue contemporaine. Mai.) Par. 1861.

Roma, C. M. De la monnaie. Lisbonne 1861.

Soetbeer, A. Beiträge zur Geschichte des Geld- und Münzwesens in Deutschland, 1—3. Abschn. (Forschungen zur deutschen Geschichte. 1. u. 2. B.) Götting. 1861 u. 1862.

(— —) Die Frage der deutschen Münzeinheit mit besonderer Rücksicht auf Hamburg u. Bremen. (Für den deutschen Handelstag als Manuskript gedruckt.) Heidelb. 1861.

Verhandlungen des ersten deutschen Handelstags zu Heidelberg vom 13. bis 18. Mai 1861. S. 31 ff. Herstellung einer allgemeinen deutschen Münzeinheit; Berichterstatter Ad. Soetbeer (Hamburg). Berl. 1861. 4°.

(Weibezahn, H.) Die deutsche Münzfrage. Versuch einer Lösung derselben in einheitlicher Richtung, unter Anbahnung des Übergangs zur Goldwährung. Rinteln 1861.

Informe sobra moneta. Madrid 1861.

de Fontenay, R. Documents nouveaux pour servir à l'étude de la question monétaire. (Journ. d. écon. Nov.) 1862.

Juglar, C. Des crises commerciales et leur retour périodique en France, en Angleterre et aux États-Unis. Ouvrage couronné par l'Institut. Par. 1862.

Jacob. Des monnaies divisionnaires d'argent. (Journ. d. écon. Mars.) Par. 1862.

Jevons, W. S. Diagram showing the weekly accounts of the Bank of England. Lond. 1862.

— — Diagram showing the price of English funds, the price of wheat etc. Lond. 1862.

Laur, P. De la production des métaux précieux en Californie. Par. 1862.

Marqfoy, G. La Banque de France dans ses rapports avec le crédit et la circulation. Par. 1862.

Pückert, W. Das Münzwesen Sachsens 1518—1545, nach handschriftlichen Quellen. 1. Abt. Die Zeit von 1518 bis 1525 enthaltend. Lpz. 1862.

Ravit, J. C. Beiträge zur Lehre vom Gelde. Lübeck 1862.

Schübler, V. Die Lehre vom Wechselkurs, a. d. Engl. übers. u. auf die deutsch-österreichischen Geldverhältnisse angewendet. Als Ergänzung v. „Metall u. Papier 1854“, „Gold u. Getreide 1855“, „Geld u. Kapital 1858“. Stuttg. 1862.

Soetbeer, A. Die Goldfrage u. deren Einfluß auf das Münzwesen der handeltreibenden Länder. (Zeitschr. f. Staatsw. B. 18.) Tüb. 1862.

Stein, L. Das Bankwesen Europas und die Gesetzgebung. (Jahrb. f. Gesetzkunde u. Statistik. B. 1.) Wien 1862.

Wagner, A. Die Geld- u. Kredittheorie der Peel'schen Bankakte. Wien 1862.

* Rapports à S. E. M. le Ministre des Finances, au nom de la commission chargée d'examiner la question des monnaies et divisionnaires d'argent. (Schneider, de Parieu, Dumas, Michel Chevalier, Vuitry, Gudin, Pelouze, De Sénarmont, de Bosredon, de Bonnechose.) Par. 1862. 4º.

The mystery of money explained and illustrated by the monetary history of England, from the Norman conquest to the present time. Lond. 1862.

van den Berg, N. P. De kwestie over den geldomloop in Nederlandsch-Indie. Batavia 1863.

Brückner, A. Die Geschichte des russischen Papiergeldes u. die Einlösung desselben auf Grund des Erlasses v. 25. April 1862. (Hildebrands Jahrb. f. N. O. B. 1.) Jena 1863.

Cournot, A. Principes de la théorie des richesses. Par. 1863.

Jevons, W. S. A serious fall in the value of gold and its social effects set forth. Lond. 1863.

Kius. Die Preis- u. Lohnverhältnisse des 16. Jahrh. in Thüringen. (Hildebrands Jahrb. f. N. O. B. 1.) Jena 1863.

Landrin, M. Traité de l'or. Monographie, histoire naturelle, exploitation, statistique, son rôle en économie politique. Par. 1863.

Lindwurm, A. Das Geld wirtschaftlich kein umlaufendes, sondern ein stehendes Kapital. (Hildebrands Jahrb. f. N.O. B. 1.) Jena 1863.

Martello, M. La moneta, e gli errori che corrono intorno all'essa. Con introduzione di F. Ferrari. Firenze 1863.

Mommsen, T. Das Geld. Vortrag geh. in Berlin am 17. Febr. 1863. (Grenzboten No. 110.) Lpz. 1863.

Muffat, K. A. Beiträge zur Geschichte des bayerischen Münzwesens unter dem Hause Wittelsbach, vom Ende des 12. bis in das 16. Jahrh. (Abhandl. der bayer. Akad. d. W. T. 3. B. 1.) Münch. 1863. 4°.

Nasse, E. Über eine volkswirtschaftliche Schrift aus der Zeit der Preisrevolution in der zweiten Hälfte des 16. Jahrh. (Zeitschr. f. Staatsw. B. 19.) Tüb. 1863.

Northcote Cooke. The rise, progress and present condition of banking in India. Calcutta 1863.

Soetbeer, A. Goldwährung u. deutsche Münzverhältnisse. (Vierteljahrschr. f. Volksw. B. 3 u. 4.) Berl. 1863.

d'Ailly, P. P. Bourlier. Recherches sur la monnaie Romaine depuis son origine jusqu'à la mort d'Auguste. Tome 1 et 2. Lyon 1864—69.

Aubry, M. Les banques d'émission et d'escompte. Suivi d'un tableau graphique de la marche comparée des taux de l'escompte en Europe pendant les dix dernières années et d'un tableau synoptique des sept banques publiques françaises. Par. 1864.

de Le Bidart, G. System der Währung oder des Geldes. Wien 1864.

Bordet, H. L'or et l'argent en 1864. Par. 1864.

Brückner, A. Kupfergeld in Rufsland 1658—1663 und die Geldzeichen in Schweden 1716—1719. (Russisch.) Petersb. 1864.

— — Die Münzzeichen in Schweden. (Hildebrands Jahrb. f. N. O. B. 3.) Jena 1864.

Cliffe Leslie, T. E. The distribution and value of the precious metals in the XVI and XIX centuries (Macmillan's Magazine, Aug.) Lond. 1864.

Coullet, P. J. Les chèques et le clearing house etc. Par. 1864. 4°.

Cucheval-Clarigny. Considérations sur les banques d'émission. Par. 1864.

Duening, F. De l'organisation du crédit en France. Par. 1864.

d'Eichthal, A. De la monnaie de papier et des banques d'émission. Par. 1864.

Grote, H. Die Geldlehre in Beziehung auf Münzkunde u. Geldgeschichte. Lpz. 1864.

Guthrie, G. Bank monopoly the cause of commercial crises etc. Edinbg. and Lond. 1864.

Hiver. Recherches sur les monnaies et sur la valeur de l'argent en France jusqu'à François. Par. 1864.

Jacoby. Rufslands, Australiens u. Kaliforniens Goldproduktion. (Archiv f. wissenschaftl. Litt. v. Rufsl.) B. 24. Petersb. 1864.

Kenner, F. Die Anfänge des Geldes im Altertum. Wien 1864.

Laspeyres, E. Hamburger Warenpreise 1851—1863 u. die kalifornisch - australischen Goldentdeckungen seit 1848. (Hildebrands Jahrb. f. N. O. B. 3.) Jena 1864.

Lees, W. N. The drain of silver to the East and the currency of India. Lond. 1864.

Mansfield, W. R. On the introduction of a gold currency in India. Lond. 1864.

Mantellier. Mémoire sur la valeur des principales denrées et marchandises qui se vendaient ou se consommaient en la ville d'Orleans au cours des 14.—18. siècles. Orléans 1864.

Pereire, J. La Banque de France et l'organisation du crédit en France. 2. éd. Par. 1864.

Rey de Foresta. Des chèques et des banques de dépots. Par. 1864.

Richthofen. Die Metallproduktion Kaliforniens u. der angrenzenden Länder. Gotha 1864. 4°.

Roepell, C. Die Bewegung der 9 preufsischen Zettelbanken in den Jahren 1857—1863 einschliefslich, tabellarisch dargestellt. Danz. 1864.

Schaake, W. Über die Einführung einer neuen Goldmünze statt der zu beseitigenden Golákrone. Vortrag geh. am 30. Juli 1864. Hildesheim 1864.

Soetbeer, A. Über die Ermittelung zutreffender Durchschnittspreise. (Vierteljahrschr. f. Volksw.) Berl 1864.

— — Beitrag zur Geschichte des Geld- und Münzwesens in Deutschland. 4. Abschn. (Forschungen zur deutschen Geschichte. B. 3. u. 4.) Götting. 1864.

Soetbeer, A. Goldwährung und deutsche Münzverhältnisse. Anlage zu einem Rundschreiben des Ausschusses des deutschen Handelstages. Berl. 1864.

Trevelyan, Sir Charles. Minute on a gold currency of India. Lond. 1864.

Verloren, P. De verhouding van het staat tot het bankwesen. Utrecht 1864.

Traictie des monnoies de Nicole Oresme et traité de la monnoie de Copernic. Texte latin et traduction française publiés et annotés par L. Wolowski. Par. 1864. Fol.

Cernuschi, H. Mécanique de l'échange. Par. 1865.

Clément, A. Enquête sur la circulation monétaire et fiduciaire. (Journ. d. écon. Sept.) Par. 1865.

Cliffe Leslie, T. E. The new gold mines and prices in Europe in 1865. (North British Rev. June.) Lond. 1865.

Cornet d'Hunval. Enquête sur les banques. Ce qui est et ce qui devrait être, ou reponse aux 42 questions de la commission d'enquête. Par. 1865.

Coullet, P. J. Études sur la circulation monétaire, la banque et le crédit. Par. 1865.

Ehrmann, E. Considérations sur la cherté de l'argent, sur la part de responsabilité, qui en revient à la Banque de France etc. Strasbourg 1865.

Grote, H. Die Geldlehre. Insbesondere der Wiener Münzvertrag von 1857, die Goldkronen und die deutschen Handelsvereine. (Separatabdr. aus den „Münzstudien".) Lpz. 1865.

King, C. W. The natural history, ancient and modern, of precious stones and gems and of the precious metals. Lond. 1865.

de Laveleye, E. Le marché monétaire et ses crises depuis cinquante ans. Par. 1865.

de Lavergne, L. La Banque de France et les banques départementales etc. Par. 1865.

Léon, M. Uniformité des poids et mesures et établissement d'une monnaie universelle. Nice 1865.

Marqfoy, G. Théorie de la monnaie. Par. 1865.

Mommsen, T. Histoire de la monnaie romaine, trad. p. le duc de Blacas. T. 1—4. Par. 1865 ss.

Nahuys, M. De l'établissement d'une monnaie universelle. Utrecht 1865.

Nasse, E. Über den Einfluſs des Kredits auf den Tauschwert der edelen Metalle. (Zeitschr. f. Staatsw.) Tübingen 1865.

de Parieu, E. La question monétaire de France et à l'étranger. (Revue contemporaine, déc.) Par. 1865.

Patterson, R. H. The economy of capital or gold and trade. Edinb. and Lond. 1865.

Roswag, G. Les métaux précieux considérés au point de vue économique. Avec gravures, planches et une carte de la production, de la circulation et de l'absorption des métaux précieux. Par. 1865.

Soetbeer, A. Produktion der Edelmetalle während der Jahre 1849—1863. (Vierteljahrschr. f. Volksw. Berl. 1865.

Sudre, A. Études sur la circulation et les banques. Par. 1865.

Weishaupt, O. Bericht betreffend die Beschaffung einer neuen Goldmünze für die durch den Münzvertrag vom 24. Januar 1857 verbundenen Staaten. Cassel 1865.

Wiszniewski. Histoire de la banque de St. Georges. Par. 1865.

Verhandlungen des dritten deutschen Handelstages zu Frankfurt a. M. vom 25. bis 28. Sept. 1865. S. 51—76. Herstellung deutscher Münzeinheit. Neue Vereinsgoldmünze zur Anbahnung der Goldwährung. Berichterstatter Ad. Soetbeer (Hamburg). Berl. 1865.

Verhandlungen der vom Hamburgischen Kaufmannskonvent zur Prüfung der Valutafrage niedergesetzten Kommission. Veröffentlicht seitens der Kommerzdeputation. Hamb. 1865.

Zusammenstellung der Erklärungen von 35 deutschen Handelskammern in betreff der Goldausmünzung in Deutschland. Herausgegeben vom bleibenden Ausschusse des deutschen Handelstages im März 1865. Berl. 1865. 4º.

*Extraits des enquêtes parlementaires Anglaises sur les „Questions de banque". Traduits et publiés par la Banque de France, et sous la direction des MM. Coullet et Juglar. Enquêtes de 1810—1841. Enquête de 1832 sur la renouvellement de la charte de la Banque d'Angleterre. Enquête de 1840 sur les banques d'émission. Enquête de 1848 sur la crise commerciale de 1847 (Chambre des Lords). Enquête de 1848 sur la crise commerciale. Enquête de 1854 sur la législation des banques. Par. 1865, 1866.

The Bank of England and the organisation of credit in England. Lond. 1865.

1866 bis 1870.

van den Berg, N. P.   Bankwezen en banken in Britisch-Indie.   Eene geschiedkundige schets.   Batavia 1866.

Brandis J.   Das Münz-, Mafs- und Gewichtswesen in Vorderasien bis auf Alexander den Grofsen.   Berl. 1866.

Carey, H. C.   Lehre über Banken u. Geld.   Separatabdruck aus H. C. Carey's Sozialökonomie.   M. einer orientierenden Abhandlung von E. Dühring.   Berl. 1866.

Cernuschi, H.   Contre le billet de banque.   Déposition et notes.   Par. 1866.

Chevalier, M.   Cours d'économie politique etc.   Vol. 3.   2. éd. refondue et considérablement augmentée.   La monnaie. Par. 1866.

— — La monnaie et les métaux précieux.   (Journ. d. écon. Juin.)   Par. 1866.

Coq. P.   Les opérations de la banque de France et de la Belgique.   (Journ. d. écon. Mai.)   Par. 1866.

Courcelle-Seneuil, J. G.   De la limite des émissions de billets de banque.   (Journ. d. écon. Janv. et Févr.)   Par. 1866.

Crump. A.   A practical treatise on banking, currency and the exchanges.   Lond. 1866.

Duprat, P.   Le cours forcé en Italie, ou un nouveau chapitre de l'histoire du papier-monnaie.   (Journ. d. écon. Déc.)   Par.1866.

Hendriks, F.   Decimal coinage: a plan for its immediate extension in England, in connection w. the international coinage of France and other countries.   Lond. 1866.

v. Hock, K.   Die Bankfrage vor dem Richterstuhl des obersten Rates für Handel etc.   (Zeitschr. f. Staatsw.)   Tübingen 1866.

Horn, J. E.   La liberté des banques.   Par. 1866.   — (Bankfreiheit.   Deutsche Originalausgabe.   Stuttg. u. Lpz. 1867.)

Iranyi, D.   Les banques de Jersey.   (Journ. d. écon. Janv.) Par. 1866.

Juglar, C.   Comptes rendus de la Banque de France après les crises de 1830, 1847, 1857 et 1864.   (Journ. d. écon. Avril.)   Par. 1866.

* Louvet.   Rapport au Congrès législatif sur la convention monétaire de 1865.   Par. 1866.

Mannequin, J.   De la question soulevée par M. Modeste à propos de l'émission des billets de banque.   (Journ. d. écon. Décemb.)   Par. 1866.

Modeste, V. Le billet des banques d'émission et la fausse monnaie. (Journ. d. écon. Août et Octob.) Par. 1866.

Nasse, E. Die Preufsische Bank und die Ausdehnung ihres Geschäftskreises in Deutschland. Bonn 1866.

de Parieu, E. Situation de la question monétaire internationale. (Journ. d. écon. Avril.) Par. 1866.

— — L'union monétaire de la France, de l'Italie, de la Belgique et de la Suisse: le Münzverein latin. (Revue contemporaine, Oct.) Par. 1866.

Pereire, Émile et Isaac. Dépositions. Enquête sur la Banque de France. — Du système des banques et du système de Law. Par. 1866.

du Puynode, G. Le billet de banque n'est ni monnaie, ni fausse monnaie. (Journ. d. écon. Sept. et Nov.) Par. 1866.

Rogers, J. E. T. A history of agriculture and prices in England, from the year after the Oxford Parliament (1259) to the commencement of the continental war (1793), compiled entirely from original and contemporaneous records. Vol. 1 et 2. 1259—1400. Oxford 1866.

v. Scheel, H. Der Begriff des Geldes in seiner historisch-ökonomischen Entwicklung. (Hildebrands Jahrb. f. N. O. B. 6.) Jena 1866.

Serrigny. Sur la convention monétaire internationale. (Journ. d. écon. Sept.) Par. 1866.

Soetbeer, A. Die Hamburger Bank 1819—1866. Eine geschichtliche Skizze. (Vierteljahrsschr. f. Volksw.) Berl. 1866.

Walker, A. The science of wealth. Boston 1866.

Wolowski, L. De la monnaie. Par. 1866.

* Documents relatifs à la question monétaire: la convention de 1865, exposé des motifs de la loi actuelle, rapports sur cette loi, texte des lois antérieures etc. Bruxelles 1866. 4°.

* Enquête sur la législation relative au taux de l'interêt de l'argent. 2 vlms. Par. 1866. 4°.

Aycard. Histoire du crédit mobilier 1852—1867. Par. 1867.

de Barnabé y Barras, J. P. [Bericht über die Konferenz von 1867.] Madrid 1867.

Baxter, R. The panic of 1866, w. its lessons on the currency act. Lond. 1867.

Bernard, A. Resumé des opérations de la Banque de France depuis sa création jusqu'à la fin de 1866. (Journ. d. écon. Déc.) Par. 1867.

Broch, O. J. [Bericht über die Konferenz v. 1867.] Krist. 1867.
— — Om overgang from Solmynt til Goldmyntfod. Krist. 1867.
Brückner, A. Finanzgeschichtliche Studien. Kupfergeld-
    krisen. St. Petersbg. 1867.
Cherbuliez, A. E. Nature de la monnaie complémentaire de
    la convention de 1865. (Journ. d. écon. Janv.) 1867.
Chevalier, M. La liberté des banques: lettre à M. Wolowski.
    — Réponse de M. Wolowski. Journ. d. écon. Févr. et
    Mars.) Par. 1867.
Courcelle-Seneuil, J. G. La banque libre. Exposé des
    fonctions du commerce de banque etc. Par. 1867.
Fauveau, G. Considérations mathématiques sur la théorie de
    la valeur. (Journ. d. écon. Janv.) Par. 1867.
Gassiot, J. P. Monetary panics and their remedy etc. Lond.1867.
Geyer, P. Theorie und Praxis des Zettelbankwesens etc.
    Münch. 1867.
Hankey, T. The principles of banking, its utility and eco-
    nomy; with remarks on the working and management of
    the Bank of England. Lond. 1867.
Hildebrand, R. Das Chequesystem und das Clearinghouse
    in London. Ein Beitrag zur Kenntnis des englischen
    Bankwesens. Jena 1867.
v. Hock, K. Der Münzvertrag vom 24. Januar 1857 u. seine
    Gebrechen (Österr. Revue, 1867. 2. Heft). Wien 1867.
Horn, J. E. Le faux monnayage fiduciaire etc. (Journ. d.
    écon. Janv.) Par. 1867.
Lammers, A. Deutsche Münzreform. (Preufs. Jahrb. B. 20.)
    Berl. 1867.
de Laveleye, E. La monnaie internationale. (Rev. d. d. m.
    Avril.) 1867.
Mannequin, T. Uniformité monétaire. Rapport du comité
    syndical des républiques de l'Amérique centrale et méri-
    dionale. Par. 1867.
Mounder, F. The causes and cure of monetary panics. Lond.1867.
Norton, E. National finance and currency. The bank acts
    of 1797, 1819 and 1844 w. the operation, gain or loss of
    gold and panics in peace and war. 2. ed. Lond. 1867.
de Parieu, E. De l'uniformité monétaire. (Journ. d. écon.
    Juin.) 1867.
* — — Rapport de la conférence internationale de 1867.
    Par. 1867. 4°.

Patterson, R. H. The war of the banks. (Fortnightly rev.) Lond. 1867. — Der Krieg der Banken. A. d. Engl. von J. von Holtzendorff. Berl. 1867.

Pizzamiglio, L. Saggio cronologico ossia storia della moneta Romana dalla condizione di Roma alla caduta dell' impero d'occidente. Roma 1867. 4°.

Queipo, V. La cuadruple convencion monetaria considerada en su origen, objeto etc. Madrid 1867.

Schulz, L. H. A. De metallis nobilibus ex Europa in Asiam defluentibus. Halis 1867.

Sealy, H. N. A. A treatise on coins, currency and banking, w. observations on the bank act of 1844 and on the Reports of the committees of the House of Lords and of the House of Commons on the bank acts. Lond. 1867.

Serzedello, A. J. P. Os bancos e os principios que regem a emissão e circulação das notas. Lisboã 1867.

Tellkampf, J. L. Die Prinzipien d. Geld- u. Bankwesens. Berl. 1867.

* **Wallenberg.** [Bericht über die Konferenz v. 1867.] Stockh. 1867.

Wolowski, L. La question monétaire à la Société d'économie politique. (Journ. d. écon., Juin.) Par. 1867.

— — La Banque d'Angleterre et les banques d'Écosse. Par. 1867.

Die Papiergeld-Zirkulation in den Staaten des deutschen Zollvereins 1850 u. Ende 1865. (Hildebrands Jahrb. B. 8.) Jen. 1867.

* Verhandlungen der Spezialkommission für Beratung der Münzfrage vom 10. bis 14. April 1867 unter dem Vorsitze des Freiherrn von Hock. Wien 1867.

* Exposition universelle de 1867. Comité des poids et mesures et des monnaies. Rapport concernant l'uniformité des poids. (Baron de Hock.) Par. 1867. 4°.

* Conférence monétaire internat. Procès-verbaux. Par. 1867. 4°.

* Rapport de la commission chargée à étudier la question de l'étalon monétaire. Par. 1867. 4°.

* Enquête sur les principes et les faits généraux qui régissent la circulation monétaire et fiduciaire. (Ministère des finances et ministère de l'agriculture, du commerce et des travaux publics.) T. 1, 2 et 3. Dépositions. — T. 4. Délibérations des chambres de commerce françaises et étrangères, chambres consultatives des arts et manufactures etc. T. 5. Dépositions écrites françaises. — Dépositions écrites étrangères. T. 6. Rapport. Délibérations du Conseil supérieur. — Documents annexes. Par. 1867—1869. 4°.

* Report of the currency commission. Calcutta 1867.

* Annual report of the director of the mint (H. R. Lindermann) for the fiscal year ended June 30, 1867. Wash. 1867.

* Monetary documents of the United States of America, connected w. the Paris exhibition of 1867. Washington 1867.

Augspurg, G. D. Zur deutschen Münzfrage. Bremen 1863.

— — II. Nachträge. Bremen 1868.

Bachiene, P. J. De internationale Munt-Conferentie in 1867. (Overgedruckt uit de Economist, Septembre.) Gravenh. 1868.

Ballard. Remarks on a gold currency for India. Lond. 1868.

Bénard, T. N. Enquête Anglaise sur la monnaie internationale. (Journ. d. écon. Déc.) Par. 1868.

Bonnet, V. La question de l'or. I. La dépréciation de la monnaie. II. Le double étalon monétaire. III. Les différents systèmes de monnaie internationale. (Rev. d. d. m. Oct. et Nov. 1868, Mars 1869.) Par. 1868 et 1869.

Chevalier, M. Lettre à M. Ed. Bertin, directeur gérant du Journ. des Débats. (Journ. des Déb., 19 Oct.) Par. 1868.

— — De l'établissement d'une monnaie universelle. (Journ. d. écon. Oct.) Par. 1868.

— — De l'établissement d'une monnaie universelle. (Journ. d. écon. Nov.) Par. 1868.

Cohn, G. Über Wesen und Wirkung der Kreditgeschäfte. (Zeitschr. f. Staatsw.) Tübingen 1863.

Contzen, H. Über die Geschichte des Geldes u. über Gold-währung. Lpz. 1868.

Courcelle-Seneuil, J. G. Projet d'une monnaie internationale. (Journ. d. écon. Avril.) Par. 1868.

Dubois-Caplain, H. Lettre à M. Dumas sur la démonétisation de l'argent et la fausse monnaie légale. Par. 1868.

Dumas, E. Notes sur l'émission en France des monnaies décimales de bronze. Par. 1868.

Elliott, E. B. The metrical unification of international coinage. Washington 1868.

Engelenburg. Proeven van het ontwerpen ter invoering van het frankenstelsel etc. Nimwegen 1868.

Goldschmidt, L. Handbuch des Handelsrechts. (B. 1. Abt. 2. S. 1060—1231 Das Geld.) Erlangen 1868.

Hartmann, G. Über den rechtlichen Begriff des Geldes u. Inhalt von Geldschulden. Braunschweig 1868.

Jevons, W. S. On the condition of the metallic currency of the United Kingdom, w. reference to the question of international coinage. (Stat. Soc. of Lond. Vol. 31.) Lond. 1868.

Juglar, C. Du change et de la liberté d'émission. Par. 1868.

Léon, M. La convention monétaire du 23 déc. 1865 et l'uniformité des monnaies. Par. 1868.

Nasse, E. Die deutschen Zettelbanken während der Krisis von 1866. (Hildebrands Jahrb. f. N. O. B. 11.) Jena 1868.

de Parieu, E. Situation de la question monétaire internationale. (Journ. d. écon. Avril.) Par. 1868.

— — La question monétaire, et l'opportunité de sa solution. (Rev. contemporaine 30 Juin.) Par. 1868.

— — Lettre à M. Ruggles. (Journ. d. écon. Sept.) Par. 1868.

Roepell, C. Die Bewegung der deutschen Banken in den Jahren 1864 — 66 einschliefslich tabellarisch dargestellt. Berl. 1868.

Roesler, H. Zur Theorie des Wertes. (Hildebrands Jahrb. f. N. O. B. 11.) Jena 1868.

* **Ross Brown, J.** Report on the mineral resources of the states and territories west of the Rocky Mountains. Communicated to Congress. March 5, 1868. Wash. 1868.

Roux, P. Enquête monétaire. (Journ. d. écon. Juin.) Par. 1868.

Seyd, G. Bullion and foreign exchanges, theoretically and practically considered; followed by a defence of the double valuation, w. special reference to the proposed system of universal coinage. Lond. 1868.

— — The practical proposals for an international coinage. Lond. 1868.

— — The question of seignorage and charge for coining. Lond. 1868.

Smith, J. T. Remarks on a gold currency for India and proposal of measures for the introduction of the British sovereign, also a suggestion regarding international coinage. Lond. 1868.

* **Taylor, J. W.** Report to the Treasury Department on the mineral resources of the United States east of the Rocky Mountains. Wash. 1868.

le Touzé, C. De l'uniformité monétaire et de l'unité de l'étalon. (Journ. d. écon. Mars.) Par. 1868.

— — Nécessité de résoudre la question monétaire. (Journ. d. écon. Juillet.) Par. 1868.

le Touzé, C. La question monétaire et le Rapport de la commission. (Courrier de Gironde. 24 Avril 1868.) Bordeaux 1868.

— — La convention monétaire du 25 Déc. 1865, et la commission Anglaise. (Cour. de Gironde. 27 Nov. 1868.) Bord. 1868.

Wagner, A. Die russische Papierwährung. Eine volkswirtschaftliche u. finanzpolitische Studie; nebst Vorschlägen zur Herstellung der Valuta. Riga 1868.

Weber, F. Fluktuationstabellen der Preise roher Baumwolle in den Jahren 1789—1866. M. Gladbach 1868. Fol.

Weibezahn, H. Der Goldgulden als die demnächstige deutsche Reichsmünze. 2. Ausg. Köln u. Lpz. 1868.

Wolowski, L. De l'influence du change sur le marché monétaire. (Rev. d. d. m. Sept.) Par. 1868.

— — Les métaux précieux et la circulation fiduciaire. (Journ. d. écon. Oct.) Par. 1868.

— — Quelques notes sur la question monétaire. Publiées comme manuscrit. Par. 1868.

— — La question monétaire. Par. 1868. (2. éd. Par. 1870.)

— — L'or et l'argent. Par. 1868. (2. éd. Par. 1870.)

Der Übergang zur Goldwährung. Eine Sammlung von Preisschriften, herausgeg. von dem bleibenden Ausschusse des deutschen Handelstages.

        H. Grote. Der Übergang von der Silberwährung.

        G. Millauer. Die Einführung der Goldwährung in Deutschland.

        H. Weibezahn. Zur deutschen Münzreform.

        R. Bach. Die notwendigen Vorbereitungen für den Übergang zur Goldwährung.

        F. G. Killermann. Beantwortung der Preisfrage.
Berl. 1868.

Deutschlands Aufgabe in der Münzfrage. Brem. 1868.

The theory of money w. some of the prominent doctrines of political economy. By a Scotch banker. Edinburgh 1868.

Verhandlungen des neunten Kongresses deutscher Volkswirte zu Hamburg am 26.—29. Aug. 1867. S. 59—78. Münzeinheit u. Goldwährung. Berichterst. A. Soetbeer. Berl. 1868.

Verhandlungen des vierten deutschen Handelstages zu Berlin vom 20.—23. Okt. 1868. S. 27—52. Herstellung der deutschen Münzeinheit auf Grund der Goldwährung. Berichterstatter A. Soetbeer. Berl. 1868. 4º.

La question monétaire. Société d'écon. pol. Discussion. (Journ. d. écon. Oct. et Nov.) Par. 1868.

* Documents relatifs à la question monétaire. — Procès-verbaux et Rapport de la commission monétaire de 1867 relatifs à la question d'étalon. — Enquête monétaire. 2 vols. Par. 1868. 4°.

* Relazione della commissione parlamentare d'inchiesta sul corso forzoso dei biglietti di banca deliberata nella tornata del 10 marzo 1868. Firenze 1868.

* East India currency. Copy of the Report of the commission, appointed by the Government of India to consider the question of the currency. March 16, 1868. Lond. 1868.

* Majority Report on international coinage. Senate finance committee. Mr. Sherman. Washington 1868.

* Minority Report on international coinage. Senate finance committee. Mr. Morgan. Washington 1868.

* Report from the Royal commission on international coinage; together with the minutes of evidence and appendix. (Parliamentary papers.) Lond. 1868. Fol.

* Report of the international conference on weights, measures and coins, held in Paris, June 1867; communicated to Lord Stanley by professor Leone Levi: and Report of the master of the Mint and Mr. Rivers Wilson on the international monetary conference held in Paris, June 1867. (Parl. pap.) Lond. 1868. Fol.

* Proceedings of the international monetary conference of 1867 etc. (Ex. Doc. No. 14. 40. Congress, 2. Sess.) Washington 1868.

Augspurg, G. D. Zur deutschen Münzfrage. III. Gold- u. Silberwährung. Übergang zur Goldwährung, Papiergeld. Bremen 1869.

— — Zur deutschen Münzfrage. IV. Wahl des Münzsystems. Hmbg. 1869.

Bagehot, W. A practical plan for assimilating the English and American money, as a step towards universal money. Repr. from the Econ. w. additions and a preface. Lond. 1869.

Blaise, A. La monnaie internationale. (La Liberté, 30 Mars.) Par. 1869.

— — Des conclusions adoptées par la commission française monétaire. (Journ. d. écon. Avril.) Par. 1869.

Blake, W. P. The production of the precious metals; or statistical notice of the principal gold and silver producing regions of the world; w. a chapter upon the unification of gold and silver coinage. New York 1869.

Bopp, C. Die internationale Mafs-, Gewichts- u. Münzeinigung durch das metrische System. Stuttg. 1869.

Brichaux, A. Fragments de l'histoire monétaire contemporaine. Brux. 1869.

Feer-Herzog, C. L'unification monétaire internationale, ses conditions et ses perspectives. Par. et Genève 1869.

Friedländer, L. Kornpreis u. Sachwert des Geldes in der Zeit von Nero bis Trajan. (Hildebrands Jahrb. B.12.) Jena 1869.

Furet, T. Solution de la question monétaire par l'adoption d'un étalon mixte. (Journ. d. écon. Août.) Par. 1869.

Jevons, W. S. Letter on the value of gold. (Stat. Soc. Vol. 32.) Lond. 1869.

Lattes, E. Geschichte der venetianischen Bank. (Hildebrands Jahrb. f. N. O. B. 12.) Jena 1869.

Mees, W. C. De muntstandaard in verband met de pagingen tot invoering van eenheid van munt. (M. vorslagen en mededelingen. Kon. Akademie van Wetenschappen. Afd. Letterkunde 12. d.) Amsterdam 1869.

Nicholson, N. A. Observations on coinage and our present monetary system. 3. ed. Lond. 1869.

Nothomb, G. Die Weltmünze. (Preufs. Jahrb.) Berl. 1869.

de Parieu, E. La question monétaire et la démonétisation de l'argent. 1—5. article. (Courrier de la Gironde. Janv. et Févr.) Bordeaux 1869.

— — Les conférences monétaires internationales de 1865 et 1867, et leurs résultats. (Journ. d. écon. Janv. et Févr.) Par. 1869.

— — La monnaie internationale. État actuel de la question. (Rev. contemporaine. Juillet) Par. 1869.

— — Progrès récents et avenir de l'unification monétaire. (Journ. d. écon. Déc.) Par. 1869.

Price, Bonamy. The principles of currency. Six lectures delivered at Oxford w. a letter of Michel Chevalier on the history of the treaty of commerce w. France. Oxford and Lond. 1869.

Prince-Smith, J. Währung u. Münze. (Hirth's Annal.) Berl. 1869.

Rapet, J. J. Facilités du changement de système monétaire etc. (Journ. d. écon. Juillet.) Par. 1869.

de Risder, R. De la monnaie du crédit etc. Gand. 1869.

Rochechouart. La monnaie en Chine. (Journ. d. écon. Juillet.) Par. 1869.

Roesler, H. Zur Theorie des Preises. (Hildebrands Jahrb. f. N. O. B. 12.) Jena 1869.

Ruggles, J. Report to the Department of State concerning the international monetary conference of 1867. Wash. 1869.

Sacerdoti, A. Sulla unificazione internazionale del sistema monetario. Padova 1869.

Samter, A. Die Reform des Geldwesens. Berl. 1869.

Schultz, C. Die deutsche Münzreform im Anschlufs an das Frankensystem. Unter Berücksichtigung der gekrönten Preisschrift von H. Grote. Berl. 1869.

Seyd, E. The depreciation of labour and property which would follow the demonetisation of silver. Lond. 1869.

Simon, G. E. La monnaie, l'intérêt et les institutions de crédit en Chine. (Journ. d. écon. Oct.) Par. 1869.

Sloet van de Beele. Diagramme représentant les prix moyens des céréales au marché d'Arnhem (Gueldre, Pays-Bas) entre le 11 Nov. et le 22 Févr. des années 1544 à 1868, dressé d'après les données officielles. La Haye 1869. Fol. (Bearbeitet von Laspeyres; Zeitschr. f. Staatsw. B. 28. Tübingen.)

(Soetbeer, A.) Denkschrift, betr. die deutsche Münzeinigung. Den hohen deutschen Regierungen überreicht vom bleibenden Ausschufs des deutschen Handelstages. Berl. 1869. 4°. (Auch abgedruckt in Hirths Annalen d. D. R. 1869.)

— — Bedenken gegen die sogenannte Doppelwährung. Der Übergang zur Goldwährung in Deutschland. (Aufsätze im Bremer Handelsblatt Nr. 899, 924—927.) Bremen 1869.

— — Zur deutschen Münzfrage. 1—3. (Hamburgische Börsenhalle. März.) Hmbg. 1869.

Stöpel, F. Über einige neue Theorieen vom Gelde. (Hildebrands Jahrb. f. N. O. B. 13.) Jena 1869.

le Touzé, C. La question monétaire et le Rapport de la commission. (Rev. contemporaine.) Par. 1869.

Wirth, M. Handbuch des Bankwesens. Köln 1869. (2. Aufl. Köln 1874.)

de Wolf, L. E. Money, its uses and abuses. Chicago 1869.

Wolowski, L. Le change et la circulation. Par. 1869.

Worms, E. Théorie et pratique de la circulation monétaire et fiduciaire, ou exposition rationelle des questions se rattachant à l'histoire et au rôle économique de la monnaie, des traites, mandats, chèques, billets de banques, banques de dépot et d'émission. Par. 1869.

Xeller, F. Die Frage der internationalen Münzeinigung u. der Reform des deutschen Münzwesens m. besondrer Rücksicht auf Süddeutschland. Kritisch u. geschichtlich beleuchtet. Stuttg. 1869.

Denkschrift des Ausschusses des deutschen Handelstags über das Bankwesen, März 1869. (Hirths Annalen d. D. R. 1870.)

Zur allgemeinen Münzeinheit. Die internationale Münzkonferenz zu Paris im Jahre 1867. Übersetzung, Einleitung u. Bemerkungen von Geschwender. Erlangen 1869.

La question monétaire. Société d'écon. pol. Discussion. (Journ. d. écon. Nov., Déc., Janv.) Par. 1868, 1869.

* Übersichten über die in den Staaten des Norddeutschen Bundes stattgehabten Ausprägungen u. Einziehungen von Gold-, Silber- u. Kupfermünzen. No. 8 der Aktenstücke des Bundesrats. Session 1869. Berl. 1869. Fol.

* Procès-verbaux et Rapport de la Commission monétaire de 1868, suivis d'annexes relatives à la question monétaire. 2 vols. Par. 1869. 4°.

* Rapport de la Commission chargée d'étudier la question de l'étalon monétaire. Par. 1869. 4°.

* Reports of the United States commissioners to the Paris Universal exposition. 2 vlms. Washington 1869.

* Memorandum. Metrical system of international coinage. Treasury Department. April 1869. Washington 1869.

Amato, Tedeschi. Corso elementar sur credito e sulle banche di circolazione. Catania 1870.

Ansell, G. F. The royal mint; its working, conduct and operations etc. Lond. 1870.

Augspurg, G. D. Zur deutschen Münzfrage. V. Die Fragen der Münzuntersuchung u. ihre Beantwortung vor dem Kriege und während des Krieges. Hmbg. 1870.

Bach, R. Ein neuer Vorschlag zur Lösung der deutschen Münzfrage. Annaberg 1870.

Bergius, C. J. Geschichte des preufsischen Papiergeldes. (Zeitschr. f. Staatsw.) Tübingen 1870.

Bernadakis, A. N. De l'origine des monnaies et de leur noms. (Journ. d. écon. Mai.) Par. 1870.

Bonnet, V. Études sur la monnaie. Par. 1870.

Duprat, Pascal. Le livre de Mariana sur la monnaie. (Journ. d. écon. Janv.) Par. 1870.

Eggers, A. Zur deutschen Münzfrage. Brem. 1870.

Eichelberg, J. Vorschlag für eine Einheit in Münze u. Währung für alle großen handeltreibenden Staaten. Nach praktischen Erfahrungen ausgearbeitet. Nebst einer Einleitung. Zunächst mit Rücksicht auf eine Münzeinigung für Deutschland. Frankf. 1870.

Feer-Herzog, C. La France et ses alliés monétaires en présence de l'unification universelle des monnaies. Déposition faite devant le Conseil supérieur du commerce etc. Par. 1870.

Geschwender, A. Zur deutschen Münzeinheit. Vereinigung des Thaler- und des Guldenfußes unter sich u. m. dem Frankensystem. Als Antrag in die Bayrische Abgeordnetenkammer gebracht. München 1870.

Grote, H. Die Goldwährungsfrage. Allerlei Münzfragen. (Aufsätze in der N. Hannov. Ztg., März u. April.) Hannover 1870.

Hock, F. Über eine internationale Münzeinigung. (Zeitschr. f. Staatsw.) Tübingen 1870.

Kuhn, F. W. E. Grundlinien einer dezimalen Münzordnung des Norddeutschen Bundes. Berl. 1870. 4°.

Mosle, A. E. Das teutonische Münzsystem. Ein Beitrag zur Lösung der deutschen Münzfrage. Zunächst geschrieben für die Mitglieder des deutschen Handelstages. Brem. 1870.

(Nahuys, M.) Die Münzreform Deutschlands, vom nationalen u. internat. Standpunkte aus betrachtet. Utrecht, Nov. 1870.

de Parieu, E. Discours au Sénat impérial. (Discussion relative aux pétitions sur le système monétaire.) Séance du 25 Janv. 1870.

— — Vote motivé sur le résumé de l'enquête monétaire. (Conseil supérieur du Commerce.) Par. 1870.

* **Raymond, R. W.** Mineral resources of the States and Territories west of the Rocky Mountains. (1—8. annual report.) Washington 1870—1877.

Rodbertus, J. K. Zur Frage des Sachwertes des Geldes im Altertum. (Hildebrands Jahrb. f. N.O. B.14 u.15.) Jena 1870.

Ruscemi, S. La libertà del cambio e delle banche. Messina 1870.

Weibezahn, H. Kritische Umschau auf dem Gebiete der Vorschläge zur deutschen Münzreform. Köln u. Lpz. 1870.

— — Deutschlands Übergang zur Goldwährung vermöge der französischen Kriegsentschädigung. Jena 1870.

Die Münzreform des Norddeutschen Bundes. Von einem Kaufmanne a. D. Itzehoe 1870.

Nature et fonctionnement du billet de banque et du papiermonnaie. Discussion. (Société d'écon. pol. Août et Sept.) Par. 1870.

* Norddeutscher Bund. Entwurf eines Gesetzes über die Ausgabe von Banknoten. Nebst Motiven. Vom 27. März 1870. (Abgedruckt in Hirths Annalen d. D. R. 1870.)

* Reports on the mint. (Freemantle and Wilson.) Parl. pap. Lond. 1870. Fol.

* Treasury Department. Report and correspondence in relation to the revision of the laws pertaining to the mint and coinage of the United States, prepared under the supervision of J. J. Knox. Washington 1870.

Fünfter Abschnitt.

Vom Jahre 1871 bis zum Jahre 1891.

In der Wertrelation zwischen Gold und Silber haben während der beiden letztverflossenen Jahrzehnte so bedeutende Veränderungen und so aufserordentliche Schwankungen stattgefunden wie nie zuvor. Die Ursachen dieser in alle kommerziellen Verhältnisse tief eingreifenden Vorgänge sind vornehmlich in der Umgestaltung der Edelmetallgewinnung und in der Münzgesetzgebung einiger bedeutender Staaten zu suchen. Die Goldproduktion zeigt zu Anfang dieser Periode einen wesentlichen Rückgang gegen die unmittelbar vorangegangenen Jahrzehnte und dann eine gewisse Stabilität, während die Silberproduktion durch ihre mächtige Entwickelung in den Vereinigten Staaten beträchtlich steigt, was bei dem enormen Sinken des Silberpreises um so auffallender erscheint. — Im Anschlufs an die zu den früheren Abschnitten vorgelegten Übersichten geben wir auch über die Edelmetallproduktion der letzten Zeit die entsprechenden Zusammenstellungen.[*)]

Goldproduktion.

Perioden und Jahre	Vereinigte Staaten	Austral- asien	Rufsland	Kolumbia und Guiana	Im ganzen einschl. der übrig. Länder
	kg	kg	kg	kg	kg
1871—1875	59 500	63 123	33 380	—	173 904
1876—1880	63 920	45 294	40 140	—	172 434
1881—1885	48 087	43 522	35 607	11 700	154 959
(durchschnittlich)					
1886	52 663	39 761	30 872	10 200	160 793
1887	49 654	41 119	30 232	9 200	158 247
1888	49 917	42 974	32 052	8 100	164 090
1889	49 353	49 784	34 867	8 300	176 272
1890	49 421		33 810		

*) In einem Nachtrage am Schlusse des Buches sollen die betreffenden statistischen Nachweisungen vervollständigt werden.

Unter den nicht besonders aufgeführten Produktionsländern hat in den letztverflossenen Jahren Südafrika in rascher Steigerung erhebliche Goldmengen in den Verkehr gebracht.

Silberproduktion.

Perioden und Jahre	Vereinigte Staaten	Mexiko	Süd- amerika	Deutsch- land	Im ganzen einschl. der übrig. Länder
	kg	kg	kg	kg	kg
1871—1875	564 800	601 800	374 700	143 080	1 969 400
1876—1880	980 700	655 800	350 000	163 800	2 450 300
1881—1885	1 137 600	750 800	365 000	238 920	2 808 400
(durchschnittlich)					
1886	1 227 000	728 600	400 000	319 600	3 021 200
1887	1 373 000	750 000	415 000	367 600	3 324 600
1888	1 558 100	848 600	415 000	406 600	3 673 300
1889	1 683 000	1 175 000	415 000	403 000	4 237 000
1890	1 800 000			402 000	

Der Anteil der verschiedenen Länder an der gesamten Silberproduktion ist nach dem Ertrag der Hüttenwerke, also mit Einschluſs des aus importierten ausländischen silberhaltigen Erzen gewonnenen Metalls angegeben. — Der Wert des Silbers ist nach dem durchschnittlichen Marktpreis der betreffenden Jahre berechnet.

Gold- und Silberproduktion nach dem Wert.

Jahre	Gold- produktion	Silber- produktion	Prozent- verhältnisse d. Produktion		Silberpreis per Unze Standard
	in Million Mk.	in Million Mk.	Gold	Silber	Pence
1871—1875 (durchschn.)	485	345	58,5	41,5	(55¹/₂ — 61¹/₈) 59
1876	463	365	55,9	44,1	(46³/₄ — 58¹/₂) 52³/₄
1877	501	387	56,4	43,6	(53¹/₄ — 58¹/₄) 54¹³/₁₆
1878	519	395	56,8	43,2	(49¹/₂ — 55¹/₄) 52⁹/₁₆
1879	467	381	55,1	44,9	(48⁷/₈ — 53³/₄) 51¹/₄
1880	456	382	54,4	45,6	(51⁵/₈ — 52⁷/₈) 52¹/₄
1881	449	396	53,1	46,9	(50⁷/₈ — 52⁷/₈) 51¹¹/₁₆
1882	429	418	50,7	49,3	(50 — 52⁷/₁₆) 51⁵/₈
1883	415	416	49,9	50,1	(50 — 51³/₁₆) 50⁹/₁₆
1884	435	437	49,9	50,1	(49¹/₂ — 51³/₈) 50⁵/₈
1885	435	437	49,9	50,1	(46⁷/₈ — 50) 48⁵/₈
1886	449	406	52,5	47,5	(42 — 47) 45³/₈
1887	441	439	50,1	49,9	(43¹/₄ — 47¹/₈) 44⁵/₈
1888	458	477	49,0	51,0	(41¹⁵/₁₆ — 44⁹/₁₆) 42⁷/₈
1889	492	535	47,9	52,1	(42 — 44¹/₁₆) 42¹¹/₁₆
1890					(43¹¹/₁₆ — 54⁵/₈) 47¹¹/₁₆

Die Ausmünzungen der bedeutenderen Staaten (abgesehen von den mexikanischen Piastern und den indischen Rupien, die hier absichtlich aufser Betracht bleiben,) betrugen:

Perioden und Jahre	Gold in Tausend Mk.	Silber in Tausend Mk.	Gold Prozentverhältnis	Silber
1871—1875 (durchschn.)	758 400	277 600	73,2	26,8
1876—1880 „	777 700	347 700	69,1	30,9
1881—1885 „	559 400	224 100	71,4	28,6
1886	397 500	297 100	57,2	42,8
1887	525 000	303 900	63,3	36,7
1888	566 300	301 400	65,3	34,7
1889	709 400	303 900	70,0	30,0

Ein sehr grofser Teil der Goldausmünzungen bestand aus Umprägungen älterer Landesmünzen oder neuer fremder Münzen; auch bei den Silberausmünzungen waren die Umprägungen eingezogener älterer Münzen von nicht geringer Bedeutung. — Der Betrag der Silberprägungen ist nach dem Nennwert der Münzen angegeben. —

Zahlungsbilanz von Britisch-Indien 1870/71—1890.

Jahre	Mehr-Wert der Waren- ausfuhr Tausend Rupien	Mehr-Einfuhr von Silber Tausend Rupien	Mehr-Einfuhr von Gold Tausend Rupien	Verkaufte Council Bills £	Durchsch. Wert der Rupie Pence pro Rupie
1870/71	208 627	9 419	22 821	8 443 509	22,495
1871/72	310 940	65 324	35 653	10 310 339	23,126
1872/73	233 761	7 151	25 434	13 939 095	22,754
1873/74	211 600	24 958	13 826	13 285 678	22,361
1874/75	201 371	46 422	18 735	10 841 614	22,156
1875/76	192 042	15 554	15 451	12 389 613	21,625
1876/77	235 733	71 989	2 073	12 695 799	20,508
1877/78	237 581	146 763	4 681	10 134 455	20,791
1878/79	231 369	39 707	(— 8 962)	13 948 565	19,794
1879/80	260 464	78 697	17 505	15 261 810	19,961
1880 81	214 638	38 926	36 552	15 239 677	19,956
1881 82	328 551	53 790	48 440	18 412 429	19,895
1882/83	313 894	74 802	49 309	15 120 521	19,525
1883/84	328 967	64 062	54 625	17 599 805	19,536
1884 85	275 522	72 456	46 720	13 758 909	19,308
1885/86	281 700	116 067	27 628	10 292 692	18,254
1886/87	266 600	71 558	21 771	12 136 279	17,441
1887/88	255 400	92 287	29 925	15 355 577	16,898
1888/89	276 100	92 467	28 139	14 262 859	16,379
1889/90	342 600	99 379	46 153	15 474 496	

Die Silberausmünzungen in den beiden indischen Münzanstalten Calcutta und Bombay beliefen sich im jährlichen

Durchschnitt 1871—1880 auf 50 598 000 Rupien; 1881—1885 auf 60 805 000 Rupien; 1886—1890 auf 74 352 000 Rupien.

Ein ansehnlicher Teil des zunächst nach Britisch-Indien exportierten Silbers findet von dort alsbald seinen Absatz nach anderen Gegenden des Orients. Bringt man dies in Anschlag sowie die sonst nach Ostasien abfliefsenden Silberbeträge, dürfte es nicht als übertrieben zu erachten sein, wenn das Silberquantum, welches durch Abflufs nach dem Orient im Durchschnitt der letzten Jahrzehnte dem Verkehr der Kulturländer entzogen worden ist, auf mehr als 1 500 000 kg jährlich geschätzt wird. —

Von eminenter Bedeutung in betreff der allgemeinen Währungsverhältnisse und der Silberfrage für die Periode, mit der wir hier zu thun haben, wie für die Zukunft des Silbers sind die Ausmünzungen in den Vereinigten Staaten geworden, worüber wir deshalb eine umfassende Nachweisung vorlegen. Auch an die österreichisch-ungarischen Ausprägungen knüpft sich ein spezielles Interesse. — Die erwähnten Ausmünzungen haben seit 1870 betragen:

Kalender-jahre	Ausmünzungen in den Vereinigten Staaten		Ausmünzungen in Österreich-Ungarn	
	Gold	Silber	Gold	Silber
	Dollars	Dollars	Gulden	Gulden
1871	21 032 685	3 104 438	5 568 948	8 390 314
1872	21 812 645	2 504 488½	6 783 378	8 624 216
1873	57 022 747½	4 024 748	5 159 903	11 155 180
1874	35 254 630	6 851 777	4 306 948	9 936 833
1875	32 951 940	15 347 893	3 962 242	14 315 663
1876	46 579 452	24 503 307	5 086 672	18 972 053
1877	43 999 864	28 393 045½	7 724 193	16 659 863
1878	49 786 052½	28 518 850	5 396 000	28 827 000
1879	39 080 080	27 569 776	5 146 000	66 677 794
1880	62 308 279	27 411 694	5 102 397	17 311 482
1881	96 850 890	27 940 164	5 036 268	22 238 107
1882	65 887 686	27 973 132	5 870 519	7 787 580
1883	29 241 990	29 246 968	5 423 042	13 864 878
1884	23 991 756½	28 534 866	5 101 644	10 348 094
1885	27 773 012½	28 962 176	5 792 445	8 605 102
1886	28 945 542	32 086 710	5 568 754	9 196 333
1887	23 972 383	35 191 081	5 538 902	11 527 791
1888	31 380 808	33 025 606	5 700 485	11 444 379
1889	21 413 931	35 496 683	6 836 074	9 394 728
1890	20 467 182½	39 202 908		

Zu den vorstehenden Übersichten bemerken wir: In den Jahren 1862 bis 1878 bestand in den Vereinigten Staaten Papiervaluta mit Zwangskurs, im Jahre 1873 ward die reine Goldwährung beliebt und durch Gesetz vom 14. Januar 1875 die Wiederaufnahme der Barzahlungen zu Anfang 1879 beschlossen; die sogenannte Bland Bill vom Februar 1878 bestimmte die Herstellung der Doppelwährung und die jährliche Prägung von Standard Silberdollars im Wert von mindestens 2 Millionen Golddollars. — In Österreich-Ungarn wurden nach auserordentlich bedeutenden Silberkurantausmünzungen für Privatrechnung 1878 und 1879 diese eingestellt, und seitdem nur für Rechnung des Fiskus Silber geprägt. —

Den vorstehenden statistischen Übersichten lassen wir zur Erläuterung des Litteraturnachweises für die Jahre 1871 bis 1891 zunächst eine Darlegung folgen, welche die während dieses Zeitraumes auf die Erzielung eines internationalen Bimetallismus gerichteten Bestrebungen und den gleichzeitigen Verlauf der Silberfrage kurz zusammenfassen soll.

Bei den Verhandlungen, die am 23. Dezember 1865 zum Abschluß eines Münzvertrags zwischen Frankreich, Belgien Italien und der Schweiz — zur Bildung der sogenannten Lateinischen Münzunion - führten, hatten die belgischen, italienischen und schweizer Delegierten die Beseitigung der Doppelwährung des französischen Münzsystems und die Annahme der alleinigen Goldwährung nachdrücklichst empfohlen. Dieser Vorschlag scheiterte indes an dem Widerspruch der französischen Regierung, welche hierzu vornehmlich durch die Autorität der Bank von Frankreich bestimmt ward. Die Doppelwährung wurde beibehalten, unter Beschränkung des Silberkurants auf die Fünffrankenstücke und Herabsetzung des Münzfußes für das kleinere Silbergeld. Auf den im Anschluß an die Pariser Weltausstellung im Jahre 1867 abgehaltenen internationalen Münzkonferenzen erklärten sich sämtliche Staaten, mit alleiniger Ausnahme Hollands, im Prinzip für die Goldwährung, wenn auch meistens mit allem Vorbehalt in Bezug auf den Übergang mit zeitweiliger Doppelwährung.

Die hierauf in Frankreich 1867 bis 1869 aufs neue angeordneten mehrfachen Enquêten und die in der Presse wie
in der Pariser volkswirtschaftlichen Gesellschaft stattgefundenen
ausführlichen Erörterungen über die Münzfrage zeigten mehr
und mehr ein unverkennbares Übergewicht zu Gunsten der
Einführung der Goldwährung an Stelle der bisherigen Doppelwährung. Man darf es als im höchsten Grade wahrscheinlich
bezeichnen, dafs nur der Ausbruch des Krieges mit Deutschland im Sommer 1870 diese fundamentale Münzänderung in
Frankreich und den münzverbündeten Staaten verhindert hat,
welche unter den gegebenen damaligen Münzzuständen offenbar
verhältnismäfsig leicht zu bewirken gewesen wäre. Der Vorrat
an silbernen Fünffrankenstücken im Lateinischen Münzverein
ist gegenwärtig um mehr als 960 Millionen Franken gröfser,
als er zu Anfang 1870 war.

Wir haben bereits erwähnt, wie im Juni 1870 der Kanzler
des damaligen Norddeutschen Bundes gerade im Begriffe war,
Fragebogen für eine Münzenquête zu versenden. Diese unter-
blieb wegen Ausbruch des Krieges, aber um so dringlicher
wurden sofort nach dessen Beendigung die motivierten Anträge
der volkswirtschaftlichen Vereine und Publizisten sowie des
deutschen Handelstages auf sofortige Vornahme der Münzreform. Man war allseitig einverstanden, dafs eine Enquête
überflüssig geworden, hingegen eine Beschleunigung des praktischen Vorgehens der Gesetzgebung unabweisbar sei.

Im Auslande wie im Inlande ist mit hartnäckiger Wiederholung die deutsche Münzpolitik beschuldigt worden, die seit
1873 stattgefundenen grofsen Schwankungen in der Wertrelation der Edelmetalle und die Silberentwertung allein oder
doch ganz vorwiegend verursacht und die hiermit verknüpften
Störungen und Schäden der allgemeinen wirtschaftlichen Interessen durch verkehrte und voreilige Mafsregeln herbeigeführt
zu haben. Der Entschlufs, an die Stelle der bisherigen effektiven reinen Silberwährung die Goldwährung treten zu lassen,
ist jedoch in Deutschland nach reiflicher Überlegung, in voller
Würdigung der entgegenstehenden Bedenken in betreff der
eventuellen Einwirkung auf den Silberpreis, gefafst worden.

So heißt es u. a. in einem die Einführung der Goldwährung empfehlenden Memorandum vom Februar 1870: Indem gegenwärtig einige Staaten, wie Großsbritannien, Portugal, Bremen, die alleinige Goldwährung, andere Länder, wie Frankreich, Belgien, Italien, die Schweiz, die Vereinigten Staaten, die Doppelwährung, und endlich noch andere, wie Deutschland, Holland, die Skandinavischen Staaten, Britisch-Indien, die alleinige Silberwährung haben, bilden die disponiblen Vorräte beider Edelmetalle zusammen die bleibenden Faktoren des Geldwerts. Unter den bestehenden Münzverhältnissen kann sich die Wertrelation zwischen Gold und Silber von der bekannten Proportion von 1 zu 15½, auf oder ab, nicht bedeutend noch für längere Zeit entfernen, und es liegt im solidarischen Interesse sämtlicher handeltreibenden Nationen, daß dieser Zustand fortdauere. Allerdings könnte ein gleiches Resultat sich erzielen lassen, wenn von allen Kulturländern das französische System der Doppelwährung angenommen würde; da dies jedoch schwerlich zu erreichen sein möchte, so ist es das Einfachste und Beste, wenn die bestehenden Währungsverhältnisse in den verschiedenen Staaten, namentlich in Deutschland und Holland die alleinige Silberwährung, beibehalten würden. Sollte Deutschland nach Demonetisierung des Silbers etwa 400 Millionen Thaler an den Weltmarkt bringen zur Anschaffung eines entsprechenden Wertes in Gold, so ist zu erwarten, daß alsbald die übrigen Länder mit Silberwährung diesem Vorgange folgen und dann auch die Staaten mit Doppelwährung zur alleinigen Goldwährung übergehen würden. Eine universelle Goldwährung müßte aber unvermeidlich eine außerordentliche Wertverringerung des Silbers und eine im voraus nicht zu übersehende Steigerung des allein auf Gold beruhenden Geldwerts, eine völlige Erschütterung in allen Preisen und damit die ausgedehnteste wirtschaftliche Verwirrung zur Folge haben.

Wenn ungeachtet dieser unumwunden geltend gemachten Bedenken in Deutschland der Plan festgehalten wurde, mit der bisherigen soliden Silberwährung zu brechen und die so lange entbehrte einheitliche Münzreform jetzt auf Grundlage der

Goldwährung fest durchzuführen, so war vor allem, abgesehen von der Rücksicht auf deren prinzipielle Vorzüge, die schon im Jahre 1838 von dem Direktor des preußischen Statistischen Bureaus, J. G. Hoffmann, nachgewiesen waren, die praktische Erwägung entscheidend, daß die Gefahr einer progressiven Silberentwertung, sofern nicht eine beträchtliche Zunahme des Silberabflusses nach Ostasien eine Ausgleichung bewirke, selbst dann fortbestehen werde, wenn auch Deutschland im Interesse des Weltverkehrs auf den unter den gegebenen Umständen sonst so nahe liegenden Übergang zur Goldwährung zur Zeit verzichten würde. Eine unbegreifliche Verblendung hätte dazu gehört, um nicht einzusehen, daß nach den in den Jahren 1865 bis 1870 in Frankreich und Belgien stattgehabten Verhandlungen diese Staaten unmittelbar vor der Beseitigung der Doppelwährung standen, deren hauptsächliche Bedingung das Abstoßen ihres überflüssigen Silberkurants war. Es lag klar vor Augen, daß Deutschland, auch im Verein mit Holland und den Skandinavischen Staaten, durch einstweilige Beibehaltung der Silberwährung nicht in der Lage sein werde, die Aufrechthaltung des bisherigen Silberpreises zu bewirken, wenn die Länder des Lateinischen Münzvereins vielleicht weit über 400 bis 500 Millionen Fünffrankenstücke auf den Silbermarkt zu werfen und dafür Gold einzutauschen bemüht sein würden. Dieses Silberquantum sowie das neu gewonnene Silber, welches letzthin großenteils in den Münzstätten der Lateinischen Münzunion Verwendung gefunden habe, werde andere Absatzwege aufsuchen. Deutschland werde dann allerdings den Vorteil haben, daß seine Ausmünzungen dem wirklichen Werte nach weniger kosten würden als bisher, allein dieser Vorteil sei doch nur scheinbar und trügerisch. Je mehr Silber nach Deutschland komme, weil dieses wegen der beibehaltenen Silberwährung einen regelmäßigen Markt hiefür abgebe, um so größer müsse sich später der Verlust herausstellen. Wenn in den übrigen hauptsächlichen Handelsstaaten (England, Frankreich, den Vereinigten Staaten u. a.) die Goldwährung gelte und Silber dann einer fortschreitenden Entwertung unterliege, werde auch Deutschland sich später zur Annahme der Goldwährung entschließen müssen. Dies werde aber dann viel kostspieliger und mit einem ungleich schwierigeren Übergange verbunden sein, als wenn es sich jetzt rasch zu solcher Reform entschließe, während in anderen großen Ländern noch die Doppelwährung bestehe.

Im ursprünglichen Gesetzentwurf zur deutschen Münzreform (vom 10. Okt. 1871) waren noch die Bedenken gegen eine sofortige endgiltige Annahme der Goldwährung maßgebend. Die neuen Goldmünzen sollten einstweilen noch nicht gesetzliches Zahlmittel im Privatverkehr sein und es war vorbehalten, „wenn in der Wahl des Wertverhältnisses zwischen Gold und Silber (1:15,5) erheblich fehlgegriffen sein sollte, noch eine Korrektur vornehmen zu können". Die deutschen Handelsvorstände remonstrierten aber sofort nachdrücklichst und mit Erfolg gegen diesen Vorschlag, und der dem Reichstag vom Bundesrat vorgelegte Gesetzentwurf beantragte Einführung der Goldwährung, unter entschiedener Abweisung einer prinzipiellen Doppelwährung. Das einstweilen noch im Verkehr verbleibende, allmählich einzuziehende Silberkurant sollte freilich, um den Übergang zu vermitteln, vorläufig noch gleiche Berechtigung behalten wie die Reichsgoldmünzen. — Nach Erlaß des Reichsgesetzes, betreffend die Ausprägung von Reichsgoldmünzen, vom 4. Dezember 1871, ward ohne Verzug mit der Einziehung der bisherigen Landesgoldmünzen und einer möglichst ausgedehnten Ausprägung von Reichsgoldmünzen begonnen.

Die deutsche Münzreform hat sich in jeder Hinsicht bis kurz vor ihrem Abschuß einer außerordentlichen und seltenen Gunst der Verhältnisse zu erfreuen gehabt. Vor allem kam derselben der Umstand zu statten, daß die Hauptschwierigkeit, die Feststellung der Konvertierungsnorm des bisherigen Silbergeldwerts in den neuen Goldwert, ohne irgendwelchen Anstand sogleich ihre endgiltige Erledigung fand. Der im Gesetzentwurf kurzweg beantragte Münzfuß der neuen Goldmünzen, wonach aus einem Pfund feinen Goldes $139\frac{1}{2}$ Stück Zehnmarkstücke (also 1395 Mark) zu prägen seien, während der bisherige Münzfuß für Silberkurant auf 30 Thaler (= 90 Mark) aus dem Pfund feinen Silbers auskam, mithin eine Konvertierung

aller Zahlungsverbindlichkeiten auf Grund eines Wertverhältnisses des Silbers zum Golde wie 15,5 zu 1 bestimmt wurde,
begegnete damals keinem ernstlichen Widerspruch. Die Motivierung seitens der Regierungen hatte sich sehr richtig auf die
Bemerkung beschränkt: das vorgeschlagene Wertverhältnis
habe sich bei der französischen Doppelwährung Menschen-
alter hindurch bewährt und habe den Vorzug, daß in einem
großen Gebiete das bestehende Münzsystem hierauf gebaut sei,
wodurch ein Gravitieren der Marktpreise der Edelmetalle nach
diesem gegenseitigen Wertverhältnis hin für längere Zeit gesichert erscheine. Auch werde das öffentliche Bewußtsein
sich mit dieser Fixierung am leichtesten befreunden, weil sie
die legale Geltung in einem hochkultivierten Nachbarlande für
sich habe. Bei den Verhandlungen im Reichstage kam in
Vorschlag, das künftige deutsche Zwanzigmarkstück in völliger
Übereinstimmung mit dem britischen Sovereign oder auch mit
dem Wert von 25 Franken in Gold zu prägen, wonach die
Wertrelation sich rund auf 15,17 oder bezw. 15,31 Silber zu 1 Gold
gestellt hätte, was den Zahlungsempfängern um 2,175 % bezw.
1,241 % vorteilhafter gewesen wäre. Es überwog jedoch die
richtige Erkenntnis, daß es höchst bedenklich sei und vielleicht
die ganze Münzreform vorläufig vereiteln könnte, wenn an dem
Vorschlage des Gesetzentwurfs in diesem Punkte irgend gerüttelt
werde. Ganz besonders ward die glatte Erledigung dieser
schwierigsten Seite, des eigentlichen Problems der beabsichtigten
radikalen Münzreform, dadurch gestützt und erleichtert, daß
in den Tagen, an welchen im Reichstage hierüber verhandelt
und entschieden wurde, der Marktpreis des Silbers in London
60 1/8 bis 60 3/4 Pence pro Standard-Unze stand, was einer
Wertrelation von 15,49 bis 15,52 entsprach.

Eine andere große Gunst der Verhältnisse für die Durchführung der Goldwährung in Deutschland war durch die in
den Jahren 1871 bis 1874 stattfindende Zahlung der französischen Kriegsentschädigung gegeben, wodurch die Anschaffung
des Goldes für die neuen Ausmünzungen leicht wurde. —

Bis zur Beliebung des deutschen Münzgesetzes vom
9. Juli 1873 hielt sich der Preis des Silbers ziemlich auf

gleicher Höhe, und man vernahm keine Klagen über die
stattgehabte Konvertierung der Silbervaluta in eine Goldvaluta. Befürchtung einer bevorstehenden beträchtlichen Wertverringerung des Silbers zeigte sich nirgend. Die Skandinavischen Staaten folgten bald dem Vorgange Deutschlands in der
Annahme der Goldwährung statt ihrer bisherigen reinen Silberwährung. Durch Vertrag vom 18. Dezember 1872 ward ein
gemeinsames Münzsystem vereinbart. Die Konvertierung des
bisherigen Silberkurants geschah für Schweden nach der Wertrelation von 15,57, für Dänemark von 15,43 und für Norwegen
von 15,44. — Auch die Niederlande folgten etwas später dem
Vorgange Deutschlands, indem dort schließlich durch Gesetze
vom 6. Juni 1875 und 10. Mai 1876 die Goldwährung an die
Stelle der bisherigen reinen Silberwährung trat, unter Konvertierung nach der Wertrelation von 15,625. — In den Vereinigten
Staaten hatte schon im Jahre 1870 die Regierung die Herbeiführung eines neuen Münzgesetzes auf Grund der reinen Goldwährung ins Auge gefaßt. Der dieserhalb vorgelegte Gesetzentwurf wurde sowol im Kongreß wie auch sonst wiederholter
und eingehender Prüfung unterzogen, aber während dreier
Sessionen kam es zu keiner Entscheidung. Diese erfolgte erst
durch Kongreßakte vom 12. April 1873 und Sektion 3586 der
„Revised Statutes" von 1874, wodurch die bisherige Doppelwährung beseitigt wurde, indem die fernere Ausprägung von
Silberkurant untersagt und bestimmt wurde, daß Silber künftig
nicht über den Betrag von 5 Dollars hinaus gesetzliches Zahlmittel sein solle. Die am 1. Dezember 1873 in Kraft getretene
gesetzliche Goldwährung äußerte zunächst keine praktische
Wirkung, da nur sehr wenige Silberdollars vorhanden waren,
die Erhebung der Zölle und die Zahlung der Zinsen der effektiven Nationalschuld bisher schon in Goldmünze stattgefunden
hatte, und im übrigen, soweit nicht durch Kontrakte anderes
ausdrücklich vereinbart war, Papiervaluta galt. Der damalige
Übergang der Vereinigten Staaten zur Goldwährung fand
deshalb so gut wie keine Beachtung.

Seit Ende 1873 begann die eintretende Silberentwertung
mehr und mehr die öffentliche Aufmerksamkeit zu beschäftigen.

Der Preis des Silbers war von 60½ Pence (W. R. 15,₅₉) im Durchschnitt des Jahres 1871 im Dezember 1873 auf 58 Pence (W. R. 16,₂₆) gefallen, und die unvermeidliche Folge war, daſs den Münzstätten in den Ländern der Lateinischen Münzunion Silber zur Ausmünzung massenhaft zugeführt wurde. Die betreffenden Regierungen sahen sich hierdurch veranlaſst, zunächst durch Übereinkommen vom 31. Januar 1874, vom 5. Februar 1875 und 6. Februar 1876 Einschränkungen und schlieſslich durch Konvention vom 5. November 1878 eine gänzliche Einstellung der Ausmünzungen von silbernen Fünffrankenstücken zu vereinbaren. Es waren aber inzwischen seit 1865 bis zur Einstellung der Prägungen von dieser Münzsorte in Frankreich 625 466 380 Fr., in Belgien 350 497 720 Fr., in Italien 359 059 820 Fr. und in der Schweiz 7 978 250 Fr., zusammen also 1343 Millionen Franken, geprägt worden.

Die Einstellung der Ausmünzungen von Silberkurant in den Staaten des Lateinischen Münzvereins bildet den eigentlichen Wendepunkt für die Silberentwertung in neuerer Zeit. Das enorme Sinken des Silberpreises im Juli 1876 auf 46³/₄ Pence war allerdings nur vorübergehend, und hatte der Silberpreis zu Ende des Jahres sich wieder auf 58½ Pence gehoben, allein diese unerhörten Schwankungen bewirkten noch weit empfindlichere Störungen für den Weltverkehr als die Entwertung an sich.

Kein Land ward durch diese Vorgänge auf dem Edelmetallmarkt mehr betroffen als England infolge seines vorwiegenden Anteils am Weltverkehr und namentlich wegen seiner engen finanziellen Beziehungen zu seinem Indischen Reiche, wo die reine Silberwährung volle Geltung hat.

Das Unterhaus des britischen Parlaments hielt es bei dieser Sachlage für angemessen, am 3. März 1876 einen Ausschuſs (Selected Committee) zu ernennen, „um die Ursache der Entwertung des Silbers und die Folgen solcher Entwertung auf die Wechselkurse zwischen Indien und England in Betracht zu ziehen und hierüber zu berichten".

Mitglieder dieses Ausschusses waren die Herren Baxter, Becket-Denison, Goschen, Kirkmann Hodgson, Hubbard, Massey,

Mulholland, Fawcett, Cave, Shaw, Herman, Lord George Hamilton u. Sir Charles Mills. — Als Auskunftserteiler wurden vom 20. März bis 8. Mai 1876 vernommen die Herren H. Water-field, H. Hay, S. Pixley, R. Giffen, F. G. Wilkins, P. Campbell, R. W. Crawford, G. Pietsch, S. Seldon, W. Robinson, H. Hyde, J. T. Mackenzie, E. Seyd und W. Bagehot. Außerdem wurden dem Ausschuß 36 Schriftstücke mitgeteilt, welche den Protokollen über die Vernehmungen angehängt sind. Vorsitzender und Be-richterstatter des Ausschusses war Herr G. Goschen, und der Bericht trägt das Datum des 5. Juli 1876.

Als hauptsächliche Ursachen der Silberentwertung werden aufgeführt: die Entdeckung neuer ergiebiger Silberminen in den Vereinigten Staaten, die Einführung der Goldwährung statt der bisherigen Silberwährung in Deutschland, die Ab-nahme der effektiven Silberausfuhr nach Indien, die zum großen Teil durch die indischen Council-Bills ersetzt worden, und die Einstellung der Silberkurantprägungen in den Ländern der Lateinischen Münzunion.

In Bezug auf die Zahlungen an Indien ward im Berichte bemerkt, daß in der Periode 1868 69—1871/72 40 000 000 £ Edelmetall und 29 500 000 £ Regierungswechsel nach Indien remittiert seien, in der Periode 1872/73—1875/76 dagegen nur 16 500 000 £ Edelmetall, aber 50 500 000 £ Regierungswechsel.

Hinsichtlich der Zukunft des Silbers wird am Schlusse des Berichts hervorgehoben, daß diese sich bei der Ungewiß-heit der meisten in Betracht kommenden Elemente nicht vorher-sagen lasse, daß namentlich die mögliche Grenze eines ferneren unvermeidlichen Sinkens des Silberpreises für den Fall, daß die Demonetisation des Silbers allgemein werden sollte, nicht anzugeben sei. — Die Frage, ob und wie der Silberentwertung abgeholfen werden könne, ward nicht erörtert. —

Nachdem dieser Bericht dem britischen Parlament vor-gelegt war, beschloß der Kongreß der Vereinigten Staaten am 15. August 1876 ebenfalls eine Kommission zu ernennen, zur Untersuchung der Ursachen und Folgen der eingetretenen Veränderung im Wertverhältnis von Gold und Silber, der

Zweckmäfsigkeit einer Herstellung der Doppelwährung und der hierfür zu bestimmenden gesetzlichen Wertrelation, sowie der geeignetsten Mafsregeln, um die Wiederaufnahme der Barzahlungen zu erleichtern. Diese Kommission bestand aus den Herren J. P. Jones, L. V. Bogy u. G. S. Bouthwell vom Senate, den Herren R. L. Gibson, G. Willard und R. P. Bland vom Repräsentantenhause, den Herren Groesbeck, Professor F. Bowen und dem Sekretär G. W. Weston.

Die Berichte dieser „Silver-Commission" wurden nebst volu minösen Anlagen im März 1877 dem Kongrefs vorgelegt und veröffentlicht. Die Majorität (die Herren Jones, Bogy, Willard, Groesbeck und Bland) empfahl die Remonetisation des Silbers und die Herbeiführung internationaler Konferenzen zur Annahme einer gleichen gesetzlichen Wertrelation zwischen Gold und Silber.

Von den zahlreichen Auskunftserteilern nennen wir: A. Del Mar, H. C. Carey, E. B. Elliott, H. R. Lindermann, J. Rofs, Snowden, C. Moran, H. C. Baird, sowie von den Auswärtigen E. Seyd, E. de Parieu und H. Cernuschi.

Der letztgenannte Vertreter des internationalen Bimetallismus, welche Bezeichnung von ihm herstammt, war persönlich nach den Vereinigten Staaten gekommen, um auch hier für die Rehabilitation des Silbers zu wirken. In Europa hatte Herr Cernuschi bereits seit 1874 mit unermüdlichem Eifer eine vielseitige Agitation betrieben. In Frankreich und Belgien wurde diese von den bisherigen Gegnern der Doppelwährung (Michel Chevalier, E. de Parieu, Frère Orban u. a.) nachdrücklichst abgewehrt. Hingegen in Deutschland und England, wo bis dahin für die Doppelwährung sich wenig Interesse bemerkbar gemacht hatte, wurde die Propaganda mit mehr Erfolg ins Werk gesetzt. Die öffentliche Meinung und die Regierungen sollten für die Überzeugung gewonnen werden, dafs der unermefslichen Kalamität der Silberentwertung nur durch allseitige vertragsmäfsige Anerkennung und Anwendung einer gleichen festen Wertrelation, verbunden mit unbeschränkter freier Ausmünzung beider Edelmetalle, abzuhelfen sei. Vor allem sollte Deutschland dazu gebracht werden, das Einschmelzen seines noch vorhandenen Silberkurants und die Silberverkäufe einzustellen. In zahlreichen weitverbreiteten Broschüren und Zeitungsartikeln ward die Verkehrtheit und Übereilung der deutschen Münzreform und deren voraussichtliches Mißlingen verkündet. — Auch in England begann, nachdem das starke Schwanken des Silberpreises seine natürliche Rückwirkung auf die indischen Wechselkurse äußerte, eine Agitation für den internationalen Bimetallismus.

Wie man in Deutschland diesen Bestrebungen in manchen Kreisen, welche sich eingehender mit den Angelegenheiten beschäftigten und die Nachteile unberechenbarer Schwankungen des Silberpreises nicht verkannten, gegenüberstand, erhellt aus folgender oft zitierten Äußerung (Neue Freie Presse vom 12. Oktober 1876): „Würden sämtliche Handelsstaaten die Doppelwährung auf der Basis gleicher Wertrelation (sagen wir 1 : 15,5) mit Freigebung der Ausprägung beider Edelmetalle gesetzlich und thatsächlich annehmen und aufrecht erhalten, so läßt sich wohl nicht in Abrede stellen, daß auf solche Weise für jetzt und vermutlich noch für einen langen Zeitraum, praktisch betrachtet, ein stabiles Wertverhältnis zwischen Gold und Silber gesichert erschiene, daß vorübergehende Abweichungen hiervon auch auf dem Weltmarkte schwerlich die Grenze von $1/2$ bis 1 Prozent erreichen dürften. — Dies Zugeständnis ist jedoch ohne reale Bedeutung. Denn die Voraussetzung, auf welcher das Projekt allein beruht, daß es möglich sein werde, die verschiedenen Staaten zu einem solchen Einverständnis zu bringen, ist eine völlige Illusion. Und wie sollte eine Garantie gefunden werden, daß jeder Staat unter allen wechselnden Umständen an solchem Übereinkommen in loyalster Weise immer festhalten werde!" —

Während in Europa bis zum Jahre 1878 der Bimetallismus ungeachtet aller Bemühungen seiner Anhänger verhältnismäßig doch nur wenig Spielraum fand, erlangte derselbe in den Vereinigten Staaten im Februar 1878 einen außerordentlichen und nachhaltigen Erfolg. Wie in der Silberkommission vom August 1876 die Ansichten über die künftige Münzpolitik sich schroff gegenüber gestanden hatten, so geschah dies in gleichem Maße in der öffentlichen Meinung und im Kongresse,

als die für den 1. Januar 1879 bevorstehende Aufnahme der
Barzahlungen zu einer Entscheidung drängte, ob das Münzgesetz von 1873 aufrecht zu erhalten oder das frühere System
der Doppelwährung wieder herzustellen sei. Die Regierung
war entschieden für ersteres, während im Kongreſs die Anhänger der Doppelwährung einen vorwiegenden Einfluſs erlangt
hatten. Um ihren Willen aber gegen das Veto des Präsidenten
durchzusetzen, war eine Zweidrittel-Mehrheit erforderlich. Diese
konnte nur durch ein Kompromiſs erreicht werden, welches in
der sog. Bland-Bill — „Act to authorize the coinage of the
Standard silver dollar, and to restore its legal tender character,
February 28, 1878" seinen Ausdruck fand. Den Verteidigern der
Goldwährung ward zugestanden, daſs unter Aufrechthaltung der
früheren gesetzlichen Wertrelation von 1:15,988 der „Silberdollar
der Väter" nur für Rechnung des Schatzamts und höchstens bis
zum Betrage von monatlich 4 Millionen Dollars auszumünzen sei,
wogegen die Anhänger des Bimetallismus erlangten, daſs an
Standard Silberdollars allmonatlich mindestens ein Betrag im
Wert von 2 Millionen Dollars geprägt werden, und daſs diese
als Zahlungsmittel gleiche Berechtigung haben sollten wie die
Landesgoldmünze. Ein weiteres Zugeständnis für die Silberpartei lag darin, daſs Sec. 2 des Gesetzes vorschrieb: der
Präsident solle unmittelbar nach Beliebung des Gesetzes die
Regierungen der Staaten der sog. Lateinischen Münzunion und
solcher anderer europäischer Länder, als er für ratsam erachte,
zu Konferenzen einladen, zum Zweck einer internationalen Vereinbarung über ein bimetallisches Geldsystem und Sicherstellung
eines festen Wertverhältnisses zwischen Gold und Silber.

Die Bland-Bill miſsfiel von Anfang an sowohl den Anhängern der Goldwährung als auch den Bimetallisten, und man
war allgemein der Ansicht, daſs ein solches Gesetz unmöglich
lange in Kraft bleiben werde. Es hat jedoch unverändert bis
zum August 1890, also länger als zwölf Jahre, bestanden. In
der Münzgeschichte aller Länder und Zeiten wird man kaum
ein anderes so willkürliches und durchweg irrationelles Gesetz
nachweisen können, allein andererseits auch kein Münzgesetz,
welches einen bedeutenderen praktischen Einfluſs geübt hat.

Um dies anzuerkennen, wird die Erwähnung genügen, dafs unter der Herrschaft der Bland-Bill von 1878 bis 1890 über 370 Millionen Standard Silberdollars geprägt sind, welche ein Silberquantum von nahezu 9 000 000 kg absorbiert haben, d. h. ungefähr ein Drittel der gesamten gleichzeitigen Produktion. Wie stände es gegenwärtig um den Wert des Silbers ohne die Bland-Bill?

Die Regierung der Vereinigten Staaten wandte sich zur Ausführung des ihr vom Kongrefs erteilten Auftrags wegen internationaler Währungskonferenzen zunächst an Frankreich, wo der Plan ein bereitwilliges Entgegenkommen fand. Hierauf ergingen die Einladungen an die übrigen Regierungen, welche mit Ausnahme des Deutschen Reichs die Einladung annahmen; seitens Englands geschah es freilich erst nach einigem Zögern und mit besonderem Vorbehalt. Die Konferenzen wurden in Paris vom 10. bis 29. August 1878 abgehalten.

Von den Delegierten der Vereinigten Staaten ward folgende Resolution beantragt:

„Die Konferenz erklärt es als wünschenswert, dafs die freie Ausmünzung des Silbers und seine unbeschränkte Verwendung als gesetzliches vollgiltiges Zahlungsmittel in den Ländern, wo solche jetzt bestehen, aufrecht erhalten und, soweit möglich, in den Ländern, wo sie aufgehört haben, wieder hergestellt werden. — Die gleichzeitige Verwendung des Goldes und des Silbers als gesetzliches Zahlungsmittel für jeden Betrag läfst sich ohne Unzuträglichkeit sichern,

1. wenn man sie mittels eines durch internationales Einverständnis festzustellenden Verhältnisses auf einen Fufs der Gleichheit setzt; und

2. wenn man für jedes der beiden Metalle nach der festgestellten Wertrelation durchaus gleiche Bedingungen der Ausprägung annimmt."

Dieser Vorschlag ward von den vier amerikanischen Delegierten (Fenton, Dana Horton, Groesbeck u. Walker) mit ebenso grofsem Eifer wie Geschick verteidigt; andererseits aber von den Bevollmächtigten Belgiens, der Schweiz und Norwegens (Pirmez, Feer-Herzog und Broch) mit gleichem Nachdruck bekämpft. Die Gründe für und gegen den Bimetallismus wurden in erschöpfender Weise entwickelt. Der erste der britischen Delegierten, Herr G. Goschen, hatte beim Beginn der Konferenzen sich entschieden verwahrt, daß dahin gewirkt werde, eine allgemeine und prinzipielle Beseitigung des Silberkurants zu befördern, denn diese würde, wie er versicherte, eine kommerzielle Krisis herbeiführen, furchtbarer und verderblicher, als je eine die Geschäftswelt betroffen habe. Jede Aussicht aber, daß England selbst seine bestehende alleinige Goldwährung irgendwie abändern könne, wird aufs bestimmteste abgewiesen.

Die französischen Delegierten beobachteten den amerikanischen Vorschlägen gegenüber bis zum Schlusse der Konferenzen eine reservierte Haltung. Die Erklärungen des Ministers Léon Say enthalten keine förmliche Ablehnung eines internationalen Übereinkommens wegen gleichmäßiger Währungsbestimmungen, aber sie bezeugen auch kein Vertrauen, auf diesem Wege zu praktischen Ergebnissen zu gelangen. Die Opportunität des Versuchs wird in Zweifel gezogen und das Eingehen selbst einer eventuellen Verbindlichkeit höflich abgelehnt. Nur in dem einen Punkt äußert sich Minister Say ganz deutlich, daß nämlich die französische Regierung eine abwartende Stellung beobachten werde, bis Deutschland sich seines überflüssigen Silbers entledigt habe. Der Umlauf des Silbers sei jetzt gestört und so zu sagen krank durch die Unbeständigkeit des Silberpreises. Wie lange diese noch dauern werde, wisse niemand.

Die Niederländische Regierung ließ erklären: so lange England und Deutschland bei der alleinigen Goldwährung beharren würden, sei für die Niederlande ein anderes System nicht möglich, und sie könne deshalb den amerikanischen Vorschlägen nicht zustimmen.

Der Vertreter von Österreich-Ungarn erklärte: seine Regierung sei im Prinzip für die Doppelwährung und könne in Rücksicht der Theorie den amerikanischen Vorschlägen nur zustimmen. Unglücklicherweise seien die Vorteile der Doppelwährung abhängig von ihrer allgemeinen Annahme und diese lasse sich bei gegenwärtiger Sachlage nicht erwarten. Österreich-Ungarn sei darauf angewiesen, eine abwartende Stellung einzunehmen.

Die Russische Regierung liefs erklären, dafs sie ihren Entschlufs bis zur Wiederaufnahme der Barzahlungen vorbehalten müsse. —

Die Resolution, welche beim Schlusse der Konferenzen von allen Delegierten, mit Ausnahme der Vertreter der Vereinigten Staaten und Italiens, genehmigt ward, lautet:

„Die Delegierten der bei der Konferenz vertretenen europäischen Staaten wünschen der Regierung der Vereinigten Staaten von Amerika ihren vollen Dank dafür auszusprechen, dafs sie einen internationalen Austausch der Ansichten über die wichtige Münzfrage veranlafst hat.

Nach reiflicher Erwägung der Vorschläge der Delegierten der Vereinigten Staaten wird von ihnen anerkannt:

1. Es ist notwendig, in der Welt die Münzaufgabe des Silbers ebenso gut wie diejenige des Goldes aufrecht zu halten; allein die Wahl des einen oder des anderen der beiden Edelmetalle, oder der gleichzeitige Gebrauch beider hat nach der besonderen Lage jedes Staates oder Staatengruppe zu geschehen.

2. Die Frage der Beschränkung der Silberausprägung mufs in gleicher Weise der freien Entschliefsung jedes Staates oder Staatengruppe überlassen werden, nach den besonderen Verhältnissen, in denen sie sich befinden können, und dies um so mehr, als die in den letzten Jahren stattgehabten Störungen des Silbermarktes die Münzlage der verschiedenen Länder in ungleicher Weise betroffen haben.

3. Gegenüber den Meinungsverschiedenheiten, welche sich kund gegeben haben, und der Unmöglichkeit, in der selbst die Staaten mit Doppelwährung sich befinden, eine Verpflichtung in betreff der unbeschränkten Ausmünzung des Silbers einzugehen, erscheint es überflüssig, die Frage wegen Feststellung eines internationalen Wertverhältnisses zwischen den beiden Edelmetallen zu erörtern." —

Seit 1874 ist sowohl in der Presse wie auf den Münz-
kongressen und sonst Deutschland immer wiederkehrend der
Vorwurf gemacht worden, durch unüberlegte Annahme der
Goldwährung und die hierdurch veranlaßten Silberverkäufe die
Entwertung und Preisschwankungen dieses Metalls allein oder
doch hauptsächlich verschuldet zu haben. Nach 1878 wurde
diese Anklage häufiger und schärfer. In Deutschland selbst
verbreitete sich nach dem Mißlingen der Münzkonferenzen dies
Vorurteil in auffälliger Weise. Die durch Herrn Cernuschi
angeregte Agitation für den internationalen Bimetallismus und
Rehabilitation des Silbers gewann jetzt hier und auch in England mehr und mehr Terrain, namentlich in landwirtschaftlichen Kreisen. Thatsächliche Wirkungen der hierauf gerichteten Bestrebungen zeigten sich in der am 19. Mai 1879
verfügten Einstellung der deutschen Silberverkäufe und in den
sich hieran knüpfenden Verhandlungen des Deutschen Reichs-
tages. Aus unserem Litteraturnachweis über die Jahre 1879
bis 1881 ersieht man, wie in England, in den Vereinigten
Staaten und namentlich in Deutschland in zahlreichen Publi-
kationen von Volkswirten und Geschäftsmännern der Bimetallismus als alleinige Abhilfe gegen das Unheil der Silberentwertung geltend gemacht und eine Wiederaufnahme internationaler Konferenzen zu solchem Zwecke dringend verlangt wurde. Die Herren Cernuschi, de Laveleye, Arendt,
Jones und manche andere wiederholten mit der Sprache auf-
richtigster Überzeugung unermüdlich und nachdrücklichst die
Gründe für die Rehabilitation des Silbers. Hierzu kam noch der
Umstand, daß einer der britischen Delegierten zu den Münzkonferenzen von 1878, der frühere Governor der Bank von
England, Herr H. H. Gibbs sowie Herr Grenfell, einer der
Direktoren der Bank, ihre Bekehrung zum Bimetallismus offen
erklärten und die Agitation für denselben mit in die Hand
nahmen.

Bis Mai 1879 waren in Deutschland 1 079 734 400 Mark
Landessilbermünzen eingezogen und hatten 11 553 000 Pfund
Feinsilber geliefert. Hiervon waren 4 271 000 Pfund zur Prägung
von 427 Millionen Mark an neuen Reichssilbermünzen ver-

wendet und bis Ende 1878 an Silberbarren 6 727 000 Pfund f.
für 539 205 575 Mark verkauft, mit einem rechnungsmäfsigen
Verlust von 89 484 073 Mark, wovon 61 911 980 Mark (10,$_{32}$%)
auf die Silberentwertung fielen. Der in Deutschland noch ver-
bliebene Vorrat an Landessilbermünze ward, mit Einschlufs
der nach Deutschland abgeflossenen österreichischen Vereinsthaler, auf 400 bis 450 Millionen Mark geschätzt. Der Einflufs
der Bimetallisten, welche die landwirtschaftlichen Interessen als
durch die Silberentwertung wesentlich bedroht geltend machten,
bestimmte den Reichskanzler, am 19. Mai die Einstellung der
deutschen Silberverkäufe zu verfügen. In der Motivierung
dieser Mafsregel im Reichstage durch den Präsidenten der
Reichsbank hiefs es: „Dem Lande wie der ganzen Welt würde
ein wesentlicher Dienst geleistet, wenn der Markt von der
Angst vor dem deutschen Silber dauernd befreit und überhaupt
kein Silber weiter verkauft wird. Das Ausland wird uns
dafür segnen, wenn wir den Alp, der nun schon seit länger
als sechs Jahren auf allen Verhältnissen lastet, bleibend von
ihm nehmen."

Die Prophezeiung, dafs Silber nach Beseitigung dieses
„Alps" den früheren normalen Preis wieder erreichen werde,
ging aber nicht in Erfüllung, und es zeigte sich, dafs die Meinung von dem Einflufs der deutschen Silberverkäufe auf den
Edelmetallmarkt höchst übertrieben gewesen.

Die Einstellung der deutschen Silberverkäufe erweckte bei
den Anhängern des Bimetallismus die Zuversicht, dafs die erstrebte Währungsvereinbarung, welche auf den Konferenzen
im Jahre 1878 nicht zustande gebracht war, jetzt, nachdem auf
die Beteiligung Deutschlands an denselben gerechnet werden
durfte, und nach der überall bedeutend gesteigerten Agitation
auf einem neuen Kongrefs sich werde erzielen lassen. Die
Vereinigten Staaten waren bereit, nochmals die Initiative zur
Berufung eines solchen Kongresses zu ergreifen und fanden bei
der französischen Regierung eine entgegenkommende Zustimmung. Seit der noch nicht lange verflossenen Zeit, als ein
angesehener Staatsmann geäufsert hatte, dafs, wer in England
ernstlich die Doppelwährung empfehle, eigentlich für das Irren-

haus reif sei, war dort in der Meinung eines Teils des Publikums eine merkliche Änderung eingetreten. Sogar die Ansicht, dafs, wenn zur Herstellung unbeschränkter Silberkurantausmünzungen in den übrigen Handelsstaaten der Beitritt Englands durchaus notwendig sein würde, auch dieser Fall in Erwägung kommen dürfte, war nicht mehr ausgeschlossen. — In den Vereinigten Staaten hatten die wiederholten Empfehlungen wegen Beschränkung der dem Schatzamt vorgeschriebenen Silberprägungen beim Kongrefs keine Beachtung gefunden. — In Holland war die öffentliche Meinung einem universellen Bimetallismus geneigter geworden. — Die Mehrzahl der bekannten deutschen Nationalökonomen sprach sich in ihren Schriften gegen die strikte Aufrechthaltung der alleinigen Goldwährung aus.

Unter diesen Umständen begrüfsten die Anhänger des Bimetallismus es mit zuversichtlicher Hoffnung, als im Jahre 1881 die Regierungen der Vereinigten Staaten und Frankreich die Einladung zu erneuerten Münzkonferenzen ergehen liefsen. Diese Konferenzen wurden am 19. April 1881 in Paris eröffnet. Auf denselben waren diesmal alle europäischen Staaten vertreten und aufserdem die Vereinigten Staaten, Britisch Indien und Kanada.

Die veränderte Stellung, welche jetzt die französische Regierung, verglichen mit der 1878 vom Finanzminister Say beobachteten reservierten Haltung, genommen hatte, trat gleich anfangs hervor durch die Delegierung des Herrn Cernuschi zu den Konferenzen und in der Eröffnungsrede des den Vorsitz führenden Finanzministers Magnin. Es heifst in derselben: „Damit das Silber seinen alten Wert wieder erlange, ist es unvermeidlich, dafs es wie früher neben dem Golde frei ausgemünzt werde. Und da kein Staat für sich allein solche Ausmünzung wieder aufnehmen will noch kann, so ist es absolut gewifs, dafs man den gegenwärtigen Schwierigkeiten nur so weit entgehen kann, als eine internationale bimetallische Konvention geschlossen wird." — „Wir hoffen, dafs die Beratungen unserer Konferenzen die Sache aufklären, dafs sowohl durch die Nachweise der Theorie als auch der Erfahrung sich heraus-

stellen wird, dafs der internationale Bimetallismus das einzige
System ist, welches für alle Teile der Welt geregelte Münzzustände herstellen würde."

Eine stärkere Parteinahme für die Doppelwährung ist
kaum denkbar; sie steht in vollständigem Widerspruch mit
der Auffassung, welche der Kollege des Herrn Magnin, der
Minister des Auswärtigen Barthélemy Saint Hilaire, bei früherer
Gelegenheit dahin geäufsert hatte: „Ich habe mit gröfster Aufmerksamkeit alles gelesen, was zu Gunsten der Doppelwährung
veröffentlicht ist, bin aber nicht überzeugt worden. Ich ver-
stehe nicht, wie man für eine und dieselbe Sache gleichzeitig
zweierlei Mafs haben, noch auch, wie das eine Metall als Fall-
schirm für das andere dienen kann, wie dies mehr geistreiche
als klardenkende Ökonomisten behauptet haben. In der Wirklichkeit hat es immer nur eine Währung gegeben. Gab es
gesetzlich deren zwei, so hat für die eine mit Notwendigkeit
eine Prämie bestanden, und das andere zur Zeit minder be-
gehrte Metall war die wirkliche Währung oder das eigentliche
Wertmafs."

Die beiden vorstehend in aller Kürze zusammengefafsten
Auffassungen bilden den fundamentalen Inhalt aller auf den
Konferenzen vorgekommenen ausführlichen und eifrigen Darlegungen, durch welche eine praktische Erledigung der Sache
aber nicht gefördert wurde. Zu Gunsten des Bimetallismus
erklärten sich die Vereinigten Staaten, Italien, Österreich-Ungarn,
die Niederlande, Frankreich, Britisch-Indien; gegen denselben
Belgien, die Schweiz, Griechenland, die Skandinavischen Staaten.
Die Delegierten Englands und Deutschlands gaben die bestimmten Erklärungen ab, dafs in ihren Ländern das Prinzip
der einfachen Goldwährung nicht aufgegeben werden könne,
dafs man indes bereit sein würde, falls von anderen gröfseren
Staaten bimetallistische Vereinbarungen geschlossen werden
sollten, gewisse Mafsregeln zur monetaren Mehrverwendung
des Silbers in Erwägung zu ziehen.

Am 30. Juni 1881 wurden die nach Abhaltung von acht
Sitzungen am 19. Mai vertagten Konferenzen wieder aufgenommen, allein nach fünf Sitzungen, am 8. Juli, ohne dafs

irgend ein positives Ergebnis erzielt wäre, aufs neue bis
zum 12. April 1882 vertagt, da es ratsam erscheine, zunächst diplomatischen Unterhandlungen über die Währungsfrage Raum zu lassen.

Bemerkenswert aus den letzten Konferenzverhandlungen
von 1882 erscheint, daſs auf die Anregung, ob nicht eventuell
schon durch ein auf die Vereinigten Staaten und Frankreich
beschränktes bimetallistisches Übereinkommen und dortige
Freigebung der Silberprägungen der beabsichtigte Zweck sich
werde erreichen lassen, die amerikanischen Delegierten diesen
Plan sofort definitiv ablehnten.

In einem Schreiben des Dänischen Bevollmächtigten Levy
an den Kongreſs vom 27. Juni 1881 ward zur Sprache gebracht, ob nicht die monetare Verwendung und der Wert des
Silbers dadurch wirksam gefördert werden könne, wenn die
betreffenden Staaten vereinbaren würden, sowohl alles Papiergeld als auch sämtliche Goldmünzen unter dem Wert von
20 Franken aus dem Umlauf zu ziehen. Auf diese Weise
würde der Bedarf an neuem Silbergeld notwendig um etwa
1550 Millionen Franken vermehrt werden. Diese Anregung
fand auf den Konferenzen keine weitere Berücksichtigung.

Auffällig ist, daſs gerade in dem Zeitabschnitt, in welchen
die internationalen Währungskonferenzen und die heftigsten
Agitationen für Rehabilitation des Silbers fallen, die Schwankungen des Silberpreises, der Silberproduktion und des allgemeinen Warenpreisniveaus, im Vergleich mit den vorangegangenen und den nachfolgenden Zeiten verhältnismäfsig nicht
sehr beträchtlich erscheinen. Im Durchschnitt des Jahres 1878
und des Jahres 1881 verhielt es sich hiermit wie folgt:

	1878	1881	
Londoner Silberpreis	52 9/16	51 11/16	Pence
Silberproduktion	2 551 000	2 593 000	kg
Niveau der allgemeinen Warenpreise			
(gegen den Durchschn. v. 1847 1850)	120,60	121,07	0/0.

Die Goldgewinnung hatte freilich in diesen Jahren sich
vermindert; sie ward für das Jahr 1878 auf 185 800 kg und
für 1881 auf 159 900 kg geschätzt.

Die Befürchtung einer bevorstehenden Goldknappheit und einer hieraus folgenden wesentlichen Gold- und Geldverteuerung, wenn die Demonetisation und Wertverringerung des Silbers fortschreite, wurde nach der wiederholten Erfolglosigkeit der Münzkonferenzen der hauptsächliche Grund, dafs die Bestrebungen für den Bimetallismus mit wachsender Energie und Leidenschaftlichkeit in Deutschland und England fortdauerten. Es wurden zu Anfang 1882 ein „Deutscher Verein für internationale Doppelwährung" und in England eine *International monetary standard Association* gebildet, welche beide mit unermüdlicher Thätigkeit in der Presse und in Versammlungen den Zweck verfolgten, der in den bisherigen internationalen Kongressen sich nicht hatte erreichen lassen. In Deutschland wurden eigens zur Propaganda zwei Organe ins Leben gerufen und weit verbreitet: „Der Kampf um die Währung. Orientierendes Korrespondenzblatt" und eine „Bimetallistische Korrespondenz." In England beschlossen die in London vereinigten Handelskammern, die Regierung zu ersuchen auf das Wiederzusammentreten der internationalen Münzkonferenzen hinzuwirken, und eine am 8. März 1882 unter dem Vorsitze des Lord Mayors zahlreich besuchte bimetallistische Versammlung in London genehmigte einstimmig die vom Governor der Bank von England (Grenfell) beantragte und motivierte Resolution: „Die Beschränkung der Metallbasis der Weltwährung durch Ausschlufs des Silbers ist zu verwerfen, weil sie wahrscheinlich häufigere und heftigere Störungen in der Kaufkraft des Goldes nach sich ziehen wird."

Einige Wochen später veröffentlichte das offiziöse Organ der deutschen Reichsregierung „Vorschläge zur praktischen Lösung der Währungsfrage." Dafs der ungenannte Verfasser dieser Denkschrift kein anderer sei als der Präsident der Reichsbank v. Dechend, war von Anfang an bekannt, und die Anhänger des Bimetallismus knüpften hieran die Hoffnung, dafs nunmehr „Fürst Bismarck mit ganzer Energie an die grofse Aufgabe herantreten werde, durch Beseitigung der Silberentwertung und der Goldnot die volkswirtschaftliche Gesundung Deutschlands zu fördern."

Die Vorschläge des Herrn v. Dechend bezweckten, die
Goldwährung in Deutschland dadurch zu vermindern, dafs
der Gebrauch des Goldes auf die internationalen Zahlungen
und den grofsen Geldverkehr beschränkt, der mittlere und
kleine Geldverkehr aber vorzugsweise auf Silbergeld angewiesen werde. Dies möge dadurch bewirkt werden, dafs man
Gold und Papiergeld auf Stücke von 20 Mark und darüber be-
schränke, so dafs zu kleineren Zahlungen künftig nur Silbergeld
verwendet werden könne. Auf diese Weise werde der Geldumlauf auf gesunde Basis gestellt, das Silber in seine früheren
Rechte eingesetzt und zugleich die Goldnot beseitigt werden. —
Sollte auf dieser Basis ein internationales Abkommen zustandekommen, werde eine Verständigung darüber, nach welchem
Wertverhältnis zwischen Gold und Silber das Silberkurant
auszuprägen sei, sich unschwer erzielen lassen.

Die Vorschläge des Herrn v. Dechend, welche mit dem
früher erwähnten Plan des Herrn Levy übereinstimmen, sind
freilich anfangs von den deutschen Bimetallisten gepriesen
worden, allein der Umstand, dafs freie Silberausmünzung darin
nicht gewährt wurde, mufste sie davon abhalten, dieselben
einfach zu adoptieren, während für die Freunde der alleinigen
Goldwährung damals ebensowenig Gründe vorlagen, die Vorschläge zu befürworten, wie sie zu bestreiten, indem keine
Regierung Neigung zeigte, denselben näher zu treten.

Von den beiden bimetallistischen Vereinen in Deutschland und England ward vom 11. bis 13. Oktober 1882 ein
freier Kongrefs ihrer Parteigenossen zu Köln veranstaltet, „um
der Diskussion über die Währungsfrage einen neuen Impuls
zu geben, für die deutschen Bimetallisten ein festpräzisiertes
Programm zu beschliefsen und zwischen den englischen und
deutschen Bimetallisten eine gemeinsame Währungspolitik zu
vereinbaren.“ Die Verhandlungen fanden statt unter dem
Vorsitz des Herrn v. Kardorff und führten zur einstimmigen
Genehmigung folgender Resolution:

„Zu dem Zweck, ein festes Wertverhältnis zwischen Gold
und Silber herzustellen, ist es für England und Deutschland
wünschenswert:

1. dafs in beiden Ländern der Gebrauch von Silber durch Prägung vollwertiger Silbermünzen neben der Silberscheidemünze vermehrt werde;
2. dafs Deutschland alles Gold und Papier unter dem Werte von 10 Mark einziehe;
3. dafs Deutschland kein weiteres Silber verkaufe;
4. dafs die Bank von England von ihrem existierenden Rechte Gebrauch mache, Silber als Teil ihrer Reserve zu halten."

In den Erläuterungen zu dieser Resolution ward hervorgehoben, dafs ihre einigermafsen unbestimmte Fassung absichtlich gewählt sei, weil die Versammlung nicht den Beruf habe, den beiden Regierungen hinsichtlich der Details vorzugreifen, und dafs wegen der zunächst vorzunehmenden Prägungen vollwertiger Silbermünzen Deutschland nicht mehr verpflichtet werde als England. —

Blickt man auf die aufserordentliche und vielseitige litterarische und agitatorische Thätigkeit, welche die bimetallistische Partei in den Jahren 1881—1883 entwickelte, hinter welcher diejenige der Verteidiger der bestehenden oder neu angenommenen Währungsverhältnisse weit zurückblieb, darf man sich nicht wundern, wenn jene mit voller Zuversicht einer baldigen Rehabilitation des Silbers entgegensah. Allein alle ihre Bemühungen blieben einstweilen ohne praktische Folgen, da die Regierungen Deutschlands, Hollands und der Lateinischen Münzunion es für geboten hielten, in abwartender Stellung zu beharren, bis in England und in den Vereinigten Staaten eine Entscheidung eintrete.

Im deutschen Reichstage fand am 11. Juni 1882 eine längere Debatte über die Währungsfrage statt, in welcher die Abgeordneten v. Kardorff und Bamberger die sich entgegenstehenden Ansichten erörterten. Der Kommissar des Bundesrats erklärte, dafs die Bundesregierungen es nach wie vor für das zweckmäfsigste hielten, bei dem Status quo zu verbleiben. Man müsse Herrn v. Kardorff dankbar sein, wenn er die Verwirklichung des internationalen Bimetallismus von der Be-

teilung Englands abhängig mache, denn in der That wäre
jeder Schritt in der Währungsfrage ohne England gerade für
Deutschland sehr bedenklich. Angesichts der gegebenen Sachlage seien die Bundesregierungen der Ansicht, dafs Deutschland dadurch, dafs es die Silberverkäufe eingestellt habe und
nicht wieder aufnehme, den anderen Staaten, welche ihre
Währungsverhältnisse ordnen wollen, bereits in hohem Grade
entgegengekommen sei. Deutschland habe sich auch keineswegs ablehnend verhalten, als seitens anderer Staaten der
Wunsch ausgesprochen worden, über die Währungsfrage
gemeinschaftlich zu beraten. Eine weitere Initiative zu ergreifen, hielten die Bundesregierungen weder für nötig noch
den deutschen Interessen entsprechend. —

Im Kongrefs der Vereinigten Staaten wurde nach dem
Scheitern der internationalen Münzkonferenzen von 1881 in jeder
Session bis 1888 seitens der Sekretäre des Schatzamts die Einstellung der vorgeschriebenen Silberkurantprägungen dringend
empfohlen; der Einflufs der Silberinteressenten und „Inflatio-
nisten“ war jedoch mächtig genug, um die Bland-Bill vollständig aufrecht zu halten. Im internationalen Verkehre und
für Zahlungen bei den Banken verblieb es aber thatsächlich
bei der Ausschliefsung des Silbers, ungeachtet eine Kongrefsakte
beliebt wurde, welche den Banken untersagte, sich bei Clearings-
anstalten zu beteiligen, welche bei ihren Umsätzen prinzipiell
Standard Silberdollars nicht zuliefsen.

Die Silberentwertung und die kommerzielle Depression
hatten inzwischen ihren Fortgang, obschon die deutschen Silberverkäufe aufgehört und die obligatorischen grofsen Ausmünzungen in den Vereinigten Staaten fortgedauert hatten. —

So war die allgemeine Lage, als von der ersten Autorität
in Finanz- und Münzangelegenheiten in England, von Herrn
George Goschen, die Polemik über die Währungsfrage in ein
neues Stadium geleitet wurde. Am 18. April 1883 hielt derselbe, nachdem er einige Tage vorher im Parlament sich in
gleichem Sinne geäufsert hatte, im Institute of Bankers in
London einen ausführlichen Vortrag „über die wahrscheinlichen

Folgen einer gesteigerten Kaufkraft des Goldes". In den letztverflossenen Jahren habe unzweifelhaft ein beträchtlicher Niedergang der Preise stattgefunden, während in derselben Periode Deutschland, die Vereinigten Staaten, Italien und Holland zu monetaren Zwecken den riesigen Betrag von etwa 200 000 000 £ Gold absorbiert hätten. Die Goldproduktion habe gleichzeitig im Vergleich mit den vorangegangenen Jahrzehnten erheblich abgenommen. Durch Demonetisation des Silbers in Deutschland, den Skandinavischen Ländern und Holland sei der monetare Silberbestand und damit der allgemeine metallische Geldvorrat vermindert. Wenn auch einzuräumen sei, daß die Preise einzelner wichtiger Artikel nicht gefallen, ja zum Teil selbst gestiegen seien, und obgleich bei manchen Gegenständen die Verwohlfeilerung durch besondere Umstände genügend erklärt werden könne, so müsse doch, im ganzen genommen, die monetare Goldknappheit als die entschieden vorwiegende Ursache des allgemeinen Preisniedergangs und der anhaltenden kommerziellen Depression betrachtet werden.

Die Folgerung aus diesen Darlegungen konnte, wenn auch nicht ausdrücklich ausgesprochen, keine andere sein als der Wunsch einer Rehabilitierung des Silbers und Abwehr des Fortschreitens der Silberdemonetisierung. Je nachdrücklicher die schlimmen Folgen der Goldknappheit erörtert wurden, um so mehr mußte man im Vortrage jede Andeutung darüber vermissen, was denn seitens Englands in konkreter Weise zur Abhilfe zu geschehen habe. — Die bimetallistischen Organe bemühten sich eifrigst die Goldknappheit in dem von Herrn Goschen angegebenen Sinne als Ursache der immer empfindlicher werdenden Handelsdepression zu besprechen und die freie Silberausprägung auf Grund einer internationalen Vereinbarung als alleinige Abhilfe nachzuweisen. Um diese aber in Wirklichkeit zu erlangen wußte man kein anderes Mittel zu nennen als die dringende Forderung einer Wiederaufnahme der vertagten Münzkonferenzen. Von der anderen Seite bestritt man mit gleicher Beharrlichkeit sowohl die Goldknappheit an sich, im Hinweis auf das reichliche Angebot von Leihkapital und den niedrigen Diskont, als auch den entscheidenden Einfluß

der Silberentwertung auf das allgemeine Niveau der Warenpreise. Unser Litteraturnachweis zeigt den grofsen Umfang
dieser Untersuchungen und die wachsende Heftigkeit der
bimetallistischen Forderungen.

Dem Begehren nach neuen Münzkonferenzen ward die
vollständige Erfolglosigkeit der bisherigen Münzkongresse zu
universellen Zwecken entgegengehalten. Eine besondere Veranlassung zu Verhandlungen über Währungsverhältnisse ward
jedoch dadurch gegeben, dafs die im November 1878 verein-
barte Lateinische Münzkonvention, wenn nicht vor dem 31. Dezember 1885 verlängert, ablief und dann jedem der beteiligten
Staaten wieder Freiheit wegen Gestaltung seiner Münzverhältnisse liefs. Für den Fall, dafs eine neue Vereinbarung nicht
stattfinden sollte, war die demnächstige Liquidation des bisherigen gemeinsamen Münzumlaufs in betreff der silbernen
Fünffrankenstücke ins Auge zu fassen. Da in Belgien ein
verhältnismäfsig sehr grofser Betrag dieser Münzsorte geprägt
und als selbstverständlich anzunehmen war, dafs jeder Staat
verpflichtet sei, bei eintretender Devalvation die unter seinem
Stempel ausgegebenen Stücke zum vollen Nennwert in Gold
einzulösen, stellte die eventuelle Liquidation erhebliche Schwierigkeiten in Aussicht. Dafs die französische Regierung auf
deren vertragsmäfsige Ausgleichung besonderen Wert legte,
bewies, dafs jetzt auch dort das Vertrauen auf Abhilfe durch
einen internationalen Bimetallismus und Rehabilitation des Silbers
geschwunden war. Nach annähernder Schätzung befanden sich
ungefähr 50 Millionen belgischer Fünffrankenstücke aufserhalb
Belgiens im Umlauf, wogegen in Belgien nur etwa 20 Millionen
fremder Stücke dieser Münzsorte vorhanden waren. Nach langwierigen Verhandlungen und mit mehrfachen Vorbehalten wegen
späterer Liquidation ward gegen Ende 1885 ein Vertrag wegen
Fortdauer der Lateinischen Münzunion bis Ende 1891 und weiter
mit einjähriger Kündigungsfrist abgeschlossen. — Die neue
Lateinische Münzkonvention, ward bemerkt, mache mehr den
Eindruck einer Anordnung für das demnächstige Auseinander-
gehen als für das dauernde Zusammenleben der Verbündeten.

In Deutschland hatten sich in den Jahren 1883 bis 1885 die Sympathieen für den Bimetallismus nicht allein bei den Agrariern, sondern auch mehrfach bei Industriellen und Kaufleuten weiter verbreitet. Es zeigte sich dies bei den Verhandlungen einer Delegiertenversammlung, welche der Centralverband deutscher Industrieller für den 5. Oktober 1885 in Köln berufen hatte. Es war mehrfach angeregt worden, ob nicht für den Fall eines fortgesetzten Widerspruchs Englands Deutschland mit Frankreich, den Vereinigten Staaten und den Niederlanden sich zur vertragsmäfsigen Durchführung des Bimetallismus und Herstellung der Silberprägungen verbinden sollten. Die Heftigkeit der damaligen bimetallistischen Agitation in Deutschland erhellt schon aus dem folgenden Titel einer gegen Ende 1885 weitverbreiteten Flugschrift: „Die schwere Schädigung der Landwirtschaft, des Gewerbes, der Industrie des Handwerks, aller körperlichen und geistigen Arbeit durch die Goldwährung." Die Währungsfrage wird für wichtiger erklärt als die Schutzzollfrage und die übrigen viel besprochenen volkswirtschaftlichen Themata. Wenn sie von der Mehrheit des Volks verstanden worden, „werde sich ein Sturm erheben, der die Goldwährung hinwegwehe wie der Wind die Spreu."

Von Gegnern des Bimetallismus ward hiergegen u. a. erinnert: Mit der Wiederaufnahme der Silberkurantausmünzungen werde sich, wenn England an der alleinigen Goldwährung festhalte, alsbald ein Agio für Gold ergeben, dessen Höhe sich im voraus nicht berechnen lasse, welches indes in der Wertrelation der Edelmetalle im freien Verkehr eine ähnliche Differenz gegen die angenommene gesetzliche Bestimmung aufweisen dürfte, wie das jetzt durch den niedrigen Stand des Silberpreises geschehe. Die Meinung der Geschäftswelt in den Kulturstaaten habe in neuerer Zeit mehr und mehr das Gold als allgemeines Wertmafs und internationales Tauschmittel anerkannt, und dies lasse sich durch Gesetze und Staatsverträge nicht ändern; Silber werde daher neben dem Golde einen schwankenden Wert behalten. Durch den Versuch einer gesetzlichen Rehabilitation des Silberwerts und einer hiermit verbundenen Untergrabung der jetzigen deutschen Valuta würden die wirtschaftlichen Mißverhältnisse nur verschlimmert werden. Jede Verschlechterung der Valuta eines Landes erleichtere natürlich den Schuldnern und Zahlungspflichtigen die Erfüllung ihrer Verbindlichkeiten, allein andererseits verlören die Gläubiger und Zahlungsempfänger genau ebensoviel als jene gewönnen. In Deutschland hätten z. B. 6 bis 7 Millionen Personen Guthaben bei den Sparkassen im Gesamtbetrag von über 4000 Millionen Mark, welche größtenteils in Hypotheken belegt seien. Würde nach Aufhebung der Goldwährung eine reale Wertverminderung der deutschen Valuta um sagen wir 20 Prozent stattfinden, würden jene zahlreichen Interessenten an den Sparkassen ihr Kapital und Zinseinkommen zwar nominell voll behalten, in Wirklichkeit aber um 800 Millionen Mark in ihrem Vermögen geschädigt werden. Viele Hundert Millionen Mark deutschen Kapitals, auf deutsche Reichswährung lautend, seien im Ausland an Regierungen und sonst ausgeliehen. Nach Annahme der Doppelwährung und Aufkommen eines Goldagio in Deutschland würde die Verzinsung und Rückzahlung in Silberwerten zulässig sein und in Anwendung kommen. Eine klare Einsicht in diese Verhältnisse dürfe in den Kreisen, welchen die Verantwortlichkeit in solchen Dingen obliegt, vorausgesetzt werden und alle bimetallistischen Agitationen und Petitionen würden die deutschen Regierungen sicher nicht bestimmen, ihre bisherige besonnene Münzpolitik aufzugeben.

Der eben erwähnten Auffassung entsprach eine Erklärung, welche der preußische Finanzminister am 22. Januar 1886 im Abgeordnetenhause abgab. Die Silberentwertung, der Übergang zu der Weltgoldwährung sei nicht die Folge der deutschen Gesetzgebung, sondern müsse als Weltthatsache anerkannt werden. Den deutschen Regierungen gereiche es zu hohem Ruhme, daß sie hierfür rechtzeitig das Auge offen gehabt und das gethan haben, was Deutschland zu einer verhältnismäßig günstigen Lage gebracht habe. Diese schließe nicht aus, daß es mit aufrichtiger Teilnahme und redlichem Bemühen allen Maßregeln zur Seite stehe, welche von anderen, namentlich von den wirklich in Not befindlichen Staaten aus-gehen, um eine Hebung des Silberwerts herbeizuführen. Allein zwischen diesem Standpunkt und dem Antrage, den internationalen Bimetallismus so schnell wie möglich einzuführen, sei doch ein himmelweiter Unterschied. Wenige Tage später, vom 9. bis 11. Februar, fand im Reichstage eine lange und lebhafte Verhandlung über die Währungsfrage statt. Von bimetallistischer Seite war der Antrag gestellt: „Die verbündeten Regierungen zu ersuchen, der Währungsfrage die eingehendste Prüfung zu teil werden zu lassen und dem Reichstage von dem Resultat dieser Prüfung Mitteilung zu machen." Hierfür sprachen die Abgeordneten Leuschner, v. Schalscha und v. Kardorff; gegen den Antrag Woermann, Lohren, Bamberger und der Sozialdemokrat Auer, welcher meinte, der Bimetallismus würde auf nichts weiter hinauskommen als Herunterdrückung der Lebenshaltung der Arbeiter. Seitens der Kommissarien des Bundesrats ward von Annahme des Antrags nachdrücklichst abgeraten, dieser aber dessenungeachtet mit 145 gegen 119 Stimmen angenommen.

Zu gleicher Zeit wie im Deutschen Reichstage ward auch in der französischen Deputiertenkammer (am 3. Februar 1886) die Währungsfrage in ähnlicher Weise von Herrn Soubeyran in Anrege gebracht, worauf der Minister Freycinet erklärte, die Regierung könne sich zu unmittelbarem Vorgehen wegen Wiederaufnahme der vertagten Münzkonferenzen nicht verpflichten. Der jetzige Zeitpunkt sei hierzu nicht günstig. Die Regierung werde die Verhandlungen ohne Verzug wieder aufnehmen, sobald die Umstände ihr opportun erschienen, denn sie wünsche solche ebensosehr wie der Antragsteller.

Wie hatte sich inzwischen in England die Lage der Währungsfrage gestaltet? Die dort in weitestem Umfange empfundene anhaltende kommerzielle und industrielle Depression, deren Ursachen und Wesen zu untersuchen eine königliche Kommission eifrigst beschäftigt war, das Sinken des Silberpreises im Laufe des Jahres 1886 auf 42 Pence, die damit verknüpften Agioverluste im Indischen Budget (im Fiskaljahre 1886/87 4 564 000 £), alles dies mufste das Interesse für den Bimetallismus, welcher als alleinige Abhilfe geltend gemacht wurde, aufserordentlich steigern. In dem zu Anfang Juni 1886 vorgelegten Jahresbericht des britischen Münzmeisters heifst es: „Das neuerliche weitere Sinken des Silberpreises hat zu ernsteren Versuchen geführt, irgendwelche Mittel zu entdecken, um das Silber wieder in seine frühere Lage zu bringen, allein von keiner einzigen Regierung sind Vorschläge zu dem Zwecke gemacht, um einen weiteren Austausch der Ansichten hierüber zu bewirken." In einem Anhang zum Berichte wird ein Auszug aus der Botschaft des Präsidenten der Vereinigten Staaten an den Kongrefs vom 7. Januar 1886 mitgeteilt, worin der Stand der Währungsfrage in den Hauptstaaten Europas nach eingegangenen amtlichen Auskünften geschildert wird. Herr Phelps in London beschränkt sich auf die Bemerkung, dafs die Britische Regierung unbeugsam bei ihrer bisherigen Münzpolitik beharren und den Goldstandard nicht verlassen werde. Herr Pendelton in Berlin bestätigt, dafs der Beitritt Deutschlands zu einer internationalen bimetallistischen Union innerhalb einer vorherzusagenden Zeitdauer schwerlich zu erwarten sei und jedenfalls der Beitritt Englands als unumgängliche Bedingung angesehen werde. Der amerikanische Generalkonsul Walker in Paris, der angewiesen war die Mitglieder der Lateinischen Münzunion von der Bereitwilligkeit der Vereinigten Staaten zur Wiederaufnahme der Währungskonferenzen in Kenntnis zu setzen, empfiehlt die Suspension der Silberprägungen, denn nichts werde die Annahme eines internationalen Bimetallismus mehr fördern und zu baldiger Entscheidung bringen, als eine solche Mafsregel. — Der Zweck dieser Erwähnung konnte wohl kein anderer sein, als auch hierdurch der noch immer vorherrschenden Meinung entgegenzutreten, dafs andere grofse Handelsnationen auch ohne Englands Initiative und dessen gleiche wirkliche Beteiligung einen vertragsmäfsigen Bimetallismus in Ausführung bringen würden.

In England hatte sich in den Jahren 1882 bis 1886 die Zahl und das Gewicht der bimetallistischen Partei beträchtlich vermehrt, und wurde deren bisherige Assoziation für einen internationalen Münzstandard zu einer *Bimetallic League* umgestaltet, zu deren Vorstand 25 Mitglieder des Parlaments gehörten. Während in Deutschland die Handelsvorstände wiederholt die Regierungen dringend aufforderten, die bestehende Goldwährung aufrecht zu halten, beantragten in England die vereinigten Handelskammern und von diesen berufene Versammlungen die Niedersetzung einer königlichen Kommission speziell für die Währungsfrage. Auch die Indische Regierung wiederholte angelegentlich das Ersuchen, gemeinsam mit den übrigen Handelsstaaten eine Lösung der Silberfrage herbeizuführen. Die Hoffnung, dafs die am 29. August 1885 zur Untersuchung der Ursachen der allgemeinen kommerziellen Depression ernannte königliche Kommission hierüber geeignete Mafsregeln vorschlagen werde, war vergeblich gewesen. Es waren von ihr zwar im dritten Bericht 27 Gutachten verschiedener Geschäftsleute über die Wertsteigerung des Goldes nebst einem ausführlichen statistischen Memorandum des Herrn Inglis Palgrave vorgelegt worden, allein im Schlufsbericht wird die Silberfrage nicht weiter berührt, nachdem vorab die Kommission erklärt hatte: es sei ihre bestimmte Ansicht, dafs die Silberfrage eine baldige und separate Prüfung verlange und, abgesehen von ihrem allgemeinen Zusammenhange mit der Depression des Handels, mit Rücksicht auf das ganze Geldwesen im Vereinigten Königreich wie auf seine Beziehungen zu Indien, den Kolonien und fremden Ländern behandelt werden sollte. — Die Regierung ging unter allseitiger Zustimmung bereitwilligst auf diesen Vorschlag ein und ernannte durch Beschlufs vom 20. September 1886 eine königliche Kommission von 12 Mitgliedern zur Erforschung der Ursachen der neueren Veränderungen im Wertverhältnis der Edelmetalle. (Die Namen der Mitglieder werden bei den Schlufsberichten angegeben werden.)

Die der Kommission gestellten Aufgaben zerfielen in zwei wesentlich verschiedene Teile. Zunächst ward eine Reihe geschichtlicher und wissenschaftlicher Fragen vorgelegt, wie solche bereits von der im Jahre 1876 unter dem Vorsitze des Herrn

Goschen eingesetzten Kommission behandelt worden waren.
Hieran schlossen sich dann unter No. 5 und 6 die hauptsächlichen praktischen Aufgaben, die ein ungleich gröfseres
Interesse darboten: „Wenn die Kommission zu der Schlufs-
folgerung kommen sollte, dafs die Veränderungen im Wertverhältnis der Edelmetalle den Handelsinteressen des Landes
dauernde oder wichtige Nachteile oder Unzuträglichkeiten verursachen, so liegt es ihr ob, zu untersuchen, ob es möglich
sei, irgendwelche Mafsregeln anzugeben, innerhalb der Macht-
sphäre der Gesetzgebung oder der Regierung, allein oder im
Verein mit anderen Staaten, welche dahin wirken würden,
jene Nachteile oder Unzuträglichkeiten zu beseitigen oder ein-
zuschränken, ohne Ungerechtigkeit gegen andere Interessen
und ohne andere gleich grofse Nachteile oder Unzuträglichkeiten herbeizuführen.“ — „Sollte die Kommission der Meinung
sein, dafs solches möglich sei, so möge sie die präzise Gestalt
angeben, welche die Mafsregeln anzunehmen hätten, und die
Art und Weise, wie dieselbe in Anwendung zu bringen.“

Die „Gold- und Silberkommission“, wie sie kurzweg
genannt wird, beendigte ihre Verhandlungen im November 1888.
Bis zum 6. Mai 1886 führte Herr Balfour, von da ab Baron
Herschell den Vorsitz. Es wurden von ihr, aufser einem
Appendix zum Schlufsberichte, drei Berichte (vom 10. Juni
1887, 30. Januar 1888 und Oktober 1888) nebst Vernehmungs-
protokollen und vielen Anlagen dazu dem Parlament vorgelegt
und sofort veröffentlicht.

Die vom 19. November 1886 bis zum 6. Februar 1888
in 41 Sitzungen mündlich vernommenen 39 Auskunftserteiler
(auf 10 705 Fragen) waren folgende:

Lord Addington,	Herr J. K. Bythell,
Professor Roberts Austen,	Herr R. B. Chapman,
Herr D. M. Barbour,	Herr Thomas Comber,
Herr Robert Barclay,	Herr Bertram Currie,
Sir Evelyn Baring,	Herr J. C. Fielden,
Herr J. W. Birch,	Herr William Fowler,
Herr H. Wollaston Blake,	Herr H. H. Gibbs,
Lord Bramwell,	Herr R. Giffen,

Herr H. R. Grenfell,
Sir Hector Hay,
Herr D. McLean,
Herr H. D. Macleod,
Professor Marshall,
Herr S. Montagu, M. P.,
Herr Dadabhai Naoroji,
Professor J. S. Nicholson,
Herr J. Nisbet,
Herr R. H. Inglis Palgrave,
Herr S. Pixley,

Herr A. D. Provand, M. P.,
Herr H. L. Raphael,
Herr J. Barr Robertson,
Herr E. Sassoon,
Herr A. Sauerbeck,
Herr H. Schmidt,
Herr Samuel Smith, M. P.,
Herr P. F. Tidman,
Herr H. Waterfield,
Herr D. Watney,
Herr J. Talboys Wheeler,

Herr S. Williamson, M. P.

Die ausländischen Autoritäten, die auf Ersuchen der Kommission schriftliche Gutachten über 16 Punkte der Währungsfrage eingesandt hatten, waren: Professor Pierson (Niederlande), die Professoren Lexis und Nasse (Deutschland), Professor de Laveleye (Belgien) und David A. Wells (Vereinigte Staaten).

Jeder der drei Berichte enthält eine lange Reihe von Anlagen, darunter manche von gröfserem Umfange.

Der Schlufsbericht der Kommission vom Oktober 1888 zerfällt in drei Hauptteile. Der erste, von allen Mitgliedern der Kommission unterzeichnet, giebt eine objektiv gehaltene Übersicht über die untersuchten Fragen, unter Darlegung der von den Parteien für und gegen die verschiedenen Ansichten beigebrachten Belege und geltend gemachten Gründe.

Die Gesamtheit der Kommission fafst ihre gemeinsamen Ermittelungen über die Ursachen der Silberentwertung wie folgt zusammen:

„Wir sind der Ansicht, dafs die richtige Erklärung der Erscheinung, welche zu untersuchen wir angewiesen sind, in einer Kombination von Ursachen zu finden ist, nicht aber in einer alleinigen Ursache. Das Vorgehen der Lateinischen Münzunion im Jahre 1873 löste das Band zwischen Silber und Gold, welches den Goldpreis des Silbers in wesentlicher Übereinstimmung mit der gesetzlichen Wertrelation gehalten hatte. Nachdem dies Band zerrissen war, unterlag der Silbermarkt

dem Einfluſs aller Faktoren, welche den Preis einer Ware
bestimmen. Diese Faktoren haben seit 1873 in der Richtung
eines Sinkens des Goldpreises für Silber gewirkt, und die
häufigen Schwankungen im Werte des letzteren sind dem
Umstande zuzuschreiben, daſs der Markt den anderen betreffenden Einflüssen vollständig zugänglich war."

Hieran knüpft sich die Mitteilung, daſs im übrigen hinsichtlich der Frage, bis wie weit das Sinken im Goldpreis des
Silbers als Wertsteigerung des Goldes oder als Wertverminderung des Silbers aufzufassen sei, sowie wegen anderer zu
entscheidenden Fragen eine solche Divergenz der Meinungen
sich in der Kommission herausgestellt habe, daſs es notwendig
geworden, hierüber gesonderte Berichte vorzulegen.

Der eine dieser Separatberichte trägt die Unterschriften
von Lord Herschell, Sir John Lubbock, Sir Thomas Farrer
und der Herren Freemantle, Birch und Courteney. Es wird
eingeräumt, daſs der Rückgang der Warenpreise zum Teil auf
eine Wertsteigerung des Goldes zurückzuführen sei, in welchem
Maſse dies geschehen, könne jedoch unmöglich auch nur annähernd festgestellt werden; auch wird zugegeben, daſs der
vorgeschlagene internationale Bimetallismus, auf der Basis einer
dem jetzigen Marktpreis des Silbers sich anschlieſsenden gesetzlichen Wertrelation, die so höchst wünschenswerte praktische
Stabilität des Wertverhältnisses zwischen Gold und Silber herzustellen geeignet sein möchte, wenn alle groſsen Handelsstaaten einem solchen Übereinkommen ehrlich beitreten würden.
Es wird aber daran erinnert, daſs nach Annahme des Bimetallismus als gesetzliche Währung die Usance aufkommen dürfte,
Kontrakte speziell auf Gold lautend abzuschlieſsen, was ein
Agio auf Gold und finanzielle Verlegenheiten zur Folge haben
würde. Als ein anderes Bedenken wird hervorgehoben, daſs
ungeachtet der Annahme des Bimetallismus die Regierungen
und Banken einzelner Länder vorzugsweise die Ansammlung
von Gold erstreben möchten. Gold sei ohne Zweifel das
bevorzugte Metall, und in der gesamten Handelswelt habe sich
in neuerer Zeit die Tendenz kundgegeben, im Geldwesen Gold
dem Silber zu substituieren. Eine unverkennbare Gefahr liege

noch darin, dafs die eine oder die andere Nation von einem bimetallistischen Übereinkommen zurücktreten könnte. Es möge schwierig sein, Motive anzugeben, weshalb dies geschehen sollte, und lasse sich wohl gar der Beweis führen, dafs die Staaten durch Verletzung des Vertrags sich und ihre Angehörigen in Verlust und Ungelegenheiten bringen würden. Allein unglücklicherweise sei wohlverstandenes Selbstinteresse nicht das einzige Motiv für politisches Vorgehen, und das eigene Interesse werde auch nicht immer richtig erkannt. Freilich würde der Rücktritt eines anderen Staats vom internationalen Währungsvertrage auch England freie Hand lassen, allein wenn es dann zum früheren System zurückkehren wollte, so würde man sich ohne Zweifel in einer schlimmeren Lage befinden und mit gröfseren Übelständen zu kämpfen haben, als wenn das Land bei seiner alten Währung verblieben wäre.

Es sei vergleichsweise leicht, Übelstände, die man aus Erfahrung kenne, richtig zu würdigen. Ganz anders verhalte es sich mit einer Abwägung der möglichen Gefahren und Nachteile, die aus einer bevorstehenden wichtigen Änderung entstehen können, denn sie gehören grofsenteils in das Reich der Vermutungen. Die Annahme des Bimetallismus bedinge eine enorme Änderung und wäre in der Hauptsache so zu sagen ein Sprung ins Dunkle.

„Unter diesen Umständen," heifst es am Schlusse, „sind wir nicht in der Lage empfehlen zu können, dafs England darauf eingehe, mit anderen Nationen über einen Vertrag zu unterhandeln, der sich auf ein bimetallistisches Übereinkommen bezieht, obschon wir durchdrungen sind von den Schwierigkeiten der gegenwärtigen Lage, namentlich derjenigen, welche die Indische Regierung betreffen."

Der andere Separatbericht, welcher den Bimetallismus empfiehlt, trägt die Unterschriften von Sir Louis Mallet und den Herren A. J. Balfour, H. Chaplin, D. Barbour, W. H. Houldsworth und S. Montagu. Die Bedenken, die gegen den als alleinige Abhilfe empfohlenen internationalen Bimetallismus vorgebracht sind, werden als unbegründet oder doch sehr übertrieben zurückgewiesen und andererseits die Nachteile, die aus

längerem passiven Verhalten der Haupthandelsländer der Silberfrage gegenüber folgen müfsten, um so nachdrücklicher geltend
gemacht. Insbesondere werden die den indischen Finanzen
hieraus erwachsenden Verluste und Gefahren dargelegt. Im
allgemeinen hätten die Beseitigung des bimetallischen Pari
und die seitdem stattgefundenen Schwankungen in der Wertrelation der Edelmetalle den Fortschritt des Freihandels auf-
gehalten. Keines der beiden Edelmetalle sei für sich allein
in ausreichender Menge vorhanden, um als einzige Währung
zu dienen, ohne im Niveau der Preise eine solche Änderung
zu bewirken, die zu einer finanziellen und kommerziellen Re-
volution führen würde; wogegen nicht zu bezweifeln sei, dafs,
wenn ein Übereinkommen zwischen den hauptsächlichen Handels-
ländern in genügender Ausdehnung gesichert werden könnte,
man eine grofse internationale Reform mit Erfolg beschaffen
würde. Mislinge der Versuch, das die beiden Edelmetalle
verknüpfende Band wieder herzustellen, werde wahrscheinlich
die allgemeine Tendenz der Handelswelt sich der einfachen
Goldwährung zuwenden, hierdurch aber müfsten alle Übel der
jetzigen Lage verstärkt werden. Ein weiteres Sinken des
Silbers werde Indien in unermefslicher Weise schädigen und
eine weitere Wertsteigerung des Goldes für England die
ernstesten Folgen haben.

Der Bericht fährt hiernach fort:

„Keine Beseitigung der Schwierigkeiten ist nach unserer
Ansicht möglich ohne eine internationale Aktion. Das von
uns vorgeschlagene Heilmittel ist in seinem Charakter wesentlich
international und seine Details müssen in Übereinstimmung
mit anderen beteiligten Mächten geregelt werden.“

Es wird genügen, hier die wesentlichen Bestimmungen
des zu erstrebenden Übereinkommens anzugeben, nämlich:
„1. freie Ausmünzung beider Metalle zu gesetzlichem Kurantgeld; 2. Festsetzung eines Verhältnisses, wonach die Gold-
und Silbermünzen nach der Wahl des Schuldners zur Bezahlung aller Schulden verwendbar sind.“ — „Wir geben daher
anheim, zunächst bei den hauptsächlichen Handelsnationen, wie
die Vereinigten Staaten, Deutschland und die Staaten der

Lateinischen Münzunion, anzufragen, ob sie bereit seien, mit
dem Vereinigten Königreich eine Konferenz zu dem Zwecke
abzuhalten, womöglich zu einem gemeinschaftlichen Übereinkommen auf vorhin erwähnter Basis zu gelangen." —

Während der Beratungen der Gold- und Silberkommission,
welche sich 26 Monate lang hingezogen hatten, war die *International Bimetallic League* bemüht gewesen, durch Flugschriften
und Versammlungen für den gleichen Zweck zu agitieren.

Der Umstand, daß von der „Gold- und Silberkommission"
nach langwierigen Verhandlungen zwar ein wirklich er-
schöpfendes Material gesammelt worden, allein keinerlei maßs-
gebende Vorschläge beantragt wurden, wie in der Silbernot-
lage endlich Abhilfe zu schaffen, mußte in England eine gewisse Abspannung zur Folge haben. Welchen praktischen
Erfolg konnte man erwarten, wenn zwei so zu sagen gleichwertige gewichtige Gutachten vorlagen, jedes von der Hälfte
der Kommission, von sechs der angesehensten Autoritäten in
Geld- und Finanzsachen erstattet, das eine ebenso entschieden
den internationalen Bimetallismus empfehlend wie das andere
ihn abwehrend?

Bei dieser Sachlage bedarf es keiner besonderen Erklärung, daß Regierung und Parlament, obschon die Miss-
verhältnisse des Silbermarktes keine Wendung zur Besserung
zeigten, sich nicht beeilten, an die Silberfrage heranzutreten.
Der Eifer der Bimetallisten, welche im Frühjahr 1889 eine
zahlreiche Deputation von angesehenen Industriellen, Land-
wirten, Vertretern von Gewerkvereinen u. a. an die Minister
Salisbury und Goschen veranlaßten, brachte hierin keine
Änderung. Die Minister äußerten sich in der Sache selbst
der Deputation gegenüber mit äußerster Zurückhaltung. Erst
am Tage vor den Pfingstferien kam die Silberfrage im Parlament zur Verhandlung; für die Debatten waren nur etwa
vier Stunden gegeben, das Haus war sehr schwach besetzt
und Herr Gladstone, dessen Beteiligung an der Debatte erwartet war, gehörte zu den Abwesenden. Die von den Anhängern des Bimetallismus beantragte Resolution ging dahin,
daß England seine Bereitwilligkeit erklären solle, im Verein

mit den Regierungen der Vereinigten Staaten, Deutschlands,
Frankreichs und eventuell noch anderen Staaten in erneuerten
Konferenzen über die unbeschränkte freie Ausmünzung beider
Edelmetalle zu Kurantgeld nach einem gemeinsamen festen
Wertverhältnis zu verhandeln. — Ein Gegenantrag lautete:
„Das Haus möge erklären, der Bericht der Kommission über
die Folgen der Silberentwertung und die vorgeschlagenen
Mittel zur Abhilfe seien zu unbestimmt, um die Regierung zu
veranlassen, daraufhin vorzugehen." Die bimetallistische
Resolution ward in ausgezeichneter Weise von Herrn Chaplin
empfohlen. Die Erklärung des ersten Lord des Schatzes
(W. H. Smith) gegen die Resolution war viel entschiedener
als die früheren der Minister Salisbury und Goschen. Nichts
sei wichtiger für die Aufrechthaltung des ganzen wirtschaftlichen Getriebes als das Gefühl der Sicherheit bei Verwendung
von Kapital und Arbeit. Jede Regierung, welche sich bei
einem Plane beteilige, der das Vertrauen der kommerziellen
Klassen zur Landeswährung erschüttern könnte, würde den
nationalen Wohlstand aufs ernstlichste schädigen. Die Kontrakte über die Staatsschulden seien dahin geschlossen, daß
diese nur in Gold liquidiert werden sollten, wenn aber ein
bimetallistisches System angenommen werde, gäbe man dem
Schuldner die Befugnis seinem Gläubiger etwas zurückzuzahlen,
was weniger wert sei als Gold. Diese Eventualität würde
alle kommerziellen Kreise der ganzen Welt aufs tiefste be-
rühren, denn es sei wesentlich zur Sicherheit allgemeiner
Wohlfahrt und aller Geschäfte, daß jeder Kontrakt redlich
erfüllt werde Es müsse ein unzweifelhaftes allgemeines Einverständnis vorhanden sein, bevor man im bestehenden Geldwesen eine Änderung vornehme.

Die Debatten über die Silberfrage wurden hiernach vertagt
und im Laufe der Session nicht wieder aufgenommen.

Die Agitation im Lande für den Bimetallismus ward
jedoch einstweilen mit allem Eifer fortgesetzt, und aufs neue
trug eine zahlreiche Deputation von Vertretern der Handelskammern und vieler anderer Vereine den Ministern Salisbury
und Goschen hierauf gerichtete dringende Wünsche vor. Die

Antwort der Minister war keineswegs prinzipiell ablehnend und verwies auf die in Verbindung mit der bevorstehenden Weltausstellung in Paris für nächsten September angekündigten freien internationalen Münzkonferenzen, von welchen zu hoffen sei, dafs sie zur Abhilfe für die durch das Sinken und Schwankungen des Silberpreises verursachten Schwierigkeiten und Übelstände praktische Vorschläge herbeiführen würden. Auf diese Konferenzen wird später zurückzukommen sein, indem hier nur vorweg bemerkt wird, dafs sie die von den britischen Ministern geäufserte Hoffnung nicht erfüllt haben. —

In der folgenden Parlamentssession vom Jahre 1890 wurde die Silberfrage alsdann wieder zur Verhandlung gebracht. Am 18. April stellten Herr Samuel Smith und Sir William Houldsworth, die von Anfang zu den eifrigsten Anhängern des Bimetallismus gehört haben, den Antrag: das Haus möge erklären: „die Übel, welche aus der Verschiedenheit des Wertverhältnisses zwischen Gold und Silber infolge der in Europa 1873 stattgehabten Münzveränderungen entspringen, sollten einer Konferenz der hauptsächlichen Handelsnationen überwiesen werden, welche zu prüfen habe, ob ein bimetallistisches System durch internationale Vereinbarung im Interesse aller beteiligten Länder hergestellt werden könne."

Für diese Resolution sprachen in ausführlichen Reden aufser den Antragstellern die Herren Sidebottom und Hoyle und der Minister Balfour; gegen dieselbe Sir William Harcourt, der zugleich die gleiche Ansicht des Herrn Gladstone konstatieren konnte, Lord Playfair, Sir J. Lubbock und die Minister W. H. Smith und Goschen. Neue Argumente wurden von keiner Seite vorgebracht. Von erheblicher Wichtigkeit war aber, wie sich der Kanzler des Schatsamts Goschen, die angesehenste Autorität in diesen Dingen, jetzt aussprach, nachdem er in letzterer Zeit eine auffällige Zurückhaltung in seinen Äufserungen über den Bimetallismus beobachtet hatte. Er erklärte in etwas gewundener, aber doch hinlänglich verständlicher Weise, dafs die Britische Regierung von erneuerten internationalen Währungskonferenzen und einer eventuellen bimetallistischen Regelung des Geldwesens keine Abhilfe erwarte

und hierzu also auch auch nicht die Hand bieten könne. Die
Nachteile und Gefahren, welche mit der seit 1873 eingetretenen
Unsicherheit des Silberpreises für die allgemeinen kommerziellen
Interessen und insbesondere für Indien verbunden sind, sowie
das Wünschenswerte einer herzustellenden praktischen Stabilität
der Wertrelation der Edelmetalle und des Wertes des Geldes
werden von Herrn Goschen sympathisch anerkannt und zugegeben. Allein schließlich wird doch auch von ihm darauf
hingewiesen, daß möglicherweise die nicht zu übersehenden
Folgen eines bimetallistischen Systems an Stelle der reinen
Goldwährung nachteiliger sein könnten als die Unzuträglichkeiten des jetzigen Zustandes. Eine Änderung des bestehenden
Geldwesens in England sei nur unter entschiedener Zustimmung der öffentlichen Meinung durchführbar, welche für den
Bimetallismus nicht vorhanden, und es sei keine Garantie
gegeben, noch könne sie gegeben werden, daß die Staaten,
welche einem vertragsmäßigen Bimetallismus beigetreten seien,
unter allen Umständen ihn aufrecht erhalten würden.

Herr Goschen bemerkte noch u. a.: Im Fall eines Krieges
strebe jeder nach Gold. Vor und nach Erklärung desselben
werde ein Land Gold an sich zu ziehen suchen; dies würde
andere Länder beunruhigen; es würde ein Wettbewerb um das
Gold entstehen, der bimetallistische Vertrag sich auflösen und
allgemeine Verwirrung entstehen. — Die Regierung könne
nur mit dem Bewußtsein, daß das Land hinter ihr stehe und
der Erfolg sicher sei, auf eine Konferenz sich einlassen. Es wäre
verkehrt, eine Konferenz zu berufen, in der Meinung, daß
wir etwas ausführen könnten, was wir ohne andere Nationen
zu erreichen außerstande sind; wir wären nicht einmal im-
stande, das Publikum anderer Länder zur Annahme des
Systems zu bewegen. Daher halte er es für vollständig über-
eilt, ein solches System zur Ausführung zu bringen.

Diese Erklärungen des Kanzlers des Schatzamts und die
ganzen Verhandlungen des Unterhauses am 18. April 1890
hinterlassen den Eindruck, daß jedenfalls für die nächste Zeit
die Aussicht auf eine Initiative Englands zur Herbeiführung
eines internationalen Bimetallismus mit freier Ausmünzung von

Silber als verschwunden zu betrachten ist. Wenn die Wortführer des Bimetallismus darauf hingewiesen haben, daß nicht weniger als 140 Petitionen mit etwa 60000 respektablen Unterschriften zu Gunsten des bimetallistischen Antrags dem Unterhause eingereicht seien und daß die Professoren der politischen Ökonomie an den angesehensten Universitäten des Landes — die Herren Foxwell, Nicholson, Marshall und Sigdwick — den internationalen Bimetallismus empfehlen und als ausführbar erachten, so dürfte dies für die Münzpolitik des Landes nicht viel bedeuten gegenüber der Thatsache, daß bei der Abstimmung im Unterhaus der Antrag wegen Herbeiführung neuer internationaler Währungskonferenzen nach eingehenden Debatten mit 183 gegen 87 Stimmen verworfen wurde.

Die Agitation für den Bimetallismus hat seitdem in England merklich nachgelassen, wenn auch dessen bisherige eifrige Anhänger nach wie vor an der Ansicht festhalten, daß nur in dieser Weise eine dauernde und gründliche Abhilfe gegen weitere Entwertung des Silbers zu erreichen und einer progressiven Verteuerung des Goldes zu begegnen sei. Andererseits ist seit der Veröffentlichung der Berichte der Gold- und Silberkommission unverkennbar die Überzeugung von den Nachteilen, welche durch die gegenwärtigen unsicheren Währungsverhältnisse nach allen Seiten hin in unerträglicher Weise verursacht werden, immer allgemeiner und fester geworden. Die Befürchtung, daß unzureichender Goldbestand in den Zentralbanken in vorkommenden Fällen die großen wirtschaftlichen Interessen mit unübersehbaren Gefahren bedrohe, hat ungeachtet aller wissenschaftlichen Bekämpfung der Quantitätstheorie in manchen Kreisen nicht abgenommen. Die öffentliche Meinung in England wendet sich daher jetzt mit viel größerer Aufmerksamkeit und Teilnahme den Vorschlägen zu, wie ohne internationalen Bimetallismus eine Verbesserung zu erzielen sein möchte.

In dieser Richtung hat nun der Schatzkanzler Goschen am 28. Januar 1891 bei Gelegenheit eines von der Handelskammer von Leeds veranstalteten Banketts, nach der kurz vorangegangenen Baring-Krisis, eine sehr bemerkenswerte Rede

11

gehalten. Es wird darauf hingewiesen, wie gering der Goldvorrat der Bank von England sei, worauf doch schließlich das
ganze Geld- und Kreditwesen des Landes beruhe, im Verhältnis
zu dem enormen Umfang der Verbindlichkeiten, welche auf
Verlangen jederzeit in effektivem Golde und durch nichts
anderes zu erfüllen sind. Der jetzige Betrag der Depositen in
den Privatbanken werde auf etwa 620 Millionen Pfund Sterling
geschätzt, während der durchschnittliche Goldbestand der Bank
von England in den letzten Jahren unter 22 Millionen Pfund
Sterling gewesen sei, viel geringer als bei der Bank von Frankreich und der Deutschen Reichsbank. Dagegen befinde sich
ein bedeutender Betrag Goldmünze in den Taschen des Publikums. Es unterliege keinem Zweifel, daß ein beträchtlicher
Teil dieses baren Goldumlaufs durch Ausgabe von Einpfund-
noten (vielleicht auch durch auf Silber fundierte Zehnschillings-
noten) zur Zufriedenheit der Bevölkerung ersetzt werden könne.
Ganz entschieden müsse jedoch in England jede Maßregel abgewiesen werden, welche in irgendwelcher Weise die Tendenz
habe, Gold ins Ausland zu treiben. Es möchte deshalb in Erwägung zu ziehen sein, ob es nicht ratsam sei, das im gewöhnlichen Verkehr durch kleine Noten zu ersetzende Gold zu einer
besonderen Reserve bei der Bank von England festzulegen
und lediglich zur Aushilfe bei plötzlich eintretenden außerordentlichen Krisen zu bestimmen. 20 Millionen Pfund Sterling
an einer Zentralanstalt vorhanden seien ungleich wirksamer
als 30 Millionen Pfund Sterling zerstreut in den Taschen des
Publikums. Nur unter solcher Voraussetzung dürfe von einer
Ausgabe kleiner Noten die Rede sein. — Es leuchtet ein, daß
ein Staatsmann, der in diesem Grade die Notwendigkeit einer
möglichst breiten Goldbasis für den großen Verkehr erkennt,
zwar für andere Länder den Bimetallismus wünscht, weil
dadurch die allgemeine Nachfrage nach Gold sich vermindert,
denselben von England selbst aber um so entschiedener ab-
wehren muß.

Höchst auffallend erscheint, wie wenig bisher bei allen
Verhandlungen in England auf die Währungszustände und die
Münzgesetzgebung der Vereinigten Staaten näher eingegangen

worden, welche doch, wie später nachgewiesen wird, eine so
vorwiegende Rolle in der Silberfrage in Anspruch nehmen. —
Eine Kundgebung des Vorstandes der *Bimetallic League* von
Januar 1891 verwahrt sich gegen das Mifsverständnis, dafs
das Bestreben der Bimetallisten eigentlich nur darauf gerichtet
sei, den Preis des Silbers und der indischen Rupie zu heben.
Ihr Zweck sei vielmehr, dahin zu wirken, dafs die Münzstätten
der gröfseren Handelsstaaten der unbeschränkten Prägung von
Gold und Silber zu einem festen Wertverhältnis offen ständen
und so eine Parität zwischen beiden Edelmetallen geschaffen
werde. Das neue Silbergesetz der Vereinigten Staaten vom
14. Juni 1890 sei gewifs eine willkommen wichtige Vorkehrung
zur monetären Verwendung des Silbers, aber es sichere nur
die Ausmünzung eines bestimmten Quantums Silber, ohne diesem
Metall den internationalen Charakter als Geld zu verleihen.
Seit dem Erlafs des amerikanischen Silbergesetzes seien die
Schwankungen im Goldpreise des Silbers und in den Wechselkursen mit den Silberländern noch schlimmer geworden als
vorher. Eine bedeutende Steigerung des Silberpreises, wenn
sie nicht, wie der Bimetallismus erstrebt, auf dauernder Basis
stattfinde, müsse unausbleiblich den Handel ebenso schädigen
wie ein plötzlicher Fall des Silberpreises.

Wir haben vorhin erwähnt, wie die britischen Minister
im Mai 1889 eine angesehene bimetallistische Deputation auf
den im September abzuhaltenden freien internationalen Münzkongrefs verwiesen haben, der hoffentlich die gewünschte Abhilfe herbeiführen werde.

Diese Vereinigung gehört zu den zahlreichen Spezial-
kongressen, welche bei Gelegenheit der grofsen Pariser Weltausstellung im Jahre 1889 angeordnet waren. Ein vom französischen Ministerium ernanntes Organisationskomité erliefs
hierzu unter Zustellung eines die Frage des Bimetallismus
hervorhebenden Programms die Einladungen. Der am 11. September 1889 eröffnete Kongrefs, zu welchem auch seitens
einiger Regierungen (u. a. Englands) Delegierte ernannt waren,
zählte 194 Teilnehmer. Den Vorsitz führte der Gouverneur

der Bank von Frankreich, Magnin. Es fanden vom 11. bis
15. September sechs Sitzungen statt. Bei den sehr lebhaft ge-
führten Debatten sprachen zur Empfehlung eines internationalen
Bimetallismus die Herren A. Allard, O. Arendt, G. M. Boissevain,
H. Cernuschi, Fielden, Professor Foxwell, Dana Horton, E. Koch,
Lalande, E. de Laveleye, H. Meysey Thompson, Moret y Prender-
gast; gegen den Bimetallismus sprachen die Herren A. Coste,
Fournier de Flaix, E. Levasseur, F. Passy, G. de Puynode
und A. Raffalovich. Die gehaltenen Reden waren meistens
in der Form und nach ihrem Inhalt ausgezeichnet, allein man
kann nicht behaupten, daß sich in ihnen neue Gesichtspunkte
und Gründe finden, die nicht schon vorher in den Berichten der
englischen Gold- und Silberkommission oder sonst ausführlich
dargelegt waren. Abstimmungen über Resolutionen haben nicht
stattgefunden. — In Frankreich ist seit diesem Kongreß in Bezug
auf die Währungsfrage Bemerkenswertes nicht vorgekommen.

––––––––

In Deutschland hatte die Agitation für den Bimetallismus
in den Jahren 1885 bis Anfang 1889 ihren Höhepunkt erreicht.
Sie bemühte sich fortgesetzt, durch zahlreiche Schriften, massenhafte Petitionen und durch Beschlüsse des Reichstags die
Regierungen zu bewegen, ihre Bereitwilligkeit zur Wiederaufnahme der internationalen Münzkonferenzen zu erklären
und eventuell hierzu auch die Initiative zu ergreifen.

Wie früher erwähnt, hatte der Deutsche Reichstag im
Februar 1886 in diesem Sinne einen Antrag angenommen, der
indes weitere Folgen nicht hatte.

Nachdem in England gegen Ende 1888 die große Enquête
über den Bimetallismus abgeschlossen, eine Stellungnahme dazu
seitens des Parlaments aber noch nicht erfolgt war, ward auf
gegebene durchaus sachgemäße und gerechtfertigte Anregung
der *Bimetallic League* von den Anhängern des Bimetallismus
im Deutschen Reichstage am 7. Februar 1889 die Währungsfrage
wieder zur Sprache gebracht. Die Bimetallisten in England
wünschten dem Einwand zu begegnen, daß auch dann, wenn
England sich entschließen sollte, die Initiative zur Herbeiführung eines internationalen Bimetallismus zu ergreifen, dies

von vornherein als erfolgloses Bemühen gelten müsse, weil Deutschlands Nichtbeteiligung ausgemacht sei. — Der Antrag lautete:

„Der Reichstag wolle beschließen, die verbündeten Regierungen zu ersuchen, falls England die Initiative zur Wiederherstellung des Silbers als Währungsmetall ergreift, die Bereitwilligkeit Deutschlands zu einem gemeinsamen Vorgehen mit England auszusprechen."

Die Abgeordneten v. Mirbach und v. Kardorff empfahlen in längeren Ausführungen den Antrag, und die Abgeordneten Bamberger und Bennigsen bekämpften denselben in gleicher Weise. Der Staatssekretär des Reichsschatzamts v. Maltzahn sprach seine Ansicht dahin aus, daß die Deutschen Regierungen recht gethan hätten, sich dem bimetallistischen Meinungsstreite gegenüber bisher völlig abwartend zu verhalten, da unzweifelhaft sei, daß in den deutschen Münzverhältnissen absolut gar kein Grund vorhanden sei, unser jetziges Währungswesen zu ändern. Es sei ihm nicht möglich, im Sinne der Resolution zu erklären, daß, wenn England die Initiative zur Wiederherstellung des Silbers als Währungsmetall ergreifen sollte, Deutschland mit ihm gemeinsam vorgehen werde. Wünsche dagegen die Englische Regierung eine Erörterung mit Deutschland, sei er der Meinung, daß von Seiten der Deutschen Regierungen kein Widerspruch würde entgegengesetzt werden.

Da der Antrag zurückgezogen wurde, fand eine Abstimmung nicht statt.

Am 26. Januar 1891 ward von der bimetallistischen Partei bei der Beratung des Reichshaushaltsetats, ohne daß ein bezüglicher Antrag hierzu vorlag, die Währungsfrage wiederum zur Verhandlung gebracht und längere Debatten über dieselbe veranlaßt. Die Abgeordneten v. Kardorff und v. Frege sprachen zu Gunsten einer Herstellung des Silbers als gleichwertiges Münzmetall, wozu die letzten Vorgänge in den Vereinigten Staaten aufforderten, der Abgeordnete Bamberger für ruhiges Beharren bei den bestehenden Münzzuständen. Staatssekretär v. Maltzahn stimmte letzterem bei und bemerkte, daß allerdings die Goldwährung in Deutschland noch nicht voll durch-

geführt sei, wie es indes unerwiesen sei, daſs dies wirklich
einen so schädigenden Einfluſs gehabt habe, um jetzt eine
Änderung anzustreben; „bei den Deutschen Regierungen,“ so
schloſs er, „besteht zur Zeit nicht die Absicht, auf diesem
Gebiete irgend einen Schritt ihrerseits zu unternehmen.“

Der Präsident der Reichsbank gab bei dieser Gelegenheit
Nachweisungen über die thatsächlichen Grundlagen des deutschen
Geldumlaufs, um darzuthun, daſs dieser auch ohne Herstellung
des Silbers als Währungsmetall volles Vertrauen verdiene. —
Es dürfte von Interesse sein, einige hauptsächliche Angaben
hieraus vorzulegen, da gerade in Deutschland die bimetallistische
Agitation am stärksten gewesen.

Der gröſste Teil aller Zahlungen werde jetzt nicht mehr
in barem Gelde, nicht einmal in Banknoten geleistet, sondern
vollziehe sich durch bloſse Umschreibungen im Wege des Giroverkehrs, in welchem die Barzahlungen eine verschwindende
Ausnahme bilden. Dessenungeachtet sei freilich ein groſser
metallischer Vorrat für Deutschland unentbehrlich, er bilde
gewissermaſsen das Rückgrat des gesamten Geldwesens und sei
unentbehrlich für die Leistung der internationalen Zahlungen.
Der Goldvorrat der Bank von Frankreich sei gröſser als derjenige der Deutschen Reichsbank, aber zu letzterem seien hinzuzurechnen der Goldbestand der übrigen Notenbanken mit etwa
80 Millionen Mark und des Kriegsschatzes mit 120 Millionen
Mark, welche beim Ausbruch eines Krieges sofort der Reichsbank zuflieſsen würden. Unsere Notendeckung durch Gold
sei wesentlich besser als die französische. Die Reichsbank
habe, so lange sie bestehe, es immer verstanden, ihren Goldvorrat auf der dem Bedarf entsprechenden Höhe zu halten.
Es sei noch in keinem Falle jemand Gold verweigert worden,
auch nicht zur Ausfuhr. Die Bank von Frankreich habe
damit zu kämpfen, daſs sie einen sehr beträchtlichen Silbervorrat besitze, etwa das Vierfache des Silberbestandes in der
Deutschen Reichsbank. Dies nötige jene zu einem auſserordentlich skrupulösem Verfahren. Die Französische Bank
untersuche die Gründe, die zur Hergabe des Goldes Veranlassung bieten, und wenn sie zu ungünstigen Schlüssen

komme, verlange sie mitunter so hohe Prämien, daſs das Gold ihr überhaupt nicht abgenommen wird. Auch benutze die Französische Bank ihren ansehnlichen Vorrat an nicht-vollwichtigen Goldmünzen, um die ungerechtfertigt erscheinenden Anforderungen von Gold dann und wann abzuwenden. — Der Silbervorrat in der Reichsbank pflege ein Drittel des gesamten Metallvorrats nicht zu übersteigen, und der Vorrat an Thalern sei seit 1880 stetig zurückgegangen (um etwa 100 Millionen Mark), was beweise, daſs der Verkehr sie ganz gut brauchen könne. — In unseren Geld- und Bankzuständen biete nichts, weder unser Gold noch unser Silber, genügenden Anlaſs, eine Änderung der bestehenden Währung zu wünschen. —

Wie in England, so werden auch in Deutschland die bimetallistischen Bestrebungen nach den wiederholten entschiedenen Erklärungen seitens der Regierungen wesentlich nachlassen. Man wird es vorwiegend jetzt als geboten betrachten, die ferneren Vorgänge der amerikanischen Münzgesetzgebung abzuwarten.

Wichtiger als alles, was in den Jahren 1878 bis 1891 in den europäischen Ländern in bezug auf die Währungspolitik vorgekommen ist, erscheint für die praktische Gestaltung der Silberfrage, von welcher das Übrige abhängt, das Vorgehen der Vereinigten Staaten. Wir haben schon kurz erwähnt, daſs bald nach begonnener Wirksamkeit der Bland-Bill seitens der Regierung dem Kongresse die Einstellung der vorgeschriebenen Silberausmünzungen dringend empfohlen wurde. Es geschah dies durch die Botschaften des Präsidenten und die Jahresberichte der Sekretäre des Schatzamts (Sherman, Folger, McCulloch, Manning, Fairchild) fast in jeder Session bis 1887, blieb aber ohne Erfolg. Die Ausmünzung der Standard Silberdollars im vorgeschriebenen Minimalbetrage hatte ihren ununterbrochenen Fortgang und sammelten sich solche in den Gewölben des Schatzamts zu riesigen Summen. Es ist aber eine durchaus verkehrte, obschon oft vorgebrachte Behauptung, daſs dieselben einen nutzlos liegenden toten Schatz bildeten, der ebenso gut ins Meer könne geworfen werden.

Abgesehen von Scheidemünze befanden sich an monetärem Edelmetall sowie an Papiergeld*)

	am 1. Juli 1878		am 1. Juli 1890	
	im Schatzamt Dollars.	im Umlauf Dollars.	im Schatzamt Dollars.	im Umlauf Dollars.
Goldmünzen	—	ca. 25 000 000	321 304 106	374 258 923
Stand.-Silberdollars . .	15 059 828	1 209 251	323 804 555	56 278 749
Goldzertifikate	—	—	26 732 120	130 830 859
Silberzertifikate	1 455 520	7 080	3 983 513	297 556 238
Staatsnoten	25 775 121	320 905 895	11 992 039	334 688 977
Nationalbanken-Noten	12 789 923	311 724 361	4 365 838	181 604 937

Zum richtigen Verständnis vorstehender Übersicht, welche die von 1878 bis 1890 unter dem Einflufs der Bland-Bill stattgehabten enormen Veränderungen im Geldwesen der Vereinigten Staaten deutlich vor Augen stellt, ist u. a. folgendes zu beachten. Von den im Schatzamt bewahrten Edellmetallbeständen ist nur dasjenige reales Eigentum des Fiskus, was übrig bleibt nach Abzug der im Umlauf befindlichen Gold- und Silberzertifikate, denn diese vertreten genau nach ihrem Nennwert die dagegen deponierten Beträge gesetzlicher Münze. Hiernach gehörten also im Juli 1890 von den im Schatzamt vorhandenen 323 804 555 Standard Silberdollars nur 26 248 317 Stück zur Kasse des Schatzamts, wogegen die dort sonst vorhandenen 297 556 238 Standard Silberdollars in der Form von Zertifikaten im täglichen Geldumlauf der Bevölkerung denselben Dienst leisteten wie die thatsächlich in Zirkulation befindlichen 56 278 749 Stück dieser Münzsorte. Dafs die Silberdollars in solchem Umfange und dabei in bequemster Weise ihren Geldzweck erfüllen, ist dadurch herbeigeführt, dafs die Silberzertifikate den Eignern der deponierten Silberdollars auf Verlangen ohne Umstände auch in kleinen Abschnitten von 10, 5 und 1 Dollars verabfolgt werden, wodurch sie um so leichter Ersatz gewähren konnten für die Verminderung der Notenausgabe der

---

*) Aus der betreffenden amtlichen Zusammenstellung entnehmen wir für die Jahre 1878 und 1890 noch folgende Angaben:

	1878	1890
Bevölkerung der Vereinigten Staaten	47 598 000	62 622 250
Geldvorrat pro Kopf der Bevölkerung	15,32 Doll.	22,82 Doll.

Nationalbanken. Hierzu kommt noch die Bevorzugung, die man dort im gewöhnlichen Verkehre dem Papiergelde selbst vor Goldmünzen zu teil werden läfst.

In betreff der monetaren Goldbestände ist zu erwähnen, dafs hiervon 100 Millionen Dollars gesetzlich zur Einlösung der Staatsnoten im Schatzamt reserviert werden und dafs die amtliche Berechnung der präsumtiv im Verkehr des Publikums befindlichen effektiven Goldmünzen viel zu hoch angenommen sein dürfte. Statt der hierfür statistisch aufgestellten 374 Millionen werden vermutlich in Wirklichkeit kaum 150 bis 200 Millionen Dollars in Betracht kommen, das übrige aber auf die eine oder andere Weise thesauriert und einstweilen der Zirkulation entzogen sein.

Die Ausmünzung der Standard Silberdollars in den Vereinigten Staaten hat in den Jahren 1877 bis Mitte 1891 den kolossalen Betrag von 9 760 000 kg Feinsilber in Anspruch genommen, und ist dieser infolge der dortigen Münzgesetzgebung im Lande zum vollen festgehalten worden. Es unterliegt keinem Zweifel, dafs die vorgeschriebene regelmäfsige Nachfrage nach Silber und die durchgeführte gesetzliche wie praktische Gleichwertigkeit der Silberdollars mit den Golddollars bewirkt haben, dafs der Goldpreis des Silbers seit 1878 nicht noch viel tiefer gesunken ist, als geschehen. Die Vereinigten Staaten bedurften unabweislich bei Herstellung der Barzahlungen nach Aufhebung des Zwangskurses mehrerer hundert Millionen Dollars Münzmetall und haben hierzu, wie bemerkt, aufser beträchtlichen Beträgen Gold bis 1891 nahezu eine Million Kilogramm Silber verwendet.

Wäre im Februar 1878 die Aufrechthaltung der reinen Goldwährung nach dem Münzgesetz von 1873 vom Kongresse beschlossen worden und infolge hiervon die Extranachfrage nach Silber unterblieben, dagegen für die Herstellung der metallischen Basis des Geldumlaufs noch 300 bis 400 Millionen Dollars in Gold anzuschaffen gewesen, so hätte die von Herrn Goschen befürchtete Katastrophe nicht ausbleiben können. Wer vermag zu sagen, in welchem Mafse dann eine progressive Verteuerung des Goldes eingetreten sein würde!

Ungeachtet der beträchtlichen amerikanischen Silberverwendung wuchs die Differenz des Marktpreises des Silbers gegen den Münzwert. Die Silberpartei im Kongreſs erstrebte unausgesetzt freie Silberausmünzung, konnte dies jedoch ebensowenig durchsetzen wie ihre Gegner die Einstellung der vorgeschriebenen monatlichen Silberankäufe. Die Wiederaufnahme der internationalen Münzkonferenzen ward nach wie vorher lebhaft gewünscht, und Präsident Cleveland erteilte Herrn Atkinson den Auftrag, die wichtigeren Handelsstaaten in Europa zu besuchen, um in Erfahrung zu bringen, ob dort jetzt mehr Geneigtheit vorhanden, in solche Konferenzen einzutreten. Herr Atkinson spricht in seinem Ende 1887 erstatteten Bericht auf Grund der von ihm in den Monaten Juni bis Oktober in England, Frankreich, Deutschland, Holland und Belgien bei den gewichtigsten Autoritäten eingezogenen Erkundigungen rückhaltlos die Überzeugung aus, daſs weder in England noch auf dem europäischen Kontinent die Theorie des Bimetallismus mit ihrer Forderung der Freigebung der Silberausmünzungen Aussicht auf Realisierung darbiete. Eine internationale Regelung der Währungsfrage werde freilich von manchen Privatpersonen und Vereinen mit gröſstem Eifer fortwährend angeregt, allein in Regierungskreisen, bei Bankvorständen und in der öffentlichen Meinung sei eine Neigung zur Annahme oder auch nur zur Anbahnung bimetallistischer Maſsregeln nirgend bemerkbar. Es sei daher entschieden davon abzuraten, daſs die Vereinigten Staaten die Initiative zur Erneuerung internationaler Münzkonferenzen ergriffen. In Europa herrsche vielfach die Meinung, daſs man in Amerika lediglich im eigenen Interesse die allgemeine Annahme des Bimetallismus erstrebe, und diese Meinung werde nur bestärkt werden, wenn von den Vereinigten Staaten wiederum solche Konferenzen beantragt würden, die ebensowenig Erfolg versprächen wie früher. — Die Regierung in Washington folgte diesem Rat.

In den Vorlagen an den Kongreſs ward 1888 der Plan angeregt, da offenbar nicht daran zu denken sei, die effectiven Silberdollars in ihrer vorhandenen groſsen Menge je in Umlauf zu bringen, während die Silberzertifikate mehr und mehr das

hauptsächliche zirkulierende Medium bildeten, ob nicht von der
wirklichen Ausprägung der Silberdollars, die ganz zwecklos
geworden, Abstand zu nehmen und die Ausstellung der Silberzertifikate direkt gegen deponiertes Silber anzuordnen sein
möchte. Die Vermehrung der Silberdollars drohe vor allem
ein Goldagio herbeizuführen.

Der Vorschlag einer Einschränkung der Prägung der Silberdollars fand indes damals noch keine Zustimmung, ward aber
bald darauf beim Beginn der nächsten Session des Kongresses
(Dezember 1889) in wesentlichen Punkten vom Präsidenten
Harrisson und dem Schatzsekretär Windom aufgenommen.

Wie aufserordentlich sich (abgesehen von den Beständen
des Schatzamts) der Geldumlauf in den Vereinigten Staaten
seit der Bland Bill verändert hatte, wird durch folgende sum-
marische Übersicht vorgeführt:

Jahre	Geldumlauf im ganzen	Goldmünzen	Standard Silberdollars	Silber-Scheide-münze	Gold-zertifikate	Silber-zertifikate	Staatsnoten	Noten der National-banken.
				Millionen Dollars				
1878	805,8	82,5	—	53,6	44,4	—	311,4	313,9
1879	862,6	123,7	11,1	54,1	14,8	1,2	327,7	330,0
1880	1022,0	261,3	22,9	48,4	7,5	12,2	329,4	340,3
1881	1147,9	328,1	32,2	47,9	5,2	52,6	327,7	354,2
1882	1188,8	358,4	33,8	47,2	4,9	63,3	325,3	356,1
1883	1236,6	346,1	39,8	48,2	55,0	78,9	321,4	347,3
1884	1261,6	341,5	40,3	45,3	87,4	96,6	325,8	324,7
1885	1286,6	348,3	45,3	51,3	118,1	93,7	318,7	311,2
1886	1264,9	364,9	60,2	48,2	84,7	95,4	310,2	301,4
1887	1353,6	391,1	60,6	50,4	98,0	154,4	329,1	270,0
1888	1384,3	377,3	58,0	52,0	134,8	218,6	306,1	237,6
1889	1495,0	375,9	57,6	52,9	116,7	276,6	325,3	199,8

Die vorstehenden Angaben scheinen nachzuweisen (bemerkt der
Bericht), dafs die Vereinigten Staaten unmöglich durch eine Einschränkung des Geldumlaufs leiden, und dafs es nicht notwendig ist,
die Prägung von Silberdollars zu vermehren, um den Umlauf zu erweitern. — Der Ausfall an Nationalbanken-Noten ist durch die Vermehrung der Silberzertifikate mehr als ersetzt worden. Die rechnungs-
mäfsige Ermittelung der Goldzirkulation (mit Einschlufs der Goldzertifikate im Jahre 1889 492,6 Millionen Dollars) dürfte, wie früher schon
angedeutet ist, die Wirklichkeit beträchtlich überschreiten.

Der Vorschlag der Regierung ging dahin:

Die Prägung von Silberdollars hört auf. Die Münzämter werden angewiesen, gegen ihnen eingeliefertes Barrensilber, sofern solches aus einheimischen Bergwerken stammt oder aus importierten Erzen im Lande hergestellt ist, Schatznoten auf bestimmte Summen Dollars lautend zu verabfolgen, und zwar nach dem Marktpreis des Silbers zur Zeit der Einlieferung der Barren. Über den Preis von 129,29 Cents per Unze hinaus werden Schatznoten gegen eingeliefertes Silber nicht ausgegeben. Der Schatzsekretär wird angewiesen, eingereichte Schatznoten einzulösen mit einem solchen Quantum Silber, als zur Zeit nach dem Marktpreis für die auf den Noten angegebenen Summen Dollars anzuschaffen ist, oder nach seiner Option mit einem gleichen Betrage Golddollars. Dagegen ist der Besitzer der Noten befugt, den Betrag in Standard-Silberdollars zu verlangen. Der Schatzsekretär ist befugt, die Annahme von Silberbarren gegen Schatznoten zu suspendieren, wenn er die Überzeugung hat, daß der Silberpreis durch spekulative Manipulationen ein willkürlicher, nomineller oder fingierter ist.

In den Vereinigten Staaten wird der Regierung bekanntlich nicht Gelegenheit gegeben, ihre Vorlagen im Kongreß direkt zu vertreten. Sie ist auf das Auskunftsmittel angewiesen, daß die Beamten vor den betreffenden Ausschüssen wie andere Sachverständige sich vernehmen lassen können. Schatzsekretär Windom hat bei solcher Vernehmung zur Erläuterung seines Vorschlags u. a. folgendes hervorgehoben. Die Ausführung desselben sei geeignet, dem Lande ein stabiles, gesundes und den Fortschritten der Bevölkerung sich anschließendes Geldwesen zu verschaffen und der Unsicherheit im Wertverhältnis der Edelmetalle abzuhelfen. Als fundamental für seinen Plan gilt ihm die Aufhebung der bisherigen obligatorischen Prägung von Silberdollars. Die Fortdauer derselben werde die notwendige Aufrechthaltung der Goldwerteinheit in Frage stellen. Wenn noch Hunderte Millionen Silberdollars gemünzt werden und eventuell die Golddollars verdrängen, würde künftig in den Vereinigten Staaten der

Silberdollar die praktische Werteinheit bilden, was unthunlich
sei, da jetzt in der ganzen Handelswelt Gold als prinzipales
Wertmaſs gelte und auch vom mächtigsten Staat nicht ein-
seitig aufgehoben werden könne. Die auf Barrensilber be-
gründeten Schatznoten würden das Gold aus der Zirkulation
nicht verdrängen, wie dies bei den Silberdollars zu besorgen
sei. Gold und Silber müſsten gleichzeitig neben einander im
Umlauf bleiben. Der Goldpreis des Silbers sei in den letzten
17 Jahren um 28 Prozent gesunken und der Silberpreis des
Goldes um 40 Prozent gestiegen. Das vorgeschlagene Silbergesetz müsse durch die fortgesetzten beträchtlichen Silberankäufe den Preis des Silbers heben und verspreche das
frühere Wertverhältnis zum Golde nahezu herzustellen. — Die
Besorgnis, daſs künftig bei fortgesetzter Ausgabe von jährlich
etwa 50 oder 60 Millionen Dollars Schatznoten die Geldmenge
im Lande sich so anhäufen werde, daſs der Wert des Geldes
dadurch herabgedrückt werden müsse, sei unbegründet. Der
jetzige Geldumlauf in den Vereinigten Staaten betrage ungefähr 1426 Millionen Dollars, und man vernehme nirgends
Klage, daſs zuviel Geld vorhanden sei. Die Bevölkerung der
Vereinigten Staaten sowie deren Vermögen und Geschäfte
wüchsen jährlich um mehr als drei Prozent. Wenn man diesen
Maſsstab für den Geldbedarf nehme, so erscheine eine entsprechende Zunahme des zirkulierenden Mediums um monatlich
etwa 4 000 000 Dollars Schatznoten nicht nur unbedenklich,
sondern selbst wünschenswert. In den nächsten 25 bis
30 Jahren werde das Land eine solche Zunahme des Geldumlaufs leicht absorbieren. Die infolge des neuen Gesetzes
zu erwartende Rehabilitation des Silbers werde die jetzt durch
die Silberentwertung erleichterte Konkurrenz der ostindischen
Produkte wesentlich schwächen.

Der Windom'sche Vorschlag fand in seiner ursprünglichen
Fassung in der öffentlichen Meinung und in beiden Häusern
des Kongresses mehrfache und heftige Opposition. Es war
indes nicht mehr der früher so beharrlich gegen den zwangsweisen Silberankauf für Rechnung des Schatzamts erhobene
Widerspruch, der Schwierigkeiten bereitete, sondern das Ver-

langen mächtiger Parteigruppen nach unbeschränkter freier
Silberausmünzung war es, woran das Zustandekommen des
neuen Silbergesetzes scheitern zu sollen schien. Im Senate
war die Mehrheit für diese Maßregel, im Repräsentantenhause
gegen dieselbe. Von Januar bis Juni 1890 ward in den von
jedem der beiden Häuser niedergesetzten Ausschüssen hierüber
verhandelt und Vermittelungsanträge vorgelegt, ohne daß ein
Ergebnis erzielt werden konnte. Endlich kam durch einen
„Caucus" aus beiden Häusern (in einer Konferenz, wozu seitens
des Repräsentantenhauses die Herren Conger, Walker und
Bland und vom Senate die Herren Sherman, Jones und Harris
delegiert waren) nach langwierigen Verhandlungen ein Kom-
promiß zustande, welches in dem Silbergesetze vom 14. Juli
1890 seinen Ausdruck fand. Für das Gesetz erklärten sich
schließlich im Senate 39 Stimmen (gegen 26) und im Repräsentantenhause 122 Stimmen (gegen 90).

Die wesentlichen Bestimmungen dieses folgereichen Silbergesetzes, das am 13. August 1890 inkraft getreten ist, sind:

1. Der Sekretär des Schatzamts wird angewiesen, 4 500 000
   Unzen Silber, oder so viel davon als in jedem Monat
   angeboten wird, zum Marktpreis zu kaufen, so lange
   dieser unter dem Münzsatz (129,29 Cents pro Unze) steht.

2. Die Zahlung für die Silberankäufe geschieht in einer
   neuen Art Papiergeld, Treasury notes genannt.

3. Diese Noten sollen volles gesetzliches Zahlungsmittel
   sein für alle Schulden, sowohl öffentliche als private
   (falls nicht ausdrücklich anderes bedungen ist), und
   können von jeder Nationalbank - Association als Teil
   ihrer gesetzlichen Reserve gehalten werden.

4. Es bleibt die feststehende Politik der Vereinigten Staaten,
   Gold und Silber in einer gegenseitigen Parität aufrecht
   zu erhalten auf Grund des gegenwärtigen gesetzlichen
   Wertverhältnisses oder eines solchen Verhältnisses, wie
   es durch Gesetz bestimmt werden mag.

5. Bis zum 1. Juli 1891 sollen von dem angekauften Silber
   monatlich zwei Millionen Unzen Silber zu Silberdollars
   ausgemünzt werden.

6. Nach dem 1. Juli 1891 hört die zwangsweise Prägung von Silberdollars auf, aufser so weit sie für die Einlösung der Schatznoten notwendig sein sollte.

7. Die Vorschrift im Gesetze vom 28. Februar 1878 wegen monatlichen Ankaufs und Ausmünzens zu Silberdollars von Silberbarren im Werte von nicht weniger als 2 000 000 Dollars und nicht mehr als 4 000 000 Dollars, wird aufgehoben.

Infolge der früheren Bland Bill und dieses neuen Silbergesetzes hat die Prägung der Standard Silberdollars bis 1. Juli 1891 den Gesamtbetrag von 405 659 268 Dollars erreicht. — Vom Schatzamt sind bis 1. November 1891 für angekaufte Silberbarren Schatznoten im Betrage von über 60 Millionen Dollars ausgegeben. — Die Schwankungen des Silbermarktes sind seit Einbringung der Windom'schen Bill noch stärker gewesen als vorher, wie dies aus nachstehender Zusammenstellung der an jedem Donnerstag in London notierten Preise erhellt. Die Notierung (Pence pro Unze Stand.) war:

	1890			1891		
Monat	Durchschnittspreis	Höchster	Niedrigster	Durchschnittspreis	Höchster	Niedrigster
Januar	$44^1/_2$	$44^7/_8$	$44^1/_3$	$48^1/_3$	$48^1/_2$	$47^3/_4$
Februar	44	$44^5/_8$	$43^5/_8$	$45^5/_8$	$46^3/_4$	$44^3/_4$
März	$43^7/_8$	$44^3/_8$	$43^3/_4$	$44^7/_8$	$45^1/_3$	$44^5/_8$
April	$45^1/_4$	48	$43^7/_8$	$44^1/_2$	45	$43^7/_8$
Mai	$46^{13}/_{16}$	$47^1/_2$	46	$44^3/_8$	$44^5/_8$	$44^1/_8$
Juni	$47^9/_{16}$	49	$46^1/_4$	$45^1/_4$	$45^5/_8$	$44^5/_8$
Juli	$49^3/_8$	$50^7/_8$	$47^3/_4$	$46^1/_3$	$46^3/_8$	$45^{15}/_{16}$
August	$52^3/_4$	$54^1/_4$	$50^{13}/_{16}$	$45^7/_{16}$	$45^3/_4$	$45^3/_{16}$
September . . .	53	$53^5/_8$	52	$45^1/_{16}$	$45^5/_{16}$	$44^{13}/_{16}$
Oktober	50	$51^1/_2$	$48^1/_2$	$44^{11}/_{16}$	45	$44^1/_4$
November . . .	$47^1/_3$	$48^9/_{16}$	45	$43^5/_8$	$43^3/_4$	$43^1/_2$
Dezember . . .	$48^1/_8$	$49^1/_2$	$47^1/_4$			

Diesen Schwankungen des Silberpreises entsprachen diejenigen der ostasiatischen Wechselkurse, woraus den beteiligten Handelsinteressen die empfindlichsten Störungen und Nachteile erwuchsen. Veranlafst wurden die Schwankungen ganz vorwiegend durch umfassende Spekulationen in Newyork, welche den Silberpreis eine Zeit lang künstlich in die Höhe trieben, ohne die zur Durchführung erforderlichen Mittel zu besitzen. Die anfangs von den Anhängern des Bimetallismus überall geäußerte Zuversicht auf einen durchgreifenden dauernden Erfolg des neuen amerikanischen Silbergesetzes mußte deshalb bald nachlassen, und in den Vereinigten Staaten wurde von den Silberinteressenten nachdrücklichst behauptet, der Mißerfolg sei durch die Halbheit des neuen Gesetzes bewirkt und nur von der Annahme des vollständigen Bimetallismus, welcher die unbeschränkte Zulassung der Silberkurantprägungen fordere, Abhilfe zu erwarten.

Demgemäß wurde in der neuen Session des Kongresses (1890 91) im Senate die Silberfrage wieder aufgenommen und ein Gesetzentwurf genehmigt, trotz der eindringlichen Abmahnung des früheren Schatzsekretärs John Sherman in einer am 13. Januar 1891 im Senat gehaltenen langen Rede. Herr Sherman ist der Ansicht, freie Silberprägung werde aus dem monetaren Silbervorrat der ganzen Welt, den man auf 3821 Millionen Dollars veranschlage, sofort Hunderte von Millionen Unzen Silber heranziehen, um zum festen Preise von 129 Cents pro Unze gegen Gold umgetauscht zu werden. Auch das im Lande selbst vorhandene Gold werde aufgespeichert werden oder nach dem Auslande abfließen. Die Vereinigten Staaten, an Hilfsmitteln reicher und sich rascher entwickelnd als irgend ein anderes Land, mit berechtigtem Stolz auf ihren Kredit, könnten sich unmöglich herbeilassen, ihren Wertstandard zu erniedrigen und sich hierin auf gleiche Linie mit China, Japan und den südamerikanischen Staaten zu stellen. Was man auch zu Gunsten des Silbers sagen möge, in allen größeren Geschäften und im internationalen Verkehr bilde Gold jetzt den Wertstandard und nach einem unabänderlichen Naturgesetze vertreibe ein niedrigerer Standard den höheren aus dem Geldumlauf. Freie Silberprägung werde unfehlbar und bald die Silberwährung zur Folge haben und die Kaufkraft des gesetzlichen Zahlungsmittels zur Beeinträchtigung aller Gläubiger hinabdrücken. Der richtige Bimetallismus sei in den Vereinigten Staaten durch das bestehende

Silbergesetz gesichert, welches mittelst des geregelten beträchtlichen Silberankaufs von Staats wegen einem übermäfsigen Sinken des Silbers entgegentrete, ohne die Goldbasis der Zirkulation aufzuheben.

In gleichem Sinne wie Senator Sherman hat sich der Schatzsekretär Windom unmittelbar vor seinem plötzlichen Tode bei einem Festessen der Handelskammer von Newyork am Abend des 29. Januar 1891 rückhaltlos ausgesprochen. Freie Silberprägung in den Vereinigten Staaten müsse als höchst bedenklich erachtet werden, so lange nicht andere grofse Nationen ebenfalls damit vorgingen. Übrigens würde die freie Silberprägung nicht die Vorteile bringen, welche sich deren Urheber davon versprächen, denn wenn der Silberdollar keinen höheren Wert mehr haben werde als das darin enthaltene Silber, werde die Silberprägung keinen Vorteil mehr bieten und der Zuflufs von Silber in die Münzämter nachlassen. Der Zweck einer bedeutenden Vermehrung des Geldumlaufs und einer realen Hebung des Silbers lasse sich daher durch die freie Silberprägung nicht erreichen.

Der vom Senat genehmigte Gesetzentwurf wegen freier Silberprägung ging an das Repräsentantenhaus, wo er indes, wenn auch nicht schroffe Ablehnung, doch kein bereitwilliges Entgegenkommen fand. Bei dem nahe bevorstehenden Schlufs der Session suchten die Gegner der Senatsbill eine Entscheidung hinauszuschieben, was ihnen auch gelungen ist. Der mit der Berichterstattung beauftragte Ausschufs hatte am 21. und 28. Januar Deputationen aus den gröfseren Handelsplätzen über die vorgeschlagene freie Silberprägung vernommen, die sich aufs bestimmteste gegen diese aussprachen. Ein „Memorial der Arbeiter-Konfederation", angeblich in Vertretung von vier Millionen Mitgliedern, verlangte dagegen ohne weitere Begründung nebst anderen Dingen auch freie Silberprägung. Der von dem Ausschufs als Sachverständiger vernommene Münzdirektor Leech sprach, in vollständiger Übereinstimmung mit den vorhin erwähnten Autoritäten (Sherman und Windom) und mit gleicher Entschiedenheit, gegen die freie Silberprägung. In einem prosperierenden Lande dürften

5 bis 6 Dollars pro Kopf der Bevölkerung als Ausgleichungs-
münze erforderlich sein, also für die Vereinigten Staaten 300
bis 400 Millionen Dollars, was dem gegenwärtigen Bestande
der Silberdollars entspreche. Die Parität des Silberdollars mit
der Goldvaluta beruhe darauf, daß jene gesetzlich vollberech-
tigtes Zahlungsmittel und ihre Prägung beschränkt sei. Die
Parität werde aber nur so lange dauern, als die Regierung
bei ihren Zahlungen zwischen Gold und Silber keinen Unterschied mache und die Staatsnoten auf Verlangen mit Goldmünze einlöse. Von dem Augenblick an, wann dies aufhöre,
werde der Silberdollar den Pariwerth nicht länger behaupten
und ein Goldagio eintreten. Auch ohne freie Silberprägung,
meinte Herr Leech, werde nach Absorbierung des zur Zeit
noch überschüssigen visibeln Silberangebots durch den fort-
laufenden Ankauf von monatlich 4 500 000 Unzen sich der
Silberpreis vermutlich wieder auf etwa 115 bis 120 Cents stellen.

Die allen Bedenken gegen die freie Silberprägung von
den Vertretern derselben entgegengestellten Gründe kommen
wesentlich auf dasselbe hinaus, was von bimetallistischer Seite
bei der britischen Gold- und Silberkommission und sonst
geltend gemacht ist, daß nur durch unbeschränkte, freie Ausmünzung beider Edelmetalle nach gesetzlich bestimmter Wertrelation eine gründliche und dauernde Abhilfe gegen die
jetzigen Währungsübelstände zu erreichen sei, und daß speziell für die Vereinigten Staaten zwischen Fortdauer der jetzt
vorgeschriebenen, beträchtlichen Silberankäufe und vollständiger
Freigebung der Silberprägung es sich eigentlich nur um eine
Frage der Zeit handele, denn auch im ersteren Falle müsse
bei einer fortdauernden jährlichen Vermehrung des Geldumlaufs
durch Schatznoten, auf 54 000 000 Unzen Silber fundirt, prinzipiell wie praktisch die Silberwährung vorherrschend werden.

Mit größter Spannung muß man den Verhandlungen
über die Frage der freien Silberprägung, in dem anfangs Dezember 1891 wieder zusammentretenden Kongress entgegensehen, denn eine Entscheidung hierüber wird nicht nur für die
Vereinigten Staaten, sondern für die gesamte Handelswelt von
unberechenbarer Bedeutung sein. —

Münzgesetzgebung (1871—1891.)

Deutschland.

Gesetz, betr. die Ausprägung von Reichsgoldmünzen, vom 4. Dez. 1871.

Münzgesetz, vom 9. Juli 1873.

> Bremisches Gesetz, betr. die Abschaffung des bremischen Münzsystems und die Einführung der Markrechnung. vom 30. April 1872.

> Hamburgisches Gesetz, betr. Umwandlung der hamburgischen Bankvaluta, vom 11. Nov. 1872.

> Lübeckisches Gesetz, betr. die Erfüllung von Zahlungsverbindlichkeiten, welche auf deutsche Reichsmünze lauten, vom 22. Januar 1873.

> Mecklenburg-Schwerinische Verordnung, betr. Einführung der Reichsmarkrechnung, vom 31. Okt. 1873.

Bekanntmachung des Reichskanzlers, betr. die Aufserkurssetzung der Landesgoldmünzen etc., vom 6. Dez. 1873.

Bekanntmachung des Reichskanzlers, betr. das Verbot des Umlaufs der österreichischen und ungarischen Ein- und Zwei-Guldenstücke und der niederländischen Ein- und Zweieinhalb-Guldenstücke, vom 22. Januar 1874.

Bekanntmachung des Reichskanzlers, betr. die Aufserkurssetzung der Kronenthaler, sowie von Münzen des Konventionsfufses, vom 7. März 1874.

Gesetz, betr. die Abänderung des Artikels 15 des Münzgesetzes vom 9. Juli 1873, vom 20. April 1874.

Gesetz, betr. die Ausgabe von Reichskassenscheinen, vom 30. April 1874.

> Gesetz wegen Einführung der Reichsmünzgesetze in Elsafs-Lothringen, vom 15. Nov. 1874.

Bekanntmachung, betr. Aufserkurssetzung verschiedener Landes-Silber- und Kupfermünzen, vom 19. Dez. 1874.

Gesetze über die Ausgabe von Banknoten, vom 27. März 1870, 16. Juni 1872, 30. Juni 1873 und 21. Dez. 1874.

Bankgesetz, vom 14. März 1875 und Statut der Reichsbank, vom 21. Mai 1875.

Bekanntmachung, betr. die Ausprägung von Reichsgoldmünzen für Rechnung von Privatpersonen, vom 8. Juni 1875.

Bekanntmachungen, betr. die Aufserkurssetzung der Münzen der Lübisch-Hamburgischen Kurantwährung sowie verschiedener anderer Landesmünzen; — desgl. der Silber- und Bronzemünzen der Frankenwährung, vom 21. Sept. 1875.

Verordnung, betr. die Einführung der Reichswährung, vom 22. Sept. 1875.

> Bekanntmachung, betr. die Aufhebung der Hamburger Bank, vom 19. Nov. 1875.

Gesetz, betr. die Abänderung des Artikels 15 des Münzgesetzes vom 9. Juli 1873, vom 6. Januar 1876.

Österreich-Ungarn.

Verordnung, betr. Bewertung der deutschen Reichsgoldmünzen, vom 17. Juni 1874.

(Verfügung wegen Einstellung der Silberausmünzungen für Privatrechnung, 1878.)

Bekanntmachung, betr. . . . . die Erhebung der Zölle in Gold, vom 27. Dez. 1878.

Gesetz, betr. Feinheitsremedium der Goldmünzen, vom 26. Febr. 1881.

Frankreich, Belgien, Italien, die Schweiz, Griechenland.

(Lateinische Münzunion.)

Convention additionelle à la Convention monétaire du 23 decembre 1865, signée à Paris le 31 janvier 1874, entre la France, la Belgique, l'Italie et la Suisse.

> France. Décision ministerielle qui autorise l'admission dans les caisses publiques des pièces d'or austro-hongroises de 4 et 8 florins, 14 juin 1874.

> Italien. Gesetze wegen Umlaufs des Papiergeldes vom 30. April, 14. Juni u. 23. Sept. 1874; 21. Januar 1875; 17. Sept. 1876; 30. Juni 1878; 29. Juni 1879.

Déclaration signée à Paris le 5 février 1875, entre la France, la Belgique, l'Italie et la Suisse.

Déclaration signée à Paris le 3 février 1876, entre la France, la Belgique, l'Italie et la Suisse.

> France. Loi relative au droit de limiter ou de suspendre la fabrication des pièces des 5 francs en argent.

Convention monétaire et l'arrangement annexe, conclue à Paris le 5 novembre 1878, entre la Belgique, la France, la Grèce, l'Italie et la Confédération Suisse. — Acte additionel à l'arrangement relative à l'execution de l'article 8 de la Convention monétaire du 5 novembre 1878.

> France. Loi relative à l'execution de la fabrication des monnaies par voie de regie administrative sous l'autorité du ministre des finances, 31 juillet 1879.

Belgien. Bekanntmachung, betr. Nichtannahme der italienischen Silberscheidemünzen bei den Staatskassen.
1879.

Italien. Gesetz, betr. die Beseitigung des Zwangskurses,
vom 7. April 1881.

Italien. Gesetz, betr. den Umlauf der Banknoten, vom
28. Juni 1885.

Convention monétaire signée à Paris, le 6 novembre 1885,
entre la France, la Grèce, l'Italie et la Suisse.

Acte additionel à la Convention monétaire signée le 6 Novembre
1885 .... 12 Decembre 1885. (betr. den Beitritt Belgiens
zur Konvention.)

Belgien. Verordnung, betr. die Integrität der Münzen,
vom 3. Mai 1886.

Italien. Verordnung, betr. die Einsetzung einer perma-
nenten Kommission wegen der Münzfrage, vom
16. April 1886.

Italien. Gesetz, betr. den Umlauf der Banknoten, vom
25. Dezember 1889.

Spanien.

Münzverordnung vom 20. März 1871.

Münzverordnungen vom 20. August und 25. Oktober
1876.

Verordnung, betr. Verbot des Umlaufs der vor dem
Jahre 1868 geprägten Münzen, namentlich der älteren
Silberpiaster, vom 6. Januar 1887.

Grofsbritannien.

Bank of England. Memorandum on the distribution of silver
coin, January 4, 1871.

52 & 53 Vict. (1889). An Act to amend the coinage act,
1870, as respects light gold coins, Aug. 30, 1889. (Coinage
Act, Aug. 30, 1889).

Niederlande.

Gesetz, betr. die Einführung der Goldwährung, v. 6. Juni 1875.

Münzverordnung vom 19. November 1875.

Gesetz, betr. das Münzwesen, vom 30. Dezember 1876.

Gesetz, betr. die Münzverhältnisse im Niederländischen Indien,
vom 28. März 1877.

Gesetz, betr. das Münzwesen, vom 9. Dezember 1877.

Verordnung, betr. die Ermächtigung des Finanzministers wegen
eventuellen Verkaufs von 25 Millionen Gulden in $2^1/_2$ Gulden-
stücken gegen Gold, v. 27. April 1884.

Skandinavische Staaten.

Münzvertrag zwischen Schweden und Dänemark, v. 27. Mai 1873.

    Dänemark. Münzgesetz vom 28. Mai 1873.

    Schweden. Münzgesetz vom 30. Mai 1873.

    Schweden. Verordnung, betr. die neuen Münzen, vom
       23. Januar 1874.

    Schweden. Verordnung, betr. die gesetzliche Geltung
       der schwedischen Goldmünzen in Dänemark und der
       dänischen in Schweden, vom 24. März 1874.

    Norwegen. Beitritt zum Skandinavischen Münzverein,
       vom 16. Oktober 1875.

    Schweden. Verordnung, betr. die Prägung von 25- und
       10-Örestücken, vom 5. März 1880.

Russland.

Münzgesetz vom 17. Dezember 1885.

Verordnung wegen Einführung der Goldwährung in Finnland,
vom 9. August 1877.

Vereinigte Staaten von Amerika.

An Act for the better security of bank reserves, and to facilitate
Bank clearing-house exchanges. Approved, June 8, 1872.

An Act revising and amending the law relating to the mints,
assay-offices and coinage of the United States. Approved,
Febr. 12, 1873.

An Act to establish the Customhouse value of the Sovereign
or Pound sterling of Great Britain, and to fix the par
of exchange. Approved, March 3, 1873.

An Act fixing the amount of United States notes, providing
for a redistribution of the National bank currency and for
other purposes. Approved, June 20, 1874.

Revised Statutes of the United States: Title XXXIX. Legal
tender. Approved, June 24, 1874.

An Act to provide for the resumption of specie payments. Approved, January 14, 1875.

An Act to remove the limitation restricting the circulation of Banking Associations issuing notes payable in gold. Approved, January 19, 1875.

Joint resolution for the issue of silver coins. Approved, July 22, 1876.

An Act to forbid the further retirement of United States legal tender notes. Approved, Mai 31, 1878.

An Act to authorize the coinage of the standard silver dollar, and to restore its legal tender character.

> (This act having been returned by the President. . . . February 28. 1878. was passed by both Houses and become a law on the same day.)

An Act to provide for the exchange of subsidiary coins for lawful money etc. Approved, June 9, 1879.

An Act to authorize the redemption of silver coins. Approved, June 9, 1879.

An Act to authorize the receipt of United States gold coin in exchange for gold bars. Approved, May 26, 1882. (Amended by Act, March 3, 1891.)

An Act for the retirement and recoinage of the trade dollar. (Received by the President, February 19, 1887; became law without approval.)

An Act directing the purchase of silver bullion and the issue of Treasury notes thereon, and for other purposes. Approved, July 14, 1890.

An Act to discontinue the coinage of the three dollars and one dollar gold pieces ond three cent nickel piece. Approved, Sept. 26, 1890.

Litteratur.

1871.

Augspurg, G. D. Die wirtschaftlichen Gesetze des Übergangs zur Goldwährung. Lpz. 1871.

– Die Rechnungseinheit und die Übergangsmafsregeln bei der deutschen Münzreform. Berl. 1871.

Die Bankfrage. (Hirths Annalen.) Lpz. 1871.

Böhmert, V. Die Goldausmünzungsfrage in der deutschen Münzreform. Bremen 1871.

— — Die Gerechtigkeit und das nationale Interesse bei der deutschen Münzreform. Zürich 1871.

Braune, A. Silberwährung oder Goldwährung? Für Jedermann verständliche Erläuterung der Reform des deutschen Münzwesens. Plauen 1871.

Carroll, C. H. The currency theories of the day. (Bank. mag. N. Y. Vol. 25.) New York 1871.

Cliffe Leslie, T. E. The gold question and the movement of prices in Germany. (Fortnighty rev. Nov.) Lond. 1871.

Dietrich, A. Was werden wir im neuen Deutschland für ein Geld bekommen. Stuttg. 1871.

Dobrisch, M. W. Über die Berechnung der Veränderungen der Warenpreise und des Geldwerts. (Hildebrands Jahrb. f. N. O. B. 16.) Jena 1871.

— — Über einige Einwürfe gegen die in diesen Jahrbüchern veröffentlichte neue Methode, die Veränderungen der Warenpreise und des Geldwerts zu berechnen. (Hildebrands Jahrb. f. N. O. B. 16.) Jena 1871.

Eggers, A. Zur Münzfrage. 1—5. Bremen 1871.

— — Lösung der deutschen Münzfrage zum Zweck einer Weltmünze etc. Berl. 1871.

Eisenlohr, A. Prüfung der Münzreformvorschläge der preufsischen Regierung. — Nachtrag. — Heidelb. 1871.

Elder, W. Questions of the day; economic and social. (Chapt. 11. Pap. money and banks.) New York 1871.

Falke, J. Geschichtliche Statistik der Preise im Königreich Sachsen. Das sechzehnte Jahrhundert. (Hildebrands Jahrb. f. N. O. B. 16.) Jena 1871.

Franck, C. H. H. Die Münzfrage und der diesjährige volkswirtschaftliche Kongrefs. Lübeck 1871.

Geschwender, A. Zur deutschen, zugleich internationalen Münzeinheit. Die deutsch-französische Münzeinheit als Münzsystem des Deutschen Reichs. Augsb. 1871.

Held, A. Noch einmal über den Preis des Geldes. (Hildebrands Jahrb. f. N. O. B. 16.) Jena 1871.

Johnstone Stoney, G. Das natürliche Münzsystem. Berl. 1871.

Lasker, L. Bankfreiheit oder nicht? Mit besonderer Rücksicht auf Preufsen und Deutschland. Berl. 1871.

Laspeyres, E. Die Berechnung einer mittleren Warenpreissteigerung. (Hildebrands Jahrb. f. N. O. B. 16.) Jena 1871.

Laur, P. De la métallurgie de l'argent au Mexique. (Annales des mines. Mémoires. Tome 20.) Par. 1871.

Mohl, M. Zur Münzfrage. Tübing. 1871.

— — Über d. Gefahren e. verfehlten Münzreform. Tübing. 1871.

Mushet, R. A history of the coinage in Great Britain; with preliminary remarks on the coins, and moneys of account in ancient and modern times. (Encycl. Brit. 8. ed.) Lond. 1871.

Nothomb, E. Rapport sur la loi monétaire allemande. Brux. 1871.

de Parieu, E. La politique monétaire en France et en Allemagne. (Rev. contemporaine. Décembre.) Par. 1871.

Partee, W. B. The science of money. Philadelphia 1871.

Patterson, R. H. Rate of interest and effects of a high bankrate during commercial and monetary crises. (Stat. soc. Vol. 34.) Lond. 1871.

Quenstedt, M. Zur deutschen Währungs-u. Münzfrage. Berl. 1871.

Rössler, H. Die Vermünzung d. affinierten Goldes. Frankf. 1871.

Sacerdoti, A. Inchiesta monetaria, tenuta dal Consiglio superiore del comercio di Francia etc. Padova 1871.

Schneider, J. P. Staats- u. Bankzettel. Eine Untersuchung der Frage, ob sie die Münzen zweckdienlich ersetzen können. Giefsen 1871.

— — Die deutsche Münzfrage. Ein Beitrag zur Lösung derselben. Giefsen 1871.

— — Die Verhandlungen des volkswirtschaftlichen Kongresses in Lübeck über die Geldfragen. Giefsen 1871.

— — Das neue Münzgesetz. Bremen 1871.

Seyd, E. Die Münz-, Währungs- u. Bankfragen in Deutschland. Elberfeld 1871.

— — Bemerkungen über das vom Bundesrat vorgeschlagene neue deutsche Münzgesetz. Elberfeld 1871.

— — Suggestions in reference to the metallic currency of the United States of America. Lond. 1871.

— — Currency laws and their effects on pauperism. (Stat. soc. Vol. 34.) Lond. 1871.

Soetbeer, A. Vorschläge zur deutschen Münzreform — Die deutsche Münzreform in besonderer Beziehung auf preufsische Thaler u. Hamb. Bankvaluta. (Hamb. Börsenhalle. April bis November.) Hmbg. 1871.

— — Bericht über die bevorstehende Münzreform: gegen die vorgeschlagene Doppelwährung u. für die reine Goldwährung. Verhandlungen des 12. Kongresses deutscher Volkswirte zu Lübeck im August 1871. Berl. 1872.

Soetbeer, A. Eingabe des bleibenden Ausschusses des deutschen Handelstags an den Bundesrat des Deutschen Reichs, betr. die Münzreform, vom 17. Okt. 1871. Berl. 1871. Fol.

v. Unruh, H. V. Die Bankfrage vor der Kommission des deutschen Handelstags. Berl. 1871.

Weibezahn, H. Deutschlands Münzeinheit mit Goldwährung. Entwurf eines deutschen Reichsmünzgesetzes. Lpz. 1871.

— — Thaler, Kronzehntel oder Goldgulden? Lpz. 1871.

— — Mark oder Goldgulden, sowie die internationale Seite der deutschen Münzreform. Lpz. 1871.

Winkler, C. A. Geschichtliche Mitteilungen über die erloschenen Silber-, Blei- u. Kupferhütten des Erzgebirges u. des Voigtlandes. Hmbg. 1871.

Xeller, F. Die Frage der deutschen Münzreform. Stuttg. 1871.

Die Goldwährung. Von einem Laien geschrieben. Sorau 1871.

Gutachten der Leipziger Handelskammer über die Bankfrage. Lpz. 1871.

Great gold flurry. (Westminster rev. Vol. 94. 95.) Lond. 1871.

The proposed new mint and coinage law. (Bank. mag. N. Y. Vol. 25.) New York 1871.

The law of bank-checks. (Bank. mag. N. Y. Vol. 25.) New York 1871.

Synopsis of the acts of Congress regulating the mint. (Bank. mag. N. Y. Vol. 25.) New York 1871.

The origin of noted coins. (Bank. mag. N. Y. Vol. 26.) New York 1871.

The causes of commercial crisis, and their remedies. (Bank. mag. N. Y. Vol. 26.) New York 1871.

* Deutsches Reich. Verhandlungen des Reichstags über den Gesetzentwurf, betreffend die Ausprägung von Reichsgoldmünzen. — G. E. nebst Motiven. Aktenst. No. 58. — Beratungen. Sten. Ber. Bd. 3. SS. 225 ff., 317 ff., 453 ff. Berl. 1871. 4⁰.

* First annual report of the deputy master of the mint. (C. W. Freemantle.) Lond. 1871.

* Algemeen verslag van het Munt-College over 1870. Utrecht 1871.

* Annual report of the director of the mint (J. Pollock), for the fiscal year ended June 30, 1871. Washington 1871.

* Annual report of the comptroller of the currency (J. J. Knox). December. Washington 1871.

1872.

Augspurg, G. D. Die Bankfrage von einem Unbeteiligten beleuchtet. Halle 1872.

Bamberger, L. Zur deutschen Münzgesetzgebung. Berl. 1872.

Bolles, A. S. What is money. — Some economic conditions of the future. (Bank. mag. N. Y. Vol. 26.) New York 1872.

Broch, O. J. Om den nye tydske Muntlov. Kristiania 1872.

... — Om Muntforandring i de tre Skandinaviske Riger. Kristiania 1872.

Chubb, H. The bank act and the crisis of 1866. (Stat. soc. Vol. 35.) Lond. 1872.

Cliffe Leslie, F. E. Prices in Germany (Forthnightly rev. Vol. 18). Lond. 1872.

Crump, A. The key to the London money market. Lond. 1872. 4°.

Feith, R. Geld en Kapitaal. Arnheim 1872.

Forsell, H. Myntfrågan in Sverige, Norge og Danemark. Stockholm 1872.

— — Myntfrågans nya ställning. Stockholm 1872.

Harvey, J. Bishop Berkeley on money, being extracts from his celebrated Querist of such queries as have reference to the true principles of the issue of money. Liverp. 1872.

Jäger, E. L. Der Übergang zur Goldwährung. Eine national-ökonomische Skizze. Stuttg. 1872.

Kaemmerer, G. H. Blick auf das Bank- und Notenwesen. Hmbg. 1872.

Kameke, H. F. Die neuen Reichsgoldmünzen und die deutsche Mark als Rechnungseinheit. Berl. 1872.

Laspeyres, E. Welche Waren werden im Verlauf der Zeiten immer teurer. (Zeitschr. f. Staatsw.) Tübingen 1872.

Ledoux, C. Le Laurium et les mines d'argent en Grèce. (Rev. d. d. m. Févr.) Par. 1872.

Legg, R. How to prevent monetary panics by reform in banking. Lond. 1872.

Macleod, H. D. The principles of economical philosophy. (Ch. 5. The theory of value. — Ch. 6. The theory of the coinage. — Ch. 7. The theory of credit.) Vol. 1. 2. ed. Lond. 1872.

Mann, C. A. Paper money, the root of evil. An examination of currency of the United States etc. New York 1872.

Meyer, J. Das Geld. Eine nationalökonom. Studie. Berl. 1872.

Nasse, E. Bankanweisungen und Banknoten. (Zeitschr. f. Staatsw.) Tübingen 1872.

Neumann, F. J. Die Begriffe Wert und Geld. (Zeitschr. f. Staatsw.) Tübingen 1872.

Pacher, P. Zur Bank- und Valutafrage in Österreich-Ungarn. Wien 1872.

de Parieu, E. La question monétaire en 1872 à propos de la nouvelle loi monétaire de l'Allemagne. (Revue de France, Juillet.) Par. 1872.

— — De la situation des États confédérés monétairement en vertu de la convention du 23 décembre 1865. (Rev. cathol. de Louvain, Août.) Louvain 1872.

— — La question monétaire internationale. (Journ. d. écon. Décembre.) Par. 1872.

— — La nouvelle loi monétaire du Japon dans ses rapports avec l'unification monétaire universelle. (Acad. des sciences mor. et polit.) Par. 1872.

Quenstedt, M. Die neuen deutschen Münzen. Entstehung, Text und Erläuterung des Gesetzes, betr. die Ausprägung von Reichsgoldmünzen etc. Berl. 1872.

Roscher, W. Betrachtungen über die Währungsfrage der deutschen Münzreform. Berl. 1872.

Seyd, E. Operations of the bank charter act of 1844. (Stat. soc. Vol. 25.) Lond. 1872.

— — The London banking and bankers Clearinghouse system. Lond. 1872.

v. Sivers. Beitrag zur Geschichte des Diskonts. (Hildebrands Jahrb. f. N. O. B. 19.) Jena 1872.

Soetbeer, A. Münzpolitische Aufsätze, 1—4. (Bremer Handelsblatt, Januar—April.) Bremen 1872.

(— —) Die Hamburger Bankvaluta in ihren Beziehungen zur allgemeinen deutschen Münzreform. Hmbg. 1872.

Weibezahn, H. Der Hamburger Währungswechsel. Brem. 1872.

Wilmanns, C. Zur Reform der deutschen Banken. Berl. 1872.

Gr. Welches Münzsystem für Deutschland zu befürworten ist. Berl. 1872.

W. P. B. The depreciation of the precious metals. (Bank. mag. N. Y. Vol. 27.) New York 1872.

Beiträge zur Geschichte der Preise u. des Tagelohns in Hessen. (Hildebrands Jahrb. f. N. O. B. 19.) Jena 1872.

Question monétaire en Hollande. Bruxelles 1872.

Out at interest. (Bank. mag. N. Y. Vol. 27.) New York 1872.

The legal tender cases before the Supreme Court of the United States. (Bank. mag. N. Y. Vol. 26.) New York 1872.

The metallic currency of the United States. New York 1872.

* Deutsches Reich. Denkschrift über d. Ausführung des Gesetzes, betr. die Ausprägung von Reichsgoldmünzen vom 4. Dezember 1871. Vom Reichskanzler vorgel. am 4. Mai 1872.

* Enquête sur la question monétaire. Décembre 1869—Août 1871. V. 1. Procès verbaux des délibérations du Conseil supérieur du commerce etc. — Rapports. Dépositions. — V. 2. Dépositions. Procès verbaux des délibérations du Cons. sup. -- Resumé de l'enquête. Documents. Tables. Par. 1872. 4°.

* Tableaux des prix moyens mensuels et annuels de l'hectolitre de froment en France par départements, 1800—1870. Par. 1872.

* Second annual report of the deputy master of the mint (C. W. Freemantle). 1871. Lond. 1872.

* Algemeen verslag van het Munt-College over 1871. Utrecht 1872.

* Annual report of the director of the mint (J. Pollock) for the fiscal year ended June 30, 1872. Washington 1872.

* Annual report of the comptroller of the currency (J. J. Knox) Decemb. 1872. Washington 1872.

1873.

Augspurg, G. D. Zur deutschen Münzfrage. VIII. Der Übergang zur Goldwährung in Deutschland. Bremen 1873.

— — Die Entwertung des Geldes, die Steigerung der Preise und die Mittel zur Abhilfe. Bremen 1873.

d'Ablaing van Giesenburg. Aanmerkingen op het verslag der munt-commissie. Utrecht 1873.

Bagehot, W. Lombard Street: a description of the money market. Lond. 1873.

Bailleur de Marisy. Le papier monnaie, les impôts de la guerre et les travaux de la paix. (Rev. d. d. m. Novemb.) Par. 1873.

Baird, H. C. The bank check versus the bank note. (Bank. mag. N. Y. Vol. 28.) New York 1873.

Bonnet, V. L'état de la question monétaire, le double étalon. (Rev. d. d. m. Novemb.) Par. 1873.

Broch, O. J. Saerligt votum i myntsagen tilligemed udkast til lov on indforelse af guld etc. — Replik in myntsagen. Kristiania 1873.

Butts, J. Effect of an unlimited paper currency. (Northamer. rev. Vol. 116.)   New York 1873.

Cairnes, J. E. Essays in political economy, theoretical and applied.   Lond. 1873.

Calvert, J. Kulu and the Silver country of the Vazeers. Lond. 1873.

Cliffe Leslie, T. E. Prices in England (Fortnightly rev. June). Lond. 1873.

Dühring, E. Kursus der National- und Sozialökonomie etc. (1. Abschn. 3. Kap. Geld, Kapital u. Kredit.)   Berl. 1873.

Feer-Herzog, C. Gold oder Silber?   Erörterung einer Tagesfrage.   Aarau 1873.

Geffcken, F. H. Das Deutsche Reich u. die Bankfrage. Hmbg. 1873.

Knies, K. Das Geld.   Darlegung der Grundlehre von dem Gelde.   Berl. 1873.

Konek, A. Beiträge zur Geschichte der Preise ungarischer Landesprodukte im 19. Jahrh.   Herausg. von der Handels- u. Gewerbekammer in Budapest 1873.   Kritisch beleuchtet. Budapest 1873.

Malou, J. Question monétaire.   Discours prononcés Novembre et Décembre 1873.   Bruxelles 1873.

Norton, E. National finance and currency.   The bank acts of 1797, 1819 and 1844.   With the operations of gain or loss of gold and panics in peace and war.   Lond. 1873.

Nothomb, E. Rapport sur la deuxième loi monétaire Allemande. Bruxelles 1873.

Palgrave, R. H. Inglis. Notes on banking in Great Britain and Ireland, Sweden, Denmark and Hamburg etc.   Lond. 1873.

de Parieu, E. La question monétaire en 1873. (Revue de France, Mars.)   Par. 1873.

— — La question monétaire depuis la discussion au Parlement belge. (Revue de France, Octobre.)   Par. 1873.

Schäffle, A. E. F. Das gesellschaftliche System der menschlichen Wirtschaft. 2 Bde. (B. 1 §§ 91—156.)   Tüb. 1873.

Schmidt v. Bergenhold, J. F. Übersichtliche Geschichte des Bergbau- u. Hüttenwesens im Königreich Böhmen von den ältesten bis auf die neuesten Zeiten.   Prag 1873.

(Soetbeer, A.) Zur Münzfrage I—III: Das Reichsmünzgesetz
u. die Goldausmünzung für Privatrechnung. (Hamb. Börsenhalle 3., 5. u. 22. März.) Hmbg. 1873.

— — Übersicht der Litteratur über die deutsche Münzfrage in
den Jahren 1869—72. (Holtzendorffs Jahrb. No. IV.) Lpz. 1873.

Wagner, A. System der Zettelbankpolitik, mit besonderer
Rücksicht auf das geltende Recht und auf deutsche Verhältnisse. 2. Ausg. Freiburg 1873.

Walker, A. The commercial and monetary interests of California. (Bank. mag. N. Y. Vol. 28.) New York 1873.

Weibezahn, H. Der Abschlufs der deutschen Münzreform.
Lpz. 1873.

J. B. in B. Zur Bankfrage. Über die Nachteile der Noten-
kontingentierung der Bank von England und die bessere
Organisation der Preufsischen Bank. Berl. 1873.

Beiträge zur Geschichte der Preise, veranstaltet zur Weltausstellung in Wien 1873 von der Handelskammer in Prag.
Katalog redigiert von E. Schebeck. Prag 1873.

Beiträge zur Geschichte der Preise der ungarischen Landesprodukte im 19. Jahrh. etc. Buda-Pest 1873.

La question monétaire (1859). De l'adoption légale de l'or
français (1860). — Extrait de mémoires inédits d'une vieille
pièce de vingt francs (1860) par Philidor Goudvrient. Nouvelle éd. Bruxelles 1873.

La question monétaire. Discussion à la société d'Economie
politique belge, le 16 Nov. 1873 (De Laveleye, Molinari etc.) Bruxelles 1873.

Coin map of the world; a key to the prices of the world.
(Exhibition at Vienna.) Vienna 1873.

Reforms in the currency. Report of the New York Chamber
of commerce. (Memorial to the Congress.) New York 1873.

* Deutsches Reich. Verhandlungen des Reichstags über den
Entwurf eines Münzgesetzes. G. E. nebst Motiven. Akten-
stück No. 39. — Beratungen. Stenogr. Ber. S. 117 ff., 241 ff.
521 ff., 1352 ff. Berl. 1873. 4°.

* — — Denkschrift über die weitere Ausführung des Gesetzes,
betreffend die Ausprägung von Reichsgoldmünzen vom 4. Dezember 1871, vom 5. April 1873. 4°.

* Übersichten über die in den Staaten des Deutschen Reichs bis
Ende 1871 stattgehabten Ausprägungen und Einziehungen
von Münzen. (Aktenstücke zu den Verhandlungen des
Reichstags.) Berl. 1873. 4°.

* Conférence instituée pour l'examen de la question monétaire, Octobre et Novembre 1873. Bruxelles 1873.

* Documents relatifs à la question monétaire; recueillis et publiés par le Ministre des finances. (Belgique. Chambre des Représentants.) 7 fascicules. Bruxelles 1873 f.

* Third annual report of the deputy master of the mint (C. W. Freemantle) 1872. Lond. 1873.

* Algemeen verslag van het Munt-College over 1872. Utrecht 1873.

* Annual report of the director of the mint (H. R. Lindermann) for the fiscal year ended June 30, 1873. Washingt. 1873.

* Annual report of the comptroller of the currency (J. J. Knox), December 1873. Washingt. 1873.

1874.

D'Ablaing van Giesenburg. Lettre à M. le professeur de Laveleye sur la question monétaire. Utrecht 1874.

Adams, C. F. Congressional debate on the inflation of currency, 1873—74. (Northamer. rev. Vol. 119.) New York 1874.

Baird, H. C. The results of the resumption of specie payments in England. 1819—1823. A lesson and a warning to the people of the United States. Philadelphia 1874.

van den Berg, N. P. De Muntquestie mit betrakking tot Indie. Batavia 1874.

Bock, J. Übersicht der Berg- und Hüttenproduktion Rufslands in den letzten zwölf Jahren 1860—71. (Statist. und andere wissenschaftl. Mitteilungen aus Rufsland. 7. Jahrg.) Petersb. 1874.

Bolles, A. S. The labour question. — The meaning, causes, and measure of value. — The currency question. (Bank. mag. N. Y. Vol. 28, 29.) New York 1874.

Bonnet, V. La circulation fiduciaire et la crise actuelle. (Rev. d. d. m. Avril.) Par. 1874.

— — Les billets de la Banque de France sous le régime du cours forcé. (Rev. d. d. m. Juillet.) Par. 1874.

Burthe, P. L. Notice sur les minérais de plombe argentifère de l'Utah. — Notice sur les gisements des minérais d'argent, leur exploitation etc. aux Etats-Unis. (Annales des mines, sér. VII. t. 5.) Par. 1874.

Cernuschi, H. Or et argent. Par. 1874.

Courcelle-Seneuil, J. G. Les opérations de banque. Par. 1874.

Dawson, S. E. Old colonial currencies. (Bank. mag. N. Y. Vol. 28.) New York 1874.

Fawcett, H. Manual of political economy. (Book 3. Exchange.) 4. ed. Lond. 1874.

Frère-Orban. La question monétaire. Examen du système et des effets du double étalon etc. Bruxelles 1874.

le Hardy de Beaulieu, A. La question monétaire. Brux. 1874.

Jevons, W. S. Money and mechanism of exchange. Lond. and New York 1874.

Knies, K. Weltgeld und Weltmünze. Berl. 1874.

— — Geld und Kredit. Berl. 1874.

Luschin, A. Vorschläge u. Erfordernisse für eine Geschichte der Preise in Österreich. Wien 1874.

Magliani, A. La questione monetaria. Firenze 1874.

Mannequin, T. La monnaie et le double étalon, théories et pratiques fausses, principes tirés de l'expérience. — Monnaie, valeur, richesse. Solution des questions pendantes, uniformité monétaire. Par. 1874.

le Mercier, E. Étude sur les chèques. Par. 1874.

Michaelis, G. Grundzüge der Geschichte des Münzwesens, m. einem Nachtrag über die Rechtschreibung auf deutschen Münzen. Berl. 1874.

de Parieu, E. Nouvel état de la question monétaire. (Journ. d. écon. Janv.) Par. 1874.

Ropes, J. S. Reform of the currency. (Bank. mag. N. Y. Vol. 28.) New York 1874.

Simonin, L. Les mines d'argent du Nevada. (Rev. d. d. m. Avril.) Par. 1874.

Soetbeer, A. Deutsche Münzverfassung. Mit Erläuterungen versehen. Erlangen 1874—80.

Sumner, W. G. A history of American currency; with chapters on the English bank restriction and Austrian paper money. New York 1874.

Vrolik, A. Moet Nederland voor sijn muntwesen den gouden standaard aannemen of den zilveren behouden. Amsterd. 1874.

Walras, L. Éléments d'économie politique pure. Laus. 1874.

La question monétaire. Discussion à la société d'économie politique belge. Bruxelles 1874.

13

Overzicht van het verhandelde over de muntwetten in de Staten Generaal 1874, 1875, 1877, 1878. (De Economist.) s'Gravenhage 1874—78.

Notes on Chinese currency. (Bank. mag. N. Y. Vol. 28.) New York 1874.

The Treasure policy of 50 years. Opinions of Secretaries Hamilton, Dallas etc. (Bank. mag. N. Y. Vol. 28.) New York 1874.

* Deutsches Reich. Dritte Denkschrift über die Ausführung der Münzgesetzgebung. Berl. 1874. 4°.

* Conférence monétaire entre la Belgique, la France, l'Italie et la Suisse. Procès verbaux. Par. 1874. 4°.

* Documents relatifs à la question monétaire recueillis et publiés en fascicules par M. J. Malou, ministre des finances. Bruxelles 1874 ss.

* Compte-rendu des discussions de la Comission réunie par M. J. Malou, Ministre des Finances, à Bruxelles, Oct.-Nov. 1873, pour examiner avec lui les diverses questions monétaires. Bruxelles 1874.

* Rapport au Conseil Fédéral Suisse sur la Conférence monétaire de Jan. 1874 par Feer-Herzog et Lardy. Berne 1874.

* Fourth annual report of the deputy master of the mint (C. W. Freemantle), 1873. Lond. 1874.

* Algemeen verslag van het Munt-College over 1873. Utrecht 1874.

* Report of the director of the mint (H. R. Lindermann) on the fiscal year ended June 30, 1874. Washingt. 1874.

* Report of the comptroller of the currency (J. J. Knox), December 1874. Washingt. 1874.

1875.

Allard, A. L'or, l'argent et le commerce belge. Bruxelles 1875.

Baird, H. C. Germany. The crime of incompetent governorship as illustrated by the recent financial and monetary history of Germany. Philadelphia 1875.

Bernadakis, A. N. De la quantité des métaux précieux et des monnaies. (Journ. d. écon.) Par. 1875.

Bonnet, V. Le crédit et les banques d'émission. Paris 1875.

— — La dépréciation de l'argent et la question monétaire. (Journ. d. écon. Décembre.) Par. 1875.

Cernuschi, H. L'embarras des pièces d'argent en Allemagne. (Journ. d. écon. Novembre.) Par. 1875.

Coe, G. S. The financial situation. (Bank. mag. N. Y. Vol. 29.) New York 1875.

Ducrocq, T. Le sesterce et l'histoire de sa fabrication dans le monnayage romain. Par. 1875.

Fidelius, J. Die Österreichische Nationalbank und ihr Einfluss auf die wirtschaftl. Verhältnisse d. Monarchie. Wien 1875.

Goschen, G. J. Théorie des changes étrangers. Introduction. 2. éd. suivie du rapport fait au nom de la commission du budget de 1875, sur le programme de l'indemnité de guerre et sur les opérations de change qui en ont été la conséquence, par M. Léon Say. etc. Par. 1875.

Guillard, E. Les banquiers athéniens et romains. (Trapezites et argentarii) etc. Par. et Lyon 1875.

Henderson, W. D. English banking. (Macmillan's mag. June.) Lond. 1875.

Herford, E. On facts and fictions of the currency. (Manchester stat. soc. Session 1874--75.) Manchester 1875.

Hertzka, T. Die Valutafrage. (Referat.) Wien 1875.

Kellogg, E. A new monetary system. 5. ed. Philadelphia 1875.

Meyer, J. Das Münzwesen auf einheitlicher Grundlage. Berl. 1875.

Moran, C. Money, currencies and banking. New York 1875.

Morris, R. Our financial situation and the remedy. (Bank. mag. N. Y. Vol. 29.) New York 1875.

Nasse, E. Die Münzreform und die Wechselkurse. (Hirths Annalen.) Lpz. 1875.

Niendorf, M. A. Die Goldwährung im Scheitern und der Einzug der Reichspapierwährung. Münch. 1875.

de Parieu, E. La politique française dans la question monétaire cosmopolite. Par. 1875.

— — Lettre à M. Dumas (Journ. d. écon.) Par. 1875.

— — La révolution monétaire par la dépréciation de l'argent. (Journ. d. écon. Juill. et Août.) Par. 1875.

Patterson, R. H. The economy of capital, or gold and trade. Lond. 1875.

Pierson, N. G. Het stelsel van metaalankoopen tot vasten prijs door centralbanken. (Staatsk. Jaarboekje.) s'Gravenh. 1875.

Schmidt, A. Das russische Geldwesen während der Finanzverwaltung des Grafen Cancrin, 1823—1844. Petersb. 1875.

Simonin, L. Les mines d'or et d'argent aux Etats Unis; les phases nouvelles de l'exploitation. (Rev. d. d. m. Novembre.) Par. 1875.

Soetbeer, A. Die Wertrelation der Edelmetalle. Eine wirtschaftliche Skizze. (Hirths Annalen.) Lpz. 1875.

— — Aufsätze in Bezug auf den Währungsstreit und die Silberfrage. Deutsches Handelsblatt v. 21. Jan., v. 3. Juni, u. 11. Nov.; — Neue freie Presse v. 8. u. 14. Dez. 1875.

Spaulding, E. G. History of the legal tender paper money. 2. ed. New York 1875.

Spear, S. T. The legal tender acts, considered in their relation to their constitutionality and their political economy. New York 1875.

Wirth, M. Die Reform der Umlaufsmittel im Deutschen Reiche. Frankf. 1875.

A. W. P. Gold and silver. Their production, consumption and amount in use as coin. (Bank mag. N. Y. Vol. 30.) New York 1875.

Monetary system of Brazil. 1—4. — Old and new fluctuations in gold. No. 1—3. (Bank. mag. N. Y. Vol.29.) New York 1875.

* Deutsches Reich. Vierte Denkschrift über die Ausführung der Münzgesetzgebung, vom 30. November 1875. Berl. 1875.

*— — Verhandlungen des Reichstags über den Entwurf eines Bankgesetzes. G. E. Aktenst. No. 27. — Beratungen SS. 119 ff., 778 ff., 1442 ff. Berl. 1875. 4⁰.

* Relazione della circolazione cartacea. Esposizione storica delle vicende e degli effetti del corso forzoso in Italia con documenti a corredo etc. (Minghetti e Finali.) Roma 1875.

* Rapport au Conseil Fédéral Suisse sur la Conférence de Jan.-Fév. 1875, par Kern et Feer-Herzog. Berne 1875.

* Fifth annual report of the deputy master of the mint (C. W. Freemantle) 1874. Lond. 1875.

* Report. Banks of Issue. Parl. pap. Lond. 1875. Fol.

* Algemeen verslag van het Munt-College over 1874. Utrecht 1875.

* Report of the director of the mint (R. H. Lindermann) on the fiscal year ended June 30, 1875. Washington 1875.

* Report of the comptroller of the currency (J. J. Knox), December 1875. Washington 1875.

1876.

Bailey, D. P. The history of banking in Massachusetts. (Bank. mag. N. Y. Vol. 31.) New York 1876.

Baird, H. C. Money and its substitutes. Commerce and its instruments of adjustment. Philad. 1876.

Baker, H. Observations on a continuation table and chart, shewing balance of account between the mercantile public and the Bank of England etc. (Manchester stat. soc. Session 1875—76.) Manchester 1876.

Bamberger, L. Reichsgold. Studien über Währung u. Wechsel. Lpz. 1876.

— — Die Entthronung eines Weltherrschers. (Deutsche Rundschau III, 2.) Berl. 1876.

van den Berg, N. P. De Muntqwestie. Batavia 1876.

— — De handelsbalans van Indie en de zilvermarkt. Batavia 1876.

Bonnet, V. L'expérience nouvelle du papier monnaie. Avantages et inconvéniens de la circulation fiduciaire. (Rev. d. d. m. Nov.) Par. 1876.

van Bosse, J. P. Het voorloopig verslag over de muntwetten. s'Gravenhage 1876.

Brackenbusch, L. El oro. Cordoba 1876. 6.

Cernuschi, H. La monnaie bimétallique. (Journ. d. écon. Janv.) Par. 1876.

— — Bimetallische Münze. Übers. a. d. Franz. Berl. 1876.

— — La question monétaire en Allemagne. Par. 1876.

— — Mr. Michel Chevalier et le bimétallisme. Par. 1876.

— — Die Herstellung des Münzfriedens durch die Rehabilitation des Silbers. Berl. 1876.

— — Die bimetallistische Zukunft. Die Macht des $15^{1}/_{2}$. Berl. 1876.

— — Silver vindicated. (Liverpool meeting. Oct. 1876.) Liverpool 1876.

Chevalier, M. Le système monétaire. La question du simple ou du double étalon. (Rev. d. d. m. Avril.) Par. 1876.

— — La nouvelle dépréciation de l'argent et le double étalon. (Rev. d. d. m. Août.) Par. 1876.

Coe, G. S. Address to the American bankers association. New York 1876.

Cohnstädt, L. Zur Silberfrage. Eine Studie. Frankf. a. M. 1876.

Dun, J. Banking institutions, bullion reserves etc. (Stat. soc. Vol. 39.) Lond. 1876.

Eggers, A. Die Fehler der deutschen Münzreform u. Vorschläge zu deren Abhilfe. Berl. 1876.

Földes (Weifs), B. Preiselemente u. Preisbewegung. (Zeitschr. f. Staatsw.) Tübingen 1876.

Garfield, J. A. Inflation and resumption. (Atlantic monthly rev.) New York 1876.

Garnier, J. Proposition de la loi relative à la refonte des monnaies en France. (Journ. d. écon. Oct.) Par. 1876.

Gibson. The silver question. New York 1876.

Gibson, G. R. The battle of the standards. An argument in favor of a sole silver standard. (Bank. mag. N. Y. Vol. 31.) New York 1876.

Goschen, G. J. Theorie der Wechselkurse m. Einleitung von L. Say. A. d. Engl. von J. Herz. Wien 1876.

Heitz, E. Über die Methode bei Erhebung von Preisen. (Conrads Jahrb. f. N. O. B. 26 u. 27.) Jena 1876.

Hertzka, T. Währung u. Handel. Wien 1876.

Hewitt, A. S. The use and abuse of silver as money. Wash. 1876.

Hincks, F. Remarks on currency and banking. (Manch. stat. soc. Session 1875—76.) Manchester 1876.

Hollingsbury, R. M. Selections from the records of the Government of India, financial Department, the production of gold and silver, the demand for gold and the price of silver. Calcutta 1876. Fol.

Horton, S. D. The silver bill in Congress. An address to Congress against the Bland bill. Dec. 1876.

— — Silver and gold in their relation to the problem of resumption. W. appendix. Cincinnati 1876.

Jäger, E. L. Das Geld, nebst einer kurzen Geschichte des deutschen Geldes. Stuttg. 1876.

Jevons, W. S. Geld u. Geldverkehr. Lpz. 1876.

Jones, J. P. Speeches in the Senate of the United States on the question of gold and silver. Washington 1876.

Kern et **Feer-Herzog.** Rapport sur la conférence monétaire de Janv.—Févr. 1876. Berne 1876.

de Laveleye, E. Die Doppelwährung. Vom Verfasser durchgesehene Ausgabe. Nördlingen 1876.

— — La monnaie bimétallique. Bruxelles 1876.

Léon, M. La pièce de cinq francs en argent vaut toujours cinq francs. — Comment le législateur peut influer sur la valeur de la monnaie argent. (Journ. d. écon. Août et Sept.) Par. 1876.

Lesigang, W. Die Ursachen des Agio und seiner Schwankungen in Österreich. (Conrads Jahrb. f. N. O. B. 27, 28 u. 29.) Jena 1876 u. 1877.

Menier. L'unité de l'étalon monétaire. 1876. 12º.

Meyer, A. Die Abschaffung des Metallgeldes bedingt die Abschaffung der Volksbesteuerung. Keine Steuern mehr. (Bremen 1876.)

Moran, C. Money, currency and banking. New York 1876.

Nasse, E. Die Demonetisation des Silbers u. das Wertverhältnis der edlen Metalle. Berl. 1876.

Nourse, B. F. Currency and prices. Boston 1876.

Oechelhäuser, W. Die wirtschaftliche Krisis. Berl. 1876.

de Parieu, E. Proportion de loi suspendant l'émission des bons pour la fabrication des monnaies d'argent à $9/_{10}$ de fin. Par. 1876. 4º.

— — Interpellation relative à la convention monétaire de 1876. Par. 1876.

Price, Bonamy. Currency and banking. Lond. 1876.

du Puynode, G. Les grandes crises financières de France. Par. 1876.

Romanelli, A. Legislazioni e coniazioni monetarie. Roma 1876.

Schneider, J. P. Die ungedeckte Banknote u. die Alternativwährung. Berl. 1876

Seyd, E. The fall in the price of silver. Lond. 1876.

Smith, S. Three letters on the silver question. Liverpool 1876.

Soetbeer, A. Memorandum betreffend Ausprägung v. Handelspiastern aus feinstem Silber für den Orient. (Preufsische Jahrb. Bd. 38.) Berl. 1876.

— — Aufsätze in Bezug auf den Währungsstreit u. die Silberfrage: Wiener Neue Freie Presse vom 9.—11. Febr., 21.—29. März, 13. u. 14. Juni, 17. Aug., 12. Okt. 1876. Hmbg. Börsenhalle 1. u. 2. März, 16. u. 17. Juni, 6. Sept. 1876. Deutsches Handelsblatt 25. Mai 1876.

Vissering, S. Une erreur à propos de l'évolution monétaire en Hollande. (Journ. d. écon. Janv.) Par. 1876.

Walcker, K. Die Notenbank u. die Währungsfrage gemeinfafslich dargestellt. Berl. 1876.

Walker, A. Our national currency and the money problem. 1876.

Wallenberg, A. O. La question monétaire en Suède, en Allemagne et en France. (Journ. d. écon. Févr.) Par. 1876.

Walras, L. Note sur le 15½ légal. Réponse de M. Cernuschi. (Journ. d. écon. Déc.) Par. 1876.

Weston, E. M. On the silver question. 1876.

White, H. The silver question. Chicago and New York 1876.

Williamson, S. Depreciation in the value of silver. Reasons for the adoption of a bimetallic money system. Lond. 1876.

— — India in its relation to the silver question. Liverp. 1876.

X. The coinage act of 1873. (Bank. mag. N. Y. Vol. 31.) New York 1876.

Mahnruf an d. hohen Reichsrat. Herstellung d. Valuta. Wien 1876.

La question monétaire. Lettre à M. Frère-Orban par un économiste. Par. 1876.

La question monétaire en Amérique. (Journ. d. écon. Nov.) Par. 1876.

La dépréciation de l'argent et l'étalon d'or. — La question des deux métaux. Société d'écon. pol. Discussion. (Journ. d. écon. Mars et Avril.) Par. 1876.

Notizie intorno all ordinamento bancario ed al corso forzosato negli Stati Uniti di America, in Russia, nell' Impero Austro-Ungarico ed in Francia. Roma 1876.

Depreciation of silver. (Edinbg. rev. Vol. 144.) Edinburgh 1876.

Société Neerlandaise pour le progrès de l'industrie. Adresse à S. M. le Roi. Vrolik Président. F. M. van Eden Sécrétaire. Harlem. Juli 1876.

Joint discussions between Gen. Thomas Ewing, of Ohio, and Gov. S. T. Woodford, of New York on the finance question. Cincinnati 1876.

* Deutsches Reich. Fünfte Denkschrift über die Ausführung der Münzgesetzgebung, vom 11. November 1876. Berl. 1876.

* Conférence monétaire entre la Belgique, la France, l'Italie et la Suisse 1876. Procès-verbaux. Par. 1876. Fol.

* Documents relatifs à la question monétaire. Recueillis et publiés par le Ministre des finances. 2. série. 12 fascicules. Bruxelles 1876. Fol.

* Report from the Select committee on depreciation of silver; together w. the proceedings of the committee, minutes of evidence and appendix. Ordered by the House of Commons to be printed, July 5, 1876. Parl. Pap. Lond. 1876. Fol.

* Sixth annual Report of the deputy master of the mint (C. W. Freemantle.) 1875. Lond. 1876.

* Algemeen verslag van het Munt-College over 1875. Utrecht 1876.
* Report of the director of the mint (R. H. Lindermann) for the fiscal year ended June 30, 1876. Washington 1876.
* Report of the comptroller of the currency (J. J. Knox.) December 2, 1876. Washington 1876.

1877.

Bagehot, W. Some articles on the depreciation of silver and on topics connected with it. Lond. 1877.

Bailey, D. P. The monetary system of the Dominion. — The use of silver as money. (Bank. mag. N. Y. Vol. 32.) New York 1877.

Bamberger, L. L'or de l'Empire. Études sur l'étalon monétaire et le change. Trad. par Arnoldi et von der Rest. Bruxelles 1877.

Birneisel, F. Deutsche Münzreform und die Edelmetallbewegung. Würzb. 1877. Fol.

Bronson, H. The money problem. New York 1877.

Butler, G. A. Embarrassments of the silver question. (Bank. mag. N. Y. Vol. 32.) New York 1877.

Carey, H. C. Appreciation in the price of gold. New York 1877.

Cernuschi, H. Nomisma; or „legal tender". New York 1877.

Cognetti de Martiis, S. La rinovazione dei trattati di commercio. La questione monetaria. Mantova 1877.

Eggers, A. Die Geldreform. Bremen 1877.

Fawcett, W. L. Gold and debt. Chicago 1877.

Gamborg, J. C. Seddelbanken. En kritisk Fremstilling of Grundsaetningerne for Seddelbankers etc. Kristiania 1877.

Garnier, J. Proposition de loi relative à la refonte des monnaies. (Sénat. Annexe au procès verbal de la séance du 5 Fevrier 1877.) Par. 1877. 4º.

Gibson, G. R. Mints, coinage and the trade dollar. (Bank. mag. N. Y. Vol. 32.) New York 1877.

Groesbeck, W. S. Address before the American bankers association. 1877.

Halstead, M. The silver question. Cincinnati 1877.

Haupt, O. Die Silberwährung. Referat. Wien 1877.

— — Gold- oder Silberwährung. Ein Vorschlag zur Lösung der Valutafrage. Wien 1877.

Hautzinger, F. Der Kupfer- und Silbersegen des Harzes und die natürliche Quelle des deutschen Volksreichtums vom historischen, volkswirtschaftlichen und merkantilen Standpunkte dargestellt. Berl. 1877.

Hertzberg. En kritisk fremstilling af grundsaetningerne for Seddelbanker. Kristiania 1877.

Hertslet, W. L. Studie zur deutschen Münzreform. Berl. 1877.

Hertzka, T. Die österr. Währungsfrage. Referat. Wien 1877.

Horton, S. D. The silver bill in Congress. (Bank. mag. N. Y. Vol. 31.) Newyork 1877.

— — Silver and gold, and their relation to the problem of resumption. New ed. Cincinnati 1877.

Juglar, C. Du rôle du numéraire dans les caisses de la Banque de France. (Compte rendu de l'Académie des sciences) Par. 1877.

Kautz, J. A fémpénz és valutaügy etc. Budapest 1877.

— — A nemes erczek az emberiseg törtenetében. Budapest 1877.

Kerrilis, L. La dernière dépréciation de l'argent jugée par M. Walter Bagehot. (Journ. d. écon. Août.) Par. 1877.

Kiaer, A. N. Om Seddelbanker. Kristiania 1877.

Lexis, W. Die Edelmetalle im auswärtigen Handel Rußlands. (Conrads Jahrb. f. N. O. B. 29.) Jena 1877.

Lindermann, H. R. Money and legal tender in the United States. New York 1877.

Meyer, J. Ein Beitrag zur Valutaregulierung in Österreich-Ungarn. Wien 1877.

Moore, J. S. Letters on the silver question. New York 1877.

Noback. Münz-, Maß- u. Gewichtsbuch. Das Geld-, Maß- u. Gewichtswesen, die Wechsel- u. Geldkurse, das Wechselrecht u. die Usancen etc. Gänzlich neu bearbeitet von F. Noback. Mit Nachtrag. Lpz. 1877.

Nourse, B. F. Relation of the volume of currency to prices. (Bank. mag. N. Y. Vol. 31.) New York 1877.

de Parieu, E. Lettre à M. Washburne. 23 Févr. 1877.

Poor, H. V. Money and its laws. Embracing a history of monetary theories and a history of the currency of the United States. Lond. 1877.

v. Poschinger, H. Die Banken im Deutschen Reiche, Österreich u. der Schweiz, m. besondrer Rücksicht auf die Geschichte u. Statistik derselben. Ein Handbuch des Bankwesens. B. 1. Die Bankgeschichte des Königreichs Bayern. B. 2. Das Königreich Sachsen. Erlangen 1874. Jena 1877.

Price, Bonamy. Geld - u. Bankwesen. A. d. Engl. v. H. Brefeld. Berl. 1877.

Redish, J. C. The silver question, read before the litterary and philosophical society of Liverpool. April 30. 1877.

Reiche, F. Die Folgen der Goldwährung u. die Legalisierung des Silbers. Hmbg. 1877.

Schneider, J. P. Zur Währungsfrage. Eine Entgegnung auf das Buch von Dr. Hertzka „Währung u. Handel". Berl. 1877.

Soetbeer, A. Die Prägung von Handelspiastern aus feinstem Silber. Als Manuskript gedruckt. Göttingen Januar 1877.

— — Aufsätze in Bezug auf den Währungsstreit und die Silberfrage: Wiener Neue Freie Presse v. 12. Juni — Hamb. B. H. v. 15. u. 17. Aug. — Deutsches Handelsblatt v. 8. u. 15. Febr., 23. Aug., 6. Sept. u. 30. Dez. 1877.

Suess, E. Die Zukunft des Goldes. Wien 1877.

Tappan, R. N. The historical succession of monetary metallic standards. New York 1877.

Thornton, W. T. The Indian side of the silver question. Four letters to Sir Louis Mallet. Lond. 1877.

Vissering, W. On Chinese currency, coin and paper money. Leiden 1877.

Wagner, A. Unsere Münzreform. Berl. 1877.

Walcker, K. Die Silberentwertungsfrage. Kritische Übersicht der währungspolitischen Ansichten der namhaftesten europäischen u. amerikanischen Nationalökonomen. Strafsb. 1877.

Walker, F. J. Money. New York and Lond. 1877.

— — A treatise on banking law. Lond. 1877.

Walker, G. The true functions of banking. — The Bank of England's minimum. (Bank. mag. N. Y. Vol. 31, 32.) New York 1877.

Weston, G. M. Current notes on the silver question. (Bank. mag. N. Y. Vol. 32.) New York 1877.

. Projet d'une banque internationale à Bruxelles basée sur l'application du système de la monnaie banco ayant pour unité le kilogramme d'or ou d'argent fin. Bruxelles 1877.

Correspondence between Henry Hucks Gibbs, Esq. and Sir Louis Mallet, on the silver question in its relation to India. Lond. 1877.

New phases of the silver problem. (Bank. mag. N. Y. Vol. 31.) New York 1877.

What policy ought the United States to pursue upon the silver question? By a student in monetary science. (Bank. mag. N. Y. Vol. 31.) New York 1877.

The silver question. American social science association. Papers read by Prof. W. S. Jevons and B. F. Nourse. Boston 1877.

Early banking development in the United States. (Bank. mag. N. Y. Vol. 32.) Newyork 1877.

Convention of the American bankers' association. (Bank. mag. N. Y. Vol. 32.) New York 1877.

* Deutsches Reich. Sechste Denkschrift über die Ausführung der Münzgesetzgebung, v. 12. Febr. 1877. Berl. 1877.

* Seventh annual Report of the deputy master of the mint (C. W. Freemantle) 1876. Lond. 1877.

* Papers relating to the silver question. Return. East India (Silver). Parl. pap. Lond. 1877. Fol.

* Copy of extracts of papers received from the Government of India and from Her Majesty's representatives and consuls in foreign countries, having reference to the silver question. Parl. pap. Lond. 1877. Fol.

* Algemeen verslag van het Munt-College over 1876. Utrecht 1877.

* Report and accompanying documents of the United States Monetary commission organized under joint resolution of August 15, 1876. (Jones, Bogy, Boutwell of the Senate; Willard, Bland, Gibson of the House; Professor Bowen and Hon. W. S. Groesbeck: G. W. Weston secretary — 2 vlms. Wash. 1877—1879.

* Report of the director of the mint (H. R. Lindermann) for the fiscal year ended June 30, 1877. Washington 1877.

* Report of the comptroller of the currency. (J. J. Knox.) Decemb. Washington 1877.

* Resposta de Associacão commercial de Lisboa ão questionario • formulado nela commissão encarrayada da reforma monetaria nos Estados Unidos. Lisboa 1877.

* Statistique internationale des mines et usines publiée par le Comité central de la statistique de Russie et rédigée par J. Bock. St. Pétersbourg 1877.

1878.

Anderson, A. D. The silver country, or the Great Southwest. New York 1878.

Arendt, O. Die internationale Zahlungsbilanz Deutschlands. Berl. 1878.

Bailey, D. P. The currency question in its relations to debt and credit. (Bank. mag. N. Y. Vol. 32.) New York 1878.

Bailleux de Marisy. Le prêt à l'intérêt. (Rev. d. d. m. Févr.) Par. 1878.

Bamberger, **L.** Das Gold der Zukunft. (Deutsche Rundschau, B. 4.) Berl. 1878.

— — Die Entthronung eines Weltherrschers. (Deutsche Rundschau, B. 4.) Berl. 1878.

Barrows, H. D. The money paradox. Los Angeles 1878.
— — Silver and Greenbacks. Los Angeles 1878.

Bender, J. Beiträge zur Geschichte des preußischen Geld- u. Münzwesens. Braunsberg 1878.

Bonnet, V. La reprise de l'étalon d'argent aux Etats Unis et le projet de conférence internationale. (Rev. d. d. m. Janv.) Par. 1878.

Broch, O. J. Beretninge om Congressen i Paris for Enhed i Maat, Vaegt og Mynt. Cristiania 1878.

Brown, W. The money question in the United States. Montreal 1878.

Carroll, C. H. Of the balance of trade and the course of exchange. (Bank. mag. N. Y. Vol. 32.) New York 1878.

Cernuschi, H. Le Bland bill; articles publiés dans le „Siècle". Par. 1878.

— — The Bland bill, its alleged dishonesty, its imperfections, its future. Par. 1878.

— — La diplomatie monétaire en 1878. Par. 1878.

— — Monetary diplomacy in 1878. Lond. 1878.

Cohn, G. Zur Geschichte der Cheques. — Zur Lehre von den Cheques. (Zeitschr. f. vergleichende Rechtswiss. Jahrg. 1.) Jena 1878.

Colwell. Ways and means of payment. New York 1878.

Du Camp, M. La Banque de France pendant la commune. (Rev. d. d. m. Mai-Juillet.) Par. 1878.

Durbin Ward. American coinage and American currency. An address. Cincinnati 1878.

Feer-Herzog, C. Bericht an den schweizerischen Handels- und Industrieverein über den gegenwärtigen Stand der Münzfrage. Zürich 1878.

— — et Lardy. La conférence monétaire Américaine tenue à Paris du 10 au 29 Août 1878. Rapport etc. Berne 1878.

Funk, J. Über die rechtliche Natur des Cheque. Vortrag. Wien 1878.

Gibson, G. R. Power of law over the value of the precious metals. (Bank. mag. N. Y. Vol. 32.) New York 1878.

Goldmann. Monetary reform in Russia. Cracow 1878.

Hamilton, R. Money and value. An inquiry into the means and ends of economic production. With an appendix on the depreciation of silver and Indian currency. Lond. 1878.

Hanauer, A. Études économiques sur l'Alsace ancienne et moderne. T. 1. Les monnaies. T. 2. Denrées et salaires. Par. et Strasb. 1878.

Haupt, O. Die Stellung der Scheidemünze im deutschen Münzsystem. Wien 1878.

Helm, E. The silver question. (Manch. stat. soc. Session 1877—78.) Manchester 1878.

Hertzka, T. Offenes Schreiben an Herrn Cernuschi, den Währungsdiplomaten. Wien 1878.

Horton, S. D. The monetary situation. An address delivered by request of the American social science association. With an appendix containing extracts from the following papers by the same author: The Prussian anti-silver theory and its origin is an historical error; General restoration of silver, a condition precedent to successful cancellation of paper money; A vindication of the practicability of bi-metallic union. Cincinnati 1878.

Howe, J. B. The political economy of the United States, Great Britain and France, in their monetary systems. A new science of production and exchange. Boston 1878.

— — Monetary and industrial fallacies; a dialogue. Boston 1878.

v. Inama-Sternegg, K. T. Wert und Preis in der ältesten Periode deutscher Volkswirtschaft. (Conrads Jahrb. f. N. O. B. 30.) Jena 1878.

Jones, R. W. Money is power. St. Louis 1878.

Koch, R. Über Giroverkehr u. den Gebrauch von Checks als Zahlungsmittel. Vortrag gehalten in der juristischen Gesellschaft in Berlin. Berl. 1878.

de Laveleye, E. India's losses from the single standard. Letter to Mr. G. Walker. (Bank. mag. Vol. 33.) New York 1878.

Lenormant, F. La monnaie dans l'antiquité. Leçons professées ... en 1875—1877. Tomes 1—3. Paris 1878. 1879.

Léon, M. La conférence monétaire de 1878 et le maintien de la monnaie d'argent. (Journ. d. écon. 1878. Déc.) Par. 1878.

Lexis, W. Die Edelmetalle im auswärtigen Handel Rufslands. (Conrads Jahrb. f. N. O. B. 29.) Jena 1878.

McCay, C. Unification of the coinage of France and America. (Bank. mag. N. Y. Vol. 33.) New York 1878.

Mannequin, T. Les effets du double étalon monétaire. (Journ. d. écon. 1878 Août.) Par. 1878.

Marié, P. Ought we to remonetize silver? New York 1878.

Nasse, E. Der Binetallismus und die Währungsfrage in den Vereinigten Staaten von Amerika. (v. Holtzendorff-Brentanos Jahrb. III, 1.) Lpz. 1878.

v. Neumann-Spallart, F. X. Die Statistik der Edelmetalle und die Nothwendigkeit ihrer Reform. (Stat. Monatssch.) Wien 1878.

Nichol, T. M. Honest money. An argument in favor of a redeemable currency. Chicago 1878.

Paasche, H. Studien über die Natur der Geldentwertung. Jena 1878.

— — Die Edelmetalle im auswärtigen Handel Europas während der Jahre 1866—75. (Conrads Jahrb. B. 30.) Jena 1878.

— — Die Preisentwickelung in Frankreich in den letzten 50 Jahren nach A. de Fovilles Aufsätzen im „Économiste français" 1875—77. (Conrads Jahrb. f. N. O. B. 30.) Jena 1878.

— — Die neueste Entwickelung der Banknoten- u. Papiergeldzirkulation in den hauptsächlichsten Kulturländern der Gegenwart. (Conrads Jahrb. f. N. O. B. 30.) Jena 1878.

Panariett. Finanzielle u. wirtschaftliche Fragen. Krakau 1878.

de Parieu, E. L'unification monétaire devant l'exposition universelle de 1878. (Journ. d. écon. Févr.) Par. 1878.

— — La question de l'uniformité monétaire en 1878. Par. 1878.

Poor, H. V. Resumption and the silver question. New York 1878.

Rusconi, Comte C. Question monétaire. Par. 1878.

Scott, E. J. Suggestions concerning national money. Toledo 1878.

Shaler, N. S. Silver as a legal tender geologically considered. (Atlantic Vol. 41.) Lond. 1878.

Skalkowsky, C. Statistische Übersicht der Montanindustrie Rufslands in den Jahren 1868—1876. (Russische Revue 7. Jahrgang.) Petersb. 1878.

Snowden, A. L. The silver dollar. Philadelphia 1878.

Soetbeer, A. Zur Kritik der bisherigen Schätzungen der Edelmetallproduktion. (Preufs. Jahrb. B. 41.) Berl. 1878.

— — Aufsätze in bezug auf den Währungsstreit u. die Silberfrage. Deutsches Handelsblatt vom 4. April, 19. u. 26. Dez. — Hmbg. Börsenhalle vom Aug. u. 18. Nov. 1878.

Stanwood, E. The profit of remonetization. — What did „The Fathers" intend to do? — Our coinage acts. (Bank. mag. N. Y. Vol. 32.) New York 1878.

Tornari, T. I cheques e la clearing house. Napoli 1878.

Walker, F. A. Money. New York 1878.

Walker, G. Bimetallism in Europe. (Bank. mag. N. Y. Vol. 32.) New York 1878.

— — What banks do for labor. (Bank. mag. N. Y. Vol. 33.) New York 1878.

Warner, A. J. The problem of resumption. Reexamined. (Bank. mag. N. Y. Vol. 32.) New York 1878.

Wells, D. A. The silver question. New York 1878.

Weston, G. M. The silver question. New York 1878.

— — The silver discussion. — Silver demonetisation. Former british opinions. — Solid bottom in prices. (Bank. mag. N. Y. Vol. 32. 33.) New York 1878.

Wilson, A. J. English joint stock banks. (Fortnightly rev. Vol. 30.) Lond. 1878.

Verhandlungen der Versammlung vom 24. Januar 1878 zu Frankfurt a. M. über die Reform der deutschen Zahlungsweise. Frankf. a. M. 1878. 4⁰.

Bericht über die Verhandlungen des zweiten Kongresses österreichischer Volkswirte zu Graz im September 1877. S. 5—80. Anträge betreffend die Währungsfrage. Wien 1878.

Beiträge zur Geschichte der Preise ungarischer Landesprodukte im neunzehnten Jahrhundert, nach den Notierungen des Pester Marktes. Herausgegeben von der Budapester Handelsund Gewerbekammer. Mit 32 graphischen Darstellungen. Budapest 1878. Fol. Atlas.

L'écart entre la valeur des pièces de cinq francs en argent et les lingots d'argent. Discussion. (Journ. d. écon. Déc.) Par. 1878.

Notizie storiche e statistiche sui prezzi e salari in alcune citta d'Italia. Appunti raccolti ed ordinati per cura de V. Magoldi e de R. Fabris. (Annali di statistica. Ser. 2. Vol. 3.) Roma 1878.

Statistique internationale des banques d'émission — Autriche-Hongrie, Belgique, Pays-bas, Suède, Norvège, Allemagne. Rome 1878.

The silver question reviewed. By an Indian official. Lond. 1878.

The rise in the value of gold. — The silver movement. (Bank. mag. N. Y. Vol. 33.) New York 1878.

A handbook on gold and silver. By an Indian official. Lond. 1878.

The silver question. Memorial to Congress. Jan. 1878. New York 1878.

Convention of the american bankers association. August 1878. (Bank. mag. N. Y. Vol. 33.) New York 1878.

* Deutsches Reich. Sechste Denkschrift über die Ausführung der Münzgesetzgebung, vom 12. Februar 1878. Berl. 1878.

* — — Verhandlungen des Reichstags über das Münzwesen. Stenogr. Ber. SS. 219—224. (26. Febr.) 1878.

* Message du Conseil Fédéral à la haute Assemblée Fédérale concernant les conventions monétaires signées à Paris le 5 nov. 1878.

* Conférence monétaire internationale de 1878. Procès-verbaux. 7 seances, 10—29 août 1878. Par. 1878. 4⁰.

* La conférence monétaire Américaine, tenue à Paris du 10 au 29 août 1878. Rapport au Conseil Fédéral Suisse par C. Feer-Herzog et Lardy. Berne 1878.

* Conférence monétaire entre la Belgique, la France, la Grèce, l'Italie et la Suisse. Convent. et procès-verbaux. Par. 1878. 4⁰.

* Sénat (Session 1877—78) Procès-verbaux des séances de la commission d'enquête sur les souffrances du commerce et de l'industrie et sur les moyens d' y porter remède. Impr. du Sénat. Versailles 1878. 4⁰.

* Documents relatifs à la question monétaire. (Belgique. Chambre des Représentants. Session 1878—79. 3e série. 1—7. fascicule.) Bruxelles 1878—79. Fol.

* Eighth annual report of the deputy master of the mint (C. W. Freemantle). 1877. Lond. 1878.

* Report. Gold and silver. (Hall marking.) Parl. pap. Lond. 1878.

* Algemeen verslag van het Munt-College over 1877. Utrecht 1878.

* Report of the director of the mint (H. C. Burchard) for the fiscal year ended June 30, 1878. Washington 1878.

* Report of the comptroller of de currency (J. J. Knox). November 27, 1878. Washington 1878.

1879.

Bagehot, W. Some articles on the depreciation of silver and topics connected with it. Lond. 1879.

Becker, J. H. Das Wesen des Geldes. Eine Studie über die Ursachen der Krisis. Berl. 1879.

van den Berg, N. P. De silverquaestie. Batavia 1879.

— — The silver question. Transl. from the Dutch. W. an introductory chapter. Liverpool 1879.

Bertozzi, G. C. Notize storiche e statistiche sur riordinamento dell' asse ecclesiastico nel regno d'Italia. (Annali di statistica Ser. 2. Vol. 4.) Roma 1879.

Bock, E. Die deutschen Reichsmünzen und ihre Falsifikate. Frankf. a. M. 1879.

Boissier, G. La monnaie dans l'antiquité. (Rev. d. d. m. Mars.) Par. 1879.

Bolles, A. S. First issue of continental money. — Administration of the continental treasury board, 1780. (Bank. mag. N. Y. Vol. 33, 34.) New York 1879.

Bourne, S. Some phases of the silver question. (Stat. soc. Vol. 42.) Lond. 1879.

Cazalet, E. Bimetallism and its connection w. commerce. Lond. 1879.

Cernuschi, H. Le bimétallisme en Angleterre. Réponse à une lettre de M. H. H. Gibbs. Par. 1879.

— — Bimetallism in England and abroad. An answer to a letter from J. H. Gibbs. Lond. 1879.

Chesney, G. Depreciation of silver and Indian finance. (Nineteenth cent. Vol. 5.) Lond. 1879.

Cliffe Leslie, T. E. Essays in political and moral philosophy. (The distribution and value of the precious metals in the 16. and 19. century etc.) Lond. 1879.

Cognetti de Martiis. Il nuovo patto della Unione monetaria latina. Roma 1879.

Daniell, C. J. Gold in the East, being observations on a practical method of establishing a gold currency in India etc. Lond. 1879.

Eggers, A. Vorschläge zu einer von Deutschland zu veranstaltenden internationalen Münzkonferenz. Brem. 1879.

Escher, A. Schweizerische Münz- und Geldgeschichte von den ältesten Zeiten bis zur Gegenwart. Bern 1879—1881.

Ferraris, C. F. La produzione dei metalli preziosi e il rapporto di valore fra l'oro e l'argento della scoperta d'America fino ai nostri giorni. Roma 1879.

— — Nuovi appunti sulla teoria dell'agio. Roma 1879.

— — Moneta e corso forzoso. Roma 1879.

— — La convenzione monetaria e il corso forzoso. Milano 1879.

Fournier de Flaix, E. Les banques anglaises (31 mai, 2 août). — Les banques des États unis (30 sept.). Econ. fr. Par. 1879.

de Foville, A. Le mouvement des prix dans le commerce extérieur de la France. (5, 19 juill., 1 nov.) Econ.fr. Par. 1879.

Gibbs, H. H. Silver and gold. Lond. 1879.

Giffen, R. On the fall of prices of commodities in recent years. (Statistical society. Vol. 42.) Lond. 1879.

— — The Case against bimetallism. (Fortnightly rev. Vol. 32.) Lond. 1879.

Gladstone, R. What is money? In questions and answers. Lond. 1879.

Goldmann, W. Zur Reform des russischen Geldsystems. Petersburg 1879.

Gregory, J. Rough notes on the silver crisis and on the debased money of India. Lond. 1879.

Grenfell, H. R. Legislation on banking. (Nineteenth cent. Vol. 5.) Lond. 1879.

* Guyot. Rapport de la Commission chargée d'examiner le projet de loi portant approbation de la convention monétaire et de l'arrangement relatif à l'exécution de l'article 8 de cette convention, signée à Paris, le 5 novembre 1878, entre la France, la Belgique, la Grèce, l'Italie et la Suisse. (Chambre des Députés, session de 1879, séance du 6 février 1879.) Versailles 1879.

Hankey, T. On bimetallism. A reply to M. Cazalet and M. Gibbs. Lond. 1879.

Head, Barclay V. The origin and transmission of some of the principal ancient systems of weight, as applied to some money, from the earliest times down to the age of Alexander the Great. (Institute of bankers. December.) Lond. 1879.

Hertzka, T. Die Goldrechnung in Österr.-Ungarn. Wien 1879.

Hughes, R. W. A popular treatise of the currency question. New York 1879.

Jackson, G. N. The present and future of silver. Chicago 1879.

Jäger, E. L. Die ältesten Banken und der Ursprung des Wechsels. Mit einem Anhange, betr. die ältesten Statuten der Bank des heiligen Ambrosius in Mailand. — Supplement. Stuttg. 1879. 1881.

Juglar, C. La question monétaire aux Etats Unis (22 févr.). — La baisse des prix et la crise actuelle (20 sept., 4. oct.). L'Economiste français. Par. 1879.

Kelley, W. D. Letters from Europe. Philad. 1879.

Knies, C. Geld u. Kredit. 2. Abt.: Der Kredit. 2. Hälfte: Das Wesen des Zinses u. die Bestimmungsgründe für seine Höhe. Wirkungen u. Folgen des Kreditverkehrs. Die Kreditinstitute. Berl. 1879.

Langley, E. The silver question. (Manchester stat. soc. Session 1878—79.) Manchester 1879.

Leffler, J. A. Die schwed. Zettelbanken. 2. Aufl. Lpz. 1879.

Lenormant, F. Money in ancient Greece and Rome. (Contemp. rev. Vol. 34.) Lond. 1879.

Leroy-Beaulieu, P. De l'amoindrissement du rôle de la Banque de France et du changement de fonctions du billet de banque (7, 14 juin). — L'encaisse de la Banque de France et les dangers de l'envahissement de la monnaie d'argent (16 août). — Une statistique internationale des salaires et des moyens de subsistance (15, 22 nov.) L'Economiste français. Par. 1879.

Levasseur, E. De la valeur des monnaies Romaines. Par. 1879.

Lexis, W. Beiträge zur Statistik der Edelmetalle. Nebst einigen Bemerkungen über die Wertrelation. (Conrads Jahrb. f. N. O. Bd. 34.) Jena 1879.

Lubbock, J. History of money. (Nineteenth century, Vol. 6.) Lond. 1879.

McCay, C. F. Resumption in gold. (Bank. mag. N.Y. Vol. 33.) New York 1879.

McCulloch, H. Bimetallism. A lecture etc. New York 1879.

McCulloch, H. National debts and foreign and domestic exchanges. A lecture etc. (Bank. mag. N. Y. Vol. 34.) New York 1879.

Malou, J. Notice historique sur la réforme monétaire en Allemagne. Bruxelles 1879. Fol.

Mangin, A. Un projet de réforme monétaire (Écon. fr. 20 déc.). Par. 1879.

Mannequin, T. Le problème monétaire et la distribution de la richesse. (Journ. d. écon. Juillet.) Par. 1879.

Newcomb, S. The silver commission and the silver question. (International rev. March.) Lond. 1879.

Palgrave, R. H. Inglis. The three great banks of Europe: Banks of England, France and Germany. (Institute of bankers. June.) Lond. 1879.

v. Poschinger, H. Bankwesen u. Bankpolitik in Preußen. Nach amtlichen Quellen bearbeitet. B. 3. Die Jahre 1858 bis 1870. Berl. 1879.

v. Rath. Über das Gold. Berl. 1879.

Reiche, F. Die Folgen der Goldwährung u. die Legalisierung des Silbers. Hmbg. (1879).

Schneider, J. P. Die Pariser Münzkonferenzen von 1878. Bremen 1879.

Seyd, E. The decline of prosperity: its insidious cause and obvious remedy. Lond. 1879. Fol.

Sherman, J. Speeches and Reports on financial questions. Washington 1879.

Sidgwick, H. What is money? (Fortnightly rev. Vol. 31.) Lond. 1879.

Soetbeer, A. Edelmetall-Produktion u. Wertverhältnis zwischen Gold u. Silber seit der Entdeckung Amerikas bis zur Gegenwart. Mit 3 Tafeln graphischer Darstellungen. Gotha 1879. 4°.

— — Aufsätze in bezug auf den Währungsstreit und die Silberfrage: im Deutschen Handelsblatt, in der Hamb. Börsenhalle und in der Wiener Neuen Freien Presse v. 12., 13. u. 29. Aug., 18. u. 19. Sept. 1879.

Tappan, R. N. A unit of eight grammes proposed. New York 1879.

Ulrich, G. H. F. Die Zukunft der Goldausbeute in Australien. (Neues Jahrb. für Mineralogie. Jahrg. 1879.) Stuttg. 1879.

Walker, F. A. Money and trade. New York 1879.

Wells, D. A. The silver question. New York 1879.

Weston, G. M. Effect on India of the coining of silver at the U. S. mint. New York 1879.

— — Future of silver. (Princeton rev. N. S. Vol. 3.) 1879.

— — Notes upon the silver question. (Bank. mag. N. Y. Vol. 33, 34.) New York 1879.

Wilson, A. J. Banking reform. An essay on prominent banking dangers and the remedies they demand. Lond. 1879.

van Woudrichem van Vliet, L. De silver quaestie. (De Indische Gids. Oct.) 1879.

A. B. Ein Beitrag zur Entwicklung der Löhne und Preise in den letzten Dezennien. (Conrads Jahrb. B. 32.) Jena 1879.

Die Goldrechnung in Österreich-Ungarn. Wien 1879.

Über Geldumlauf in Rußland und über den Wert der russischen Kreditbillette. (Russ. Rev. B. 14.) Petersb. 1879.

La question monétaire et l'Union Latine. (Écon. fr. 8 mars.) Par. 1879.

Amount and value of precious metals. (Edinbg. rev. Vol. 149.) Edinbg. 1879.

Gold and its effects on trade. (Edinbg. rev.) Edinbg. 1879.

Report of the special committee of the Liverpool Chamber of commerce on the state of trade in connection with the discrediting of silver as money. Liverpool 1879.

Convention of the American bankers. August 1879. (Bank. mag. N. Y. Vol. 34.) New York 1879.

* Deutsches Reich. Siebente Denkschrift über die Ausführung der Münzgesetzgebung, vom 15. Februar 1879. Berl. 1879.

* — — Verhandlungen des Reichstags, betr. die Münzgesetzgebung. Stenogr. Ber. SS. 1709—1726. (19. Juni) 1879.

* La composition de la circulation monétaire de la France. (Tableaux et cartes.) Bulletin de statistique etc. Ministère des Finances. 2. année. Oct. Par. 1879.

* Papers relating to the silver question. East India. Silver. Parl. pap. Lond. 1879. Fol.

* Ninth annual Report of the deputy master of the mint (C. W. Freemantle) 1878. Lond. 1879.

* Algemeen Verslag van het Munt-College over 1878. Utrecht 1879.

* International monetary conference held in compliance with the invitation .... by the Government of the United States in pursuance of the 2. section of the act of Congress, Febr. 28, 1878, in Paris. — Proceedings and exhibits followed by the report of the American commission and an appendix, containing correspondence ... and historical material for the study of monetary policy contributed by Mr. Horton. Washington 1879.

* Report of the director of the mint (H. C. Burchard) for the fiscal year ended June 30, 1879. Washington 1879.

* Report of the comptroller of the currency (J. J. Knox). December 1, 1879. Washington 1879.

1880.

Arendt, O. Die vertragsmäfsige Doppelwährung. Ein Vorschlag zur Vollendung der deutschen Münzreform. Berl. 1880.

Bagehot, W. Economic studies. Edited by R. Holt Hutton. Lond. 1880.

Bailey, D. P. The monetary system of Italy. — International coinage. (Bank. mag. N. Y. Vol. 35.) New York 1880.

Barnett, R. W. The history of the progress and development of banking in the United Kingdom from the year 1800 to the present time. (Institute of bankers. Aug.) Lond. 1880.

Bever, C. F. Die Frage des Goldes und Silbers und ihrer Währungen in populär-wissenschaftlicher Form erörtert. Magdeburg 1880.

Cramer-Frey, C. Die Regulierung des Banknotenwesens in der Schweiz. Zürich 1880.

Cunningham, H. S. Notes on some disputed points in Indian finance. 2. ed. Lond. 1880.

Daniell, J. C. Gold in the East. Lond. 1880.

Del Mar, A. A history of the precious metals from the earliest times to the present. Lond. 1880.

Dun, J. Bimetallism examined. (Institute of bankers. January.) Lond. 1880.

Ernsthausen u. Oesterley. Zur Währungsfrage. Für unsere Geschäftsfreunde. Lond. 1880.

Fawcett, H. Indian finance. Three essays. Lond. 1880.

v. Festenberg-Packisch. Die Annahme der Doppelwährung, eine staatswirtschaftliche Notwendigkeit für Deutschland, in Form eines gemeinfaslichen Vortrags erläutert. Berl. 1880.

Fick, A. F. C. Tabellen über den Marktpreis von Butter (holsteinischer Hofbutter u. a.) zu Hamburg 1736—1879. 3 Tabellen. Hmbg. 1880.

Fournier de Flaix. E. Les progrès des banques en Russie. (Écon. fr. 12 juin.) Par. 1880.

Giffen, R. Essays in finance. 2. ed. Lond. 1880.

Hartung, H. Der Check und Giroverkehr der deutschen Reichsbank. Berl. 1880.

Hecht. F. Bankwesen und Bankpolitik in den süddeutschen Staaten, 1819—1875, m. statistischen Beilagen. Jena 1880.

Juglar. C. La hausse des prix et la fin de la crise. (Écon. fr. 13 mars.) Par. 1880.

v. Kardorff, W. Die Goldwährung; ihre Ursache, ihre Wirkungen und ihre Zukunft. Berl. 1880.

Keller, L. Zur Geschichte der Preisbewegung in Deutschland während der Jahre 1466—1525. (Conrads Jahrb. f. N. O. B. 34.) Jena 1880.

Lehr, J. Zur deutschen Münzreform. (Litterarische Beilage der Karlsruher Zeitung. November.) Karlsruhe 1880.

v. Lenthe-Lenthe. Vortrag bei den Verhandlungen über die Frage der Doppelwährung in der Generalversammlung des land- und forstwirtschaftlichen Hauptvereins in Hannover. Hannover 1880.

Leroy-Beaulieu, P. La Banque de France, les exportations d'or, les petites coupures et le taux de l'escompte. — Le double étalon. (21 août, 16 oct.) Econ. fr. Par. 1880.

Levi, L. The customs of bankers. (Bank. mag. N. Y. Vol. 35.) New York 1880.

Lexis, W. Beiträge zur Statistik der Edelmetalle. (Conrads Jahrb. B. 34.) Jena 1880.

Martin, J. B. An inquiry into the history, functions, and fluctuations of the bank-note circulation in the United Kingdom, Continental Europe, and the United States. — Discussion. (Institute of bankers. March.) Lond. 1880.

McCay, C. F. Regulation of Government money. (Bank. mag. N. Y. Vol. 34.) New York 1880.

Meyer, J. Zur Währungsfrage. Berl. 1880.

Minoprio, J. Geld u. Kredit. Neue Ansichten über Reichsbankgesetz, Börse, Spekulation, Mobiliar- u. Grundkredit. Berl. 1880.

Montgommery, R. The silver controversy. Manchester 1880.

Nash, R. L. A short inquiry into the profitable nature of our investements. Lond. 1880.

Nasse, E. Das venetianische Bankwesen im 14., 15. u. 16. Jahrh. (Conrads Jahrb. f. N. O. B. 34.) Jena 1880.

— — Besprechung der Schrift von: K. Knies, Geld u. Kredit. Zweite Abteilung. (Conrads Jahrb. f. N. O. B. 35.) Jena 1880.

Neumann, F. J. Die Gestaltung des Preises unter dem Einfluss des Eigennutzes. (Zeitschr. f. Staatsw.) Tüb. 1880.

Palgrave, R. H. Inglis. Bankrate in England, France and Germany, 1844—1878. With remarks on the causes which influence the rate of interest etc. Lond. 1880.

de Parieu, E. Les embarras de la question monétaire en 1880. Par. 1880.

Patterson, R. H. Is the value of money rising in England and throughout the world? (Stat. soc. Vol. 43.) Lond. 1880.

— — New silver and gold mines. (Brit. quart. rev. Vol. 71.) Lond. 1880.

Percy, J. Metallurgy. Silver and gold. Part 1. Lond. 1880.

Platt, J. Money. Lond. 1880.

Price, F. G. Hilton Notes on ancient bankers and early goldsmiths to the close of the 17. century. (Instit. of bankers. Vol. 1.) Lond. 1880.

Probyn, L. C. A proposal for reestablishment and maintaining the value of silver. Lond. 1880.

Rabnow, O. Die Goldnot oder die Goldwährung u. das Münzgesetz in ihrer Schädlichkeit für die Produktion, in Sonderheit für die Landwirtschaft u. den Arbeiterstand. Osnabrück 1880.

Schück, R. Zur Währungsfrage. Berl. 1880.

Seyd, E. Foreign exchanges and the english banking system. (Institute of bankers. June.) Lond. 1880.

— — Der Hauptirrtum in der Goldwährung. Nebst kritischen Bemerkungen über Dr. Soetbeers Schriften. Mit einer graphischen Tafel. Rudolstadt u. Leipz. 1880.

Shaler, N. S. Future of the mining of precious metals. (Atlant. Vol. 45.) 1880.

Smith, J. T. Silver and the Indian exchanges discussed in question and answer, w. a few words upon bimetallism. Lond. (1880).

Soetbeer, A. Die hauptsächlichen Probleme der Währungsfrage. Eine Denkschrift. (Conrads Jahrb. f. N. O. Neue Folge. B. 1.) Jena 1880.

— — Die Goldwährung in Deutschland; ihr Ursprung und ihre Beziehungen zur allgemeinen Silberfrage. (Preufs. Jahrb. B. 45.) Berl. 1880.

— — Aufsätze in Bezug auf den Währungsstreit und die Silberfrage: Deutsches Handelsblatt v. 4. März, 15. April, 16. u. 23. Sept., 28. Okt. u. 11. Nov.; — Hamb. Börsenhalle v. 30. April, 14., 15. u. 30. Dez.; — Neue Freie Presse v. 13. u. 14. Febr., 9., 20. u. 21. Juli, 3. u. 4. Dez 1880.

Villier, G. La situation de l'Inde Anglaise. (Écon. fr. 30 oct.) Par. 1880.

Wachsmuth, C. Zur Statistik der Häuserpreise im Altertum. (Conrads Jahrb. f. N. O. Neue Folge. B. 1.) Jena 1880.

Wagner, A. Die Währungsfrage in der neuesten Litteratur. (Zeitschr. f. Staatswissenschaft. B. 36 u. 37.) Tüb. 1880.

Walker, F. A. Money in its relation to trade and industry. Lond. 1880.

Watherston, E. J. Is legislation necessary for the relief of Indian finance etc. Lond. 1880.

Weston, G. M. Notes upon the silver question. — Value of gold and silver in different places. (Bank. mag. N. Y. Vol. 34.) New York 1880.

Williamson, S. Discrediting of silver. (Contemp. rev. Vol. 35.) Lond. 1880.

Wilson. A. J. Reciprocity, bimetallism and land tenure reform. Lond. 1880.

Wittstein, T. Die Goldwährung und die deutsche Reichswährung. Hannover 1880.

Zwicker, R. Beiträge zur Frage der deutschen Währung. (Als Manuskript gedruckt.) Magdeb. 1880.

Ein Beitrag zur Frage der Goldwährung im Deutschen Reiche und der Demonetisierung des Silbers. Berl. 1880.

Reichsgeld. Ein Beitrag zur Währungsfrage. Berl. 1880.

Die Reichstagsverhandlungen über Münzreform und Bankwesen. Herausgegeben u. eingeleitet v. L. Bamberger. Berl. 1880.

Verhandlungen des 19. Kongresses deutscher Volkswirte in Berlin im Oktober 1880. 2. Die internationale Edelmetallbewegung. Referent Dr. Hertzka. Berl. 1880.

Le prix de blé en France et aux États Unis. Discussion de la Société d'écon. pol. (Écon. fr. 11 déc.) Par. 1880.

Silver and its relation to gold as coin. (Westminster rev. Vol. 113) Lond. 1880.

Convention of the American bankers association. — Mr. Coe upon silver certificates. (Bank. mag N. Y. Vol. 35.) New York 1880.

* Deutsches Reich. Achte Denkschrift über die Ausführung der Münzgesetzgebung, vom 16. Februar 1880. Berl. 1880.

* — — Verhandlungen des Reichstags, betr. Münzwesen. Stenogr. Ber. SS. 899—916. (24. April) 1880.

* Tenth annual Report of the deputy master of the mint (C. W. Freemantle). Lond. 1880.

* Algemeen Verslag van het Munt-College over 1879. Utrecht 1880.

* Report of the director of the mint (H. C. Burchard) for the fiscal year ended June 30, 1880. Washington 1880.

* Report upon the statistics of the production of the precious metals in the United States. (H. C. Burchard.) Washington 1880.

* Report of the comptroller of the currency (J. J. Knox), December 6, 1880. Washington 1880.

1881.

Arendt, O. Deutschlands Währungspolitik. Eine Denkschrift. Lpz. 1881.

— — Die deutsche Münzreform u. die Pariser Münzkonferenz. Berl. 1881.

Aubrée, A. La réforme monétaire à l'ile de la Réunion. (Journ. d. écon. Janv.) Par. 1881.

Bailey, D. P. The monetary system of Italy. — The credit institutions of Italy. (Bank. mag. N. Y. Vol. 35.) New York 1881.

— — The currency and commerce of Cuba. (Bank. mag. N. Y. Vol. 35.) New York 1881.

Barclay, R. Essays and letters on bimetallism. Lond. 1881.

Barnett, R. W. The effect of the development of banking facilities upon the circulation of the country. Price essay. (Instit. of bank. Febr.) Lond. 1881.

Berger, C. Katechismus des Girowesens. Lpz. 1881.

Bertrand. La question monétaire. (Rev. d. d. m. Sept) Par. 1881.

Bueck, H. A. Beiträge zur Währungsfrage. (Sonderabdruck aus den Mitteilungen des Vereins zur Wahrung der wirtschaftl. Interessen in Rheinland u. Westfalen.) Düsseld. 1881.

Burckhart-Bischoff, A. Bericht der schweizerischen Delegierten über die internationale Münzkonferenz in Paris im Sommer 1881. Basel 1881. Fol.

Cernuschi, H. Le bimétallisme à 15½ nécessaire pour le Continent, pour les États Unis, pour l'Angleterre. Par. 1881.

— — Die Restitution des Silbers. Eine Notwendigkeit für die gesamte Kulturwelt. Übers. u. m. Einleitung versehen von O. Arendt. Berl. 1881.

de Chanier, O. La conférence monétaire de Paris. Par. 1881.

Clarke, H. Gold in India. A paper read before the Society of arts. Lond. 1881.

Cramer-Frey, C. Zum Währungsstreit. Zürich 1881.

— — Die Münzfrage. Referat etc. Zürich 1881.

Dun, J. The law of value. (Inst. of bankers. Jan.) Lond. 1881.

Effenberger. Münzreform und Bankwesen, chronologisch und sachlich geordnete Sammlung der hierauf sich beziehenden Gesetze etc. 2. Aufl. M. Gladbach u. Lpz. 1881.

Eggers, A. Entwurf eines Gesetzes betreffend die Ausprägung einer silbernen Handelsmünze. Dem hohen deutschen Bundesrat zu geneigter Erwägung unterbreitet. Brem. 1881. (Dasselbe franz. u. engl.)

Ellis, A. The clearing system applied to trade and distribution. (Institute of bankers. April.) Lond. 1881.

Fauconnier, E. L'argent et l'or. Essai sur la question monétaire. Par. 1881.

Ferraris, C. F. Le ultime fasi della questione monetaria. (Nuova antologia. Febbr.) Roma 1881.

— — Il bimetallismo universale. (La Rassegna settimanale, vol. 7, 27. Marzo.) Roma 1881.

Fournier de Flaix. La question monétaire. (Journ. d. écon. Mai.) Par. 1881.

— — Les banques au Japon. (Econ. fr. 22 jan.) Par. 1881.

van Geetruyen, E. D'un étalon parallèle et de la monnaie banco. (Journ. d. écon. Juillet.) Par. 1881.

Gibbs, H. H. The double standard, w. an introduction by R. H. Grenfell. Lond. 1881.

Haupt, O. La réhabilitation de l'argent. Par. 1881.

Hector, J. National and international currency. The deadlock; its premonitory sign, its influence in land, commerce and credit and its remedy. Lond. 1881.

Hirschberg, L. Die Zoll- u. Währungsfrage in den Verhandlungen des internationalen Wirtschaftskongresses zu Brüssel. Bromberg 1881.

Horton, S. D. Das Geld und das Gesetz. Rede über das Interesse der Vereinigten Staaten an der Silberfrage. Übers. von E. Koch in Herne. Köln 1881.

— — La monnaie et la loi. Traduction par E. de Laveleye.

— — Sir Isaac Newton and Englands prohibitive tariff upon silver money. An open letter to Prof. W. Stanley Jevons. Cincinnati 1881.

Jacobj, F. W. Gold und Silber im Landes- und Weltverkehr. Lpz. 1881.

Jevons, W. S. Bimetallism. (Contemporary rev. Vol. 39.) Lond. 1881.

King, C. Statistics of the production of the precious metals in the United States. Washington 1881. 4°.

Kleser, J. Geld u. Währung. Eine Kritik bimetallischer Anschauungen. Berl. 1881.

Köchlin-Geigy. Die Währungsfrage vom Standpunkte der Doppelwährung aus. Basel 1881.

Kresser, V. Politique monétaire du suffrage universel. Le duométallisme libre et la liberté du crédit. Par. 1881.

de Laveleye, E. Le discours de M. Pirmez à la Conférence monétaire de Paris. (Par. 1881.)

— — Bimetallism and free trade. (Fortnightly rev. Vol. 36.) Lond. 1881.

— — International bimetallism and the battle of standards. Lond. 1881.

— — Common place fallacies concerning money. (Contemporary rev. Vol. 38) Lond. 1881.

— — The economic crisis and its causes. (Contemporary rev. Vol. 38.) Lond. 1881.

— — La question monétaire. Bruxelles 1881.

de Laveleye, E.   Le bimétallisme international.   Par. 1881.

— — Der wahre Grund der seit 1873 bis jetzt anhaltenden wirtschaftlichen Krisis u. das einzige Mittel zu ihrer Heilung Übers. von O. von Bar. Berl. 1881.

— — Future value of gold. (Nineteenth cent. Vol. 10.) Lond. 1881.

— — The monetary question. (Bank. mag. N. Y. Vol. 35.) New York 1881.

Lefèbre, H.   Le change et la banque.   Par. 1881.

Leroy-Beaulieu, P.   La question de l'or (12, 19, 26 févr.) — Les dangers de la Conférence monétaire; de l'absolue impossibilité du rétablissement de la frappe de la monnaie d'argent (2, 16 avril). — La conférence internationale monétaire et les déclarations des Puissances (14 mai). — L'échec definitive de la Conférence monétaire (16 juill.). — La crise monétaire et le marché financier (3, 10 août). — La situation monétaire; la Banque de France; l'illusion de l'encaisse d'or de la Banque (5 nov.). — L'Économiste français. Par. 1881. Fol.

Levy, M.   La question monétaire.   Kopenhagen 1881.

Lexis, W.   Erörterungen über die Währungsfrage. Lpz. 1881.

— — Die Währungsfrage nach der Münzkonferenz. (Schmollers Jahrb. B. 5.) Lpz. 1881.

— — Die Aufhebung des Zwangskurses in Italien und ihre Beziehung zur Währungsfrage. (Conrads Jahrb. f. N. O. N. F. B. 2.) Jena 1881.

Liégois, J.   La question monétaire, ses origines, son état actuel.   Par. 1881.

Lohren, A.   Die Durchführung der Goldwährung, beleuchtet vom Standpunkte der Handelsbilanz. Berl. 1881. 4º.

Macleod, H. D.   On the modern science of economics. (Journ. of the Institute of bankers. June.) Lond. 1881.

Mangin, A.   Les banques et le crédit en France autrefois et aujourd'hui. (27 août). — Le rencherissement de la vie et la moralité commerciale. (5 nov.) — La série des prix de la ville de Paris. (31 déc.) — L'Économiste français. Par. 1881.

Mannequin, T.   Lord Liverpool, ou les origines de l'étalon unique d'or en Angleterre. (Journ. d. écon. Sept.) Par. 1881.

Messedaglia, A.   La storia e la statistica dei metalli preciosi. Quale preliminare allo studio delle presenti questione monetarie.   Torino 1881.

Molinier, J. V. De la dépréciation de l'or et de la valeur légale des conventions etc. Par. 1881.

Nemo. Monetary relief through the Paris international conference. Lond. 1881.

Neuwirth, J. Der Kampf um die Währung. (Conrads Jahrb. f. N. O. N. F. B. 2.) Jena 1881.

Paasche, H. Die Entwicklung der Kaufpreise des ritterschaftlichen Grundbesitzes in Mecklenburg-Schwerin in der Zeit von 1770—1878. (Conrads Jahrb. f. N. O. N. F. B. 2.) Jena 1881.

Palme und **Brusewitz.** Memoire [betr. Durchführung des Bimetallismus mittels Münzen, in welchen Gold und Silber in demselben Stücke vereinigt sind]. Stockholm 1881. 4°.

Pauliat, L. La conférence monétaire 1881. Par. 1881.

Pownall, G. H. The proportional use of credit documents and metallic money in English banks. (Inst. of bank. Decemb.) Lond. 1881.

Rammelsberg, C. Die Gewinnung von Gold u. Silber. Berl. 1881.

Ricca Salerno. Storia delle dottrine finanziarie in Italia. Roma 1881.

Robertson. Bimetallism and the finances of India. Lond. 1881.

de Rocca, F. La circolazione monetaria e il corso forzoso in Russia. (Annali di statistica. Ser. II, vol. 24.) Roma 1881.

Rogers, J. E. T. A history of agriculture and prices in England from the year after the Oxford Parliament (1259) to the commencement of the continental war (1793), compiled entirely from original and contemporaneous records. Vol. 3 and 4. 1401—1582. Oxford 1881, 1882.

Ryan, J. Gold mining in India. Lond. 1881.

Schaeffle, A. E. F. Für internationale Doppelwährung. Tübingen 1881.

Schanz, G. Englische Handelspolitik gegen Ende des Mittelalters etc. 2 Bde. (B. 1. Kap. 5. Die Geld- u. Münzpolitik.) Lpz. 1881.

Schneider, J. P. Die Goldwährungsautoritäten. Eine Kritik von Schriften über die Währungsfrage etc. Bremen 1881.

Schraut, M. Die Lehre von den auswärtigen Wechselkursen unter besonderer Berücksichtigung der deutschen Verhältnisse. Lpz. 1881.

Seyd, E. The monetary conference in Paris and England: indicating the proper method of solving the problem. Lond. 1881.

Soetbeer, A. Die Währungsfrage im deutschen Handelstage. Berl. 1881.

— — Aufsätze, betreffend den Währungsstreit u. die Silberfrage: im Deutschen Handelsbl., in der Hamb. Börsenh. u. in der Wiener Neuen Freien Presse vom 25. Febr., 1. u. 2. März, 12. April u. 19. Okt. 1881.

de Soubeyran, G. Question monétaire. Discours prononcé à la Chambre des Députés. Par. 1881.

Temple, R. The general monetary practice amongst the natives of India, w. some estimate of the use and the probable future absorption of silver as coin etc. (Institute of bankers. July.) Lond. 1881.

Thoerner, T. Die Ergebnisse der internationalen Münzkonferenz in Paris mit spezieller Beziehung auf Rufsland. Bericht an den Verweser des Finanzministeriums. (Russische Rev. H. 9.) Petersburg 1881.

le Touzé, C. La question monétaire. Par. 1881.

— — La question de l'argent et les conférences internationales de 1881. Par. 1881.

Wagner, A. Für bimetallistische Münzpolitik Deutschlands. Berl. 1881.

— — Die jüngste Münzdebatte im Reichstage u. die französischen Vorschläge für den internationalen Münzkongrefs. Berl. 1881.

— — Die Währungsfrage in der neuesten Litteratur. (Zeitschr. f. Staatsw.) Tübingen 1881.

Waitz von Eschen, R. Goldwährung oder Doppelwährung. Eine kurze Erwiderung auf die Broschüre des Herrn v. Festenberg-Packisch. Berl. 1881.

Wallenberg, A. O. La question monétaire et la circulation en Suède. (Econ. fr. 6 mai.) Par. 1881.

Walras, L. Théorie mathématique du bimétallisme. (Journ. d. écon. Mai.) Par. 1881.

Weston, G. M. The battle of the standards in Europe. (Bank. mag. N.Y. Vol. 35.) New York 1881.

— — Practical bimetallism defined. (Bank. mag. N.Y. Vol. 35.) New York 1881.

Wiss, E. Uber die Währungsfrage. (Vierteljahrsschr. f. Volksw. B. 2.) Berl. 1881.

Zschille. Zur Währungsfrage. (Zeitschr. f. deutsche Volksw. H. 3.) Berl. 1881.

M. Ein Vorschlag zur Lösung der Silberfrage bei Aufrechthaltung der bestehenden Währungen. Wien 1881.

Gegen die Goldwährung. Von einem Grundbesitzer. Berl. 1881.

Der Kampf um die Währung. Orientierendes Korrespondenzblatt, herausgeg. von E. Koch. Erster Jahrg. Nr. 1—25.
Berl. 1881. Fol.

Le bimétallisme, ou trois barbarismes en un seul mot: savoir
un néologisme inutile et spécieux, une définition trompeuse
de la monnaie, une absurdité métrologique. Lettres à
M. J. Garnier. Par. 1881.

The effect of the development of banking facilities upon the circulation of the country. (Inst. of bankers. Febr.) Lond. 1881.

(Observer.) How money measures value. — The value of money
is controlled by its quantity. — The value of money does
not depend upon its material or cost of production. (Bank.
mag. N. Y. Vol. 35.) New York 1881.

Convention of the American bankers association, Aug. 11, 1881.
G. C. Coe upon silver certificates. (Bank. mag. N. Y.
Vol. 35.) New York 1881.

Statistique internationale des banques d'émission. 2 tms.
Roma 1881.

* Deutsches Reich. Neunte Denkschrift über die Ausführung
der Münzgesetzbung, vom 19. Febr. 1881. Berl. 1881.

* Deutsches Reich. Zehnte Denkschrift über die Ausführung
der Münzgesetzgebung, vom 26. Nov. 1881. Berl. 1881.

* — — Verhandlungen des Reichstags, betr. die Münz- und
Währungsfrage. Stenogr. Ber. SS. 234 —254. (10. März) 1881.

* Conférence monétaire internationale. (Avril—Mai et Juin—
Juillet 1881.) Procès-verbaux. Par. 1881. 4°.

* Proceedings of the international monetary conference held in
April—May, June and July 1881. Cincinnati 1881.

* Provvedimenti per l'abolizione del corso forzoso. (Camera
dei Deputati. Relazione della commissione, 27 gennaio 1881.)
Roma 1881. Fol.

* Eleventh annual report of the deputy master of the mint.
(C. W. Freemantle) 1880. Lond. 1881.

* Algemeen Verslag van het Munt-College v. 1880. Utrecht 1881.

* Report of the director of the mint (H. C. Burchard) for the
fiscal year ended June 30, 1881. Washington 1881.

* Report of the director of the mint (H. C. Burchard) upon the statistics of the production of the precious metals in the United States. Washington 1881.

* Report of the comptroller of the currency (J. J. Knox) December 5, 1881. Washington 1881.

1882.

Allison, W. B. The currency of the future. (Northamer. rev. Vol. 134.) New York 1882.

Arendt, O. Referat über die Währungsfrage, erstattet am 18. Febr. 1882. Berl. 1882.

— — Wider Soetbeer. Berl. 1882.

— — Offener Brief an Ludwig Bamberger. Berl. 1882.

Baert, J. F. B. Mededeelingen betreffende de Nederlandsche Bank. (Staatsk. Jaarboekje.) s'Gravenhage 1882.

Bamberger, L. Die Verschleppung der deutschen Münzreform. Ein Appell an die Reichsregierung. Köln 1882.

Barclay, R. Objections to bimetallism examined. (Manch. stat. soc. Sess. 1881—82.) Manchester 1882.

Barnett, R. W. The London bankers Clearing house. (Institute of bankers. February.) Lond. 1882.

— The national banks of the United States of America. (Institute of bankers. June.) Lond. 1882.

Benvenuti, B. Sulla riforma delle banche di emissione. Mil. 1882.

Bonnet, V. La question monétaire et les procès verbaux de la Conférence internationale. (Rev. d. d. m. Janv.) Par. 1882.

v. d. Borght, R. Die Preisentwickelung während der letzten Dezennien nach den Hamburger Börsennotierungen. (Conrads Jahrb. f. N. O. N. F. B. 5.) Jena 1882.

Brett, E. The history and development of banking in Australasia. (Institute of bankers. Nov.) Lond. 1882.

Brown, W. Proposals for an American bimetallic union. Montreal 1882.

Collins, C. M. History, law, and practice of banking: w. appendix and statutes. Lond. 1882.

Cramer-Frey, C. Zum Währungsstreit: Diskonterhöhungen. Doktrin. Pariser Konferenzen. Zürich 1882.

Crump, A. A review of the position and prophecies of the bimetallists. Lond. 1882.

Dalsème, J. La monnaie. Histoire de l'or, de l'argent et du papier. Par. 1882.

Davison, T. Les chèques et le Clearing système. (Econ. fr. 4, 18 févr.) Par. 1882.

Desert, E. Traité théorique et pratique de l'émission de la monnaie fiduciaire. Par. 1882.

Evans, J. £. s. d. or the origin of pounds, shillings and pence. (Journ. of the Institute of bankers. Febr.) Lond. 1882.

Földes (Weisz), B. Beiträge zur Frage über Ursachen und Wirkungen des Agio. (Conrads Jahrb. f. N. O. N. F. B. 4.) Jena 1882.

Fowler, W. The circulation of notes under £ 5. (Journ. of the Institute of bankers. December.) Lond. 1882.

de Foville, A. Le mouvement des prix dans le commerce extérieur. (Econ. fr. 29 avril, 17 juin.) Par. 1882.

Funke, W. Die württembergischen Marktpreise des Schafpferches im Vergleich mit dessen berechnetem Stoffwert. Ein Beitrag zur Preislehre. (Zeitschr. f. Staatsw. B. 38.) Tübingen 1882.

de Freitas, R. O bimetallismo. Oporto 1882.

Gilbart, J. W. The history, principles and practice of banking. New ed., revised to the present date. By A. S. Michie. 2 vols. Lond. 1882.

Greenfell, H. R. What is a standard? (Nineteenth cent. May.) Lond. 1882.

Hamilton, R. Money and barter. (Journ. of the Institute of bankers. January.) Lond. 1882.

Hartmann, G. Internationale Geldschulden. Freiburg i. B. 1882.

Haupt, O. Bimetallic England. Lond. 1882.

Hill, N. P. Gold and silver as standards of value. (Northameric. rev. Vol. 137.) New York 1882.

Hultsch, F. Griechische und römische Metrologie. 2. Bearbeitung. Berl. 1882.

Ilwof, F. Tauschhandel u. Geldsurrogate in alter u. neuer Zeit. Graz 1882.

v. Kardorff, W. Zur Währungsfrage. Berl. 1882.

Koch, E. Die bimetallistische Bewegung in England. Bericht über die am 8. März 1882 stattgehabte Versammlung der International monetary standard association. Berl. 1882.

de Laveleye, E. Der Grund der Wertschwankungen zwischen Gold u. Silber. Übers. von O. v. Bar. Berl. 1882.

— — Origine historique de quelques arguments mono- et binétalliques. 1882.

Leroy-Beaulieu, P. Du reflux de l'or en France (17 juin). — La question de l'or et les difficultés monétaires (7 oct.). L'Économiste français. Par. 1882.

Lexis, W. Der neueste Stand d. Währungsfrage u. d. Kongrefs der Bimetallisten in Köln. (Schmollers Jahrb.) Lpz. 1882.

— — Zur Währungsfrage. (Conrads Jahrb. N.F. B.5.) Jen. 1882.

Lock, A. G. Gold: its occurrence and extraction, embracing the geographical and geological distribution etc. Lond. 1882.

Loria, A. La teoria del valore negli economisti Italiani. (Archivio giuridico.) Bologna 1882.

Mallet, L. and Reay. Report on the international monetary conference, 1881. Parl. papers. Lond. 1882. Fol.

Mangin, A. Le mouvement économique aux Etats Unis: la production des métaux précieux, le monnayage etc. (25 févr., 11 mars). — La balance du commerce (23 déc.). L'Économiste français. Par. 1882.

Martin, J. B. Our gold coinage. An inquiry into its present defective condition, with a view to its reform. (Institute of bankers. June.) Lond. 1882.

Melchers, K. Die geschichtliche Entwicklung des Geldwesens u. der gegenwärtige Währungsstreit. 2. Aufl. Varel 1882.

Messedaglia, A. La moneta e il sistema monetario in generale. Torino 1882.

Nasse, E. Das Geld- und Münzwesen. (Schönbergs Handbuch der politischen Ökonomie. B. 1.) Tübing. 1882.

Pierson, N. G. Die Münzfrage. Berl. 1882.

Patterson, R. H. The new golden age and influence of the precious metals upon the world. 2 vols. Lond. 1882.

Price, B. How money does its work. (Contemporary rev. February.) Lond. 1882.

Schimmel, W. F. Geschiedkundig oversicht van het muntwesen in Nederland. Academisch proefschrift. Amsterd. 1882.

Schneider, J. P. Die Pariser Währungskonferenz von 1881. Eine Darstellung und Kritik der Verhandlungen derselben. Brem. 1882.

Siemens, G. Die Lage des Checkwesens in Deutschland. Referat. Berl. 1882.

Sherbrooke, Viscount. (Lowe, R.) What is money. (Nineteenth century. April.) Lond. 1882.

Soetbeer, A. Aufsätze in Bezug auf den Währungsstreit und die Silberfrage: im Deutschen Handelsbl. u. in der Wiener Neuen Freien Presse vom 4. u. 13. April, 3. Juni, 4. Juli, 8. September und Dezember 1882.

Temple, R. India. The purchasing power of the rupee relative to labour etc. (Institute of bankers. May.) Lond. 1882.

Tidman, P. F. Gold and silver money. 2. ed. Lond. 1882.

Tsvett, S. L'argent du XX. siècle, étude sur un nouveau étalon monétaire. Par. 1882.

Wallenberg, A. O. La question monétaire et la circulation en Suède. (Econ. fr. 6 mai.) Par. 1882.

Wenley, J. A. On the history and development of banking in Scotland. (Institute of bankers. March.) Lond. 1882.

Westgarth, W. The silver question as viewed from the bimetallic standpoint. Lond. 1882.

Westphal-Conn, P. Die wirtschaftliche Regenerierung Österreich-Ungarns. Ein Beitrag zur Herstellung der Valuta, nebst einer Darstellung der internationalen Bewegung auf dem münzpolitischen Gebiete. 2. Aufl. Wien 1882.

Wilson, H. B. Currency: or the fundamental principles of monetary science, postulated, explained and applied. New York 1882.

Deutsche Vorschläge zur praktischen Lösung der Währungsfrage. Text u. Kritik der Denkschrift der Nordd. Allg. Ztg. Berl. 1882.

Schriften des deutschen Vereins f. internationale Doppelwährung. H. 1—8. Berl. 1882. — (Die einzelnen Hefte sind besonders aufgeführt.)

Der Kampf um die Währung. Orientierendes Korrespondenzblatt, herausgeg. von E. Koch. Zweiter Jahrg. Nr. 12—16. Berl. 1882. Fol.

Bimetallistische Korrespondenz, herausgeg. von O. Arendt, Erster Jahrg. Nr. 1—45. Berl. 1882—1883. Fol.

Währungskorrespondenz, herausgegeben von H. Kleser. Cöln. 1882. Fol.

Bimetallism. Supplements to the Bullionist, issued for the International monetary standard association. Lond. 1882. Fol.

Verhandlungen des deutschen Reichstags über die Währungsfrage am 27. u. 28. Januar 1881. M. einem Vorwort von O. Arendt. Berl. 1882.

Der internationale bimetallistische Kongrefs zu Cöln am 11. bis
13. Okt. 1882. Stenogr. Bericht der Verhandl. Berl. 1882.

Occasional papers, issued by the International monetary standard association. Lond. 1882—1883:

    I. Bimetallic conference at Cologne. Report of the
       English delegates.

    II. The ratio between gold and silver. Two questions
       replied by H. H. Gibbs.

    III. The appreciation of gold and its effects on industry.

*Protokolle der internationalen Münzkonferenz zu Paris i. J. 1881.
Deutsche Übers., herausgeg. von M. Schraut. Berl. 1882.

* Twelfth annual Report of the deputy master of the mint
(C. W. Freemantle) 1881. Lond. 1882.

*Algemeen verslag van het Munt-College over 1881. Utrecht 1882.

* Report of the director of the mint (H. C. Burchard) for the
year ended June 30, 1882. Washington 1882.

* Report of the comptroller of the currency (J. J. Knox),
December 4, 1882. Washington 1882.

1883.

d'Achiardi, A. I metalli, loro minerali e miniere. Vol. 1.
Milano 1883.

Bailleux de Marisy. Les banquiers et les banques. (Rev.
d. d. m. Août.) Par. 1883.

v. Beesten, W. Die Währungsfrage. Eine volkswirtschaftliche Skizze. Berl. 1883.

Chevassus, H. L'étalon monétaire universel et la lutte de
l'or et de l'argent. Lond. 1883.

Courcelle-Seneuil. Richesses et valeur. (Journ. d. écon. Avril.)
Par. 1883.

Eggers, A. Der Duometallismus. Bremen 1883.

Ely, R. T. Money and its functions. (Bank. mag. N. Y.
Vol. 37.) New York 1883.

Eppinger, K. Die Gesetze der Preisbildung. Prag 1883.

Eras, W. Der Währungsstreit. Berl. 1883.

Fleming, J. S. On the theory and practice of banking in
Scotland. (Institute of bankers. February.) Lond. 1883.

de Fontpertuis, A. F. L'Inde anglaise, ses finances et sa
situation économique. (Journ. d. écon. Mai.) Par. 1883.

Fournier de Flaix, E. Les banques d'Australie. (Econ. fr. 6 oct.) Par. 1883.

Franke, C. L. The silver question. The principle, facts, figures etc. Louisville 1883.

Germanicus. Der zweite Pariser Krach. Lpz. 1883.

Gibbs, H. H. Die Doppelwährung, m. einer Einleitung von H. R. Grenfell u. einem vom Verfasser für die deutsche Ausgabe geschriebenen Vorwort. Übers. von E. Koch. Berl. 1883.

Goschen, G. J. On the probable result of an increase of the purchasing power of gold. (Institute of bankers. April.) Lond. 1883.

Hamilton, R. Capital. (Institute of bankers. June.) Lond. 1883.

Hausmeister, M. Die Vorzüge der Doppelwährung. Stuttg. 1883.

Hildebrand, R. Die Theorie des Geldes. Kritische Untersuchungen. Jena 1883.

Hill, N. P. Gold and silver as standards of value. (Northamer. rev. Vol. 137.) New York 1883.

Jordan, W. L. The standard of value. 3. ed. Lond. 1883.

Kellogg, E. Labor and capital: a new monetary system; the only means of securing the respective rights of labor and property, and of protecting the public from financial revulsions. New York 1883.

Kieser, H. Die deutsche Währung u. ihre Gegner. Kritische Erörterungen über Währungsfragen. Köln 1883.

Koch, R. Abrechnungsstellen in Deutschland und deren Vorgänger. Stuttg. 1883.

— — Über Bedürfnis und Inhalt eines Checkgesetzes für das Deutsche Reich. Vortrag. Berl. 1883.

de Laveleye, E. Das Wesen des Geldes. Übers. von O. v. Bar. Berl. 1883.

Leroy-Beaulieu, P. Une contradiction économique: la baisse du prix du blé et la hausse du prix du pain (24 févr.) — Du prix de l'existence et de la prétendue hausse de la valeur de l'or (12 et 26 mai). L'Econom. franç. Par. 1883.

Lexis, W. Der neuste Stand der Währungsfrage u. der Kongrefs d. Bimetallisten in Köln (Oct. 1882). (Jahrb. f. Gesetzgebung u. Volksw. Jahrg. 5, Heft 1.) Berl. 1883.

van der Linden, J. W. A. C. De zilverkrisis. Groningen 1883.

Martello, T. La moneta e gli errori che corrono intorno all' essa, con un introduzione di F. Ferrara. Firenze 1883.

Montgomery, R. The scarcity of gold and the remedy. (Manchester stat. soc.) Manchester 1883.

Newald, J. Das österreichische Münzwesen unter Ferdinand I. Wien 1883.

Palgrave, R. H. Inglis. The deficiency of weight in our gold coinage, with a proposal for its reform. (Institute of bankers. March.) Lond. 1883.

Posewitz, T. Das Goldvorkommen in Borneo. Budapest 1883.

v. Putlitz. La situation actuelle de la question monétaire en Allemagne. (Écon. fr. 17 mars.) Par. 1883.

Reid, W. S. The enhancing value of gold and the remedy. Manchester 1883.

Reinhard. Zur Währungsfrage. Anhang zum Jahresbericht der Handels- u. Gewerbekammer Zittau. Zittau 1883.

Rosemaad, C. L'emprunt Italien pour l'abolition du cours forcé. — L'Italie après l'abolition du cours forcé. Par. 1883,84. Fol.

Samwer, K. Geschichte des älteren römischen Münzwesens bis ca. 200 v. Chr. Berl. 1883.

Schlechtendahl, G. A. Gemeinfafsliche Darstellung der Währungsfrage. Eisleben u. Berl. 1883.

Schraut, M. Die Organisation des Kredits. Lpz. 1883.

Silvestre. Notes pour servir à la recherche et au classement des monnaies et medailles de l'Annam et de la Cochinchine française. Saigon 1883.

Soetbeer, A. Aufsätze in Bezug auf den Währungsstreit und die Silberfrage: Deutsches Handelsbl. Jan. u. Juli, Neue freie Presse v. 10. April, 24. Juni, 3. Juli u. 30. Dez. 1883.

Straulino, G. L'abolizione del corso forzoso della carta moneta nel Regno d'Italia, considerata dal lato economico-politico. Roma 1883.

Striedter, A. Rufslands Goldproduktion. (Russ. Rev. 12. Jahrg.) Petersb. 1883.

Stringher, B. Note di statistica e legislazione monetaria nei principali stati. Roma 1883.

le Touzé, C. Traité théorique et pratique du change des monnaies et des fonds d'état français et étrangers, etc. 3. éd. Par. 1883.

Towin, A. Le papier-monnaie Russe, sa dépréciation permanente par les emprunts en papier et les droits des douanes en or etc. Par. 1883.

Ulrich, G. H. F. Bemerkungen über die australische Gold-produktion. (Conrads Jahrb. f. N.O. N. F. B.7.) Jena 1883.

Vrolik, A. u. Pierson, N. G. Beschouwingen over de nadere voorziening omtrent het muntwesen. Amsterdam 1883.

— — La situation monétaire des Pays Bas en 1883. s'Gravenhage 1883.

Vuitry. A. Les abus du credit à la fin du règne de Louis XIV. (Rev. d. d. m. Decemb. et Janv.) Par. 1883, 1884.

Wallenberg, A. O. Les banques Suédoises. (Écon. fr. 1 déc., 19 janv.) Par. 1883, 1884.

Williams, A. Mineral resources of the United States. Washington 1883.

Zeller, G. Des Erzstiftes Salzburg Münzrecht u. Münzwesen. 2. Aufl. Salzburg 1883.

Schriften des deutschen Vereins für internationale Doppel-währung. H. 9 u. 10. Berl. 1883.

Der Kampf um die Währung. Orientierendes Korrespondenz-blatt. Herausgeg. von E. Koch u. O. Arendt. Dritter Jahrg. Nr. 1—9. Berl. 1883. Fol.

Währungskorrespondenz. Herausgeg. von H. Kleser. No. 11 bis 23. Köln 1883. Fol.

Lettres d'Italie. L'abolition du cours forcé. (Écon. fr. 6 et 13 janv.) Par. 1883.

Le coût du vivre a-t-il une influence sérieuse sur la fixation du taux des salaires? Société d'écon. pol. Discussion. (Écon. fr. 10 mars.) Par. 1883.

Ancient and modern gold fields. (Westminst. rev. Vol. 120.) Lond. 1883.

The mint and the gold coinage. (Quarterly rev. April.) Lond.1883.

Bimetallism. Bullionist, Febr. 24. and May 5. Lond. 1883. Fol.

Demonetisation of silver. W. G. Sumner, F. A. Walker and J. L. Laughlin. (Northameric. rev. Vol. 140.) New York 1883.

* Deutsches Reich. Elfte Denkschrift über die Ausführung der Münzgesetzgebung, vom 8. Januar 1883.

* — — Verhandlungen des Reichstags, betr. das Münzwesen. Stenogr. Ber. SS. 2982—2994. (11. Juni.) 1883.

* Thirteenth annual Report of the deputy master of the mint. (C. W. Freemantle.) 1882. Lond. 1883.

* Algemeen verslag van het Munt-College over 1882. Utrecht1883.

* Report of the director of the mint (H. C. Burchard) for the fiscal year ended June 30, 1883. Washington 1883.

* Report of the comptroller of the currency (J. J. Knox), Dec. 3, 1883. Washington 1883.

1884.

Andree, R. Die Metalle bei den Naturvölkern mit Berücksichtigung prähistorischer Verhältnisse. Lpz. 1884.

Barnett, R. W. On the action of the New York Clearinghouse association during the recent crisis. (Institute of bankers. Nov.) Lond. 1884.

Bauer, J. Das Vorkommen goldführender Gänge zwischen Bogsan und Donaischka in Südungarn. 1884.

van den Berg, N. P. The money market and paper currency in British India. Batavia 1884.

v. Böhm-Bawerk, E. Geschichte und Kritik der Kapitalzinstheorien. Insbruck 1884.

Bonnet, V. La circulation fiduciare et la crise actuelle. (Rev. d. d. m. Avril.) Par. 1884.

Cayla, C. Les monnaies; la réforme monétaire en Allemagne. — Passage du double étalon à l'étalon unique. (Journ. d. écon. Novembre.) Par. 1884.

Cernuschi, H. Le grand procès de l'Union latine. Par. 1884.

Costes, H. Notes et tableaux pour servir à l'étude de la question monétaire. Par. 1884.

Daniell, J. Clarmont. The gold treasure of India. An inquiry into its amount, the causes of its accumulation and the proper means of using it as money. Lond. 1884.

Dick, J. Banking statistics. A record of nine years progress, 1874 to 1883. (Institute of bankers. June.) Lond. 1884.

Evans, J. Token money. (Institute of bankers. March.) Lond. 1884.

Ford, W. C. The standard silver dollar and the coinage law of 1878. New York 1884.

Haupt, O. Währungspolitik und Münzstatistik. Berl. 1884.

Hyde Clarke. Prospective prices in Europe, America and Asia. (Brit. assoc. f. the advanc. of science, 53. meeting.) Lond. 1884.

Jametel, M. Les métaux précieux en Angleterre et aux Indes en 1883. (Écon. fr. 22 mars.) Par. 1884.

Jevons, W. S. Investigations in currency and finance. Lond. 1884.

Juglar, C. Les chèques certifiées. — Les certificats du Clearinghouse. (Econ. fr. 16 août et 13 sept.) Par. 1884.

Kahn, J. Geschichte des Zinsfusses in Deutschland seit 1815 und die Ursachen seiner Veränderung. Stuttg. 1884.

Karoly, A. Das Geld der Zukunft. (Zeitbewegende Fragen No. 11.) Lpz. 1884.

Lattes, A. Il diritto commerciale nella legislazione statutaria delle città Italiane. 1884.

Lehr, J. Beiträge zur Statistik der Preise, insbesondere des Geldes und des Holzes. Frankf. a. M. 1884.

Leroy-Beaulieu, P. De la dépréciation des valeurs immobiles en 1883 et de ses causes (5 janv.). — La baisse des prix des marchandises communes: ses causes et ses effets (12, 19 avril). — La question monétaire et le renouvellement de l'Union latine (29 mai). — La question monétaire: la production et le prix de l'or et de l'argent. — La demande croissante de l'or dans le monde etc. (22 et 29 nov.). L'Econ. franç. Par. 1884.

Linder, M. Die Asche der Millionen. Vor, während und nach der Krise im Jahre 1873. 2. Aufl. Wien 1884.

Martin, J. B. Seigneuriage and mint charges. (Institute of bankers. April.) Lond. 1884.

— — Gold versus goods. (Brit. assoc. f. the advanc. of science, 53. meeting.) Lond. 1884.

Mercier, A. Les banques d'émission en Europe et leur clientèle industrielle et commerciale. (Econ. fr. 5 janv.) Par. 1884.

Noël, O. La question monétaire et l'Union latine. (Journ. d. écon. Juillet.) Par. 1884.

Palgrave, R. H. Inglis. The gold coinage. Position of matters in the present time. (Institute of bankers. Dec.) Lond. 1884.

Perier, J. La Banque de France et les institutions de crédit. Par. 1884.

Poynting, J. H. Comparison of the fluctuations in the price of wheat and in the cotton and silk imports into Great Britain. (Stat. soc. Vol. 47.) Lond. 1884.

Price, B. The gold treasure of India. (Contemporary rev. March.) Lond. 1884.

Rey, J. A. Les débats sur la Banque de France. Par. 1884.

Rogers, J. E. T. Six centuries of works and wages. The history of English labour. 2 vols. Lond. 1884.

Schlösser, E. Die Münztechnik. Hannover 1884.

Schraut. M. Übersicht über den Geldumlauf im Gebiete des Deutschen Reichs während der fünfzehnjährigen Periode von 1869—1883. (Schmollers Jahrb. 9. Jahrg.) Lpz. 1884.

Serrure, R. La monnaie en Belgique. Verviers 1884.

Settegast, G. Die Wertbestimmung des Getreides als Gebrauchs- u. Handelsware. Lpz. 1884.

Shadwell. J. L. Method of measuring changes in the value of gold. (Brit. assoc. f. the advanc. of science, 53. meeting.) Lond. 1884.

Soetbeer. A. Die Wirkungen der Silberentwertung. (Conrads Jahrb. f. N. O. N. F. B. 8.) Jena 1884.

— — Geldumlauf in Deutschland. (Conrads Jahrb. f. N. O. N. F. B. 8.) Jena 1884.

— — Die Zukunft des lateinischen Münzvereins u. die Münzzustände Italiens. — Silberentwertung u. die Herstellung einer Metallvaluta in Rufsland. — Die Währungsfrage u. die latein. Münzkonvention. (Wiener Neue freie Presse vom 13. u. 14. März, 12. April, 12. u. 13. Nov.) 1884.

v. Stieglitz, H. Das Wesen und die Vorzüge des Depositen- und Checkverkehrs. Berl. 1884.

Tappan, R. N. Historical summary of metallic money. Boston 1884.

Upton. J. K. Money in politics, w. an introduction by E. Atkinson. Boston 1884.

Vuitry. A. Les excès de la spéculation au début du règne de Louis XV. (Rev. d. d. m. Mars, Avril.) Par. 1884.

Walras, L. Monnaie d'or avec billon d'argent régulateur. Bruxelles 1884.

v. Wieser. F. Über den Ursprung u. die Hauptgesetze des wirtschaftlichen Werts. Wien 1884.

Wirth, M. Das Geld. Geschichte der Umlaufsmittel von den ältesten Zeiten bis auf die Gegenwart. (Das Wissen der Gegenwart. B. 25.) Lpz. 1884.

Die Doppelwährungsfrage historisch u. kritisch erläutert von einem Antibimetallisten. Krefeld 1884.

Der Kampf um die Währung. Orientierendes Korrespondenzblatt, herausgeg. von E. Koch u. O. Arendt. 4. Jahrg. No. 1—4. Berl. 1884. Fol.

Bimetallistische Korrespondenz. Herausgeg. von O. Arendt. 2. Jahrg. No. 1—20. Berl. 1884. Fol.

Währungskorrespondenz. Herausgeg. von H. Kleser. No. 24
bis 31. Köln 1884. Fol.

Dans quelles limites doit s'exercer l'intervention de l'état au
sujet de l'émission des billets payables au porteur et à vue?
Société d'écon. pol. Discussion. (Écon.fr. 12janv.) Par.1884.

Shall silver be demonetised? N. P. Hill, A. Delmar and
W. A. Philips. (Northamer. rev. Vol. 141.) New York 1884.

* Deutsches Reich. Zwölfte Denkschrift über die Ausführung
der Münzgesetzgebung, vom 18. März 1884.

* Fourteenth annual Report of the deputy master of the mint
(C. W. Freemantle), 1883. Lond. 1884.

* Algemeen verslag van het Munt - College over 1883.
Utrecht 1884.

* Report of the director of the mint (H. C. Burchard) for
the fiscal year ended June, 1884. Washington 1884.

* Report upon the production of the precious metals in the
United States during the calendar year 1883. (H. C. Burchard.) Washington 1884.

* Report of the comptroller of the currency (H. W. Cannon)
December 1, 1884. Washington 1884.

* Reports from the consuls of the United States on the credit
and trade's systems of their several districts. Washington 1884.

1885.

Adamson, R. Some considerations on the theory of money.
(Manch. stat. soc. Session 1884—85.) Manchester 1885.

Aitchison, W. J. On the ratio a banker's cash reserve should
bear to the liability on current and deposit accounts etc.
(Institute of bankers. June.) Lond. 1885.

Allard, A. La crise, la baisse des prix, la monnaie. Brux.1885. 4°.

Arendt, O. Über die Bedeutung der Währungsfrage für die
Landwirtschaft. (Nachrichten aus dem Klub der Landwirte zu Berlin.) 1885. 4°.

Babelon. Description historique des monnaies de la république
Romaine. Vol. 1. Par. 1885.

Bamberger, L. Die Schicksale des Lateinischen Münzbundes.
Ein Beitrag zur Währungspolitik. Berl. 1885.

Barclay, R. The silver question and the gold question. Lond.1885.

Bernhardi, E. Beiträge zur Währungsfrage. Auf Veranlassung
der Handelskammer zu Dortmund herausgeg. Dortm. 1885.

Birnbaum, H. Der Check. Vortrag gehalten zu Köln. Köln 1885.

Buchanan, T. B. A plea for silver coinage and the double standard. Denver 1885.

Cernuschi, H. Les grandes puissances métalliques. Par. 1885.

— — The great metallic powers. Lond. 1885.

— — Les assignats métalliques, faisant suite au grand procès de l'union latine. Articles tirés du „Siècle". Par. 1885. 4°.

— — Le monométallisme bossu, faisant suite aux assignats métalliques. Par. 1885. 4°.

— — La danse des assignats, faisant suite au monométallisme bossu. Par. 1885.

Challey, J. Compte rendu . . . . sur la situation monétaire de Pays-Bas en 1883. — Réponse de S. Vissering. (Journ. d. écon. Avril et mai.) Par. 1885.

Chevassus, H. Silver as a universal medium of currency. (Institute of bankers. Dec.) Lond. 1885.

Costes, H. Les institutions monétaires de la France avant et depuis 1789. Par. 1885.

Connell, A. K. Indian railways and Indian wheat. (Journ. of the Statistical society. Vol. 48.) Lond. 1885.

Cornelissen, J. Muntmisdryven. Leiden 1885.

Del Mar, A. The science of money. Lond. 1885.

— — A history of money in ancient countries from the earliest times to the present. Lond. 1885.

Dirichlet, W. L. Das verdammte Geld. Nach dem Franz. des Bastiat bearbeitet für die deutsche Gegenwart. 2. Aufl. Berl. 1885.

Ernst. Von Bergwerkmünzen. Wien 1885.

de Foville, A. La circulation monétaire. Communication faite à la Société de Statistique de Paris. Par. 1885.

de Freitas, R. La baisse des prix et la production de l'or. (Écon. fr. 19 déc.) Par. 1885.

Geffken, F. H. Die Angriffe auf unsre Währung. (Deutsche Rundschau. B. 12.) Berl. 1885.

Giffen, R. Trade depression and low prices. (Contemporary rev. June.) Lond. 1885.

Grier, A. Our silver coinage. New York 1885.

Hansard, L. On the prices of some commodities during the decade 1874—1883. (Journ. of the Institute of bankers. Jan.) Lond. 1885.

Hertzka, T. Goldwährung u. Valutaregulierung in Österreich-Ungarn. Wien 1885.

Hewitt, A. S. Suspension of silver coinage. Speech in the House of Representatives. Washington, March. 1885.

Horton, S. D. International bimetallism. (Northamer. rev. Vol. 141.) New York 1885.

Hughes, R. W. The american dollar; and the anglo-german combination to make gold dearer. Richmond 1885.

de Johannis, A. J. L'insuccesso della conferenza monetaria nell' Agosto 1885. Firenze 1885.

Kleser, H. Währungs- und Wirtschaftspolitik. Kritische Untersuchungen über den Währungsstreit. Köln 1885.

— — Preisrückgang und Goldwährung. Beiträge zum Verständnis der wirtschaftlichen Lage und der Währungsfrage. Köln 1885.

Knies, K. Geld u. Kredit. 1. Abt. Das Geld. Darlegung der Grundlehre von dem Gelde, insbesondere der wirtschaftlichen u. rechtsgiltigen Funktionen des Geldes m. einer Erläuterung über Kapital u. Übertragung von Nutzungen. Zweite verbesserte u. vermehrte Aufl. Berl. 1885.

Koch, R. Die Reichsgesetzgebung über Münz- u. Bankwesen. Berl. 1885.

Köchlin-Geigy. Die Währungsfrage und der Fall der Preise. Vortrag in der statistisch-volkswirtschaftlichen Gesellschaft etc. Basel 1885.

Launhardt, W. Das Wesen des Geldes u. die Währungsfrage. Lpz. 1885.

de Laveleye, E. La crise et la contraction monétaire. (Journ. d. écon. Mars) Par. 1885.

— — The economic crisis and its causes. Lond. 1885.

Laves, T. Der Geldwert in der Weltwirtschaft und die Doppelwährung. (Schmollers Jahrb. B. 9.) Lpz. 1885.

Leroy-Beaulieu, P. L'échec de la dernière conférence monétaire (22 août). — La production et la consommation de l'or et de l'argent et la question monétaire (24 et 31 oct.) L'Écon. franç. Par. 1885.

Lexis, W. Zur Währungsfrage. (Conrads Jahrb. f. N. O. N. F. B. 10.) Jena 1885.

Lohren, A. Zur Kritik des Bimetallismus. Korreferat in der freien wirtschaftlichen Vereinigung des Reichstags erstattet. Köln 1885.

Löll, L. Die Goldwährung. Eine für jeden Geschäftsmann verständliche Belehrung über den Wert, das Geld, die Goldwährung u. deren Folgen für die Landwirtschaft u. das Kleingewerbe. Würzburg 1885.

Luzzati, G. Delle alterazioni e trasformazioni del tipo monetario. Venezia 1885.

Martello, T. Il sofisma gallico e l'astuzia latina sulla conferenza latina. (Rassegna di scienze sociale e politiche. Anno III. fasc. 62.) Firenze 1885.

May, H. The Bank of England. (Fortnightly rev. Vol. 43.) Lond. 1885.

Martin, J. B. Media of exchange: some notes on the precious metals and their equivalents. (Brit. assoc. f. the advanc. of science, 54. meeting.) Lond. 1885.

Moreton Frewen. Gold scarcity and the depression of trade. (Nineteenth Century. Oct.) Lond. 1885.

Moxon, T. B. English banking practice. (Journ. of the Institute of bankers. March and Nov.) Lond. 1885.

Mulhall, M. History of prices since the year 1850. Lond. 1885.
— — Prices and gold supply. (Contemporary rev. Aug.) Lond. 1885.

Nasse, E. Die Währungsfrage in Deutschland. (Preußische Jahrb. B. 55.) Berl. 1885.

Newald, J. Das österreichische Münzwesen unter Maximilian II, Rudolph II und Mathias. Wien 1885.

Papadopoli, N. Sul valore della moneta Veneziana. Saggio letto etc. Venezia 1885.

de Parieu, E. Interpellation monétaire du 7 mars 1885. (Journ. d. écon. Avril.) Par. 1885.

Philippovich v. Philippsberg, E. Die Bank von England im Dienst der Finanzverwaltung des Staats. Wien 1885.

Rauchberg, H. Österreichs Bank- u. Kreditinstitute in den Jahren 1872—83. Wien 1885.

Reuter, O. Die Währungsfrage aus dem Gesichtspunkte der Industrie. Referat in der Sitzung des Vereins der Industriellen im Regierungsbezirk Köln am 16. März 1885. Köln 1885.

Rogers, J. E. T. Eight chapters on the history of works and wages. Lond. 1885.

Scharling, W. Die jetzige Geschäftsstille u. das Gold. (Conrads Jahrb. f. N. Ö. N. F. B. 11.) Jena 1885.

Schlechtendahl, G. A. Gemeinfassliche Darstellung der Währungsfrage, m. einem Anhange: Der gegenwärtige Stand der Währungsfrage u. ihre Bedeutung für die Landwirtschaft. Berl. 1885.

Schmidt, H. The future of silver. (Institute of bankers. April.) Lond. 1885.

Simon, A. et Walras, L. Contribution à l'étude des variations des prix depuis la suspension de la frappe des écus d'argent. Lausanne 1885.

Soetbeer, A. Gegenwärtiger Stand der Währungsfrage u. die Zukunft des Silbers. (Vierteljahrsschr. für Volksw. u. Kulturgesch. Jahrg. 22, Heft 2) Berl. 1885.

— — Materialien zur Erläuterung u. Beurteilung der wirtschaftlichen Edelmetallverhältnisse u. der Währungsfrage. Herausgeg. vom Vorstande des Vereins zur Wahrung der wirtschaftl. Interessen v. Handel u. Gewerbe. Berl. 1885. 4°.

— — Aufsätze in Bezug auf den Währungsstreit u. die Silberfrage: Hmbg. Börsenhalle vom 28. u. 29. Juli, 28. Oct., 12. Nov., 9., 20. u. 24. Dez. — Neue freie Presse vom 13., 20. u. 25. März, 24. u. 25. April, 24. Juni, 18. u. 19. Aug., 16. Dez. 1885.

Steel, W. A. Periodic commercial and financial fluctuations, considered in the relation of the business of banking. (Journ. of the Institute of bankers. Oct.) Lond. 1885.

Stöpel, F. Das Geld in der gegenwärtigen Volkswirtschaft. Minden 1885.

de Viti de Marco, A. Moneta e prezzi ossia il principio quantitativo in rapporto alla questione monetaria. Città di Castello 1885.

Walras, L. D'une méthode de régularisation de la variation de la valeur de la monnaie. Lausanne 1885.

Wells, D. A. Practical economics. A collection of essays etc. The silver question. — Are gold and silver indispensable as measure of value? New York 1885.

Wolf, J. Zur Lehre vom Werth. (Zeitschr. für Staatswissensch.) Tübingen 1885.

Kipper und Wipper. Drei Zornlieder a. d. J. 1621 über die Münzverschlechterung. Frankf. 1885. 4°.

Zur Aufklärung der Währungsfrage. Ein Mahnruf an das deutsche Volk etc. Herausgeg. vom deutschen Verein für internationale Doppelwährung. Berl. 1885.

Denkschrift gegen die Einführung der Doppelwährung und für die unbedingte Aufrechterhaltung des deutschen Münzgesetzes in seiner jetzigen Gestaltung. Verfasst von Mitgliedern der Handelskammer in Sorau. Sorau 1885.

Eingabe an den Reichskanzler betreffend den Antrag der Reichstagsabgeordneten v. Schorlemer, v. Kardorff u. Genossen bezüglich der Währungsfrage. Herausgeg. vom Vorstande des Vereins zur Wahrung der wirtschaftlichen Interessen von Handel u. Gewerbe. Berl. 1885.

Goldwährung und Valutaregulierung in Österreich-Ungarn. Wien 1885.

Referat über die Währungsfrage von einer von 111 französischen Banquiers beauftragten Kommission erstattet und in der Sitzung d. d. Paris den 17. April 1885 angenommen. A. d. Franz. übers. Eisleben 1885.)

[Bericht der seitens der Ägyptischen Regierung zur Untersuchung der Münzverhältnisse des Landes eingesetzten Kommission vom 21. September 1885.]

Verhandlungen, Mitteilungen und Berichte des Centralverbandes deutscher Industrieller, Jan.-April 1885, enthaltend Bericht über die Delegiertenversammlung zu Cöln a. Rh. 5. und 6. Oct. 1885. Tagesordnung: Die Währungsfrage mit Rücksicht auf die hiebei in Betracht kommenden praktischen Interessen von Handel und Industrie etc. Berl. 1885.

Zur Währungsfrage. Berl. 1885.

Die Währungsdebatte im Reichstage am 6. März 1885. Stenographischer Bericht. Mit einem Anhange: Die Rede Bambergers, besprochen von O. Arendt. (Schriften des deutschen Vereins für internat. Doppelwährung. Heft 11.) Berl. 1885.

Der Kampf um die Währung. Orientierendes Korrespondenzblatt. Herausgeg. von O. Arendt. 5. Jahrg. No. 1—4. Berl. 1885. Fol.

Bimetallistische Korrespondenz. Herausgeg. von O. Arendt. 3. Jahrg. No. 1—24. Berl. 1885. Fol.

Währungskorrespondenz. Herausg. von H. Kleser. No. 32—36. Cöln 1885.

La France a-t-elle intérêt à prolonger l'Union latine? Société d'écon. pol. Discussion. (Journ. d. écon. Mai.) Par. 1885.

The silver currency of the United States. (Journ. of the Institute of bankers. Oct.) Lond. 1885.

* Deutsches Reich. Dreizehnte Denkschrift über die Ausführung der Münzgesetzgebung, vom 26. Februar 1885.

* Deutsches Reich. Verhandlungen des Reichstags in Betreff des Münzwesens. Stenogr. Ber. SS. 952—1003. März 1885.
* Direction générale des monnaies et médailles. Expériences de frai effectuées en 1884. Par. 1885. 4°.
* La composition de la circulation monétaire de la France, avec cartes et diagrammes. (Bulletin de Statistique etc. Août.) Par. 1885.
* Conférence monétaire entre la Belgique, la France, la Grèce, l'Italie et la Suisse en 1885. Par. 1885. 4°.
* Arrangement relatif à l'exécution de l'article 14 de la convention du 6 novembre 1885. Par. 1885. 4°.
* Message du Conseil Fédéral à l'Assemblée Fédérale concernant la ratification de la convention monétaire du 6 nov. 1885. Berne 1885.
* Fifteenth annual Report of the deputy master of the mint (C. W. Freemantle) 1884. Lond. 1885.
* Algemeen verslag van het Munt-College over 1884. Utrecht 1885.
* Report of the director of the mint (H. C. Burchard) for the fiscal year ended June 30, 1885. Washington 1885.
* Report upon the production of the precious metals in the United States during the calendar year 1884 (H. C. Burchard). Washington 1885.
* Report of the comptroller of the currency (H. W. Cannon) December 1, 1885. Washington 1885.

———

1886.

Allard, A. Discours sur la crise agricole et manufacturière, ses causes monétaires et les moyens d'y remédier. Brux. 1886.

Arendt, O. Der Währungsstreit in Deutschland. Eine Antwort auf E. Nasse's gleichnamige Schrift. Berl. 1886.

Atkinson, E. Address on the silver question. Providence 1886.

Augspurg, G. D. Der Niedergang der Preise u. die Währungsfrage. Bremen 1886.

Baird, W. The one-pound note; its history, place and power in Scotland and its adaptability for England. Lond. 1886.

Barbour, D. The theory of bimetallism and the effects of the partial demonetisation of silver. Lond. 1886.

Benzi, C. C. Monetaria. Considerazioni intorno ai varii sistemi monetarii. Roma 1886.

16*

Bernhardi, E. Die derzeitige Lage der Währungsfrage. Vortrag gehalten zu Dresden. Dortmund 1886.

— — Herr Professor E. Nasse als Kritiker. Ein Referat für die Dortmunder Handelskammer. Dortmund 1886.

Biollay, L. Etudes économiques sur le 18. siècle. Les prix en 1790. Par. 1886.

Blanchard. Théorie de la monnaie Romaine au 3. siècle. (Acad. des inscript etc. Comptes rendus. 4.série. Vol.15.) Par.1886.

Böckh, A. Die Staatshaushaltung der Athener. 3. Aufl. Herausgeg. u. mit Anmerkungen begleitet von M. Fränkel. 2 Bde. Berl. 1886.

v. Böhm-Bawerk, E. Grundzüge der Theorie des wirtschaftlichen Güterwerts. (Conrads Jahrb. f. N. O. N. F. B. 13.) Jena 1886.

Bourne, S. On the use of index numbers in the investigation of trade statistics. (Brit. assoc. f. the advanc. of science, 55. meeting.) Lond. 1886.

Bungeroth, H. Die Währungsfrage. Für gebildete Laien bearbeitet. Berl. 1886.

Burckhardt-Bischoff, A. Die lateinische Münzkonvention und der internationale Bimetallismus. Basel 1886.

Burckhart, W. The currency problem. A proposal for the rehabilitation of silver. Lond. 1886.

Cellerier, L. La baisse des prix et l'application des inventions modernes à l'industrie. (Econ. fr. 12 juin.) Par. 1886.

Cernuschi, H. Anatomie de la monnaie. Par. 1886.

Chevassus, H. A short account of the Latin monetary union. (Journ. of the Institute of bankers. Nov.) Lond. 1886.

Christians, W. Der Rückgang der Warenpreise. Berl. 1886.

Cusumano, V. Il cambium regis in Sicilia nei seculi 13. e 14. (Giornale d. econ. V. 1.) Bologna 1886.

Dahlgren, C. B. Handbook to the historic mines of Mexico. New York 1886.

Daniell, J. Clarmont. The drain of gold to India; its effects on trade, and their remedy. (Institute of bankers. Dec.) Lond. 1886.

— — Bimetallism. (National review. September.) Lond. 1886.

v. Debschitz, A. Videant consules ne quid detrimenti capiat res publica. Betrachtungen über die Währungsfrage m. besonderer Berücksichtigung ihrer sozialen Bedeutung. Breslau 1886.

Douglas, W. The currency of India. Manchester 1886.

Duffus, R. D. L. The financial depression, its causes and remedy. Auckland 1886.

Eggers, A. Vorschläge zur Währungsfrage. Erläutert an drei Währungsmaßsstäben. Bremen 1886.

Farmer, E. J. The conspiracy against silver; or a plea for bimetallism in the United States. Cleveland 1886.

Földes (Weiss), B. Bemerkungen über den Einfluß der Geldeinheit auf die Preise. (Conrads Jahrb. N. F. B. 13.) Jena 1886.

Forssell, H. Guldbristen och de läga varuprisen. Stockh. 1886.

— — The appreciation of gold and the fall of prices of commodities. Lond. 1886.

Fournier de Flaix, E. Le problème monétaire. (Société statistique de Paris. Vol. 27. Sept. et oct.) Par. 1886.

de Foville, A. La circulation monétaire de la France d'après les recensements de 1868, 1878 et 1885. (Soc. stat. de Paris. Vol. 27.) Par. 1886.

Fowler, W. Prices in England in 1885. (Contemp. rev. Vol. 47.) Lond. 1886.

Gairdner, C. Economy in the use of gold as practised in Scotland, considered as a means of counteracting the effects of scarcity. (Institute of bankers. March.) London 1886.

Gibbs, H. H. Bimetallism. Standard of value. (Fortnightly rev. Vol. 46.) Lond. 1886.

Gibbs, H. H. and **Grenfell, H.** The bimetallic controversy. A collection of pamphlets, papers, speeches and letters. Together w. contributions from Earl Grey, Lord Sherbrooke (R. Lowe), Lord Bramwell, Professor Bonamy Price, Professor Jevons, Sir T. H. Farrer, Mr. R. Giffen, Mr. C. Daniell, Mr. H. D. Macleod, M. Henri Cernuschi. Reprinted from the originals. Lond. 1886.

Giffen, R. On some bimetallic fallacies. (Institute of bankers. June.) Lond. 1886.

— — Low prices and depression of trade. (Contemp. rev. Vol. 47.) Lond. 1886.

— — Essays in finance. Second series. Lond. 1886.

Graham, W. The one-pound note; the rise and progress of banking in Scotland and its adaptability to England. Edinburgh 1886.

Gruber, J. Die österreichische Gesetzgebung über Münzen u. Papiergeld und Geldzahlungen. Wien 1886.

Haupt, O. L'histoire monétaire de notre temps. Par. et Berl. 1886.

Hyndman, H. M. The bankruptcy of India. Lond. 1886.

Inama-Sternegg. K. T. Die Quellen der historischen Preisstatistik. (Statist. Monatsschr. 12. Jahrg.) Wien 1886.

Karmár, K. Das Papiergeld in Österreich seit 1848. Lpz. 1886.

Köchlin-Geigy. Die Währungsfrage u. der Fall der Preise. Basel 1886.

Kolb, K. Die Währungsfrage. Bayreuth 1886.

Kral, F. Geldwert u. Preisbewegung im Deutschen Reiche 1871—1884. Jena 1886.

Kruss, G. Untersuchungen über das Atomgewicht des Goldes. München 1886.

de Lacerda, J. F. La crise économique due aux affaires à terme. Moyens pratiques pour résoudre cette grave question. Havre 1886.

Lang, A. E. Gold u. Goldwährung. (Gegenwart v. 24. Juli.) Berl. 1886.

Laughlin, J. L. The history of bimetallism in the United States. New York 1886.

de Laveleye, E. Aspetto attuale della questione monetaria. (Giornale d. econ. Vol. 1.) Bologna 1886.

Lee, A. E. Bimetallism in the United States. (Political science Quarterly. Sept.) Boston 1886.

v. Lenthe. Hat die in Deutschland eingeführte Goldwährung für die Landwirtschaft Nachteile etc. (Hannoversche Land- u. Forstwirtschaftliche Zeitung. XXXIX, 4.) Hannov. 1886.

Leroy-Beaulieu, P. La baisse des prix et la crise commerciale dans le monde. (Rev. d. d. m. Mai.) Par. 1886.

— — Das Sinken der Preise u. die Welthandelskrisis. Angebliche Ursachen u. vorgeschlagene Heilmittel. Übers. von E. v. Kaleckstein. Berl. 1886.

— — L'état actuel de la question monétaire (13 févr.). — De la baisse des prix des marchandises et de ses causes (20 févr.) Écon. franç. Par. 1886.

Lexis, W. Neuere Schriften über Edelmetalle, Geld u. Preise. (Conrads Jahrb. f. N. O. N. F. B. 13.) Jena 1886.

— — Die Währungsfrage u. die Produktionsverhältnisse der Edelmetalle. (Schmollers Jahrb.) Lpz. 1886.

Lohren, A. Kolonialgeld. Ein Beitrag zur Beurteilung der Währungsfrage. Köln 1886.

Löll, L. Eine Währungsrede des Reichstagsabgeordneten Dr. L. Bamberger im Lichte der Thatsachen. Eine Ergänzung der beiden Schriften: Die Goldwährung von L. Löll und die Nachteile der Goldwährung von Frhr. v. Thüngen-Rossbach. Worms 1886.

Mangin, A. Paradoxes sur les inconvénients et les dangers du crédit (Écon. fr. 17 avril). Par. 1886.

Mercier, A. La commission des valeurs et la crise en Europe et aux États Unis. (Écon. fr. 10 juillet.) Par. 1886.

v. Mirbach-Sorquitten. Die schwere Schädigung der Landwirtschaft, des Gewerbes, der Industrie, des Handwerks, aller körperlichen u. geistigen Arbeit durch die Goldwährung. (Extrabeilage zur Deutschen Landwirtschaftlichen Presse. 13. Jahrg. No. 1.) Berl. 1886. Fol.

— — Die Währung in ihrer Wirkung auf unser Erwerbsleben. Vortrag. Berl. 1886.

Moireau, A. La question d'argent aux États Unis. (Rev. d. d. m. Juin.) Par. 1886.

Mulhall, M. G. On the variations of price-level since 1850. (Brit. assoc. f. the adv. of science, 55. meeting.) Lond. 1886.

Musgrave, A. Functions of money and bimetallism. (Westminst. rev. Vol. 126.) Lond. 1886.

Nasse, E. Besprechung der Beiträge zur Währungsfrage etc. von E. Bernhardi. (Conrads Jahrb. N.F. B. 12.) Jena 1886.

Norman, J. H. Gold and silver standard currencies. Lond. 1886.

Nozi-Rod. De la circulation du papier de complaisance. (Econ. franç 8 mai.) Par. 1886.

Oldekop, H. Für internationale Doppelwährung. Erwiderung auf die Schrift von Launhardt. Berl. 1886.

Palgrave, R. H. J. Currency and standard of value in England, France and India, and the rates of exchange between these countries. Memorandum laid before the Commission on depression of trade and industry. (Appendix B to the third Report of the Commission.) Parl. pap. Lond. 1886. Fol.

Papa d'Amico, A. L. I titoli di credito surrogati della moneta. Catania 1886.

Pollard, T. J. Gold and Silver weighed in the balance. Calcutta and Lond. 1886.

— — The Indian tribute and the loss by exchange. Calcutta and Lond. 1886.

Procul. Zwei volkswirtschaftl. Aufsätze. 1. Die Bimetallisten u. die Warenpreise. — 2. Kapital u. Monopol. Hmbg. 1886.

Rae, J. L'histoire naturelle du crédit. (Journ. d. écon. Sept.) Par. 1886.

Raffalovich, A. La production du blé dans l'Inde. (Econ. franç. 18 et 25 déc.) Par. 1886.

Rauchberg, H. Der Clearing- u. Giroverkehr. Ein statistischer Beitrag zur Kenntnis des volkswirtschaftlichen Zahlungsprozesses. Wien 1886.

Restrepo, V. A study of the gold and silver mines of Colombia. March 1884. Translated by C. W. Fisher. New York 1886.

— — Circulaire du Ministre des affaires étrangères sur les mines d'or et d'argent de la République de Colombie. Bogota 1886.

Sauerbeck, A. Prices of commodities and the precious metals. (Journ. of the Statistic. soc. Vol. 49.) Lond. 1886.

Scharling, W. Der Detailhandel u. die Warenpreise. (Conrads Jahrb. f. N. O. N. F. B. 13.) Jena 1886.

Schmidt, H. The silver question in its social aspects. Lond. 1886.

Schüller, C. Die bimetallistische Propaganda vom Goldwährungsstandpunkt aus beleuchtet. Lpz. 1886.

Seyd, E. J. F. Bimetallism in 1886 and the further fall in silver. Lond. 1886.

Sidgwick, H. Theory of bimetallism (Fortnightly rev. Vol. 46.) Lond. 1886.

Soetbeer, A. Materialien zur Erläuterung u. Beurteilung der wirtschaftlichen Edelmetallverhältnisse u. der Währungsfrage. Zweite vervollständigte Ausgabe. Berl. 1886. — Graphische Darstellungen in bezug auf die Silberfrage. Ausgearbeitet von H. Soetbeer. Berl. 1886. 4°.

— — Aufsätze in bezug auf den Währungsstreit u. die Silberfrage: Wiener Neue freie Presse v. 15. Jan., 6. Febr., 23. u. 24. April, 3. Juni, 28. Juli, 13. Aug., 30. Okt. 1886.

Stille, G. Unsere Währungsfrage. Osnabrück 1886.

Struck, E. Skizze des englischen Geldmarktes. — Der internationale Geldmarkt i. J. 1885. (Schmollers Jahrb. B. 10. Lpz. 1886.

v. Sydow-Dobberphul, H. Die Silberentwertung u. die internationale Krisis der Landwirtschaft, der Industrie u. des Welthandels. Vortrag. Berl. 1886.

v. Thüngen-Roßbach, C. Die Nachteile der Goldwährung. Eine Ergänzung der Schrift „Die Goldwährung" von L. Löll. Würzburg 1886.

Walras, L. Théorie de la monnaie. Par. 1886.

Witte, F. Unser Geldwesen. Seine Schäden u. seine Verbesserung. Berl. 1886.

Wolf, J. Thatsachen u. Ansichten der ostindischen Konkurrenz im Weizenhandel. Tübingen 1886.

— — Zur Lehre vom Wert. (Zeitschr. f. Staatsw. B. 42.) Tübingen 1886.

Verhandlungen des deutschen Landwirtschaftsrats. Währungsfrage. Referent Dr. Frege. Korreferent Prof. v. Miaskowski. (Archiv des Landwirtschaftsrats. 10. Jahrg. Heft 6 u. 7.) Berl. 1886.

Der Kampf um die Währung. Orientierendes Korrespondenzblatt. Herausgeg. von O. Arendt. 6. Jahrg. No. 1—4. Berl. 1886. Fol.

Bimetallistische Korrespondenz. Herausgeg. von O. Arendt. 4. Jahrg. No. 1—7. Berl. 1886. Fol.

Währungskorrespondenz. Herausgeg. von H. Kleser. No. 37 bis 40. Köln 1886. Fol.

Movimento dei prezzi di alcune generi alimentari dal 1862 al 1885 e confronto fra essi il movimenti delle mercedi etc. Roma 1886. 4º.

Scarcity of gold. (Edinb. rev. Vol. 163.) Edinb. 1886.

Dearness of gold. (Quarterly rev. Oct.) Lond. 1886.

The function of money; bimetallism. (Westminster rev. Vol. 126.) Lond. 1886.

The silver pamphlet. By Specie. Lond. 1886.

Occasional Papers issued by the Bimetallic League:
   No. 1. The silver question by J. S. Nicholson.
   No. 2. The silver question. Address delivered by H. R. Grenfell.
   No. 3. The causes of depression in the cotton industry of the United Kingdom. By F. Blackwell Forbes.
Lond. 1886.

La crisis monetaria. Estudios etc. hechos por acuerdo del Presidente de la republica. Mexico 1886.

* Deutsche Reichstag. Verhandlungen über die Währungsfrage. Stenographischer Bericht der Verhandlungen der Reichstagssitzungen v. 9., 10. u. 11. Febr. Berl. 1886. 4º.

* Sixteenth annual Report of the deputy master of the mint (C. W. Freemantle), 1885. Lond. 1886.

* Algemeen verslag van het Munt-college over 1885. Utrecht 1886.

* Report of the director of the mint (J. P. Kimball) for the fiscal year ended June 30, 1886. Washington 1886.

* Report of the comptroller of the currency (W. L. Trenholm) December 4, 1886. Washington 1886.

* Report upon the production of the precious metals in the United States during the calendar year 1885 (J. P. Kimball). Washington 1886.

* Message from the President of the United States . . . . . w. information relative to gold and silver coinage in Europe. Washington 1886.

* Letter from the Secretary of the treasury . . . relative to the purchase of silver bullion for coinage. Washington 1886.

* Letter of the Secretary of the treasury (D. Manning.) . . . respecting coin in payments of interest bearing debt etc. Washington 1886.

1887.

Atkinson, E. Low prices, high wages, small profits: what makes them? (Century Magazine. Aug.) Lond. 1887.

— — What is bimetallism? Lond. 1887.

— — Report of bimetallism in Europe. (Report from Consuls of the United States. Dec.) Washington 1887.

Auspitz, R. und Lieben, R. Zur Theorie des Preises. Lpz. 1887.

Barnett, R. W. The silver question in the United States during 1886. (Journ. of the Institute of bankers. January.) Lond. 1887.

Barry, W. Venezuela; a visit to the gold mines of Guiana and voyage up the river Orinoco during 1886. W. a brief sketch of the mineral wealth and resources of Venezuela etc. Lond. 1886.

Benini, R. Le basi d'una nuova teoria della circolazione. Cremona 1887.

van den Berg, N. P. The financial and economic progress and condition of Netherlands India during the last fifteen years and the effects of the present currency system. (Printed for private circulation only.) Batavia 1887. Fol.

— — De voor-en nadelen van onze tegenwordige muntregeling. Batavia 1887.

Bernhardi, E. Herr Professor Erwin Nasse und der Dortmunder Handelskammerbericht. Eine währungspolitische Streitschrift. Dortmund 1887.

Bunzl, C. Die Währungsfrage in Österreich-Ungarn. Wien 1887.

Cernuschi, H. Das bimetallische Pari. Der Gold- und Silber-Kommission in Lond. unterbreitete Bemerkungen. Köln 1887.

— — Le pair bimétallique. Notes soumises à la Gold and Silver Commission. Par. 1887.

Cochut, A. La situation monétaire en 1886. (Rev. d. d. m. Juillet et août.) Par. 1887.

Conrad, J. Die Getreidepreise im Preußischen Staate von 1765 bis 1788. — Beiträge zur Beurteilung der Preisreduktion in den 80er Jahren. (Conrads Jahrb. f. N.O. N.F. B. 15.) Jena 1887.

Cusumano, V. Storia dei banchi della Sizilia. I. Banchi privati. Roma 1887.

Del Mar, A. Money and civilisation: or a history of the monetary laws and systems of various states since the dark ages and their influence upon civilisation. Lond. 1887.

Fournier de Flaix, E. Le problème monétaire. Seconde partie: De la baisse de la valeur de l'argent. (Société de statistique de Paris. Vol. 28. Févr. et mars.) Par. 1887.

de Foville, A. Une enquête sur les prix de détails (Écon. fr. 10 et 24 sept., 22 oct., 26 nov.). Par. 1887.

Fowler, W. The appreciation of gold. Lond. 1887.

Gärtner, F. W. Über die wirtschaftliche Natur des Geldes. (Zeitschr. für Staatswissenschaft etc. B. 43.) Tübingen 1887.

Gehlert, A. Überproduktion u. Währung. Berlin 1887.

Gerritsen, C. V. De Nederlandsche Bank. Amsterdam 1887.

Giffen, R. The recent rate of material progress in England. (Stat. soc. Vol. 50.) Lond. 1887.

Hankiewics, H. Bestimmungen über Münzen, Staatspapiergeld u. Staatsschuld in Österreich. Wien 1887. 4°.

Hansen, J. Untersuchungen über den Preis des Getreides mit besonderer Rücksicht auf den Nahrgehalt desselben. Jen. 1887.

Haupt, O. Arbitrages et parités. 7. éd. complètement refondue et augmentée. Par. 1887.

Hertzka, T. Das Wesen des Geldes. Lpz. 1887.

Hessen, R. Das Goldmonopol der Börse. Berl. 1887.

(Hirsch, B.) Praktische Besprechung der Währungsfrage. (Als Manuskript gedruckt.) Halberstadt 1887. 4°.

Horton, S. D. The silver pound and England's monetary policy since the restoration; together w. the history of the guinea. Illustrated by contemporary documents. Lond. 1887.

Humbert, L. Circulation monétaire et fiduciaire en France, en Algérie et dans les colonies. Par. 1887.

Hyde Clarke. The causes affecting the reduction in the cost of silver. (British association for the advancement of science, 55. meet.). Lond. 1887.

Jacoby, S. Die deutsche Zettelbankreform im Jahre 1891. München 1887.

Kral, F. Geldwert u. Preisbewegung im Deutschen Reiche, 1871—1884. (Elster: Sammlung staatswissenschaftlicher Studien.) Jena 1887.

de Lange, A. M. Een beginsel van bankbeheer. (Leiden) 1887.

Laughlin, J. L. Gold and prices since 1873. Reprinted from the Quarterly Journal of Economics. Boston 1887.

de Laveleye, E. Scarcity of gold. (Contemp. rev. Vol. 49.) Lond. 1887.

Leonhardt, G. Die Verwaltung der österreichisch-ungarischen Bank, 1878—1885. Wien 1887. 4⁰.

Leroy-Beaulieu, P. Les variations des prix depuis soixante ans (19 et 26 févr.). — Quelques considérations sur les prix des marchandises depuis deux siècles (3 sept.). — La répartition de l'or dans le monde et l'encaisse de la Banque de France depuis le commencement du siècle (8 oct.). — La répartition de l'or dans le monde et le drainage de l'or français (15 oct.). Econ. franç. Par. 1887.

Levi, L. Delle riforme necessarie alla moneta metallica. Bologna 1887.

Levin, F. W. The logic of money: an essay on the principles of currency and the theory of bimetallism. Lond. 1887.

Macleod, H. D. The relation between the standard of value and price. Lond. 1887.

Majorana, G. Teoria del valore. Roma 1887.

Marshall, A. Remedies for fluctuations of general prices. (Contemporary review. March.) Lond. 1887.

Metzler. Einfluß der Getreidepreise auf die Brodpreise und dieser auf die Löhne. Jena 1887.

Meyer, J. Ein Beitrag zur Lösung des Währungsproblems. Berl. 1887.

v. Mirbach. Ist bei einem Festhalten an der Goldwährung ein Ende der wirtschaftlichen Krisis abzusehen? (Ein Vortrag in der 2. Sitzung des 18. Kongresses deutscher Landwirte.) Berl. März 1887.

Mortara, A. La riforma monetaria in Egitto e gli interessi italiani. (Giornale d. econ. Vol. 2.) Bologna 1887.

Nicholson, J. S. Bimetallism both avantageous and practicable. An address at the Manchester Athenaeum. Manchester, March 1887. 4°.

— — Die Vorteile und die Ausführbarkeit der Doppelwährung. Übersetzt von E. Koch. Berl. 1887. 4°.

— — One pound notes. (British association for the advancement of science, 55. meeting. 1886.) Lond. 1887.

— — The measurement of variations in the value of the monetary standard. (Stat. soc. Vol. 50.) Lond. 1887.

Norman, J. H. Single grain system. (London Bankers Magazine.) Lond., May 1887.

— — The comparative cost of gold and silver and the yield of grains of gold and silver per ton of ore. Lond. 1887.

— — An elucidation of the metallic base of the colonial and foreign exchanges, and the simplification of exchange. (Journ. of the Institute of bankers. March.) Lond. 1887.

— — Memorandum on the cause or causes of the worldwide fall in the gold price of silver etc. Lond. 1887.

— — Local dual standards. Gold and silver standard currencies. Lond. 1887. 4°.

Ohl, A. E. U. W. De handel en de muntqwestie. Samarang 1887.

Parey, K. Die Realbank. Ein Rettungsmittel aus der Not in unserer Zeit. Berl. 1887.

Perl, T. Zur Frage der Valutaregulierung in Österreich-Ungarn. Zürich 1887.

Philipps, A. Elements of metallurgy: u. a. Statistics of the amount of each metal annually produced. New ed. Lond. 1887.

Pisco, J. Die Aufnahme der Barzahlungen in Österreich-Ungarn und die internationale Regelung der Währungsfrage. Wien 1887.

Platzmann, A. Das fortschreitende Sinken der Preise unter der Herrschaft der Zollpolitik nach Wilbrandt - Pisede. Dresd. 1887.

Rogers, J. E. T. A history of agriculture and prices in England, from the year after the Oxford-Parliament (1259) to the commencement of the continental war (1793); compiled entirely from original and contemporaneous records. Vol. 5, 6. 1583—1702. Oxford 1887.

Seifert, W. Zur Währungsfrage in Deutschland. Ein Vortrag. Dresd. 1887.

Seligmann, E. La circulation des monnaies de bronze françaises en Angleterre (Écon. fr. 7 mai). Par. 1887.

Smith, S. The bimetallic question. Lond. 1887.

Soetbeer, A. Materials for the illustration and criticism of the economic relations of the precious metals and of the currency question. 2. ed. Translated and printed for the use of the Gold and Silver Commission only. Lond. 1887. Fol.

— — Materials toward the elucidation of the economic conditions affecting the precious metals and the question of standards. 2. revised edition. Translated by F. W. Taussig. (Reports from the consuls of the United States. December 1887). Washington 1887.

— — Aufsätze in bezug auf den Währungsstreit und die Silberfrage: Neue freie Presse v. 25. März, 20. u. 21. April, 15. u. 16. Juli, 23. August; Hamburger Börsenhalle v. 2., 7., 13. u. 19. April, 9. Juni, 3. u. 4. August, 21.—23. Sept., 15. u. 17. Nov. Hmbg. 1887.

Strachey, G. Report on the recent currency discussions in Germany. Lond. 1887.

Struck, E. Der internationale Geldmarkt im Jahre 1886. (Schmoller's Jahrb. B. 11.) Lpz. 1887.

Terrel, A. Trade and currency. Lond. 1887.

Tidman, P. E. Money and labour: an address on the currency question delivered at the workmen's conference in the Colonial and Indian exhibition. Lond. 1887.

Vita, G. Saggio sulla teoria del valore. Bologna 1887.

Wagner, A. Über eine Aufgabe der Statistik der Preise. (Bulletin de l'Institute intern. de statistique.) Rom 1887.

Walras, L. Note sur la solution du problème monétaire Anglo-Indien. (Rev. d'économie politique. Nov. et déc.) Par. 1887.

Wilbrandt, C. Das fortschreitende Sinken der Preise unter der Herrschaft der Schutzzollpolitik. Wismar 1887.

Zogher, A. La réforme monétaire en Égypte. (Econ. fr. 26 mars.) Par. 1887.

Der Kampf um die Währung. Orientierendes Korrespondenzblatt. Herausgeg. von O. Arendt. Siebenter Jahrgang. Berl. 1887. Fol.

Bimetallistische Korrespondenz. Herausgeg. von O. Arendt. Fünfter Jahrg. Berl. 1887. Fol.

Die Wiener Getreidepreise im 18. Jahrh. (Stat. Monatsschr. 13. Jahrg.) Wien 1887.

Dans les oscillations de prix, est il vrai que ce que l'un gagne, l'autre le perd? Société d'écon. pol. Discussion. (Econ. fr. 11 juin.) Par. 1887.

First Report of the Royal Commission appointed to inquire into the recent changes in the relative values of the precious metals; w. minutes of evidence and appendices. Parl. Pap. Lond. 1887. Fol.

The silver question plainly and practically considered by a free-trader. Lond. 1887.

Appreciation of gold. (London Bankers magazine. July.) Lond. 1887.

Occasional papers issued by the Bimetallic League:
>   No. 4. The stability of a fixed ratio between gold and silver and international bimetallism. By J. S. Nicholson.
>   No. 5. Bimetallism for practical men. By J. S. Nicholson.
>   No. 6. The farmer and the silver question. By Moreton Freeman.
>   No. 7. A review of a pamphlet by „a free-trader" on „the silver question plainly and practically considered" by another freetrader.

Lond. 1887.

La crisis monetaria. Estudios sobre la crisis mercantil y la depreciacion de la plata etc. Mexico 1887.

Noticias de las acuñaciones é introducciones de metales preciosos en el año fiscal de 1885 à 1886. Formadas bajo la dirección de J. Stavoli. México 1887. 4°.

* Seventeenth annual Report of the director of the mint (C. W. Freemantle), 1886. Lond. 1887.

* Algemeen verslag van het Munt-college over 1886. Utrecht 1887.

* Report of the director of the mint (J. P. Kimball) for the fiscal year ended June 30, 1887. Washington 1887.

* Report upon the production of the precious metals in the United States during the calendar year 1886. (J. P. Kimball.) Washington 1887.

* Report of the comptroller of the currency. (W. L. Trenholm.) December 1, 1887. Washington 1887.

* Reports from the Consuls of the United States. No. 87: E. Atkinson on bimetallism in Europe. December 1887. Washington 1887.

1888.

Allard, A. Etude sur la crise agricole, commerciale et ouvrière et ses causes monétaires en Angleterre. Par. 1888. 4°.

Arendt, O. Die Erhöhung der Getreidezölle. Berl. 1888.

Atkinson's Bericht über den Bimetallismus in Europa. (Vierteljahrsschrift für Volksw. u. Kulturgesch. B. 29.) Berl. 1888.

d'Avis, E. Die wirtschaftliche Überproduktion u. die Mittel zu ihrer Abhilfe. (Conrads Jahrb. N. F. B. 17.) Jena 1888.

Bamberger, L. In Sachen Gold gegen Silber. („Nation" v. 12. Mai.) Berl. 1888. 4°.

Bayerdörffer. Der Einfluß des Detailhandels auf die Preise. (Schriften d. Ver. f. Sozialp. B. 36.) Lpz. 1888.

van den Berg, N. P. De graanhandel van British - Indie. Batavia 1888.

— — La circulation monétaire et fiduciaire aux Indes orientales neerlandaises. (Journ. d. écon. Févr.) Par. 1888.

Blancard, L. L'origine du marc. (Annuaire de la soc. franç. de numismatique. Vol. 12.) Par. 1888.

Bloeck, R. Untersuchungen über die Produktionskosten der Getreidekörner. Jena 1888.

van der Borght, R. Der Einfluß des Zwischenhandels auf die Preise auf Grund der Preisentwickelung im Aachener Kleinhandel. Lpz. 1888.

Bovet-Bolens, H. La fin de la crise. Par. et Lausanne 1888.

Bubenik, F. Die Technik des Giroverkehrs bei der Österr.-Ungarischen Bank. Wien 1888.

Chirac, A. Les brigandages historiques. L'agiotage sous la 3. republique (1870—1887.) 2 vlms. Par. 1888.

Circalek, T. Die Währungsverhältnisse der Erde. „Geographische Rundschau" 1888 Heft 10 m. Karte. Berl. 1888.

Dabos, H. La théorie de la valeur; réponse aux observations de M. T. Mancquin. (Journ. d. écon. Janv.) Par. 1888.

Edgeworth, F. Y. Some new methods of measuring the variation in general prices. (Statist. soc. Vol. 52.) Lond. 1888.

— — The mathematical theory of banking. (Stat. soc. Vol. 52.) Lond. 1888.

Ellis, A. The quantitation of stock exchange values. (Statist. soc. Vol. 52.) Lond. 1888.

Ellmann, A. Zur Kritik der Doppelwährung. Lpz. 1888.

Fournier de Flaix. Le problème monétaire. (Société de statistique de Paris. Vol. 29. Jan., avril et mai.) Par. 1888.

Foxwell, H. S. Irregularity of employment and fluctuations of prices. Lond. 1888.

— — Misconceptions in regard to the bimetallic policy of a fixed ratio. Manchester 1888.

Geffroy, A. Du rôle de la richesse dans l'ancien Rome sous la République. (Rev. d. d. m. Juin.) Par. 1888.

Gerlach, O. Die Preisbildung des Fleisches in Halle a. S. (Schriften d. Ver. f. Sozialp. B. 36.) Lpz. 1888.

Giffen, R. Recent changes in prices and incomes compared. (Statist. soc. Vol. 51.) Lond. 1888.

Glanville, E. The South African gold fields. Lond. 1888.

Görz, A. Über Gold u. Silber. (Verhandlungen d. V. zur Beförderung des Gewerbfleifses.) Berl. 1888. 4°.

Hammer, E. Zur Beseitigung des Agios. Die Grundbegriffe des Geld- u. Währungswesens. Lpz. 1888.

Hotchkiss, P. Pratt. Banks and banking. 1871—1888; an historical sketch based upon official records. New York 1888.

Houdard, A. La théorie de la valeur. Réponse à M. Dabos. (Journ. d. écon. Janv.) Par. 1888.

Howell, G. Synopsis. Gold and silver Commission. Lond. 1888.

de Johannis, A. J. Le banche di emissione e il credito in Italia. Torino 1888.

Jordan, W. L. The standard of value. 5. ed. Lond. 1888.

v. Kardorff, W. Die Strikes der Bergleute in den Kohlendistrikten u. die Währungsfrage. (Deutsches Wochenblatt. No. 23.) Berl. 1888. 4°.

Kenner, F. Römische Goldbarren mit Stempeln. (Numism. Zeitschr. 20. Jahrg.) Wien 1888.

Kruse, E. Kölnische Geldgeschichte bis 1386; nebst Beiträgen zur kurrheinischen Geldgeschichte bis zum Ende des Mittelalters. Trier 1888.

Leroy-Beaulieu, P. Le renouvellement du privilège de la Banque de France etc. (18 févr.). — Les variations de l'escompte aux Banques d'Angleterre et de France et les embarras monétaires dans le passé et dans le présent (13 oct.). — Les taux de l'escompte et les variations de l'encaisse d'or à la Banque de France (20 oct.) — La question de l'or et de l'argent (15 et 29 déc.). Écon. fr. Par. 1888.

Lexis, W. Über gewisse Wertgesamtheiten u. deren Beziehung zum Geldwert. (Zeitschr. f. Staatsw. B. 44.) Tübingen 1888.

— — Die Währungsfrage und die englische Untersuchungskommission. (Conrads Jahrb. N. F. B. 16.) Jena 1888.

— — Der Breslauer Konsumverein und die Kleinhandelspreise. (Schriften d. Vereins f. Sozialp. B. 36.) Lpz. 1888.

Lotz, W. Geschichte u. Kritik des deutschen Bankgesetzes vom 14. März 1875. Lpz. 1888.

Marlborough, Duke of. The vampire gold. Lond. 1888.

Martin, J. B. Notes on some recorded movements of coin and its equivalents during recent years. (Inst. of bankers. March.) Lond. 1888.

Mees, C. W. [Über den Einfluss des veränderten Wertverhältnisses zwischen Gold und Silber auf das Sinken der Warenpreise.] (De Econ.) Amsterd. 1888.

Menger, C. Zur Theorie des Kapitals. (Conrads Jahrb. N. F. B. 17.) Jena 1888.

v. Mirbach. Die Lage der Landwirtschaft u. die Währungsfrage. (Deutsches Wochenblatt. No. 39 u. 40.) Berl. 1888.

Mitchell, H. Diamonds and gold of South Afrika. Lond. 1888.

Nasse, E. Das Sinken der Warenpreise während der letzten 15 Jahre. (Conrads Jahrb. f. N. O. N. F. B. 17.) Jena 1888.

Nicholson, J. S. A treatise on money and essays on present monetary problems. Edinburgh and Lond. 1888.

Noel, O. Les banques d'émission en Europe. T. 1. Par. 1888.

Norman, J. H. The present position of the universal currency dilemma and the probable results of the possible future action in connection w. the same. (Chamber of commerce, Journ. Jan.) Lond. 1888.

— — Has the dislocation between gold and silver, or the appreciation of gold produced the disturbance of gold prices? (Chamber of Commerce, Journ. Oct.) Lond. 1888.

Preshaw, G. O. Banking under difficulties, or life in the gold fields. Melbourne 1888.

Rameri, L. La banca unica. (Giornale d. econ. Vol. 3.) Bologna 1888.

Rappe, H. Die Münzstätte Kuttenberg. (Numism. Zeitschr. 20. Jahrg.) Wien 1888.

Rochussen, J. Studies over Geld-en Munt-wesen. 's Gravenhage 1888.

Rodolico, G. Le banche nazionali e la valuta negli Stati Uniti d'America. (Giornale d. econ. Vol. 3.) Bologna 1888.

Scharling, W. Werttheorieen und Wertgesetz. (Conrads Jahrb. f. N. O. N. F. B. 16) Jena 1888.

Scholtz-Knobloch, T. Die Preisbildung. Berl. 1888.

Seligmann, E. L'état de notre monnaie d'or et de la nécessité de compléter notre législation monétaire (Econ. fr. 11 et 18 févr.) Par. 1888.

Sharland, E. Crawys. Coin of the Realm: what is it? or, Talks about gold and silver coins. Also as an appendix, an exchange calculus etc. by J. H. Norman. Lond. 1888.

Sbrojavacca, L. Il progetto bancario. — Emissione e circolazione. (Giornale d. econ. Vol. 3.) Bologna 1888.

Strack, E. Der internat. Geldmarkt im Jahre 1887. Lpz. 1888.

Supino, C. La scienza economica in Italia dalla seconda metà del secolo XVI alla prima del XVII. (. . . . Valore e prezzo. — La moneta.) Torino 1888.

Tidman, P. F. Gold and silver money. Lond. 1888.

Topley, W. Gold and silver: their geological distribution and their probable future production. A paper prepared at the request of the section — economic science and statistics —, and ordered to be printed in extenso by the general committee. (British assoc. f. the advanc. of science, 57. meeting, 1887.) Lond. 1888.

Vanderbilt, A. T. Gold not only in Wales, but also in Great Britain and Ireland. Facts and figures. Lond. 1888.

de Varigny, C. Les grands fortunes aux États Unis. (Rev. d. d. m. Mai.) Par. 1888.

— — Les grands fortunes en Angleterre. (Rev. d. d. m. Juin, sept., nov., déc.) Par. 1888.

Wasserrab, K. Preise und Krisen. Volkswirtschaftliches aus unseren Tagen. Eine von der staatswirtschaftlichen Fakultät München gekrönte Preisschrift „Über die Veränderungen der Preise auf dem allgemeinen Markt seit 1875 und deren Ursachen". Stuttg. 1889. (1888.)

Werner, E. A. The banking laws of the state of New York. Albany 1888.

Wicksteed. The alphabet of economic science. Part 1. Elements of the theory of value or worth. Lond. 1888.

v. Wieser, F. Der natürliche Wert. Wien 1889. (1888.)

Wolf, J. Zur Reform des schweizerischen Notenbankwesens. Eine eidgenössische Girostelle als Lösung. Zürich 1888.

— — Die eidgenössische Wirtschaftskrisis. Tübingen 1888.

Wolff, L. Die Brodpreise der Stadt Leipzig im Jahre 1885. (Schriften des Ver. f. Sozialp. B. 36.) Lpz. 1888.

Zolla, D. Les variations des prix et du revenu de terres. (Écon. fr. 24 nov. et 22 déc.) Par. 1888.

Neuere Schriften über Gold und Edelmetalle. Besprochen von W. Lexis. (Conrads Jahrb. f. N. O. N. F. B. 17.) Jena 1888.

Die Preisentwickelung im Hamburger Handel während der letzten Dezennien. (Conrads Jahrb. f. N. O. N. F. B. 17.) Jena 1888.

Gold- u. Silbergewinnung auf nassem Wege. (Dinglers Polyt. Journ. B. 269. S. 577 ff.) Stuttg. 1888.

Über den Einfluß des Detailhandels auf die Preise u. etwaige Mittel gegen eine ungesunde Preisbildung. Verhandlungen des Vereins für Sozialpolitik am 28. September 1888 zu Frankfurt. (Referenten: J. Conrad, Crüger u. v. Rohrscheidt.) Lpz. 1888.

Der Kampf um die Währung. Orientierendes Korrespondenzblatt. Herausgeg. v. O. Arendt. 8. Jahrg. Berl. 1888. Fol.

Bimetallistische Korrespondenz. Herausgeg. von O. Arendt. 6. Jahrg. Berl. 1888. Fol.

Moneta e credito. (Annuario statistico italiano. Anno 1887.) Roma 1888.

Saggio di statistica delle mercedi. (Annali di statistica. 4. ser.) Roma 1888.

Report of the Committee, consisting of Mr. S. Bourne, Mr. F. Y. Edgeworth (Secretary), Professor H. S. Foxwell, Mr. R. Giffen, Professor A. Marshall, Mr. J. B. Martin, Professor J. S. Nicholson, Mr. R. H. Inglis Palgrave and Professor Sidgwick, appointed for the purpose of investigating the best methods of ascertaining and measuring variations in the value of the monetary standard. Drawn up by the Secretary. (Brit. assoc. f. the advanc. of science, 57. meeting, 1887.) Lond. 1888.

India's unadjusted trade balance. (Political science. Quarterly, Colombia College. December.) New-York 1888.

Proceedings of the bimetallic conference held at Manchester, April. 1888. Manchester 1888.

United States geological survey. V. 12. Geology and mining industry of Leadville, Colorado. Washington 1888. 4º.

* Administration des monnaies et médailles. Expériences de frai effectuées en 1888. Par. 1888. 4⁰.

* Direction générale des monnaies et médailles. Expériences de frai effectuées en 1887. Par. 1888. 4⁰.

\# Commission monétaire instituée le 30 Janv. 1886 pour l'exécution de la convention du 6 Nov. 1885. Systèmes monétaires des différents pays. 1. fascicule. (Ministère des Finances.) Par. 1888. 4⁰.

* Eighteenth annual Report of the deputy master of the mint (C. W. Freemantle) 1887. Lond. 1888.

* Second Report, Final Report and Appendix to Final Report of the Royal Commission appointed to inquire into the recent changes in the relative values of the precious metals. W. minutes of evidence etc. Parl. pap. Lond. 1888. Fol.

Im Appendix zu den Reports sind u. a. folgende Aktenstücke veröffentlicht:

I. Report. A. Sauerbeck. Course of prices of commodities in England from 1846 to 1885 etc. — Barbour. Hoarding in India: and wages of postal runners from 1855 to 1885. — Roberts Austen. The cost of producing silver. — Waterfield. Tables relating to the trade of the United Kingdom and of India etc. . . . . Comparison of the financial position of the Government of India in 1880/81 and in 1885/86. — A. Provand. Results of 56 transactions completed w. Shanghai, between Jan. 1886 and Mai 1887. — Correspondence between the Treasury, the Indian Office, and the Government of India on the silver question.

II. Report. J. Barr Robertson. Rise and fall of prices in consequence of increase or decrease in the volume of the currency. — H. D. Macleod. Relation between prices and the standard of value. — J. Comber. Reduction in cost of transport of Indian and American wheat since 1873. — W. Fowler. Russian exports of wheat in the last 20 years with the rate of exchange.

Final Report. Note by Sir Louis Mallet. — Note by Mr. Barbour. — S. Dana Horton. Answers to (16) questions of the Commission. — S. Montagu. Proposal for an International convention fixing a ratio between silver and gold. — Clarmont Daniell. Memorandum on the question whether the cheapness of silver stimulates Indian exports. — T. Farrer. The use of gold in railway transactions in the United Kingdom. — D. Wells. The use of paper currency in the State of California. — United Kingdom. Movement of gold bullion and specie and of silver bullion and specie from et to foreign countries. — British India. Statistics of prices and wages. — Translation of Dr. Soetbeer's „Materialien etc."

* Algemeen verslag van het Munt-college over 1887. Utrecht 1888.

* Report of the director of the mint (J. P. Kimball) for the fiscal year ended June 1888. Washington 1888.

* Report of the director of the mint (J. P. Kimball) upon production of the precious metals in the United States during the calendar year 1887. Washington 1888.

* Report of the comptroller of the currency (W. L. Trenholm). December 1888. Washington 1888.

1889.

Allard, A. Dépréciation des richesses. Crise qu'elle engendre. — Maux qu'elle répand. — Souffrances qu'elle provoque dans les classes laborieuses. Accompagné des observations de MM. F. Passy, P. Leroy-Beaulieu, Levasseur, Germain, Léon Say; suivi de l'avis de M. E. de Laveleye. Brux. 1889.

— — La crise sociale. (Congrès monétaire internationale de Paris 1889. Discours.) Par. 1889.

Andrews, R. A honest dollar. (Publications of the American Economic Assoc. Vol. IV, 6.) 1889.

Arendt, O. Die Währungsfrage. (Deutsches Wochenblatt No. 7.) Berl. 1889. 4°.

— — Die Zukunft der Reichsbank. Berl. 1889.

d'Aulnis de Bourouill, J. Der Zinsfufs. Die Ursachen seines Sinkens und seine nächste Zukunft. (Conrads Jahrb. f. N. O. N. F. B. 18.) Jena 1889.

Auspitz, R. und Lieben, R. Untersuchungen über die Theorie des Preises. Lpz. 1889.

Bagehot, W. A practical plan for assimilating the English and American money, as a step towards the universal money. Lond. 1889.

Bamberger, L. Einige Neuigkeiten aus der Gegend von Gold u. Silber. („Nation" v. 6. Juli.) Berl. 1889.

— — Die Münzpolitik der Kulturstaaten am Ende des Jahres 1889. („Nation" v. 28. Dez.) Berl. 1889.

Basch, J. Wirtschaftliche Weltlage. Berl. 1889.

Bayerdorffer, A. Die Preisschwankungen der Rohmetalle während der letzten Jahre. (Conrads Jahrb. f. N. O. N. F. B. 19.) Jena 1889.

v. Belhazy. Über die Ermittlung des Werts alter Münzen. (Numism. Zeitschr. 21. Jahrg.) Wien 1889.

Block, M. La situation des banques Suisses. (Écon. fr. 26 janv.) Par. 1889.

v. Böhm-Bawerk. Kapital u. Kapitalzins. Abt. 2. Innsbr. 1889.

Boissevant, G. M. Quelques observations au sujet des discussions du Congrès Monétaire international de l'exposition universelle de 1889. Amsterdam 1889.

Bordet, E. Essai sur la Banque de France à propos du renouvellement du privilège. Par. 1889.

Bourne, S. Index numbers as illustrating the progressive exports of british produce and manufactures. (British association f. the advanc. of science, 57. meeting, 1888.) Lond. 1889.

— — On variations in the volume and value of exports and imports of the United Kingdom in recent years. (Statist. soc. Vol. 53.) Lond. 1889.

Brodie Hoare, E. Bimetallism, a dialogue. (National review. March.) Lond. 1889.

Bull, H. The currency problem and its solution. Lond. 1889.

Canovai, T. La questione bancaria in Italia, osservazioni intorno al disegno di legge per il riordinamento degli istituti di emissione etc. Roma 1889.

Cernuschi, H. Speech at the Monetary Congress in Paris 1889. Lond. 1889.

Cimmaruta, E. Credito e banche. Studî economici. Napoli 1889.

Coste, A. Les métaux précieux et la question monétaire. Rapp. sur les „Materialien de Dr. Ad. Soetbeer". Par. 1889.

— — Nouvel exposé d'économie politique et de physiologie sociale. (— — Les lois de la valeur. Les moyens de circulation. La monnaie. Le crédit et sa représentation confuse par le billet etc.) Par. 1889.

Crump, A. An investigation into the causes of the great fall in prices which took place coincidentally with the demonetisation of silver by Germany. Lond. 1889.

Delisle. Sur les opérations financiers des Templiers. (Mémoires de l'Acad. d. inscr. et b. l.) Par. 1889. 4°.

Dietzel, H. Papierrubel oder Silberrubel. (Baltische Monatsschrift. B. 36, Heft 4.) Reval 1889.

Farrer, T. H. What do we pay with? Or, Gold, credit and prices. Including correspondence with Professor Nasse of Bonn. Lond. 1889.

Ferraris, M. La politica monetaria italiana e la crisi di Torino. Nuova antol. Vol. 24.) Roma 1889.

Flatow. Studie über den Wertbegriff. (Zeitschr. f. Staatsw. B. 45.) Tübingen 1889.

Fournier de Flaix, E. Congrès monétaire international. Rapport sur l'enquête monétaire anglaise. Par. 1889.

— — Le problème monétaire. 4. partie. Critique des théories et des solutions du problème monétaire. (Soc. stat. de Paris. Vol. 30.) Par. 1889.

Gibbins, H. Some criticisms of bimetallist arguments. (Westm. rev. Vol. 75.) Lond. 1889.

Giffen, R. A problem in money. (Nineteenth Century. Nov.) Lond. 1889.

— — The growth of capital. Lond. 1889.

Glanville. The South Africa gold fields. Lond. 1889.

Gobbi, U. L'economia politica negli scrittori Italiani del secolo XVI—XVII. Milano 1889.

Gottsche, C. Über den Mineralreichtum von Korea. (Sep. Abd.) Jena 1889.

Graziani. Storia critica della teoria del valore in Italia. Milano 1889.

Grittner, H. Goldwährung ist Erwerbsnot. Volkswirtschaftliche Betrachtungen für das deutsche Volk. Berl. 1889.

Harris, W. J. An examination into the reason of the price of wheat rising or falling contemporaneously with the variations in the values of foreign currencies. (Brit. assoc. f. the advanc. of science, 58 meeting, 1888.) Lond. 1889.

Houdard, A. Premiers principes de l'économie. (— — Théorie de la valeur. — Théorie de la monnaie etc.) Par. 1889.

Hucke, J. Geld. Währungspolit. Unterhaltungen. Berl. 1889.

— — Das verwünschte Geld. Währungs-, wirtschafts- und sozialpolitische Untersuchungen. 3. Aufl. Berl. 1889.

John, W. P. St. The United States legal tender note, and silver. A paper read before the American bankers association, at Cansas city. (Bank. mag. N. Y. Vol. 44.) New York 1889.

Juglar, C. Des crises commerciales et de leur retour périodique en France, en Angleterre et aux États Unis. 2. éd. Par. 1889.

Kacziány, F. Zur Regelung des Geld-, Münz-, Bank- und Zahlungswesens. Eine staatsbürgerliche und national-ökonomische Frage. Wien 1889.

Koch, R. Geld und Wertpapiere. Eine Besprechung der für den Bankverkehr erheblichen Bestimmungen des Entwurfs eines bürgerlichen Gesetzbuches für das Deutsche Reich. Berl. 1889.

v. Kostanecki, A. Der öffentliche Kredit im Mittelalter. Nach Urkunden der Herzogtümer Braunschweig und Lüneburg. Lpz. 1889.

Lamas, P. S. Congrès monétaire international de Paris, Septembre 1889. Par. 1889.

Launhardt, W. Die Quantitätstheorie. Ein Beitrag zur Lehre vom Wesen des Geldes. Hannover 1889.

de Laveleye, E. The joint standard practically considered. (Address delivered at the International monetary Congress, Paris). Manchester 1889.

Lehr, J. Wert, Grenzwert und Preis. (Conrads Jahrb. f. N. O. N. F. B. 19.) Jena 1889.

Leroy-Beaulieu, P. Le marché des valeurs mobilières depuis le krach de 1882 (5, 12, 19 janv.). — Les projets du renouvellement du privilège de la Banque de France (20 et 27 avril). — Les variations du prix des marchandises depuis vingt ans (22 juin). — Le marché des valeurs mobilières en Europe et en Amérique en temps de paix et en temps de guerre (6 et 13 juillet). — La solidité des fonds d'Etat et la circulation monétaire intérieure (20 juillet). — Le congrès monétaire (14 sept.) — Le sud de l'Afrique; les mines d'or de Transvaal (19, 26 oct.). — Un commencement de retour à la hausse générale des prix etc. (14 et 21 déc.). L'Economiste français. Par. 1889. Fol.

Löll, L. Die Währungsfrage. Ein Hilfsmittel zum Verständnis derselben. 2. verbesserte Aufl. Nebst einem Referat: Die Nachteile der Goldwährung von C. von Thüngen-Rofsbach. Würzb. 1889.

Lotz, W. Die Währungsfrage in Österreich-Ungarn. (Schmollers Jahrb. Jahrg. 13, H. 4.) Lpz. 1889.

Luschin v. Ebengreuth. Kleine Beiträge zur Österreichischen Münzkunde des 15. Jahrhunderts. (Numism. Zeitschr. 21. Jahrg.) Wien 1889.

Macleod, H. D. The theory of credit. Vol. 1. Lond. 1889.

Magliani, A. L'unione monetaria latina. (Nuova Antolog. Vol. 23.) Roma 1889.

Markwald, A. Soll die Reichsbank verstaatlicht werden? Eine gemeinverständliche Darstellung der Reichsbankfrage. Berl. 1889.

Martin, J. B. Light gold coin. Letter to Mr. H. R. Grenfell. London, 21. Nov. 1882. Reprinted Lond. 1889.

Martini-Monti, A. G. Monete dei principali stati del mondo e loro rapporto esatto col sistema decimale. Firenze 1889.

Meiners d'Estrey. Mines d'or et de diamants. (Journ. d. écon. Nov.) Par. 1889.

Modeste, V. Le billet des banques d'émission et la fausse monnaie. Par. 1889.

Montanari, A. Contributo allo studio della teoria del valore negli scrittori Italiani. Milano 1889.

Mortara. L'Italia e la convenzione monetaria. (Giornale d. econ. Vol. 4.) Bologna 1889.

Mosser, F. Zur Thorheit der Goldwährung und der Valutaregulierung. Triest 1889.

Nasse, E. Der Schlufsbericht der englischen Gold- und Silberkommission. (Conrads Jahrb. N. F. B. 20.) Jena 1889.

— — Die Kündigung des Privilegiums der Reichsbank und der Privatnotenbanken. (Preufs. Jahrb. B. 63.) Berl. 1889.

Nicholson, J. S. Mr. Giffen's attack on bimetallists. (Nineteenth Cent. Dec.) Lond. 1889.

Norman, J. H. The exchanges upon a scientific basis, also the modes of effecting exchanges. (Bankers Mag. Febr.) Lond. 1889.

— — Commercial experience versus monetary theory. — The coining debate on bimetallism. („Citizen", 20. and 27. April.) Lond. 1889.

— — A colloquy upon the science of money. Lond. 1889.

Pantaleoni, M. Principj di economia pura. Firenze 1889.

Patten, T. N. The stability of prices. (Publications of the American economic association. January.) 1889.

Pero, R. Compania Huanchaca de Bolivia. Report on the mines, establishments and properties of the Company. Par. 1889.

Platt, J. Money. Reprinted under arrangement with the author from the 19. english ed. New York 1889.

Proschkauer, A. Antimetallism. Lond. 1889.

Raffalovich, A. Le congrès monétaire international de 1889. Paris 1889.

— — Les prix de détail et les intermédiaires (Écon. fr. 2 et 30 mars). — La banque impériale d'Allemagn. — Le congrès monétaire international (28 sept., 5 oct.). Par. 1889.

Robertson, J. Barr. Gold, silver and bimetallism. (Westm. rev. Vol. 75.) Lond. 1889.

Romeri, L. Legislazione bancaria. (Giornale d. econ. Vol. 4.) Bologna 1889.

Rawson, W. Rawson. Letter to the R. Hon. G. J. Goschen, M. P. Chancellor of the Exchequer. (Average price of commodities.) Lond. 1889.

Reynès, P. Petit traité de banque et de change. Par. 1889.

Roswag. L'argent et l'or. Production, consommation et circulation des métaux précieux. — Des métaux précieux considérés au point de vue économique. T. 1. Production. — T. 2. Consommation et circulation de métaux précieux. Nouv. édition entièrement refondue etc. Par. 1889 et 1890.

Schmidt, C. Die Durchschnittsprofitrate auf Grundlage des Marx'schen Wertgesetzes. Stuttg. 1889.

Schwarz, B. Im deutschen Goldlande. Reisebilder aus dem südwestafrikanischen Schutzgebiete. Berlin 1889.

Schwiedland, E. Das Verhältnis der Grofs- u. Kleinhandelspreise. (Conrads Jahrb. f. N. O. N. F. B. 19.) Jena 1889.

v. Seelhorst, C. Der Roggen als Wertmafs für landwirtschaftliche Berechnungen. Jena 1889.

Serrant, E. Les mines et gisement d'or de l'Afrique occidentale. Par. 1889.

Soetbeer, A. Die Ursachen und Folgen der Silberentwertung (4. Jan. u. 10. Febr.). — Geld-Vorrat und Umlauf in Deutschland, 1869 u. 1889 (12. u. 13. März). — Verlängerung des Bankgesetzes (25. u. 28. Aug.) — Niveau der Warenpreise u. Wert des Geldes i. J. 1888 (19. u. 24. Okt.). Münchener Neueste Nachrichten. München 1889.

— — Aufsätze betr. Währungsstreit und Silberfrage: Hamb. Börsenh. Januar, April und August. — Neue freie Presse v. 6. u. 19. Febr., 20.—22. Juni, 18. Juli, 4. u. 5. Sept., 23. u. 24. Okt. 1889.

— — Matériaux pour faciliter l'intelligence et l'examen des rapports économiques des métaux précieux, etc. (Trad. par Ringeisen.) Nancy 1889. 4°.

Struck, E. Der internationale Geldmarkt i. J. 1888. Lpz. 1889.

Supino, C. La teoria del valore e la legge del minimo mezzo. (Giorn. d. econ. Vol. 4.) Bologna 1889.

Walras, L. Éléments d'économie politique pure. 2. éd. Lausanne 1889.

Wells, D. A. Recent economic changes and their effects on the production and distribution of wealth and the wellbeing of society. New York 1889.

Zolla, D. Les variations du revenu et du prix des terres en France. (Écon. fr. 27 avril.) Par. 1889.

Zuckerkandl, R. Zur Theorie des Preises m. besonderer Berücksichtigung der Lehre vom Gelde. Lpz. 1889.

v. M., A. Die Millionen des Herrn v. Dunajewski. Wien 1889.

— — Der kostenfreie Übergang zur Goldwährung. Eine Fortsetzung der Broschüre: Die Millionen des Herrn v. Dunajewski. Wien 1889.

Der Geld- u. der Reallohn in den Vereinigten Staaten. (Zeitschr. f. Staatsw. B. 45.) Tübingen 1889.

Ermittlungen über die Lohnverhältnisse in Berlin: I. im Mai 1887; — II. im September 1888 . . Bearbeitet u. herausgeg. vom Statistischen Amt der Stadt Berlin. Berl. 1889. 4º.

Die Jenenser Durchschnittspreise der hauptsächlichsten Nahrungsmittel von 1752 bis 1887. (Conrads Jahrb. f. N. O. N. F. B. 18.) Jena 1889.

Der Streit um die Verstaatlichung der Reichsbank. Herausgeg. vom Verein zur Wahrung der wirtschaftlichen Interessen für Handel u. Gewerbe. 2. Aufl. Berl. 1889.

Der Kampf um die Währung. Orientierendes Korrespondenzblatt. Herausgeg. von O. Arendt. 9. Jahrg. Berl. 1889. Fol.

Bimetallistische Korrespondenz. Herausgeg. von O. Arendt. 7. Jahrg. Berl. 1889. F.

Bericht der königlichen Untersuchungskommission in England über die jüngsten Aenderungen in den relativen Werten der Edelmetalle Gold und Silber. Übersetzt von E. Koch. 1. T. (Schriften des deutschen Vereins für internationale Doppelwährung. Heft 14.) Berl. 1889.

Congrès monétaire international. Compte rendu analytique rédigé par A. Coste et A. Raffalovich. Par. 1889.

Monnaies métalliques et fiduciaires; poids et mesures des divers états du monde et leur rapport exact avec les monnaies, poids et mesures de France, avec un résumé des travaux de M. de Malarce. Paris 1889.

Report of the committee, consisting of Mr. S. Bourne, Professor F. Y. Edgeworth (Secretary), Professor Foxwell, Mr. R. Giffen, Professor A. Marshall, Mr. J. B. Martin, Professor J. S. Nicholson and Mr. R. H. Inglis Palgrave, appointed for the purpose of inquiring and reporting as to the statistical data available for determining the amount of the precious metals in use as money in the principal countries, the chief forms in which the money is employed, and the amount annually used in the arts. Drawn up by the Secretary. (British association for the advancement of science, 58. meeting, 1888.) Lond. 1889.

Second Report of the committee consisting of Mr. Bourne, Prof. Edgeworth etc. [s. S. 260 beim Jahr 1888] appointed for the purpose of investigating the best methods of ascertaining and measuring variations in the value of the monetary standard. Drawn up by Mr. R. Giffen. (British association for the advancement of science, 58. meeting, 1888. Lond. 1889.

Bimetallism, free trade and democracy. (E. de Laveleye. Pall Mall Gazette. Nov.) Lond. 1889.

Gold, silver, and bimetallism. (Westm. rev. Vol. 75.) Lond. 1889.

Bank of England. One-pound notes. (Westm. rev. Vol. 75.) Lond. 1889.

The authority and liability of bank officers. (Bank. mag. N. Y. Vol. 44.) New York 1889.

* Deutscher Reichstag. Verhandlungen über die Währungsfrage am 17. Februar 1889. (Stenogr. Ber. SS. 849 ff.)

* Rapport de la commission de contrôle de la circulation monétaire pour l'exercice 1888. Par. 1889. 4°.

* Nineteenth annual Report of the deputy master of the mint (C. W. Freemantle), 1888. Lond. 1889.

* Algemeen verslag van het Munt-college over 1888. Utrecht 1889.

* Report of the director of the mint (E. O. Leech) for the fiscal year ended June 30, 1889. Washington 1889.

* Report of the director of the mint (E. O. Leech) upon the production of the precious metals in the United States during the calendar year 1888. Washington 1889.

* Report of the comptroller of the currency (E. S. Lacey), December 2, 1889. Washington 1889.

1890.

Alessio, G. Studj sulla teorica del valore nel cambio interno. Torino 1890.

Allard, A. Le change fossoyeur du libre échange. Bruxelles 1890.

Arendt, O. Währungspolitische Überraschungen. (Deutsches Wochenblatt. 13. Nov.). Berl. 1890.

d'Aulnis de Bourouill, J. Der Zinsfuß im Jahre 1889. (Conrads Jahrb. f. N. O. N. F. B. 20.) Jena 1890.

Auspitz. Die klassische Werttheorie und die Theorie vom Grenznutzen. (Conrads Jahrb. f. N. O. N. F. B. 21.) Jena 1890.

Bailey, D. P. The Clearing house system. (Bank. mag. N. Y. Vol. 44.) New York 1890.

Bamberger, A. [Die Valutafrage in den Vereinigten Staaten Nordamerikas. Von der ungarischen Akademie der Wissenschaften gekrönte Preisschrift]. Budapest 1890.

Barreda y Osma, F. Les banques d'émission et le papier monnaie dans l'Amérique du Sud. (Écon. fr. 6, 13 déc.) Par. 1890.

Berger, F. Doppelwährung und Landwirtschaft. Hmbg. 1890.

Blanchard. Note sur la monnaie romaine au III. siècle après J. C. (Acad. d. inscr. et bell. lettr. Compte rendu. 4. série t. 18.) Par. 1890. [Wichtig für die Geschichte der Preise.]

v. Böhm-Bawerk. Ein Zwischenwort zur Werttheorie. (Conrads Jahrb. f. N. O. N. F. B. 21.) Jena 1890.

Boissevain, G. M. De zilverwet der Vereenigte Staten en het Bimetallism. (De Economist. Juli-Aug.) s'Gravenhage 1890.

— — De Amerikaansche Silverwet van 13. Juli 1890 en hare Gevolgen. (De Economist. Sept.) s'Gravenhage 1890.

Bordet, E. Essai sur la Banque de France, à propos du renouvellement du privilège. Par. 1890.

Bourne, S. Index numbers as applied to the statistics of imports and exports. (British association for the advancement of science, 59. meeting, 1889.) Lond. 1890.

Brugsch, H. Die Kosten des Haushalts in alter Zeit. Berl. 1890.

Chardon. Relations of the Bank of France and the treasury. (Bank. mag. N. Y. Vol. 44.) New York 1890.

Chirac, A. Où est l'argent? 2. éd. Par. 1890.

Conigliani, C. A. Le basi subbienitive dello scambio nella storia letteraria della sconomia. Pavia 1890.

Daniell, J. Clarmont. The industrial competition of Asia. An inquiry into the influence of currency on the commerce of the empire in the East. Lond. 1890.

Dietzel, H. Die klassische Theorie und die Theorie vom Grenznutzen. (Conrads Jahrb. f. N. O. N. F. B. 20.) Jena 1890.

Duchateil, P. Nouveau traité d'économie politique et monétaire. Par. 1890. 4°.

Eggers, A. Die deutsch-asiatische Bank und ihre Aufgabe. Berl. 1890.

Felix, L. Währungsstudien mit besonderer Rücksicht auf Österreich-Ungarn. Lpz. 1890.

François, G. La question de l'argent aux États Unis. (Journ. d. écon. Juill.) Par. 1890.

Funk, D. Entwurf zur Regulierung der Valuta in Österreich-Ungarn. Wien 1890.

Gerlach, O. Über die Bedingungen wirtschaftlicher Thätigkeit. Kritische Erörterungen zu den Wertlehren von Marx, Knies, Schaeffle u. Wieser. (Staatsw. Studien. B. 3.) Jena 1890.

Giffen, R. The American silver bubble. (Nineteenth Century. Aug.) Lond. 1890.

Gleisberg, E. Katechismus des Bankwesens. Lpz. 1890.

Gruber, J. Statistische Beiträge zur Frage der Währung der Österreichisch-ungarischen Monarchie. 1. Heft. Jena 1890.

Gütschow, P. Die Währungsfrage. (Lithographirt.) Wien 1890.

Hammer, E. Ein Beitrag zur Lösung der Währungsfrage. Berl. 1890.

Haupt, O. La hausse de l'argent et l'emprunt Indien 4$\frac{1}{2}$% en roupies (Rupee-paper). Par. 1890.

Hirschberg, E. Die Brotpreise in Berlin. — Die Fleischpreise in Berlin. (Conrads Jahrb. f. N. O. N. F. B. 20.) Jena 1890.

Horton, S. D. Silver in Europe. New York 1890.

v. Inama-Sternegg. Der Rückgang der Warenpreise und die österreichisch-ungarische Handelsbilanz 1875—1888. (Statist. Monatsschr.) Wien 1890.

de Johannis, A. J. L'azione del governo nella finanza, nella circolazione, nelle economia del paese. (Giornale d. econ. 2. ser. vol. 1.) Roma 1890.

Jones, J. P. Money. Speech on the free coinage of silver in the United States Senate, May 12 and 13, 1890. Washington 1890.

Jores, K. Das Geld-, Wechsel-, Kredit- und Bankwesen. Ein praktisches Handbuch etc. Lpz. 1890

Julin, A. Recherches sur le salaire des ouvriers des carbonnages belges, 1810—1889. Liège 1890.

Kirkpatrick, T. S. G. The hydraulic gold miners manual. Lond. 1890.

Knochenhauer, B. Die Goldfelder in Transvaal. Fachwissenschaftlich beleuchtet. Berl. 1890.

Kuhlenbeck, L. Der Check, seine wirtschaftliche und praktische Natur, zugleich ein Beitrag zur Lehre vom Gelde, vom Wechsel und der Girobank. Lpz. 1890.

Kussáka, J. T. Das japanische Geldwesen. Berl. 1890.

Lampel, J. Salzburger Goldwert um 1284. (Mitteilungen der Gesellschaft für Salzb. Landeskunde. B. 30.) Salzb. 1890.

Laves, T. Die Warenwährung als Ergänzung der Edelmetallwährung. (Schmollers Jahrb.) Lpz. 1890.

Lehr, J. Die klassische Werttheorie und die Theorie vom Grenznutzen. (Conrads Jahrb. f. N. O. N. F. B. 21.) Jena 1890.

Leroy-Beaulieu, P. L'or et l'argent. La production et le monnayage des métaux précieux dans les trois dernières années (8 févr.). — L'or et l'argent et le nouveau bill monétaire aux États Unis (26 juill.) — La hausse de la bourse etc. (13 sept.). Écon. fr. Par. 1890.

Lexis, W. Zur Geld- und Währungsfrage. (Conrads Jahrb. N. F. B. 21.) Jena 1890.

Loria, A. Studii sul valore della moneta. Cap. 1—5. (Giornale d. econ. 2. ser. Vol. 1.) Roma 1890.

— — La scuola austriaco della economia politica. (Nuova Antol. Apr.) Roma 1890.

Macleod, H. D. The theory of credit. V. 2 Part 1. (U. a. On the influence of money and credit on prices and the rate of interest.) Lond. 1890.

de Marcheville, M. Le rapport entre l'or et l'argent au temps de saint Louis. Annuaire de société franç. de Numismatique. Par. 1890.

Marshall, A. Principles of economics. V. 1. (Value, or distribution and exchange; demand and supply in relation to labour etc.) Lond. 1890.

Michel, G. Les chambres des compensations (clearing houses) en Europe et en Amérique. (Écon. fr. 17 mai.)

Mills, R. Q. What shall we do with silver. (Northamerican review. Vol. 163.) New York 1890.

Neumann, F. J. Gestaltung des Preises. (In der 3. Aufl. des Schönbergschen Handbuchs d. p. O.) Tüb. 1890.

Norman, J. N. The quantity theory and the value theory of money. (Instit. of bankers. March.) Lond. 1890.

Ockhardt, G. Zur Frage des neueren österreichischen Papiergeldes, insbesondere des Einflusses seiner Wertschwankungen auf die Bilanzen des Warenverkehrs mit dem Auslande. Lpz. 1890.

Pacher, P. Die österreichisch-ungarische Währung. Lpz. 1890.

Patten, S. N. The stability of prices. (American Econ. Assoc. Jan.) New York 1890.

Pollak, F. Les principales mines du Witwater-Strand et l'état comparative de leurs résultats en 1889. Par. 1890.

Probyn, L. C. The effects on Indian exports of the fall in the gold price of silver. (Brit. assoc. f. the advanc. of science, 1889.) Lond. 1890.

Restrepo, V. Le miniere d'oro e d'argento della repubblica di Colombia. (Società geogr. ital.) Roma 1890.

Rochussen. Supplément à la question monétaire en Belgique en 1889. La Haye 1890.

Sattler, H. Die Effektenbanken. Mit einem Vorwort von A. Wagner. Lpz. 1890.

Sauerbeck, A. Prices of commodities in 1888 and 1889. (Journ. of the Statistical Society, March.) Lond. 1890.

Schmidt, K. E. Ein Streifzug ins Goldland. Berl. 1890.

Seligmann. De l'état de notre monnaie d'or et de la nécessité de compléter notre législation monétaire. Par. 1890.

Soetbeer, A. Die Bedeutung der Quantitätstheorie für die Gegenwart. (Münchener neueste Nachr. vom 23. u. 26. Juli.) München 1890.

— — Die Handelsbilanz der Vereinigten Staaten und die Silberfrage. (Neue freie Presse. 3. September.) Wien 1890.

— — Bedingungen für das Gelingen einer österreichisch-ungarischen Valutaregelung. (Neue freie Presse. Dezember.) Wien 1890.

— — Veränderung im Niveau der allgemeinen Warenpreise in den Jahren 1881 — 1889. (Conrads Jahrb. N. F. B. 21.) Jena 1890.

Struck, G. Mexico und die Silberentwertung im Ausland. (Mitteilung des deutschen wissenschaftlichen Vereins in Mexiko. 1. B. 1. H.) Mexiko 1890.

Taussig, F. W. How the silver act will work. (Forum. Oct.) 1890.

— — The silver situation in the United States. (Quarterly Journ. of Econ. Vol. 4 No. 3.) Boston 1890.

Tisza, J. [Regelung unserer Valuta.] Budapest 1890.

Tortora, E. Nuovi documenti sulla storia del Banco di Napoli. Napoli 1890. 4°.

Valenti, G. La teoria del valore. Roma 1890.

Walras, L. Observations sur le principe de la théorie du prix de MM. Auspitz et Lieben. (Revue d'écon. politique. Mai-Juin.) Par. 1890.

Verrijn, Stuart, C. A. Ricardo und Marx. s'Gravenhage 1890.

Ward, R. J. Decimal currency, based on current British Coins. Lond. 1890.

Weingärtner, J. Nachträge zur Lippischen Geld- und Münzgeschichte. Lpz. 1890.

Weinstein, C. Von Südafrika u. seinen Goldfeldern. Berl. 1890.

White, H. The silver situation. (Quarterly Journ. of Economics. Vol. 4.) Boston 1890.

Worcester, J. H. jun. The power and weakness of money. Philadelphia 1890.

Zuckerkandl, R. Die klassische Werttheorie und die Theorie vom Grenznutzen. (Conrads Jahrb. f. N. O. N. F. B. 21.) Jena 1890.

Der Kampf um die Währung. Orientierendes Korrespondenzblatt. Herausgeg. v. O. Arendt. 10. Jahrg. No. 1—3. Berl. 1890. Fol.

Die Preisentwickelung der Jahre 1889 und 1890, verglichen mit den Vorjahren. (Conrads Jahrb. f. N. O. 3. F. B. 1.) Jena 1890.

Congrès monétaire international tenu à Paris les 11, 12, 13 et 14 Sept. 1889. Compte rendu in extenso et documents. Par. 1890.

Y a-t-il opportunité de renouveler le privilège de la Banque de France? Société de l'écon. pol. Discussion. (Econ. fr. 13 sept.) Par. 1890.

The Economist, 1890: Some points in the debate on bimetallism (April 26). — The United States silver legislation (July 19 and Aug. 22). — O. Haupt. The future of silver (Aug. 16). The question of silver production (Aug. 30). — Silver and shirting (Corresp. Sept. 27, Oct. 4 ff.). — The United States currency. The currency projects in the U. S. (Dec. 20). Lond. 1890.

Comité d'étude de la question monétaire en Belgique. Rapport: 1890. Anvers 1890.

La question monétaire en Belgique en 1889. Echange de vues entre MM. Frère-Orban et E. de Laveleye. Bruxelles 1890.

Third report of the committee, consisting of Mr. S. Bourne, Professor F. Y. Edgeworth (Secretary), Prof. H. S. Foxwell, Mr. R. Giffen, Prof. A. Marshall, Mr. J. B. Martin, Prof. J. S. Nicholson, Mr. R. H. Inglis Palgrave and Prof. H. Sidgwick appointed for the purpose of investigating the best methods of ascertaining and measuring variations in the value of the monetary standard. — Memorandum by the Secretary. (British assoc. for the advancement of science, 59. meeting, 1889.) Lond. 1890.

> 1. Newcomb's method. — 2. Foxwell's method. — 3. Giffen's method. — 4. Bourne's method. — 5. Sir Rawson Rawson's method. — 6. Edgeworth's method. — 7. Ricardo's method.

Facts illustrating the epoch during which a double standard was legal tender in Great Britain. (The London Chamber of commerce pamphlets. No. 5.) Lond. (1890).

Windom silver bill. — The farmers and silver. (Bank. mag. N. Y. Vol. 44.) New York 1890.

Proceedings of the American bankers association, held at Saratoga Springs, N. Y. September 3—5, 1890. New York 1890. (Inst. of bankers. February.) Lond. 1891.

* Rapport de la Commission de contrôle de la circulation monétaire pour l'exercice 1889. Par. 1890. 4°.

* Administration des monnaies et médailles. Compte rendu pour l'exercice 1888. Par. 1890. 4°.

* Twentieth annual Report of the deputy master of the mint (C. W. Freemantle). 1889. Lond. 1890.

* Algemeen verslag van het Munt-college over 1889. Utrecht 1890.

* Report of the director of the mint (E. O. Leech) for the fiscal year ended June 30, 1890. Washington 1890.

* Report of the director of the mint (E. O. Leech) upon the production of the precious metals in the United States during the calendar year 1889. Washington 1890.

* Report of the comptroller of the currency (E. S. Lacey), Decemb. 1890. Washington 1890.

* Report on the issue of treasury notes on deposits of silver bullion. Committee on coinage etc. (Conger.) Wash. 1890.

* Silver coinage. Hearings before the Committee on coinage etc. House of Representatives, 1890. Washington 1890.

1891.

Arnauné, A. La monnaie de l'Indo-Chine. Par. 1891.

Atkinson, E. Real meaning of the free coinage agitation. (Forum. October.) New York 1891.

Bailly, L. La réforme monétaire universelle. Par. 1891.

Bamberger, L. Meine Replik auf die Antwort des Herrn Professor Suess. (Nation v. 22. August.) Berl. 1891.

Barnes, S. Advances by bankers on stocks, shares and securities. — Discussion on Mr. B.' paper. (Inst. of bank. April.) Lond. 1891.

v. Bauer. Ein Wort zur Einführung der Goldwährung in Österreich-Ungarn. Wien 1891.

Beuthner, F. Das Goldland des Plinius. (Zeitschr. f. Berg-, Hütten- u. Sal.-Wesen i. preufs. Staat. B. 39. Heft 2.) Berl. 1891.

v. Böhm-Bawerk, E. Zur neuesten Litteratur über den Wert. (Conrads Jahrb. f. N. O. 3. F. B. 1.) Jena 1891.

Böhmert, W. W. Stanley Jevons und seine Bedeutung für die Theorie der Volkswirtschaftslehre in England. (Schmollers Jahrb.) Lpz. 1891.

Boissevain, G. M. The monetary question etc. Translated from the French by G. T. Warner. Lond. 1891.

— — Gould-overfloed of Schaarschte. (De Economist. April.) s'Gravenhage 1891.

Bourne, S. Index numbers as applied to the statistics of imports and exports. (Brit. assoc. etc., 59. meeting 1889.) Lond. 1891.

de Bruyn Kaps, J. L. Gold-overvloed of Schaarschte? (De Economist.) s'Gravenhage 1891.

Burckhardt-Bischoff, A. Die Zeddelbanken in der Schweiz u. d. Bedürfnis einer einheitl. Notenzirkulation. Basel 1891.

Cannon, H. W. Bank-note circulation. - Mr. Harter's plan. (Forum. December.) New York 1891.

Chirac, A. Où est l'argent? Par. 1891. (Compte rendu par E. Rochetin, Journ. d. écon. Juillet.) Par. 1891.

Clare, G. A money market primer, and key to the exchanges. Lond. 1891.

Cobb, A. S. Bank's cash reserves, Threadneedle street: a reply to Lombard street by the late M. Walter Bagehot. And an alternative proposal to the one pound note scheme sketched by Mr. Goschen at Leeds. Lond. 1891.

Cohen, A. Instruments of value. (Journal of the Chamber of commerce. January.) Lond. 1891.

Conigliani, C. A. Note storiche sulla questione giuridica dei pagamenti monetarii. Modena 1891.

Coste, A. Pourquoi trente ans de monopole? Observations sur le projet relatif à la Banque de France. Par. 1891.

Courtois, A. Histoire des banques en France. 2. éd. Par. 1891.

- — Le renouvellement du privilège de la Banque de France. (Journ. d. écon. Févr., mars et juillet.) Par. 1891.

Deffly, J. Le privilège de la Banque de France. Par. 1891.

Dietzel, H. Zur klassischen Wert- u. Preistheorie. (Conrads Jahrb. f. N. O. 3. F. B. 1.) Jena 1891.

Dunbar, C. F. Laws of the United States relating to currency, finance and banking. Boston 1891.

— — Chapters on the theory and history of banking. New York 1891.

Fiala, E. Das Münzwesen des Grafen Schlick. (Numism. Zeitschr. B. 22.) Wien 1891.

de Flaminii, G. Banche et tesorerie. (Giorn. d. economisti. 2. ser. 2. anno.) Roma 1891.

de Fontenay, R. Note sur la valeur. (Journ. d. econ. Nov.) Par. 1891.

Forbes, J. M. The bicentenary of the Bank of Scotland. (Bank. mag. Vol. 52.) Lond. 1891.

Fournier de Flaix, E. Étude sur l'organisation comparée de la Banque de France et des banques de circulation. Par. 1891. 4°.

de Foville, A. L'influence des droits de douane sur le prix du blé (9 mai). — La circulation monétaire de la France en 1891 (5 et 19 sept.) — Le stock argent de la France et les statistiques douanières (14 nov.). Econ. fr. Par. 1891.

François, G. La circulation métallique et fiduciaire aux États-Unis. (Journ. d. écon. Août.) Par. 1891.

— — Les banques d'émission au Japon. (Journ. d. écon. Janvier.) Par. 1891.

— — Le stock d'or de l'Angleterre. (Journ. d. écon. Avril.) Par. 1891.

Gairdner, C. The making of the gold reserves. (The Bank of England reserve.) Glasgow 1891.

Glauert, J. Die Bedeutung des Checkverkehrs für Deutschland. (Conrads Jahrb. 3. F. B. 2.) Jena 1891.

Goschen, G. On currency, bank reserves and £ 1 notes. (Inst. of bankers. Febr.) Lond. 1891.

Goschen, G. Le régime monétaire de la Banque d'Angleterre. Discours à la Chambre de commerce de Leeds. (Journ. d. écon. March.) Par. 1891.

— — On the metallic reserve. — Letter to the governor of the Bank of England. (Inst. of bankers. Decemb.) Lond. 1891.

Grahame, J. Mr. Goschen's one pound note and the bank issues. Lond. 1891.

Grapheus, D. Kurze systematische Darstellung der wirtschaftlichen Funktion des Geldes und Kredits. Lpz. (1892) 1891.

Grillon, E. Quelques critiques à propos du renouvellement du privilège de la Banque de France. Par. 1891.

Hage, C. Maal, Vaegt, Munt. Saertryk af handbog i handelsvidenskab. Kopenhavn 1891.

v. Halle, E. L. Die Hamburger Girobank und ihr Ausgang. Berl. 1891.

Hammer, E. Die Hauptprinzipien des Geld- und Währungswesens und die Lösung der Valutafrage. Wien 1891.

Harrison, F. C. An attempt to estimate the circulation of the rupee. (Econ. journ. Vol. 1. No. 4.) Lond. 1891.

Harter, M. D. A plan for a permanent bank system. (Forum. October.) New York 1891.

Hartung, H. Die Notenbanken unter dem Bankgesetz v. 1875. (Conrads Jahrb. f. N. O. 3. F. B. 1.) Jena 1891.

Haupt, O. La question de l'argent en France. (Econ. fr. 24 oct.) Par. 1891.

Heim, G. Die Goldfelder Südafrikas. (Zeitschr. f. Staatsw.) Tübingen 1891.

Houdard, A. Essai sur le service des billets de banque à propos du projet de prorogation du privilège de la Banque de France. Par. 1891.

Houghton, A. La banque d'Espagne et les finances espagnoles en 1891. (Econ. fr. 11 juill.) Par. 1891. Fol.

Juglar, C. L'intervention du Trésor et des Syndicats dans les émissions d'emprunts. (Econ. fr. 16 mai.) Par. 1891. Fol.

Landesberger, J. Währungssystem und Relation. Beiträge zur Währungsreform in Österreich-Ungarn. Wien 1891.

de Laveleye, E. La monnaie et le bimétallisme international. Par. 1891.

Leech, E. O. A brief history of coinage legislation in the United States. Washington 1891.

Lengemann. Über den früheren Betrieb, die gegenwärtige Lage und die Zukunft des staatlichen Silberbergbaus zu St. Andreasberg. (Zeitschr. f. Berg-, Hütten- u. Salinenw. im preufs. Staat. B. 39, H. 2.) Berl. 1891.

Leroy-Beaulieu, P. Les fluctuations de prix du charbon, du fer, du cuivre, de l'étain etc. (3 janv.). — L'or et l'argent: le projet américain de monnayage illimité de l'argent et ses conséquences probables (17 janv.) Par. 1891. Fol.

— — Le renouvellement du privilège de la Banque de France (7 et 14 févr.) — Les banques de depôts, la législation et les intérêts des depôsants (21 mars). — Le marché de Paris, la crise des valeurs exotiques et ses conséquences probables (7 nov.). Par. 1891. Fol.

Lexis, W. Doppelwährung. (Handwörterb. d. Staatwissensch.) Jena 1891.

Luccatti, G. Prezzi ideali e prezzi effetivi: note di studio sul valore della moneta in una economia di populo. Milano (1892) 1891.

v. Lumm, K. Die Entwickelung des Bankwesens in Elsafs-Lothringen seit der Annexion. Jena 1891.

Mallet, L. Free exchange: papers on political and economical subjects, including chapters on the law of value etc. Lond. 1891.

Marble, J. M. C. The silver question in California. (Bank. mag. N. Y. Vol. 46.) New York 1891.

Martin, J. B. The evolution of our banking system. (Econ. journ. Nr. 3.) Lond. 1891.

v. Mirbach - Sorquitten. Währungspolitische Betrachtungen. Berl. 1891.

Moireau, A. La banque de France, prorogation du privilège etc. Par. 1891.

Molesworth, G. L. Silver and gold: the money of the world. An essay for which a prize was awarded by the Bimetallic League, January, 1891. Manchester 1891.

Nagel, A. Die Salzburger Rechenzettel für 1284 und das gleichzeitige Wertverhältnis von Gold und Silber. (Numism. Zeitschr. B. 22.) Wien 1891.

Norman, J. H. The A B C of the foreign and colonial exchanges of gold, silver and inconvertible paper etc. (Bank. mag. Aug.) Lond. 1891.

Description of show cases illustrative of the working of the foreign and colonial exchanges of gold and silver. (London 1891.)

Ostersetzer, A. Der Bimetallismus und die Währungsfrage in Österreich-Ungarn. — Ein Sperrgesetz für Valuta. — Der Silbermarkt. — Goldbeschaffung und Golderhaltung. (Volkswirtschaftl. Wochenschr., 2. u. 29. Jan., 2. April, 25. Juni. 2. u. 9. Juli.) Wien 1891.

Piccinelli, F. Apprezzamento dei valori pubblici e delle operazioni di borsa etc. Milano 1891.

Price, F. G. Hilton. A handbook of London bankers. Enlarged ed. Lond. 1891.

Procter, J. Argentina; her past and present. (Lond. Bank. mag. March.) Lond. 1891.

du Puynode, G. Compte rendu du Mémoire sur le bimétallisme international etc. par M. Rochussen et du Problème monétaire etc. par M. G. Boissevain. (Journ. d. écon. Mai.) Par. 1891.

Raffalovich, A. La production et l'emploi des métaux précieux. de 1881—1890. (Econ. fr. 16 et 23 mai.) Par. 1891.

Ruhland, G. Die Zukunft des Goldes und die Süss'sche Theorie. Nebst Anhang: Die Goldfelder Südafrikas von G. Heim. (Zeitschr. f. d. ges. Staatswissensch., II. 3.) Tübingen 1891.

Sauerbeck, A. Prices of commodities in 1890. (Stat. society. March.) Lond. 1891.

Schiff, J. H. Should the silver law of 1890 be repealed? (Forum. December.) New York 1891.

Sherman, J. Coin and currency. Speech in the Senate of the United States, January 13, 1891. Washington 1891.

Smart, W. The new theory of interest. (Econ. jour. Vol. 1. No. 4.) Lond. 1891.

Smith, A. M. A system of political or comparative economy, by imputation of value. 3. ed. Lond. 1891.

Soetbeer, A. Edelmetallgewinnung und Verwendung in den Jahren 1881 bis 1890. (Conrads Jahrb. 3. F. B. 1.) Jena 1891.

— — Lage und Aussichten der Währungsfragen. (N. fr. Pr. v. 14., 18. u. 20. Febr.) Wien 1891.

— — Übergang der Vereinigten Staaten zur Silberwährung. (N. fr. Pr. v. 20. u. 21. Aug.) Wien 1891.

Steele, F. E. On changes in the bank rate of discount: 1. their causes: and 2. their effect on the money market. on the commerce of the country and on the value of all interest bearing securities. Price essay, 1890—91. (Inst. of bank. Octob.) Lond. 1891.

Straulino, G. Il commercio internazionale e la circolazione monetaria dello stato: studio di economia politica etc. Roma 1891.

Suess, E. Gold in Südafrika und Australien. (Nation v. 8. Aug.) Berl. 1891.

Walras, L. De l'échange de plusieurs merchandises entre elles. (Mémoires de la Société des ingénieurs civils. Janvier.) Par. 1891.

White, H. Bimetallism in France. (Political science quarterly. June.) New York 1891.

— A plan for a permanent bank system. (Forum. December.) New York 1891.

Wolters, J. L'or et l'argent dans leurs fonctions monétaires. Par. 1891.

M. P. Indice della variazione dei prezzi di importazione e di esportazione in Italia dal 1878 al 1889. (Giorn. d. econ. 2. ser. 2. anno.) Roma 1891.

Die Leitung der russischen Bank für auswärtigen Handel im letzten Jahrzehnt. Berl. 1891. — Weitere Mitteilungen etc. Berl. 1891.

Mono- et Bimétallisme. Boissevain, du Puynode et Rochussen. (Journ. d. écon. Juin.) Par. 1891.

Les prix des terres dans la Russie d'Europe de 1860 à 1889. (Econ. fr. 31 oct.) Par. 1891.

Proroga o corso forzoso. (Giorn. d. econ. 2. ser. 2. anno.) Roma 1891.

Foreign exchanges. (Lond. Bank. mag. Aug. and Sept.) Lond. 1891.

Monetary matters in Germany. (Economist, June 6.) Lond. 1891.

The progress of banking in Great Britain and Ireland. (Lond. Bank. mag. Jan. and Febr.) Lond. 1891.

Gold reserves of the three great banks of Europe. (Lond. Bank. mag. May.) Lond. 1891.

Bankrate in England, France and Germany, 1870—1890. (Lond. Bank. mag. June.) Lond. 1891.

The increasing absorption of the private banks. (Economist. June 20.) Lond. 1891.

The rehabilitation of our gold coinage. (Economist, July 11.) Lond. 1891.

Operations in foreign exchanges. — The bank of Holland. (Bank. mag. Vol. 52.) Lond. 1891.

How speculation in silver has affected India. (Economist, Aug. 29. Lond. 1891.

Meeting of the Bimetallic League. January 1891. (Manchester Guardian.) Manchester 1891.

British Association for the advanc. of science (59. meeting, 1889). Third report of the committee appointed for the purpose of investigating the best methods of ascertaining and measuring variations in value of the monetary standard (pp. 133—164). Memorandum by Professor F. Y. Egdeworth. Lond. 1891.

Mr. Goschen's Currency scheme. (Economist, December 5.) Lond. 1891.

The silver question in American. (Econ. journ. Vol. 1. No. 4. Note.) Lond. 1891.

The volume of money in circulation (United States), July 1, 1860 —July 1891. (Bank. mag. N. Y. Vol. 47.) New York 1891.

The convention of the American bankers association at New Orleans, 1891, 11, 12 november 1891. Addresses of Mr. Coe, Mr. J. J. Knox, Mr. St. John. (N. Y. Bank. mag. December.) New York 1891.

The California Bankers Convention, April 1891. (N. Y. Bank. mag., May.) New York 1891.

* Deutscher Reichstag. Verhandlungen über die Währungsfrage, am 26. Jan. 1891. (Stenogr. Ber. B. 2. SS. 1172ff.)

* Rapport de la Commission de contrôle de la circulation monétaire pour l'exercice 1890. Par. 1891.

* Institution d'une Commission permanente pour l'étude des questions monétaires. Bruxelles, le 1 avril 1891.

* 21. annual report of the deputy master (C. W. Freemantle), 1890 Lond. 1891.

* Prices and wages in India. Compiled. (Finance and commerce department of the Government of India.) Calcutta 1891.

* Algemeen verslag van het Munt-College over 1890. Utrecht 1891.

* Annual report of the director of the mint (E. O. Leech) for the fiscal year ended June 30, 1891. Washington 1891.

* Annual report of the comptroller of the currency (E. S. Lacey), Dec. 1891. Washington 1891.

* Reports and hearings of the Committee on coinage, weights, and measures on the Senate Silver Bill for the free coinage of gold and silver. 2. session 51. congress. — Statements of Mr. Joel Cook, of delegations of the New York Board of trade and of New York business men; of John Jay Knox, A. J. Warner and Stephen M. Nickerson, and sundry memorials etc. in relation to the Bill (S. 4675) to provide a unit of value and for the coinage of gold and silver etc. Washington, February 1891.

Nachtrag zu den Erläuterungen. — Bemerkungen über die Lage der Silberfrage zu Anfang des Jahres 1892.

Zur Vervollständigung der statistischen Nachweisungen SS. 117 bis 178 mögen nachstehende Angaben dienen.

Die allgemeine Edelmetallproduktion im Kalenderjahre 1890 wird vom Münzdirektor Leech im letzten Jahresbericht (für das Fiskaljahr 1890—91) wie folgt geschätzt:

Länder	Gold		
Vereinigte Staaten	49 421 kg	32 845 000 Dollars	(137,9 Mill. Mark)
Australasien	45 767 „	30 416 500 „	(127,7 „ „)
Rußland	31 841 „	21 161 700 „	(88,9 „ „)
Afrika	14 877 „	9 887 000 „	(41,5 „ „)
Kolombia	5 560 „	3 695 000 „	(15,5 „ „)
Guiana	4 249 „	2 824 000 „	(11,9 „ „)
Andere Länder ..	22 841 „	15 179 700 „	(63,8 „ „)
Zusammen ..	174 556 kg	116 008 900 Dollars	(487,2 Mill. Mark)

Länder	Silber*)		
Vereinigte Staaten	1 695 500 kg	70 465 000 Dollars	(225,5 Mill. Mark)
Mexiko	1 203 080 „	50 000 000 „	(169,0 „ „)
Peru, Bolivia, Chile	419 946 „	17 652 000 „	(55,9 „ „)
Australasien	312 033 „	12 968 000 „	(41,5 „ „)
Andere Länder ..	379 957 „	15 592 000 „	(50,5 „ „)
Zusammen ..	4 010 516 kg	166 677 000 Dollars	(532,4 Mill. Mark)

Im großen Ganzen können wir diesen Ermittelungen und Abschätzungen uns anschließen: wegen der Verteilung auf die verschiedenen Produktionsländer müssen wir uns indes, wie schon früher

---

*) Die Wertangabe in Dollars im amerikanischen Bericht gilt für den Münzwert, die in Millionen Mark ist nach dem Durchschnittspreis des Silbers i. J. 1891 berechnet.

geschehen, einige Abweichungen vorbehalten. Der amerikanische Bericht nimmt als Grundlage (abgesehen von der Goldgewinnung in Deutschland — 1851 kg i. J. 1890 —) die Erträge der Bergwerke, wogegen für uns die Mengen Edelmetall, die von den Hüttenwerken, gleichviel ob aus einheimischen oder importierten Erzen, geliefert worden, mafsgebend sind. Hiernach würde z. B. für d. J. 1890 die Silberproduktion Deutschlands mit 402 256 kg f. und die Grofsbritanniens auf mehr als 380 000 kg f. einzustellen sein, während sie in dem erwähnten Bericht nur mit 36 092 kg und 6794 kg aufgeführt wird. Selbstverständlich mufs sich eine gewisse Ausgleichung darin finden, dafs bei unserer Zusammenstellung für die Länder, die vornehmlich silberhaltige Erze ausführen, ein entsprechender Abzug eintritt, namentlich für Südamerika und Australien. Auffällig erscheint uns im amerikanischen Bericht, dafs die Silberproduktion in Mexiko für 1890 bedeutend geringer aufgeführt wird als im Vorjahr, nämlich mit 1 203 080 kg gegen 1 335 828 kg.

Die Schätzung der Goldproduktion in China (1889: 13 542 kg und 1890: 8020 kg) nach der Einfuhr von Gold in Indien und England aus China erscheint uns gewagt und unsicher.

Über die Edelmetallproduktion i. J. 1891 liegen uns jetzt (Mitte Januar) nur vereinzelte Angaben und Schätzungen vor. Für die Vereinigten Staaten ist sie vorläufig auf 1 620 000 Unzen Gold und 58 000 000 Unzen Silber (aus einheimischen Minen) veranschlagt worden (gegen 1 588 880 Unzen Gold und 54 500 000 Unzen Silber i. J. 1890).

Die Goldproduktion in Südafrika und in Britisch Indien (die wegen ihres Betriebes durch Aktiengesellschaft genau registriert werden) hat in den letztverflossenen Jahren betragen:

Jahre	in Südafrika	in Britisch Indien
1888	230 640 Unzen (17,3 Mill. Mark)	
1889	377 740 .. (27,1 .. ..)	129 881 Unzen (9,7 Mill. Mark)
1890	494 746 .. (37,1 .. ..)	104 779 .. (7,9 .. „)
1891	729 220 .. (54,7 .. ..)	74 589 .. (5,6 .. „)

Über den Edelmetallverbrauch zu industriellen Zwecken sind bis jetzt nur in den Vereinigten Staaten von den Behörden fortgesetzte regelmäfsige Ermittelungen veranstaltet worden. Je wichtiger dieser Teil der Edelmetallstatistik erscheint und je unvollständiger das sonstige Material hierüber, von um so gröfserem Interesse ist es, auch vereinzelte Aufzeichnungen, namentlich wenn sie ein grofses Gebiet behandeln, zu berücksichtigen. Natürlich mufs hierbei das aus eingeschmolzenen alten Geräten etc. wieder verwendete Edelmetall gesondert werden. Der neueste Jahresbericht des Münzdirektors Leech enthält über den annähernd ermittelten industriellen Gold- und Silberverbrauch in den Vereinigten Staaten in den Jahren 1889 und 1890 folgende Angaben:

	1889		1890	
	Gold	Silber	Gold	Silber
	Dollars	Dollars	Dollars	Dollars
Einheimisches Produkt . .	10 113 706	7 300 306	11 167 413	7 145 659
Auswärtiges Produkt . . .	291 258	657 997	362 062	1 245 419
Altes Material	3 218 971	611 015	3 076 426	640 100
Zusammen	13 623 935	8 569 318	14 605 901	9 031 178

Bringt man das alte Material in Abzug, so ergiebt sich für die
Vereinigten Staaten in den Jahren 1889 und 1890 ein industrieller
Goldverbrauch von je über 15 600 kg und 15 800 kg und ein solcher
Silberverbrauch von über 194 000 kg und 200 000 kg.

Man sieht hieraus, wie verhältnismäfsig gering der Wertbetrag
von Silber ist, das durch die Industrie der monetaren Verwendung
jährlich entzogen wird, verglichen mit dem Goldquantum, das Jahr
für Jahr zu Schmucksachen und sonst zu technischen Zwecken ver-
braucht wird. Wie dieser Verbrauch in den Vereinigten Staaten mit
der Zunahme der Bevölkerung und des allgemeinen Wohlstandes zu-
genommen hat, so wird es, wenn auch nicht in gleichem Grade,
ebenfalls in den meisten anderen Kulturländern geschehen sein. Die
Annahme, dafs in den letztverflossenen Jahren, zusammen mit dem
Abflufs nach dem Osten und noch vorkommenden Thesaurierungen,
die industrielle Verwendung die Zunahme des allgemeinen monetaren
Goldbestandes wesentlich beschränkt und vermuthlich die neue jährliche Goldgewinnung nahezu absorbiert haben dürfte, läfst sich allerdings nicht ziffermäfsig nachweisen, andererseits wird aber ebenso
wenig deren Unrichtigkeit sich beweisen lassen. Die Statistik der
Ausmünzungen und der Goldbestände der grofsen Banken, auf die
man sich wegen des anhaltenden Steigens des allgemeinen monetaren
Goldvorrats zu berufen pflegt, kann nicht als Widerlegung gelten.

Die gesamten Ausmünzungen in den Jahren 1888—1890 betrugen
nach der Zusammenstellung des Münzdirektors Leech, die auf den
aus fast allen Staaten amtlich mitgeteilten speziellen Auskünften beruht:

	in Gold	in Silber
1888	134 828 855 Dollars	134 922 344 Dollars
1889	168 901 519 „	133 444 595 „
1890	149 009 772 „	149 405 099 „

Hiervon kamen für d. J. 1890 nachweisbar auf Umprägungen
31 760 993 Dollars in Gold und 11 348 820 Dollars in Silber; thatsächlich
ist aber aufserdem der bei weitem gröfste Teil der neuen Prägungen
aus eingeschmolzenen älteren und fremden Münzen hervorgegangen.

Der Silberpreis zeigt in den letzverflossenen zwei Jahren im allgemeinen folgende Gestaltung:

	Höchster	Niedrigster	Durchschnittspreis
1890: Pence per Stand. Unze	$54^5/_8$	$43^{11}/_{16}$	$47^{11}/_{16}$
1891: „ „ „ „	$48^3/_4$	$43^1/_2$	$45^1/_{16}$

Die enormen Schwankungen des Silberpreises in 1890 und von Januar bis November 1891 sind nach den monatlichen Aufstellungen oben S. 175 bereits vorgelegt. Zur Vervollständigung fügen wir hinzu, dafs im Dezember 1891 die Londoner Notierung sich zwischen $44^1/_4$ und $43^1/_2$ Pence hielt und einen Durchschnitt von $43^7/_8$ Pence ergab. — Über die abnormen in den Weltverkehr tief eingreifenden Schwankungen des Silberpreises während der Jahre 1890 und 1891, unter der entscheidenden Einwirkung der münzpolitischen Agitationen und Mafsregeln in den Vereinigten Staaten, geben wir Auszüge nach den Jahresberichten der bekannten Londoner Firma Mocatta & Goldsmid.

Das Jahr 1890, wird dort berichtet, ist für Silber verhängnisvoll gewesen; der Preis schwankte zwischen $43^5/_8$ und $54^5/_8$ Pence, wies also eine Differenz auf von mehr als 20 %. Indien hat wie gewöhnlich viel Silber bezogen, obschon zu Zeiten die Höhe des Marktpreises den Silberexport nach dem Osten unterbrach. Die Londoner Münze, Spanien und Rufsland waren gelegentlich Käufer, allein der hauptsächliche Faktor lag in den Spekulationskäufen und den abnormen grofsen Transaktionen mit Amerika. In den Kursnotierungen war ein wildes Treiben, ein Steigen oder Sinken des Silberpreises um 1 Pence von Tag zu Tag blieb kein ungewöhnlicher Vorgang und verursachte, wie zu erwarten war, den indischen Banken und Kaufleuten schwere Verlegenheiten.

Das Jahr 1890 eröffnete mit einer Notierung von 44 Pence. Gegen Ende Februar ward man aufmerksamer auf die in den Vereinigten Staaten beabsichtigte neue Silbergesetzgebung, und im April oscillierte der Preis rasch je nach den günstigen oder ungünstigen Auslegungen der aus New York hierüber eintreffenden Telegramme. Zwischen dem 12. und 25. April stieg der Preis von $44^1/_4$ auf 48 Pence, aber dieser letzte Preis ward in den folgenden 6 Wochen nicht wieder erreicht. Nachdem die neue Silberbill vom Präsidenten am 14. Juli unterzeichnet war und am 13. August die Silberankäufe des Schatzamts begonnen hatten, stieg Silber rasch, bis es am 3. September den höchsten Preis des Jahres $54^5/_8$ Pence erreichte, eine Notierung, wie sie in den vorangegangenen 12 Jahren nicht stattgefunden hatte. Zu der Zeit erhielt die Indische Regierung für ihre Wechsel mehr als $20^3/_4$ Pence per Rupie, welcher Kurs um 4 Pence höher war als der im Budget angenommene.

Obschon der Silbermarkt um diese Zeit den Anschein der Festigkeit hatte, machten verschiedene unerwartete Vorgänge, namentlich

Geldverlegenheit in Amerika, es schwierig, für die von Spekulanten
gehaltenen starken Silbervorräte Käufer zu finden. Als auch in
London allmählich der Geldmarkt sich versteifte, empfand man hier eine
ähnliche Schwierigkeit, und am 18. November, nachdem eine drohende
schwere Krisis knapp abgewendet war, fanden gezwungene Verkäufe
zu 45 Pence statt. Die Schwierigkeiten der Lage wurden durch den
Umstand verschärft, dafs in Folge eines aufserordentlichen Geld-
überflusses in Indien, die Neigung, Silberbarren dahin zu verschiffen,
fehlte und dafs bei der allgemeinen finanziellen Unsicherheit auch die
gewöhnlichen Käufer ihre Mittel nicht in Silber festlegen mochten.
Es war ganz gegen die allgemeine Erwartung, dafs Silber noch vor
Ende September von 54⅝ auf 50 Pence fiel und um die Mitte November
wieder zu dem Stande zurückkam, den es vor dem Beginn der
amerikanischen Silberankäufe eingenommen hatte. — Der Durchschnittspreis des Silbers i. J. 1890 war 47¾ Pence und die Notierung
am 31. Dezember 48 Pence. —

Über die Preisbewegung des Silbers i. J. 1891 bemerkt ein
Bericht der nämlichen Firma vom 4. Januar 1892:

Nachdem der Preis des Silbers sich bis zum 13. Januar 1891 auf
48¾ Pence gehoben hatte, trat eine Reaktion ein, die mit geringen
Unterbrechungen bis Ende Februar anhielt, wo die Notierung sich
auf 44½ Pence stellte. Von da an bis um die Mitte Juni fanden
häufige, aber unbedeutende Fluktuationen zwischen 44 und 45 Pence
statt. Aufträge für Spanien, Portugal und andere Länder bewirkten
eine vermehrte Nachfrage, und der Preis stieg rasch bis auf 46⅜ Pence
(am 1. Juli). Allein ungeachtet eines beträchtlichen Exports begann
infolge bedeutender Silbereinfuhr ein allmähliches Herabgehen des
Preises, das bis zum Dezember fortdauerte, wo dessen niedrigster
Stand im Jahre mit 43½ Pence notiert wurde. Das ganze Jahr hindurch herrschte eine weichende Tendenz, obschon erwartet werden
konnte, dafs die beträchtlichen Ankäufe des amerikanischen Schatzamts — monatlich 4 500 000 Unzen, mehr als die gesamte Silberproduktion der Vereinigten Staaten — den Wert des Silbers auf dem
Niveau, das in der Antizipation dieser Ankäufe erreicht war, halten
würden. Es ist zu verwundern, dafs ungeachtet der grofsen Abnahme
der Silberbestände in den Vereinigten Staaten, der in London für
Spanien, Portugal, Japan u. a. gekauften grofsen Silberbeträge und
der erneuerten Agitation für freie Ausmünzung in Amerika dem Silbermarkt die erwartete Elastizität nicht zu teil geworden ist. Die indischen
Wechselkurse waren mehrere Monate hindurch zu niedrig, um zu
Silberexporten nach Indien zu ermutigen, und blieben diese daher um
2 500 000 £ hinter denen des Vorjahrs zurück. Auch ist zu beachten,
dafs die beträchtlich vermehrte diesseitige Einfuhr von silberhaltigen
Bleierzen aus Australien nebst der dortigen Silbergewinnung zu

Verschiffungen nach China, die Silberproduktion um etwa 3 000 000 £ vermehrt hat.

Was Gold betrifft, haben die Vereinigten Staaten, Deutschland und letzthin Spanien sehr grofse Summen aus England bezogen. Alles hier importierte Gold in Barren und fremden Münzen wurde gleich bei Ankunft gekauft, so dafs die Bank von England vergleichsweise wenig erhielt, mit Ausnahme der angekommenen Sovereigns aus Australien, Südamerika und Portugal. Diese Zufuhr war indes ausreichend, um in der Bank einen hohen Goldbestand zu bewahren, ungeachtet eines Exports von etwa 21 000 000 £, einschliefslich der Rückzahlung des gegen Ende 1890 von der Bank von Frankreich erhaltenen Darlehns von 3 000 000 £. —

Dieser Jahresbericht, sowie derjenige von Sharp & Wilkins bemerken es als wichtigen Umstand für den Silbermarkt, dafs zu Ende 1891 die Silbervorräte sowohl in England wie in Amerika erheblich kleiner seien als zu Ende des vorhergehenden Jahres. —

Der Edelmetallverkehr Englands als des grofsen Weltmarkts für Gold wie für Silber und des Mittelpunkts der internationalen Geldumsätze hat für alle kommerziellen Beziehungen und die allgemeine Währungsfrage eine so vorwiegende Bedeutung, dafs dessen nähere statistische Darlegung hier nicht vermifst werden darf. In den beiden letztverflossenen Jahren hat sich dieser Verkehr nach seinen Hauptrichtungen wie folgt gestaltet.

Die deklarierte Einfuhr und Ausfuhr des Vereinigten Königreichs betrug:

an Gold:

von und nach:	1890 Einfuhr £	1890 Ausfuhr £	1891 Einfuhr £	1891 Ausfuhr £
Deutschland	204 040	1 634 020	458 241	6 375 271
Holland	3 104 733	246 580	21 256	1 327 040
Frankreich	4 848 085	812 996	1 687 510	5 538 681
Portugal	1 725 840	3 246 780	6 275 838	827 284
Spanien	120 181	908 070	140 693	268 000
Britische Besitzungen in Afrika	2 027 442	750 000	2 667 353	27 254
Britisch Indien	458 596	2 796 941	788 995	1 499 999
China	260 026	5 000	1 136 204	60
Australien	2 096 874	—	4 280 159	—
Mexiko und Südamerika ohne Brasilien	1 898 923	—	1 211 172	1 128 876
Brasilien	2 512 948	1 199 614	3 324 114	1 529 823
Vereinigte Staaten	2 594 259	1 011 617	7 675 184	3 162 800
Andere Länder	1 716 102	1 695 070	608 701	2 543 337
Zusammen	23 568 049	14 306 688	30 275 420	24 228 425

an Silber:

von und nach:	1890		1891	
	Einfuhr £	Ausfuhr £	Einfuhr £	Ausfuhr £
Deutschland	662 210	104 612	884 533	318 313
Frankreich	2 022 016	457 739	1 527 179	760 674
Spanien	123 252	403 205	60 361	3 249 870
Britisch Indien	16 830	8 009 014	78 840	5 484 533
China und Japan	55 933	447 240	2 978	1 587 486
Australasien	196 935	101 657	144 352	75 713
Mexiko und Südamerika	2 527 140	—	2 130 645	80 463
Vereinigte Staaten	4 057 709	629 048	3 983 844	8 580
Andere Länder	723 634	710 869	503 468	1 548 957
Zusammen	10 385 659	10 863 384	9 316 200	13 114 589

Die Tabellen zeigen im vollen Umfange die aufserordentlichen Veränderungen, die in der internationalen Bewegung der Edelmetalle nicht nur von Jahr zu Jahr, sondern im Laufe desselben Jahres von Land zu Land und im auffallendsten Wechsel vor sich gehen, und die unermefsliche Bedeutung, die ungeachtet aller Fortschritte des Kreditwesens einstweilen noch dem effektiven Golde und Silber und deren gegenseitigem Wertverhältnis im allgemeinen Geldwesen beizulegen ist.

Die internationale Bewegung der Edelmetalle, namentlich des Goldes, würde einen noch viel gröfseren Umfang und noch stärkere Schwankungen zeigen, wenn nicht in neuerer Zeit mehr und mehr durch die Übersendung oder zeitweilige Überweisung von solchen Wertpapieren, die eine gewisse internationale Anerkennung gewonnen haben, in vielen Fällen eine Beschränkung der Kontantenverschiffung herbeigeführt wäre. — Es fehlen jedoch bestimmte statistische Nachweise über die Benutzung dieses wichtigen Ausgleichungsmittels, das im grofsen internationalen Verkehr Ähnliches leistet wie die zunehmenden Giroübertragungen der grofsen Zentralbanken im inneren Verkehr des Landes. —

Zweierlei Faktoren sind es, die hauptsächlich die wechselnde Einfuhr und Ausfuhr von Edelmetall in den verschiedenen Ländern bestimmen, nämlich deren allgemeine internationale Zahlungsbilanz und dann die fortdauernde und selbständige Aufgabe der grofsen Zentralbanken, vor allem für die Anschaffung und Behauptung eines reichlichen oder doch genügenden Goldvorrats als der Basis eines soliden Geldumlaufes zu sorgen. Die Furcht vor einer schon vorhandenen und künftig noch drohender werdenden monetären Goldknappheit ist zwar unablässig, wissenschaftlich wie auch von praktischen Autoritäten, bekämpft worden und wird es noch, allein dessenungeachtet wird

solche Furcht noch immer in angesehenen und weiten Kreisen, ja
man darf sagen vorwiegend, gehegt und geäufsert. Man braucht
nur an die dahin zielenden wiederholten Reden des Herrn Goschen
zu erinnern, auf die später zurückzukommen sein wird. Die Veränderungen in den Edelmetallbeständen der grofsen Banken nehmen
deshalb mit Recht in hohem Grade die öffentliche Aufmerksamkeit in
Anspruch, und zeigt sich hierbei der günstige Umstand, dafs man
bei dieser Statistik es nicht mit Vermutungen und rohen Abschätzungen,
sondern mit positiven Gröfsen zu thun hat.

Wir geben eine Übersicht der Edelmetallbestände der Hauptbanken und verschiedener Schatzämter zu Ende Dezember 1890 und
1891, wie solche hauptsächlich von Hrn. O. Haupt zusammengestellt
sind, verglichen mit den entprechenden Angaben für einige frühere
Jahre.

Goldbestände zu Ende des Jahres.
Millionen Mark.

	1875	1880	1885	1890	1891
Bank von England	434,2	484,8	402,3	469,3	451,1
Schottische u. irische Banken	162,2	147,9	162,5	145,8	158,5
Australische Banken	172,6	243,7	263,6	(400,0)	(400,0)
Deutsche Reichsbank	.	185,0	(350,0)	519,0	674,0
Deutscher Kriegsschatz	120,0	120,0	120,0	120,0	120,0
Andere deutsche Banken	.	(70,0)	(80,0)	80,0	79,0
Niederländische Bank	69,3	56,9	47,9	65,0	65,6
Skandinavische Banken	81,2	108,4	98,5	125,1	112,7
Österreichisch-ungarische Bank	135,7	130,0	138,1	160,0	160,8
Bank von Frankreich	939,1	451,0	925,9	912,1	1070,4
Belgische Nationalbank	62,3	58,5	55,6	48,6	52,1
Schweizer Banken	.	.	39,3	49,1	52,6
Italienische Emissionsbanken	54,6	62,9	227,5	287,5	296,8
Italienischer Staatsschatz	.	.	.	85,0	89,0
Bank von Rumänien	.	.	.	33,2	49,7
Russische Staatsbank	643,5	545,1	545,1	773,0	1096,0
Vereinigte Staaten, Schatzamt	220,0	561,5	601,9	1230,7	1157,0
„ Banken	.	.	432,0	421,0	502,0
Bank von Spanien	.	.	46,2	123,1	128,0

Die vorstehende Zusammenstellung dürfte, wenn für sie auch in
Einzelheiten wegen des nicht durchweg gleichmäfsigen Materials und
einiger minder sicheren Angaben der Anspruch auf vollständige
Genauigkeit nicht geltend zu machen ist, doch im ganzen eine will-
kommene und zweckentsprechende Auskunft über den Umfang und
die allgemeine Bewegung des monetären Goldbestandes in den Kulturländern geben, der die Grundlage der Zahlungen und Ausgleichungen

im grofsen Weltverkehr bildet. Für die beiden letzten Jahre würde
sich hiernach ein monetarer Goldbestand in den Banken von ungefähr
6000 Millionen Mark oder 2 150 000 kg Gold im Jahre 1890 und 6700
Millionen Mark oder 2 400 000 kg Gold im Jahre 1891 ergeben.

Die gesamte Goldproduktion in den 40 Jahren von 1851 bis 1890
wird annähernd auf rund 20 Milliarden Mark oder 7 200 000 kg Gold
geschätzt. Veranschlagt man die Beträge von Goldmünzen, die in
den Kulturländern sich in den Kassen oder Taschen des Publikums
für die täglichen gewohnten Umsätze etc. befinden, nach eher viel zu
hoher als zu niedriger Schätzung zu ungefähr 7300 Millionen Mark,
und rechnet diese zu den vorhin nachgewiesenen Goldbeständen der
Banken, so ergiebt sich, dafs in den letzten vier Jahrzehnten wahrscheinlich weit über 6000 Millionen Mark Gold für industrielle Zwecke
verwendet, nach Ostasien abgeflossen, irgendwo thesaurirt oder sonst
für den Verkehr verloren gegangen sein werden. Man wird vermutlich
sich nicht weit von der Wirklichkeit entfernen, wenn angenommen
wird, dafs die Goldbestände der in Betracht kommenden Banken etc.
am Schlufs des Jahres 1891 diejenigen im Jahre 1885 um mehr als
500 000 kg Gold, und solche im Jahre 1880 um mehr als 900 000 kg
Gold überstiegen haben. Diese bedeutende Zunahme ist hauptsächlich nicht so sehr durch den allgemeinen Überschufs der jährlichen
Goldproduktion gegen den gleichzeitigen gesamten Goldverbrauch
herbeigeführt, sondern hauptsächlich dadurch, dafs in fast allen
Kulturländern während der letzten Jahrzehnte der Umlauf von effektiven Goldmünzen im gewöhnlichen täglichen Verkehr des Publikums
infolge der durch die Banken geschaffenen bequemeren Ersatzmittel,
und namentlich in den Vereinigten Staaten durch die dort vom Schatzamt gegen Depositen ausgestellten Gold- und Silberzertifikate, im
ganzen sich vermutlich verhältnismäfsig vermindert und den Banken
Gold zugeführt haben wird.

Silberbestände zu Ende des Jahres (nach dem gesetzlichen Münzwert)
Millionen Mark.

	1875	1880	1885	1890	1891
Bank von Frankreich	409,1	990,3	879,2	1009,3	1003,2
Schweizer Notenbanken . . .	.	.	16,6	19,0	21,5
Belgische Nationalbank . . .	36,2	20,7	26,5	34,8	28,0
Italienische Emissionsbanken	61,6	78,9	40,4	55,6	56,3
Niederländische Bank	152,1	144,2	161,0	114,4	130,4
Deutsche Banken		358,0	(254,0)	(250,0)	(240,0)
Österreichisch-ungar. Bank .	133,1	216,6	259,4	335,0	337,3
Vereinigte Staaten Schatzamt	(24)	327,6	800,5	1516,8	1739,0
Bank von Spanien	.	.	.	60,0	84,3

Es würde eine lange Auseinandersetzung erfordern und weit über
die von uns hier übernommene Aufgabe hinausgehen, wollten wir
die in den beiden vorstehenden Übersichten sich darbietende Gelegenheit benutzen, um die Ursachen und Folgen der bei den verschiedenen
Banken stattgehabten Veränderungen ihres Metallbestandes zu erörtern.
Nur auf einzelne besonders beachtenswerte oder auffällige Vorgänge
soll in Kürze hingewiesen werden.

Der Handelsverkehr Grofsbritanniens und alle seine Geldumsätze
haben ungeachtet der anhaltenden allgemeinen Depression in den
letzten Jahren eine fortschreitende Ausdehnung erfahren, und wäre
hiernach eine entsprechende Erweiterung der Basis seiner Umlaufsmittel zu erwarten. Dies hat jedoch keineswegs stattgefunden. Die
Goldbestände der Bank von England und der anderen Banken des
Vereinigten Königreichs sind Ende 1891 nicht bedeutender als vor
16 Jahren. Und ebensowenig hat der Banknotenumlauf sich erweitert:
er belief sich im Dezember 1875 auf 46 572 894 £ und im Dezember
1890 auf 41 406 623 £! Und wie auffällig ist das in unserer Übersicht
hervortretende Mifsverhältnis des Goldbestandes der Bank von England im Vergleich mit dem der Bank von Frankreich, der Deutschen
Reichsbank, des Amerikanischen Schatzamts! Wie riesig ist seit 1875
die Anhäufung von Gold und Silber im Schatzamt der Vereinigten
Staaten gewesen! — Mufs es nicht andererseits auffallen, dafs das
reiche Holland seit 16 Jahren nicht dazu geschritten ist, den Goldbestand seiner Centralbank so zu vermehren, um seine „hinkende"
Währung aufgeben zu können. — Die nachgewiesenen Summen von
monetarem Silber mit noch fortdauernder gesetzlicher Geltung als
Kurantgeld in den betreffenden Banken haben noch Ende 1891 einen
rechnungsmäfsigen Gesamtbetrag von über 3640 Millionen Mark auf-
gewiesen, während ihr wirklicher Metallwert bei einem Silberpreis
von unter 42 Pence hinter 2500 Millionen Mark zurückbleibt.

Mit unseren Bemerkungen stimmt wesentlich überein, was letzthin
in einem Aufsatze von Hrn. P. Leroy Beaulieu hervorgehoben wurde.
Es liegt in der Natur der Dinge und die Erfahrung bestätigt es, dafs
in neuerer Zeit die Kulturvölker bei der Ausdehnung und Raschheit
ihrer Umsätze dahin streben, mehr und mehr bequemere Zahlungsmittel zu benutzen. Gold und Silber kommen effektiv nur noch vor
beim kleineren lokalen Austausch und zur Ausgleichung ausnahms-
weiser internationaler Zahlungsverbindlichkeiten. Auch bei diesen
sind indes die Goldsendungen in neuester Zeit beschränkter als früher
geworden, indem Zahlungskompensationen mittels internationaler Wertpapiere immer häufiger werden. Im inländischen Verkehr haben auch
die Banknoten als Zahlungsmittel gegen früher an Bedeutung verloren,
indem sie bei kleinen Zahlungen durch Checks und noch mehr durch

den Giroverkehr der Banken ersetzt werden. Dieser mehr und mehr sich vervollkommende Mechanismus des Tausches erspart nicht nur eine ungemeine Menge Bargeld, sondern zugleich viel Zeit und Weitläufigkeit. So erklärt sich, dafs das Gold sich zusehends bei den grofsen Banken, welche die Grundlage des allgemeinen Geldumlaufs bilden, ansammelt und dafs die Länder mit grofsem Handelsverkehr nicht nur mit wenig Gold bei ihren Zahlungen auskommen, sondern auch nur wenig Banknoten gebrauchen, deren Umlauf meistens den Metallbestand nicht viel überschreitet. —

Die gesamten Umsätze beim Clearing House in London betrugen im Jahre:

1868	. . . . 3 425 185 000 £	1890	. . . . 7 801 048 000 £
1880	. . . . 5 794 238 000 „	1891	. . . . 6 847 506 000 „

Beim Newyorker Clearing House waren die entsprechenden Umsätze im Jahre:

	Dollars		Dollars
1868 (59 Banken)	28 484 288 636	1890 (64 Banken)	37 660 686 572
1880 (57 „)	37 182 128 601	1891 (63 „)	34 053 698 770

Dem Anschein nach hat die Entwicklung der Clearings-Anstalten in England und in den Vereinigten Staaten in letzterer Zeit ihren Höhepunkt erreicht, und dürften auch sonst die Vereinfachung und Erleichterungen der Zahlungen und Geldumsätze durch Bankeinrichtungen dort in der Hauptsache wesentliche Erweiterungen kaum noch zu erwarten haben. Dieser Umstand ist nicht aufser Acht zu lassen, wenn darauf hingewiesen wird, dafs durch fernere Fortschritte im Bank- und Kreditwesen noch sehr bedeutende Ersparungen und Beschränkungen im direkten monetaren Gebrauch des Goldes in sicherer Aussicht ständen. Unzweifelhaft werden hierin auch künftig noch Fortschritte stattfinden, allein zu grofse Erwartungen darf man in dieser Beziehung nicht hegen. .

Die Probleme der sogenannten Quantitätstheorie und andererseits des Einflusses des Kredits auf den Geldmarkt und die Preise haben schon in den letzten Jahrzehnten in viel höherem Grade als früher das Nachdenken mancher Ökonomisten beschäftigt. Dies wird in Zukunft noch weit mehr geschehen, da unter allen Umständen die Ausdehnung der Produktion und der Umsätze rascher und bedeutender vor sich gehen wird als die Vermehrung des monetaren Edelmetallvorrats. Die Geschäftskrisen werden, wenn auch seltener, doch, wenn sie eintreten, um so gewaltsamer sein.

Diese Probleme erörtert eine vor zwei Jahren unter dem Titel „Womit bezahlt man? oder Gold, Kredit und Preise" erschienene Schrift des Herrn T. H. Farrer (Mitglied des Parlaments und der Gold- und Silberkommission von 1886—1888). Die Wichtigkeit und Schwierigkeit des Gegenstandes werden es rechtfertigen, wenn aus einem Aufsatz, in dem wir damals denselben erörterten, die hauptsächlichen Ausführungen hier wieder vorgelegt werden, da sie mit der immer wiederkehrenden Frage der Wertsteigerung des Goldes eng zusammenhängen.

„Fortschritte in der Produktion und im Transportwesen, sowie zeitweilige Überproduktion und Einschränkungen des Kredits haben das Sinken der Preise vieler, wenn nicht der meisten Waaren, in den letzten etwa 16 Jahren zur Folge gehabt. Man hat nicht nötig, hierfür noch andere Ursachen geltend zu machen, namentlich nicht die behauptete, jedoch nicht bewiesene Goldknappheit. Aber selbst angenommen, dafs das Sinken der Preise dem Einflufs der Verhältnisse der Zahlungsmittel beizumessen sei, so folgt hieraus noch nicht, dafs Goldknappheit die Schuld trage. Gold ist beides: ein Wertmafs und ein Tauschmittel, aber es ist nicht das einzige Tauschmittel. In fortgeschrittenen Ländern sind Kredit und übertragbare solide Forderungen (Schulden) als Tauschmittel für den Grofshandel an die Stelle des Goldes getreten. Dieses Kreditgeld und nicht der Vorrat von Gold kommt jetzt als unmittelbarer Regulator der Preise in Betracht. Der Wert des Goldes, welcher sich in umgekehrtem Verhältnis zu den Preisen ändert, ist abhängig von Angebot und Nachfrage. Wenn Kredit an die Stelle des Goldes tritt, so vermindert sich um so viel die Nachfrage nach Gold als Tauschmittel. Die Vorstellung, dafs Zunahme des Handels und der Bevölkerung notwendig eine stärkere Nachfrage nach Gold und einen höheren Wert des Goldes als Tauschmittel bewirke, ist wesentlich falsch. Um zu bestimmen, wie es sich in Wirklichkeit mit der Nachfrage nach Gold und mit dessen Wert verhält, mufs man im einzelnen feststellen, zu welchen Zwecken und in welchem Umfange Gold wirklich gebraucht wird.

Kredit hat allerdings gewisse Beziehungen zum Golde, und wenn bewiesen werden könnte, dafs die Quantität des Kredits sich genau nach der Quantität des Goldes richte, so würde eine Verminderung des Goldvorrats den Kredit entsprechend affizieren, und mit dem Kredit die Preise. Ein solcher Beweis kann aber nicht erbracht werden.

Da aller Kredit sich in Gold ausdrückt, so bestimmt eine Veränderung im Wert des Goldes in entsprechendem Verhältnis auch alles und jedes in der gesamten Wirksamkeit des Kredits.

Gold ist nur dadurch das Wertmafs, weil es befähigt ist, Tauschmittel zu sein, und Kredit ist gesetzlich in Gold zu konvertieren. Diese Verbindlichkeit verlangt gewisse Reserven in Gold. Letztere sind indes verhältnismäfsig gering und werden selten zu thatsächlichen Zahlungen gebraucht oder erfordert, und von Tag zu Tag geschieht dies weniger. Gold bleibt das mafsgebende Tauschmittel, aber kommt im Vergleich zum Kredit, der jetzt vorwiegend die Umsätze vermittelt, immer weniger zur Verwendung.

Veränderungen in der Quantität des Kredits sind zweierlei Art. Erstens giebt es eine organische Entwicklung des Kredits, welche in Gestalt von Wechseln, Bankdepositen, Abrechnungen, Ausgleichung der Forderungen in Clearingsanstalten etc. beständig fortschreitet und es bewirkt, dafs Kredit mehr und mehr, Gold aber immer weniger als Tauschmittel dient. Dieses Wachsen des Kredits ist nicht direkt abhängig vom Goldvorrat und wird vermutlich um so rascher vor sich gehen, als die Quantität des monetaren Goldes geringer wird. Es wird hierdurch eine Ergänzung des Goldes beschafft und dies hat die Tendenz, ein Sinken der Preise aufzuhalten. — Zweitens giebt es zeitweilige Ausdehnungen und Zusammenziehungen des Kredits, was man gute und schlechte Zeiten zu nennen pflegt. Diese haben einen sehr grofsen und überwältigenden Einflufs auf die Preise. Eine bedeutende und plötzliche Zunahme des Goldvorrats ist eine der Ursachen für die Ausdehnung des Kredits. Da Kredit in der Form von Verpflichtungen, Gold zu zahlen, besteht, so bildet die Möglichkeit, Gold zu Zahlungen zu erhalten, eine Grenze des Kredits und beschränkt dessen ungehörige Ausdehnung. Es giebt jedoch eine Menge anderer Ursachen, wie Verbesserungen der Produktion und der Kommunikationen, wissenschaftliche Entdeckungen, Krieg und Frieden etc. etc., welche eine viel mächtigere Einwirkung auf die Ausdehnung und Einschränkung des Kredits ausüben. Veränderung im Goldvorrat ist nur eine unter vielen Ursachen und gehört nicht zu den wirksamsten. Kredit kann derart sein, dafs er hohe Preise oder dafs er niedrige Preise bewirkt, ohne dafs irgendeine Veränderung im Goldvorrat stattfindet.

Die Elastizität des Kredits macht ihn zu einem sehr mächtigen und zugleich zu einem sehr gefährlichen Werkzeug. Die Mittel gegen eine schädliche Ausdehnung des Kredits bestehen in guten Schuldgesetzen, welche von falschen und unsoliden Versprechungen zurückhalten, und sodann in rechtzeitiger Steigerung des Diskonts, welche auf alles Kapital zurückwirkt, sowohl Gold als auch Kredit theurer macht und deren Benutzung beschränkt, wodurch die Preise gedrückt werden. Dies ist die natürliche Folge, wenn die Goldreserven sich einschränken. Da aller Kredit auf ein Versprechen, in Gold zu zahlen, hinauskommt, so besteht eine schliefsliche Möglichkeit, dafs dies verlangt wird, und die Reserven sind bestimmt, dieser Möglichkeit zu begegnen. So bildet sich ein Zusammenhang zwischen dem Goldvorrat und den Preisen, allein nur in dieser Weise. Die Thatsache, dafs seit der Demonetisation des Silbers die Bankreserven ihren früheren Bestand behauptet und eher vermehrt haben, und dafs dies bei durchschnittlich niedrigerem Diskont als vorher geschehen konnte, begründet die Annahme, dafs das Sinken der Preise nicht in Goldknappheit seinen Grund gehabt hat."

Aus der Korrespondenz zwischen Professor Nasse und Herrn Farrer, die sich an die vorerwähnte Schrift geknüpft hat, möge folgendes hervorgehoben werden. Während im übrigen beide Herren in wesentlicher Übereinstimmung stehen, ist in Bezug auf die Begrenzung des Kreditgeldes eine Verschiedenheit der Ansichten nicht ausgeglichen worden.

„Wodurch wird ein willkürliches Steigen aller Preise verhindert, wenn an Stelle des Goldes das so leicht zu vermehrende Kreditgeld tritt? Warum haben Perioden hoher und steigender Preise, wie die von 1856—57 und 1871—73 keine Dauer? Die Antwort des Herrn Farrer hierauf, dafs die Verpflichtung der Schuldner zur Bezahlung und ihre Fähigkeit, diese zu leisten, den Kredit begrenze und dafs die Verpflichtung, auf Verlangen in Gold zu zahlen, eine praktische Probe solcher Fähigkeit sei, genügt Professor Nasse nicht. Dieser verlangt die Probe, dafs nicht nur der Schuldner solvent sei, sondern dafs auch die Geldpreise aller Dinge dem universellen Wert des Goldes entsprächen. Aufserordentliche Preissteigerungen gefährden in keiner Weise die Zahlungsfähigkeit der Schuldner, selbst wenn sie das richtige Verhältnis zum universellen Wertmafs verloren haben, und die wirkliche Zahlung mit Gold ist erforderlich, damit von diesem Gesichtspunkte aus die Verpflichtung, mit Gold zu zahlen, eine reale Grenze des Kredits werde.

Je höher in einem Lande die Ausbildung des Kredits und die Vervollkommnung des Geldsystems, desto seltener werden für den inländischen Verkehr wirkliche Goldzahlungen notwendig sein. Allein im Osten und in weniger fortgeschrittenen Ländern wird Metallgeld noch lange Zeit im Umlauf bleiben, und dort können Geschäfte an Zahl und Umfang nur dann zunehmen, wenn gleichzeitig die Zahlungsmittel in Form von barem Gelde vermehrt werden. In diesen Gegenden kann also kein so willkürliches und allgemeines Steigen der Preise eintreten, wie dies in kommerziellen und industriellen Staaten mittels der Expansivität des Kreditgeldes mit Leichtigkeit geschieht. Hätte die ganze Welt ein lediglich auf Kredit beruhendes Zahlungssystem wie England, so würde die Gefahr eines beständigen Schwankens in der allgemeinen Bewegung der Preise ganz enorm sein. Die Banken würden fast niemals um Zahlung in effektivem Gold angegangen und diese Probe auf ihre Zahlungsfähigkeit in der Praxis fast nie gemacht werden. Jede irgendwie veranlafste Preissteigerung eines besonderen Artikels würde in einer ungesunden Weise übertrieben werden und nur dann zusammenbrechen, sobald zufällig eine äufsere Erschütterung einträte. — Herr Farrer kann sich dieser Auffassung nicht anschliefsen, sondern bleibt bei der Ansicht, dafs unter allen Umständen die blofse Verbindlichkeit, auf Verlangen mit Gold zu zahlen, auch wenn in Wirklichkeit nur wenig oder kein

Gold, weder bei inländischen noch bei internationalen Umsätzen, gebraucht werde, einer extravaganten Inflation von Preisen eine feste Schranke setzen werde. Er schliefst indes mit dem Bekenntnis, dafs die schwierige Frage des Zusammenhanges des Geldwesens mit den Preisen (d. h. die Quantitätstheorie) zur Zeit noch nicht genügend aufgeklärt sei und eine Aufgabe weiterer Forschung bilde. —

So viel scheinen indes die bisherigen Untersuchungen zu ergeben, dafs für gewöhnliche Zeiten und im ganzen genommen das allgemeine Niveau der Engroswaarenpreise in den Kulturländern jetzt hauptsächlich nur durch Kredit beeinflufst wird. Dagegen wird, so lange Gold das universelle Wertmafs bleibt und dieses Wertmafs von der schliefslichen Bedeutung des Goldes als Tauschmittel abhängt, in aufsergewöhnlichen Zeiten und Verhältnissen der monetare Goldvorrat als prinzipale Norm und Grundlage mit elementarer Gewalt seinen Einflufs zur Geltung und die Quantitätstheorie in evidenter Weise von Zeit zu Zeit in Erinnerung bringen."

Wie bedeutend der Vorrat baren Geldes zu einer gegebenen Zeit in einem Lande und wie sich die Zusammensetzung des gesamten Geldumlaufs desselben verhält, diese Fragen haben zu jeder Zeit ein allgemeines lebhaftes Interesse in Anspruch genommen, und dies ist gerade jetzt noch mehr als früher der Fall. Man hat fast überall viele Mühe und grofsen Scharfsinn zur Beantwortung dieser Fragen aufgeboten. Die eminente Wichtigkeit einer möglichst zuverlässigen statistischen Auskunft hierüber für die Würdigung aller monetaren Angelegenheiten liegt ja auch klar vor Augen, nicht minder aber auch die Schwierigkeit, in den meisten Ländern eine solche Auskunft mit einiger Sicherheit zu erlangen.

Der letzte Jahresbericht des amerikanischen Münzdirektors hat in Bezug auf den präsumtiven Geldvorrat einiger der wichtigsten Länder für Ende 1890 folgende Aufstellung vorgelegt:

Geldvorrat im ganzen.

Länder	Bevölkerung	Goldvorrat	Silbervorrat	Ungedeckte Noten	Gesamt-Geldumlauf
		Millionen Dollars			Dollars
Grofsbritannien und Irland	38 000 000	550	107	40	697 000 000
Frankreich	39 000 000	900	700	88	1 688 000 000
Deutschland	49 500 000	540	220	150	910 000 000
Vereinigte Staaten	64 000 000	671	539	410	1 619 764 000

Geldumlauf pro Kopf der Bevölkerung.

Länder	Gold		Silber		Papier-geld		Zu-sammen	
	Doll.	Cts.	Doll.	Cts.	Doll.	Cts.	Doll.	Cts.
Grofsbritannien und Irland	14	47	2	81	1	05	18	33
Frankreich	23	08	17	95	2	26	43	29
Deutschland	10	91	4	44	3	03	18	38
Vereinigte Staaten	10	48	8	42	6	40	25	30

Wie weit diese summarischen Zusammenstellungen mit den Ergebnissen anderer selbständiger Untersuchungen über den mutmafslichen Geldvorrat oder Geldumlauf der verschiedenen Länder übereinstimmen, ist aus den nachfolgenden speziellen Nachweisungen zu ersehen, die auch die neuesten münzpoltischen Vorgänge kurz erörtern sollen.

Grofsbritannien und Irland. Nach einer Schätzung des Münzmeisters Freemantle belief sich der monetare Edelmetallvorrat (einschliefslich der Banken) im Jahre 1890 auf etwa 105 000 000 £, nämlich 82 000 000 £ in Sovereigns und Bullion und 23 000 000 £ in halben Sovereigns, ausser 22 000 000 £ Silbermünze. — Vom Kanzler des Schatzamts Goschen ward bei Gelegenheit der Berathung über das neue Münzgesetz (1889) der präsumtive Bestand von Goldmünzen im Lande auf 73 000 000 £ geschätzt, mit dem Vorbehalt, es sei immerhin möglich, dafs es mehr seien, oder auch weniger. Bemerkenswert ist, dafs bei dieser Abschätzung der durchschnittliche jährliche Goldverbrauch für die Industrie zu 200 000 £ und was jährlich von Reisenden ins Ausland mitgenommen werde, zu 1 000 000 £ veranschlagt ward. — Viel höher geht die Schätzung des Herrn O. Haupt, der vornehmlich auf Grund der Einfuhr- und Ausfuhrangaben in der amtlichen Handelsstatistik den monetaren Goldvorrat des Vereinigten Königreich im Jahre 1891 zu 113 000 000 £ annimmt, nämlich 98 000 000 £ in ganzen und halben Sovereigns, aufser 15 000 000 £ in Barren und fremden Münzen in der Bank von England. — Spezielle Untersuchungen und Berechnungen über den wahrscheinlichen Betrag des monetaren Goldvorrats sind seit mehreren Jahren von den Herren John B. Martin und R. H. Inglis Palgrave gemeinsam vorgelegt worden. Ihre Ermittelungen begründen sich, unter Anwendung der früher von Professor Jevons vorgeschlagenen Methode, auf die Zusammensetzung einer gröfseren Anzahl von Kassenbeständen in verschiedenen Teilen des Landes und den bei der Einziehung der vor 1837 geprägten Goldmünzen gemachten Erfahrung. Die neueren Schätzungen der Herren Martin und Palgrave lauteten anfänglich auf 56 040 000 Sovereigns und 25 542 000 halbe Sovereigns, zusammen rund 69 000 000 £, wovon etwa 25 Millionen in den Banken lägen und 44 Millionen beim Publikum umliefen. Diese Annahme hat bisher wenig ausdrückliche Zustimmung gefunden, ist hingegen von verschiedenen Seiten als viel zu niedrig angefochten worden. Auch haben die genannten Herren nachträglich eingeräumt, dafs ihr Anschlag zu erhöhen sein möchte; allein sie beharren dabei, dafs es kaum möglich sei, den monetaren Goldvorrat im Vereinigten Königreich, einschliefslich 25 000 000 £ im Besitz der Bank von England und anderer Banken, auf höher als 75 000 000 £ zu veranschlagen. (Schreiben vom 23. Dezember 1891 im Journal of the Institute of bankers, January 1892.) —

Wir sind auf die Frage des monetaren Goldvorrats Grofsbritanniens näher eingegangen, weil sie bei den jetzt obschwebenden dortigen Verhandlungen über dauernde beträchtliche Verstärkung der Goldbasis in der Bank von England und die allgemeine Währungsfrage eine gewichtige Rolle spielt.

Unter allen Ländern ist keines durch die Entwertung und Preisschwankungen des Silbers in so hohem Grade in Mitleidenschaft gezogen worden wie England. Es hat dies seinen natürlichen Grund in dessen überwiegendem Anteil am Welthandel, in der Menge der Forderungen, die britische Kapitalisten in Ländern mit Silberwährung haben, und ganz besonders in den engen kommerziellen und finanziellen Beziehungen zwischen England und Britisch-Indien, wo die reine Silberwährung besteht. In unseren früheren Erläuterungen ist nachgewiesen, wie sich von Anfang an die öffentliche Meinung und die Regierung in England den bimetallistischen Tendenzen gegenüber verhalten hat, welche Stellung namentlich eine der bedeutendsten Autoritäten in Geldfragen, Herr J. G. Goschen, zur Silberfrage gleich zu Anfang, 1876 und 1878, genommen, und wie sich derselbe im weiteren Verlauf über die Bedenken der Goldknappheit wiederholt ausgesprochen hat.

Bis zur Parlamentssitzung am 18. April 1890 hat Herr Goschen die bimetallistischen Tendenzen, namentlich soweit diese eine Einwirkung auf die Münzpolitik der Länder, in denen früher freie Ausmünzung von Silberkurant bestanden hatte, zu versprechen schienen, eher zu befördern sich bestrebt als direkt abgewiesen. Seine Rede in der erwähnten Parlamentssitzung und die in Leeds am 28. Januar 1891 gehaltene Ansprache lassen aber schon deutlich erkennen, dafs das Vertrauen, auf diesem Wege zu einer Abhilfe in der allgemeinen Währungsfrage zu gelangen, wenn auch noch nicht vollständig geschwunden, doch jedenfalls sehr schwach geworden ist. In der Ansprache in Leeds war noch beiläufig angedeutet, wie vielleicht durch Ausgabe von 10-Schilling Noten, auf Silber fundiert, auch seitens Englands etwas geschehen könnte, um die monetäre Silberverwendung zu vermehren. In einer am 2. Dezember v. J. an die Londoner Handelskammer gerichteten Ansprache zieht Herr

G. diesen Vorschlag jedoch ausdrücklich zurück, da er die Überzeugung gewonnen habe, dafs solche Mafsregel in den meisten Teilen
des Landes äufserst unpopulär sein würde. Wenn dies in Lancashire
nicht der Fall sei, so geschehe es nur deshalb, weil man hierin eine
gewisse Anerkennung des bimetallischen Prinzips erblicken würde.
Die Aufgebung dieses Plans möge indes nicht so gedeutet werden, als
wenn Redner von der bisher stets behaupteten Stellung zurückweiche,
nämlich dahin zu trachten, dafs die Verwendung des Silbers, soweit
es unter dem bestehenden System irgend möglich sei, erweitert werde.
Es gebe eine Partei im Lande, welche unverkennbar ein steigendes
Interesse an der Silberfrage äufsere und das Verlangen geltend mache,
dafs, wenn die Regierung für sich allein nicht in der Lage sei, die
Herstellung einer Parität zwischen Gold und Silber wirksam zu fördern,
sie doch in Konferenzen mit anderen Regierungen diese hierzu bestimmen möge durch geeignete Anerbietungen, soweit solche ohne
Aufgebung der eigenen Prinzipien möglich wären. Dies sei zwar nicht
in der ersten internationalen Münzkonferenz geschehen, wohl aber in
derjenigen im Jahre 1881. Die Delegierten Englands seien damals zu
der Erklärung ermächtigt gewesen, dafs, wenn die Münzstätten Frankreichs, der Vereinigten Staaten und anderer Länder der freien Silberprägung dauernd geöffnet würden, die Bank von England zur Ausführung der Bestimmung der Bankakte, die sie befuge, den fünften
Teil ihres Barbestandes in Silber zu halten, bereit sein würde. Falls
ein solches Arrangement getroffen werden sollte, unter der ausdrück-
lichen Bedingung, dafs andere Länder ihre Münzstätten für Silber wie
für Gold öffnen, so läge hierin durchaus kein Widerspruch gegen den
dringend empfohlenen Plan, dafs die Goldreserve der Bank von England künftig bedeutend zu verstärken sei, denn eben durch die freie
Ausmünzung des Silbers in anderen Ländern werde der Druck auf
den Goldvorrat wesentlich gehoben werden.

Herr Goschen betrachtet es nach den im November 1890 bei der
Baring-Krisis gemachten Erfahrungen und in Berücksichtigung der
gegebenen praktischen Verhältnisse im Interesse des Landes als unabweisbar, für eine ansehnliche und dauernde Verstärkung der bisher
viel zu knapp gehaltenen Goldreserve der Bank von England zu sorgen.
Sein vorläufiger Vorschlag geht wesentlich dahin, dafs die Bank befugt
werde, 1 £-Noten auszugeben und aus dem hierfür eingehenden Golde
einen separaten Fonds zu bewahren, um in aufserordentlichen Fällen
unter bestimmten Bedingungen schweren kommerziellen Krisen rechtzeitig vorzubeugen.

Auf die Details des Plans wird für jetzt nicht einzugehen sein,
da nach der Aufnahme, die derselbe bisher in der Presse und in
kaufmännischen Vertretungen gefunden hat, seine weitere ernstliche
Betreibung nicht wahrscheinlich ist.

Man wird vermutlich auch in England zunächst abwarten, welchen Verlauf die Silberfrage in den Vereinigten Staaten nimmt, und ob der Wert des Silbers noch tiefer fällt. Einer eventuellen Einladung zur Teilnahme an neuen internationalen Währungskonferenzen würde die Britische Regierung gewifs bereitwillig Folge leisten, ohne sich der Täuschung hinzugeben, dafs das verklausulierte Anerbieten der Bank von England wegen eventueller Zulassung eines Fünftels der Metallreserve in Silber und die Zusicherung einer Beibehaltung der Silberwährung in Indien an sich einen nennenswerten Einfluss dahin äufsern könnten, andere Staaten zur Wiederaufnahme der Ausmünzung von Silberkurant zu bestimmen, wenn sie solches nicht schon sonst ihren Interessen entsprechend erachten. Sollen neue internationale Währungskonferenzen nicht mit gleicher Erfolglosigkeit schliefsen, wie die früheren von 1878 und 1881 und wie der freie internationale Pariser Münzkongrefs von 1890, wird die Britische Regierung sich endlich entschliefsen müssen, gemeinsame praktische Mafsregeln in Vorschlag zu bringen, wie einer wesentlich erweiterten monetären Verwendung des Silbers Raum zu schaffen sei, ohne die prinzipale Geltung des Goldes als des universellen Wertmafses und Tauschmittels aufzuheben. Allein ganz abgesehen hiervon, ist nach der vom Minister Goschen seit dem vorigen Jahre gegebenen nachdrücklichen Anregung die Wichtigkeit oder vielmehr die Notwendigkeit einer erheblichen Verstärkung der Goldreserve der Bank der öffentlichen Meinung in England unverkennbar so klar geworden, dafs sehr wahrscheinlich auf die eine oder andere Weise dieserhalb Vorkehrungen werden getroffen werden. Dies mufs die natürliche Folge haben, dafs man von der kurzen Golddecke ein gröfseres Stück als bisher in die Bank von England zu ziehen bestrebt sein wird.

Die vom Minister Goschen eingeleitete und durchgeführte Einziehung der vor 1837 geprägten Goldmünzen war eine sehr zeitgemäfse und richtige Münzmafsregel, deren Kosten (51 300 £) im allgemeinen Interesse gut verwendet sind. Im ganzen sind eingezogen und umgeschmolzen worden 2 334 573 Sovereigns und 128 515 halbe Sovereigns.

Über die Edelmetallausfuhr nach Britisch Indien und damit zusammenhängende Vorgänge ist bereits früher (S. 119) einiges mitgeteilt worden, aber bei der nicht hoch genug anzuschlagenden Wichtigkeit dieses Faktors für die Silberfrage und nachdem uns verschiedene Geschäftsberichte über die Beziehungen zu Ostasien auch für das letztverflossene Jahr 1891 zugegangen sind, scheint es nicht überflüssig, hierüber noch nähere statistische Angaben vorzuführen. Wir berücksichtigen hierbei vornehmlich die „Indian Circulars" der bekannten Firma J. Westwood Thompson und beschränken uns auf die letztverflossenen fünf Kalenderjahre. Vorweg wollen wir noch aus den genannten Berichten erwähnen, dafs in den 32 Jahren 1860

bis 1891 der registrierte Export von Gold und Silber durch die
Peninsular & Oriental Steam Navigation Company und die Messageries
Maritimes aus England und Häfen des Mittelländischen Meeres nach
dem Osten betragen hat: an Gold 49 418 333 £ und 49 657 434 £ (zusammen nahezu 2000 Millionen Mark) und an Silber 190 233 585 £ und
62 109 679 £ (zusammen über 5000 Millionen Mark.) Diese Angaben
beruhen nicht auf ungefähren Schätzungen, sondern auf positiven
speziellen Nachweisungen und hat aufser diesem nachgewiesenen
Export noch ein sonstiger sehr beträchtlicher Abflufs von Edelmetall
nach dem Orient stattgefunden. Der gleichzeitige Betrag an verkauften Indian Council Bills war 4023 Millionen Rupien = 336 Millionen £.

In den letzten fünf Jahren verhielten sich diese Ausfuhr, der
Betrag der von der Indischen Regierung in London verkauften Wechsel
(einschliefslich der Telegraphic Transfers) und der Londoner Wechselkurs auf Calcutta, wie folgt:

Ka- lender- jahr	Silber- export nach dem Osten £	Gold- export nach dem Osten £	Verkaufte Council Bills		Wechsel- kurs
			Rupien	£	Pence per Rupie
1887	6 577 748	1 384 739	217 773 166 =	15 571 469	16³/₄ bis 18¹/₁₆
1888	5 854 533	1 208 232	203 635 532 =	13 964 884	16¹/₄ bis 17¹/₃₂
1889	8 189 210	2 103 381	231 886 087 =	12 992 890	16¹/₁₆ bis 16⁷/₈
1890	8 258 771	3 283 375	206 537 866 =	15 473 321	16¹⁵/₁₆ bis 20³/₄
1891	6 676 047	2 783 095	237 717 943 =	16 984 061	16⁵/₈ bis 18⁷/₁₆

Aus San Francisco wurden nach China verschifft, 1889: an Silber
12 992 890 Dollars, an Gold 370 471 Dollars; 1890: an Silber 6 579 633
Dollars, an Gold 623 770 Dollars; 1891: an Silber 7 310 779 Dollars,
an Gold 239 676 Dollars.

Für England ist, wie schon hervorgehoben wurde, die Silberfrage vor allem wegen der Beziehungen zu Indien von höchster Bedeutung. Die Verlegenheiten und Nachteile, die ein Fortschreiten
der Silberentwertung hierin herbeizuführen droht, sind unberechen-
bar, während, wenn es gelingen sollte, die seit 1875 gestörte
praktische Stabilität des Silberwerts wieder herzustellen, der
Absatz dieses Metalls nach Britisch-Indien dem Edelmetallmarkt die günstigsten Aussichten für lange Zeit bieten würde. —
Im Hinblick auf die enorme Summe von Silberrupien, die seit
1835 in den Münzstätten in Britisch-Indien geprägt sind, liegt die
Frage nahe, welcher Betrag hiervon gegenwärtig im Lande noch im
Umlauf sich befinden möge. Hierüber eine begründete, wenn auch
nur annähernde Schätzung zu erlangen, erscheint, wie nicht weiter
ausgeführt zu werden braucht, für die Beurteilung des indischen

Geldwesens und der allgemeinen Silberfrage von gröfstem Interesse. Im Dezember-Heft 1891 des Economic Journal hat Herr F. C. Harrison in seiner Abhandlung „An attempt to estimate the circulation of the rupee" hierüber eine ausführliche Untersuchung veröffentlicht, unter Anwendung der bekannten Jevon'schen Methode auf die seit 1875 von der Regierung jährlich im Mai veranstalteten umfassenden Ermittlung der Bestände ihrer Kassen in verschiedenen Teilen des Landes. Das schliefsliche Ergebnis dieser Untersuchung, das der Natur der Sache nach nur als eine gewagte ungefähre Schätzung mit allem Vorbehalt mitgeteilt wird, ist folgendes: Die in Betracht gezogenen Ausmünzungen von 1835 bis 1890 betragen zusammen 3 108 450 000 Rupien. Von diesen sollen nach einer der vorgenommenen Berechnungen im Jahre 1890 mutmafslich noch etwa 1 276 800 000 Rupien im Umlauf geblieben sein, während 1 931 650 000 Rupien (nahezu 60 Prozent der ausgeprägten Summe) durch Mehrausfuhr, Thesaurieren und Einschmelzen zur Herstellung von Schmucksachen etc. dem Geldverkehr verloren gegangen seien. Andere Berechnungen haben für das Jahr 1890 zur Annahme eines Umlaufs von 1 416 900 000 und 1 448 300 000 Rupien geführt. Die Unsicherheit aller dieser mühsamen und scharfsinnigen Berechnungen und Schätzungen ist von selbst einleuchtend und wird vom Autor selbst vollständig eingeräumt, allein in Ermangelung sonstiger Untersuchungen und von Anzeichen, die von vornherein eine erhebliche Überschätzung oder Unterschätzung als wahrscheinlich andeuten, wird man die vorliegenden Ermittlungen als beachtenswert und willkommen anerkennen.

Von den Ausmünzungen vor 1835 sollen nach Vermutung des Herrn Harrison etwa 550 Millionen Rupien, abgesehen von den nachgewiesenen Umprägungen, aus dem Verkehr verschwunden sein.

Auf die in den Native-Staaten gemünzten Summen Rupien, worüber statistische Nachweise nicht bekannt, die aber notorisch zum Teil sehr beträchtlich sind, nehmen die obigen Angaben nicht Bezug. —

Frankreich ist das Land, das seit längerer Zeit den bedeutendsten metallischen Geldvorat besitzt.

Für das Jahr 1885 ward dieser Vorrat von Herrn A. de Foville auf rund 4 600 Millionen Franken in Gold, 2 800 Millionen Franken in silbernen Fünffrankenstücken, und etwa 600 Millionen Franken in sonstigen Münzen geschätzt. Eine Revision dieser früheren Schätzung, unter Benutzung verschiedener vom Finanzministerium veranlafsten Enquêten, hat den genannten umsichtigen Statistiker bestimmt, den gegenwärtigen präsumtiven Geldumlauf in Frankreich erheblich niedriger zu veranschlagen, nämlich auf 4 000 Millionen Franken in Gold und 2 500 Millionen Franken in Silber, einschliefslich Scheidemünze. Diese Annahme erscheint

uns zutreffender als jene höhere, die durch die betreffenden Mehr-
einfuhren nach der französischen Handelsstatistik motiviert wird.

Die Statistik des Geldumlaufs und seiner Zusammensetzung in
Frankreich, Belgien, Italien und der Schweiz hat eine erhebliche
praktische Bedeutung infolge der Liquidationsklausel im sogenannten
Lateinischen Münzvertrage, wonach beim Aufhören der Münzunion
jeder der Staaten verbunden ist, das unter seinem Stempel ausgegebene Silbergeld zum Nennwert in Gold einzulösen.

Die zuletzt am Abend des 26. April 1891 in Frankreich in
umfassendster Weise angeordneten speziellen Untersuchungen der
Zusammensetzung der Bestände der öffentlichen Kassen, der Bank
von Frankreich u. a., haben folgendes Ergebnis geliefert:

Es fanden sich vor 99 300 775 Franken, davon 79 082 635 Franken
(80%) in Noten und 20 218 140 Franken (20%) in Münzen (wogegen
bei der Enquête von 1885 das Verhältnis gewesen war 68% Noten
und 32% Münzen).

Von den Münzen waren	Zahl	Wert in Franken	Prozentverhältnis
Goldene 20 Frankenstücke . .	511 123	10 222 460	50,56
Goldene 10 Frankenstücke . .	374 886	3 748 860	18,54
Silberne Fünffrankenstücke .	1 249 364	6 246 820	30,90

(Im Jahre 1885 war das Verhältnis gewesen 69,33% Gold und
30,67% Silberkurant, also fast genau dasselbe wie im Jahre 1891).

Das Verhältnis der französischen und der fremden Münzen bei
diesen Untersuchungen stellte sich wie folgt:

1885: französisches Gepräge 89,64%: fremdes Gepräge 10,36%
1891: „   „ 88,64%; „ „ 11,36%

Wie viel von den fremden Goldmünzen auf die verschiedenen
Staaten fällt, ist ohne praktische Bedeutung; um so wichtiger ist dies
Verhältnis in Bezug auf die silbernen Fünffrankenstücke, und war
dasselbe in den Jahren 1885 und 1891:

Es fanden sich bei der Untersuchung an silbernen Fünffrankenstücken

	1885		1891	
	Betrag	Prozent-verhältnis	Betrag	Prozent-verhältnis
in französ. Stücken . .	3 738 795 Fr.	71,24	4 277 860 Fr.	68,48
„ fremden Stücken . .	1 509 090 „	28,76	1 968 960 „	31,52
davon italienische	802 285 „	15,29	1 082 790 „	17,33
„ belgische .	655 565 „	12,49	783 205 „	12,54
„ griechische	35 210 „	0,67	77 155 „	1,23
„ schweizer .	16 030 „	0,31	25 810 „	0,42

Der Betrag der französischen silbernen Fünffrankenstücke, die in
den anderen Staaten der Lateinischen Münzunion (namentlich in

Belgien und Italien) im Umlauf sind, ist viel geringer als der Anteil der fremden Silbermünzen an der Zirkulation in Frankreich, und wird deshalb bei dereinstiger Liquidation letzteres Land ansehnliche Goldzahlungen zu erwarten haben. Ist die frühere Annahme richtig, dafs der jetzige Silbermünzenumlauf in Frankreich 2500 Millionen Franken betrage, so würden präsumtiv sich in Frankreich etwa 433 Millionen Franken in italienischen und etwa 312 Millionen Franken in belgischen Stücken vorfinden.

Niederlande. Im „Algemeen Verslag von het Munt-College over 1890" wird, abgesehen von Scheidemünze, der präsumtive Münzvorrat für Anfang 1891 angegeben mit 47 594 460 Gulden in goldenen Zehnguldenstücken (von denen seit dem Gesetze vom 6. Juni 1875 überhaupt 7 832 927 Stück geprägt sind) und 116 712 018 Gulden in altem Silberkurant.

Deutschland. Für das Jahr 1869 ist der Geldumlauf in Deutschland (aufser Elsafs-Lothringen) auf 1681 Millionen Mark (darunter etwa 116 Millionen Mark in Goldmünzen) und 483 Millionen Mark Landespapiergeld und ungedeckte Banknoten geschätzt worden.

Der Geldvorrat zu Anfang 1892 wird annähernd wie folgt zu veranschlagen sein:

	Im ganzen Millionen Mark	pro Kopf Mark
Reichsgoldmünzen und anderes Gold . . .	2350	47,55
Thalerstücke, einschl. der österreichischen	440	8,90
Reichssilbermünzen	452	9,15
Nickel- und Kupfermünzen	60	1,21
Reichskassenscheine	120	2,43
Ungedeckte Banknoten	330	6,68
	3752	75,92

(Der Reichskriegsschatz mit 120 Millionen Mark Gold ist hierin eingeschlossen).

Über die Zusammensetzung der Geldbestände in öffentlichen Kassen und Banken (abgesehen von der Reichsbank), die auch in Deutschland Gegenstand statistischer Ermittelungen gewesen, deren Resultate indes bisher nicht, wie dies in Frankreich geschieht, amtlich veröffentlicht wurden, haben wir bei verschiedenen Anlässen folgende abgerundete Notizen gefunden, welche für die Beurteilung unserer deutschen Münzzustände und deren Entwickelung von Interesse erscheinen. Die Angaben werden sich wahrscheinlich auf einen der letzten Monate des Jahres beziehen.

Geldsorten	1882 ℳ	1886 ℳ	1890 ℳ	1891 ℳ
Reichsgoldmünzen .	132 650 000	130 830 000	140 790 000	142 269 000
Thalerstücke	15 600 000	16 745 000	16 430 000	12 351 000
Reichssilbermünzen .	17 710 000	13 583 000	13 810 000	10 623 000
Reichskassenscheine	28 560 000	12 000 000	10 620 000	9 218 000

Dafs der Vorrat an Reichskassenscheinen in den Kassen beständig geringer geworden, hat seinen natürlichen Grund in der bis 1891 stattgehabten allmählichen Einziehung dieser Scheine bis zum Normalbestande von 120 Millionen Mark. Auffällig ist dagegen die Abminderung der Silbermünzen, die indes verhältnismäfsig von nicht grofser Bedeutung ist.

Über die vielbesprochene Angelegenheit der österreichischen Vereinsthaler möge hier folgendes bemerkt werden. Von dieser Münzsorte sind 1875—1887 im ganzen 93 347 547 Mark geprägt worden, von denen gegenwärtig noch etwa 78 000 000 Mark vorhanden sein mögen, so gut wie ausschliefslich in Deutschland, wo sie gleichberechtigten Umlauf haben wie die einheimischen Thalerstücke. Der bei weitem gröfste Teil (nahezu 70 Millionen Mark) findet sich in der Reichsbank angesammelt. Die beabsichtigte Valutaregulierung in Österreich-Ungarn hat die Frage wegen der Zukunft dieser Münzsorte in Anregung gebracht, deren Beseitigung für Österreich wie für Deutschland eine Notwendigkeit sein wird. Zwischen den beiderseitigen Regierungen ist vor kurzem eine Vereinbarung getroffen, wonach Österreich eine Summe von 26 000 000 Mark in solchen Vereinsthalern übernimmt, und zwar zum Wert von 1 $\frac{1}{2}$ Gulden für den Thaler und zum Kurs des Guldens in dem Augenblick, wo die Operation durchgeführt wird. (Gegenwärtig, Mitte Februar 1892, ist der Kurs ca. 173 Mark für 100 Gulden). Der Verlust, den diese Kursdifferenz bedingt, wird Deutschland zufallen, das dagegen den Verlust zwischen dem Wert des in den Thalern enthaltenen Feinsilbers, wenn sie auf dem Weltmarkt verkauft werden, und dem jetzigen gesetzlichen Wert für diesen Teil der österreichischen Thaler nur zum Teil zu tragen haben wird. Die übrigen zwei Drittel derselben wird Deutschland auf andere Weise zu verwerten haben. Zum jetzigen Silberpreis würde die Verwertung dieser etwa 52 Millionen Mark einen Betrag von rund 35 573 000 Mark liefern. Der Verlust, den die gesamte Operation für Deutschland in Aussicht stellt, beläuft sich also auf rund 19 bis 20 Millionen Mark. — Das vom Reichstage am 10. Februar 1892 angenommene Gesetz ermächtigt den Bundesrat, die österreichischen Vereinsthaler für Rechnung des Reichs einzuziehen und überweist die hierzu erforderlichen Mittel. Es handelt sich indes keineswegs darum, die Thaler österreichischen Gepräges jetzt schon aufzurufen, einzuschmelzen oder irgend sonst aus dem Verkehr zu bringen, sondern es sollte nur dem Bundesrat in dieser Beziehung dieselbe Befugnis erteilt werden, die ihm für die Thaler deutschen Gepräges gegenwärtig schon zusteht. — Selbstverständlich wird der vorhin erwähnte Verlust bei Einziehung der Thaler sich höher stellen, wenn bei Vornahme der Operation der Silberpreis noch tiefer gesunken sein sollte, als er jetzt ist, und umgekehrt geringer sein, falls der

Preis des Silbers wieder steigen würde. Dafs die Deutsche und die
Österreichische Regierung die Absicht hätten, demnächst die ein-
zuziehenden Thaler massenhaft einzuschmelzen und die hieraus gewonnenen Silberbarren auch bei ohnehin gedrücktem Markt zu verkaufen,
ist eine unbegründete Besorgnis. Ein ansehnlicher Teil der einzuziehen-
den Thaler wird voraussichtlich zu Scheidemünze umgeprägt werden.
Vereinigte Staaten. Die Verhältnisse des Schatzamts und
des allgemeinen Geldumlaufs in den Vereinigten Staaten am 1. Januar
1892 zeigen sich, wenn man die verschiedenen offiziellen Angaben zu
einer die thatsächliche und rechtliche Sachlage einfacher und deut-
licher darlegenden Übersicht zusammenfaßt, wie folgt:
    Im Schatzamt befanden sich thatsächlich (zusammen Eigentum
des Fiskus und Depositen der Privaten)

	Dollars
Gold in Münzen und Barren	278 846 750
Silberdollars	349 217 549
Silberbarren	53 969 468
Silberscheidemünze	13 789 325
Legal Tender Noten, Schatzamtnoten, Zertifikate, Noten der Nationalbanken	41 223 332
Diverses	20 254 008
Zusammen	757 300 432

Die betreffenden speziellen Verbindlichkeiten des Schatzamts
waren dagegen: für Depositen 165 578 839 Dollars Goldzertifikate,
324 772 318 Dollars Silberzertifikate, 9 465 000 Dollars Staatsnotenzerti-
fikate, zusammen 499 816 157 Dollars Zertifikate, jederzeit sofort ein-
lösbar, und sodann für ausgegebene Schatznoten gegen angekauftes
Silber 77 327 102 Dollars und sonstige Verbindlichkeiten 45 583 045 Dollars
— zusammen 622 726 304 Dollars, wonach als „Cash balance"
134 574 128 Dollars verbleiben. Hiervon sind 100 Millionen Dollars in
Gold speziell zur Einlösung präsentierter Legal Tender Noten (Greenbacks) bestimmt.
    Der gesamte Geldvorrat in den Vereinigten Staaten am 1. Januar 1892
betrug nach der Aufstellung des Schatzamts:

	Im ganzen Dollars	Eigentum des Schatzamts Dollars	Im Umlauf Dollars
Gold (Münzen und Bullion) .	686 845 930	130 740 631	556 105 299
Silberdollars	411 543 740	28 399 981	383 143 759
Schatzamtnoten	77 327 102	1 201 045	76 126 057
Silberscheidemünzen	76 566 155	13 789 325	62 776 830
Legal Tender Noten (Green-backs)	346 681 016	4 478 665	342 202 351
Nationalbankennoten	173 078 585	4 651 152	168 427 433
Zusammen	1 772 042 528	183 260 799	1 588 781 729

Am 1. Januar 1890 war der gesamte Geldumlauf (einschliefslich
Zertifikate) angegeben worden: Goldmünzen 498 691 811 Dollars —
Silbermünzen 398 984 977 Dollars — Papiergeld 532 594 121 Dollars —
zusammen 1 430 270 909 Dollars. Der Umlauf ist also in den beiden
letztverflossenen Jahren, ungeachtet des beträchtlichen Mehrexports
von Gold, um 158 500 000 Dollars vergröfsert worden. In demselben
Zeitraum ist der Goldbestand des Fiskus aber von 240 250 765 Dollars
am 1. Januar 1890 auf 130 740 631 Dollars gefallen, hat also um
110 Millionen Dollars, abgenommen.

Während in bezug auf die Richtigkeit der übrigen Ansätze der
vorstehenden Übersichten durchaus keine Einwendungen zu erheben
sind, mufs wegen eines, und zwar eines höchst wichtigen Ansatzes
der offiziellen Aufstellung ein wesentliches Bedenken geltend gemacht
werden, — nämlich wegen des angeblichen monetaren Goldbestandes
in den Vereinigten Staaten. Die fortlaufende Berechnung dieses Goldbestandes geschieht mit gröfster Sorgfalt seitens der Münzdirektion,
auf Grund eines sehr mäfsig angenommenen anfänglichen Bestandes
im Jahre 1879, der möglichst genauen Ermittelung über die Einfuhr
und Ausfuhr des gemünzten wie ungemünzten Goldes, der inländischen
Goldproduktion und des einheimischen industriellen Goldverbrauchs
u. a. Allseitig wird eingeräumt, dafs, soweit in solchen Sachen
möglichst zuverlässige Angaben zu beschaffen sind und eine annähernd
richtige Abschätzung zu erlangen ist, alles in bester Ordnung sei
und hiernach die Annahme, dafs zu Anfang 1892 in den Vereinigten
Staaten der monetare Goldbestand etwa 687 000 000 Dollars betragen
habe, wohlbegründet erscheine.

Ungeachtet aller Vollständigkeit und Genauigkeit der statistischen
Ermittelungen erheben sich jedoch gewichtige Zweifel, ob die Angabe eines so kolossalen monetaren Goldvorrats in den Vereinigten
Staaten der Wirklichkeit entspreche. Die direkt nachgewiesenen, die
sogenannten „visibelen" monetaren Goldbestände sind wie folgt: im
Schatzamt lagen am 1. Januar d. J. 278 846 750 Dollars in Gold, gemünzt
und ungemünzt (wovon 130 740 631 Dollars Eigentum des Fiskus und
148 106 119 Dollars deponiert gegen Goldzertifikate), im Besitze der
Nationalbanken waren im Juli 1891 nach Bericht des Comptrollers of
the Currency 87 695 142 Dollars Goldmünzen und bei 4989 sonstigen
Banken 8 883 552 Dollars Goldmünzen. Diese Pöste zusammengerechnet
ergeben einen visibeln Goldbestand von 375 425 444 Dollars.

Wäre die oben aufgeführte Statistik, welche einen gesamten
monetaren Goldvorrat von 686 845 930 Dollars nachweist, richtig, so
müfsten in den Vereinigten Staaten in den Händen des Publikums
noch 311 400 000 Dollars in Goldmünzen im Umlauf sein. Wird nun
ferner angenommen, dafs in den Pacificstaaten, in denen herkömm-
licherweise Goldmünzen reichlicher vorkommen, sagen wir etwa

40 000 000 Dollars in effektiver Goldmünze zirkulieren, so würden für die übrigen Theile der Union 271 Millionen Dollars Goldmünze zu rechnen sein, aufser den umlaufenden ca. 150 Millionen Dollars Goldzertifikaten. Nun ist aber notorisch, dafs in der Union, aufser, wie gesagt, in den Pacificstaaten im gewöhnlichen Verkehr Goldmünze so gut wie gar nicht gesehen wird, — ward doch, ohne Widerspruch zu finden, in angesehenen Blättern versichert, man werde unter hundert Geschäftsleuten kaum einen treffen, dem im Laufe eines ganzen Jahres auch nur ein Goldstück zu Gesicht gekommen sei. — Unsere Ansicht ist, dafs gegenwärtig der effektive monetare Goldvorrat in den Vereinigten Staaten keinenfalls höher als zu etwa 450 Millionen Dollars angenommen werden darf. Eine Bestätigung der Behauptung, dafs im einheimischen gewöhnlichen Verkehr Goldmünzen sehr wenig vorkommen, scheint auch dadurch gegeben zu sein, dafs gegenüber dem beträchtlichen Goldexport vom 1. Juli 1890 bis Ende Juni 1891 im Betrage von 70 000 000 Dollars gleichzeitig der Goldbestand im Schatzamt von 320 933 145 Dollars auf 239 132 229 Dollars zurückging, also um etwa 80 000 000 Dollars abnahm, ein Anzeichen, das aus den sonstigen Goldbeständen des Landes wenig zu entnehmen war.

Den Hauptbestandteil des baren zirkulierenden Mediums in den Vereinigten Staaten bilden jetzt die Silberdollars (namentlich in der Form der Silberzertifikate) und seit dem 13. August 1890 die für die angekauften Silberbarren ausgegebenen Schatzamtnoten. Die stetig fortdauernde Ausgabe der letzteren ist ganz nach dem Wunsch der grofsen Parteien, die in unablässiger Vermehrung des Geldumlaufs die hauptsächliche Bedingung der allgemeinen wirtschaftlichen Prosperität erblicken. Das Commercial Chronicle vom 16. Januar d. J. bemerkte dagegen: Es sei ein alter Erfahrungssatz, dafs wirtschaftlicher Aufschwung und Prosperität eines Landes ganz und gar nicht von blofser Vermehrung des Geldumlaufs abhängig seien. Für die Vereinigten Staaten ergab sich gegenwärtig bei einer Bevölkerung von 64 680 000 und einem Geldumlauf von 1 588 800 000 Dollar per Kopf der Bevölkerung 24,56 Dollars. Im Jahre 1880 bei einer Bevölkerung von 50 158 000 und einem Umlauf von 942 500 000 Dollars kamen auf den Kopf der Bevölkerung nur 18,79 Dollars, und das Land erfreute sich grofser Prosperität. Im genannten Jahre 1880 sei 1 Fallissement auf je 158 Geschäfte vorgekommen, im Jahre 1890 aber, als der Geldumlauf bedeutend erweitert war, 1 Fallissement auf je 102 Geschäfte. In gleichem Verhältnis wie das Geld reichlicher werde, verschlechtere sich die allgemeine industrielle Gesundheit. — Auf der anderen Seite werden ernstliche Projekte in Anrege gebracht, wonach die Gesetzgebung die Wohlfahrt des Landes dadurch befördern und sichern solle, dafs der Geldumlauf auf 30 oder 40 oder selbst 50 Dollars per Kopf vermehrt werde.

Die Vorgänge wegen der Silberfrage in den Vereinigten Staaten
sind früher (SS. 167 ff.) bis zum Schlusse der Kongrefssession im
Frühjahr 1891 erwähnt worden. Sie schlossen damit, dafs ein vom
Senat genehmigter Gesetzentwurf für freie Silberprägung an das Repräsentantenhaus gebracht wurde und dort unerledigt blieb, nachdem
der mit der Berichterstattung beauftragte Ausschufs die Ablehnung
empfohlen hatte. Mit grofser Spannung mufste man dem Zusammen-
tritt der ersten Session des neuen (52.) Kongresses, der jetzt noch
(Februar 1892) versammelt ist, entgegensehen.

In der Zwischenzeit hat die herkömmliche jährliche Versammlung der „American Bankers Association" stattgefunden, diesmal in
New-Orleans am 11. und 12. November 1891. Es wird zur Aufklärung
der Sachlage dienen, wenn aus den von den Hauptautoritäten der
verschiedenen Richtungen gehaltenen Vorträgen, soweit es die Silberfrage betrifft, hier einiges mitgeteilt wird.

Herr Coe bemerkte u. a.: Es war ganz natürlich, dafs unser
Land, der gröfste Silberproduzent, mit aller Macht das Aufheben
eines aus dem eigenen seit lange gewohnten Metall geprägten Geldes
bekämpfen mufste. Und da der Kongrefs während des Krieges
einem uneinlösbaren Papier Geltung verschaffen konnte, hatte er auch
das unzweifelhafte Recht, den gemünzten „Dollar der Väter" gegen
alle Mächte der Welt zu behaupten.

Die verringerte Verwendung des Silbers in ganz Europa habe
jedoch den Wert dieses Metalls gegen dessen alten Standard so sehr
herabgedrückt, dafs diese patriotischen Dollars nicht länger als Geld-
reserve für internationale Zahlungen dienen können und selbst weniger
wert geworden sind, als blofse Ware, weil der Unterschied zwischen
dem gesetzlichen und ihrem wirklichen Wert verhindert, sie leicht in
andere Güter zu verwandeln, mit denen man auswärtige Schulden
im kommerziellen Austausch ausgleichen kann. — Die auswärtige
Nachfrage bestimme den wirklichen Wert aller Artikel, und die Festsetzung eines lokalen Preises für irgendwelchen Artikel könne nur
ein störendes Hindernis für einen bequemen und der Billigkeit entsprechenden kommerziellen Verkehr abgeben. Die einzige rationelle
Behandlung auch dieser Ware sei, sie, wie andere Erzeugnisse der
Industrie, ihren natürlichen Lauf in die Kanäle des Handels nehmen
zu lassen um dort aus sich selbst ihren Einflufs auf die Mächte der
Welt geltend zu machen, welche vereint mit uns darüber zu ent-
scheiden haben, ob Silber auch fernerhin einen Bestandteil des Welt-
geldes bilden soll oder nicht. . . . . Die Erfahrungen bei der Baring-
Krisis hätten so recht die Einheit und Identität der Interessen unter
den Handelsnationen der ganzen Welt illustriert und gezeigt, dafs die
untrennbaren Beziehungen der Völker unter einander, wenn auch im
Umfange verschieden, doch im Wesen gleich seien, und dafs praktische

Rücksichten wie die Gerechtigkeit die Anwendung eines gleichen Wertmafses fordern. Das im Amerikanischen Schatzamt angesammelte Silber habe bei jener Krisis für nichts gegolten, diese vielmehr eher noch erschwert.

Seitdem dem Silber in Europa ein Prozefs seiner Existenz gemacht worden, sei der im Schatze der Vereinigten Staaten davon begrabene Betrag Silber durch die stille Wirksamkeit des Gesetzes auf etwa 400 Millionen Dollars gestiegen, und daneben gebe es mehr als 100 Millionen dieses Metalls in den Reserven von Privaten oder Korporationen. Diese kolossale und noch wachsende Anhäufung von Silber von jetzt schon nahezu 500 Millionen Dollars stehe vor der Welt als eine ungeheure Drohung, drücke die Preise und verzögere das so sehr ersehnte metallische Übereinkommen. . . . . Das gegenwärtige Geldsystem der Vereinigten Staaten sei kein dem Lande durch Armut oder Notwendigkeit auferlegtes Auskunftsmittel, sondern eine freiwillige und mit Überlegung gewählte Politik. Jeden Monat würden fortdauernd 4½ Millionen neues und aktives Kapital einer nützlichen Verwendung entzogen und in eine träge und ungewisse Anlegung konvertiert, deren Ergebnis niemand mit Zuversicht voraussagen könne. An diese Angelegenheit knüpften sich so viele Zweifel und Befürchtungen, dafs keine der grofsen politischen Parteien die Verantwortlichkeit hierfür übernehmen möge. Die Silberfrage gehöre nicht mehr der Parteipolitik an und könne als allgemeine wirtschaftliche Frage ohne alle Leidenschaft erwogen werden. Glücklicherweise habe eine überaus reichliche Ernte einstweilen uns aus einer sonst eingetretenen sehr ernsten nationalen Verlegenheit gerettet, aber diese damit nicht beseitigt, sondern nur aufgeschoben. Die Rückkehr der unserem Lande so rasch entzogenen Goldvorräte und die finanziellen Umstände der europäischen Staaten sollten dazu auffordern, allseitig die Silberfrage im Licht der neueren Erfahrungen in zeitige und ernste Überlegung zu nehmen. —

Die grofsen Schwierigkeiten der Lage sind von Herrn Coe treffend bezeichnet oder angedeutet, allein man vermifst einen positiven Antrag auf gänzliche Einstellung der Silberprägung und eine Erörterung darüber, welches die Folgen sein würden, wenn die bisherige Silberausmünzung plötzlich und definitiv aufhören und der Silberpreis noch beträchtlich tiefer sinken wird. Hierauf kommt es aber offenbar am meisten an, denn der gelegentliche Hinweis auf die Abhilfe durch einen neuen internationalen Währungskongrefs wird schwerlich im Ernst gemeint sein. —

Der Vortrag des Herrn J. J. Knox verlangt für ein gutes Geldwesen die vier Bedingungen: Sicherheit, Elastizität, Konverbilität und Uniformität. Eine zeitgemäfse Ausbildung des Systems der Nationalbanken würde alle Ansprüche befriedigen können. Ein solcher Plan

wird entwickelt, und erscheinen die Vorschläge sehr beachtenswert;
allein der Vortrag äufsert sich gar nicht über die dadurch nicht im
mindesten beseitigte, zunächst zu erledigende prinzipale Frage, wie es
mit der Aufhebung oder der Fortführung des bestehenden Silbergesetzes und des zwangsweisen Ankaufs von jährlich 54 000 000 Unzen
Silber sowie Abwehr eines drohenden Goldagios gehalten werden soll.
Hierauf kommt es aber doch praktisch zunächst und hauptsächlich an.

Ein dritter Vortrag, der des Senators St. John hat jedenfalls
das Verdienst, über diese Kardinalpunkte sich mit allergröfster Klarheit
und Entschiedenheit ausgesprochen zu haben. Vollständige Durchführung des Bimetallismus wird verlangt. Die speziellen Vorschläge
gehen dahin: Der durch das Silbergesetz vom 14. Juli 1890 vorgeschriebene Silberankauf gegen Schatznoten wird aufgehoben, dagegen
die Münzstätten der Vereinigten Staaten der gleichmäfsig unbeschränkten Ausprägung von Gold und Silber zu Dollars nach dem
bestehenden Standard geöffnet, und sollen diese Gold- und Silberdollars genau gleichwertige gesetzliche Rechnungseinheiten und Zahlungsmittel in den Vereinigten Staaten sein. — Die Deponenten von
Gold und Silber sollen nach ihrer Wahl, statt der Münzen, Staatsnoten
von gleichem Wertbetrage erhalten können, dem Schatzamt aber soll
die Option freistehen, nach seiner Wahl diese Noten in Goldmünze
oder in Silbermünze einzulösen. Eine mäfsige jährliche Ausprägung
von Gold und von Silber ist vorzuschreiben, weitere Ausmünzungen
sind indes dem Belieben des Schatzsekretärs zu überlassen. — Von
dem deponierten Gold und Silber hat der Schatzsekretär einen Betrag,
der jederzeit der Summe der ausstehenden Noten gleich kommt, zu
reservieren, nicht weniger und auch nicht mehr. .... Die fernere
Ausgabe von Goldzertifikaten und Silberzertifikaten, sowie von Schatznoten nach dem Gesetze vom 14. Juli 1890 hört auf und wird, was
davon beim Schatzamt eingeht, vernichtet. — Sobald zuverlässige
Nachrichten vorliegen, dafs die Münzstätten des europäischen Kon-
tinents einer gleich unbeschränkten Ausmünzung von Gold- und Silberkurant geöffnet sind, aber nicht früher, hat der Präsident der Vereinigten Staaten zu verkünden, dafs in den Vereinigten Staaten die
Wertrelation der europäischen Ausmünzungen angenommen werde,
nämlich 360 Grän reines Silber für den Dollar des neuen Silbermünzfufses, wonach also von da an die Münzstätten die Dollars des
jetzigen Münzfufses (371¼ Grän f. Silber pro Dollar) mit 3 % Prämie
zu bezahlen haben, mit anderen Worten, es soll dann in den Vereinigten Staaten statt der jetzigen gesetzlichen Wertrelation von
16 (15,988) : 1 diejenige von 15,50 : 1 angenommen werden

Diese Vorschläge stimmen sonst überein mit dem Gesetzentwurf
des Senats vom Januar 1891: ein beachtenswerter Unterschied liegt
indes u. E. darin, dafs der Entwurf die Ausprägung des eingelieferten

Silbers vorschrieb, während nach dem Vorschlag des Herrn St. John die Zahlung in Staatsnoten gefordert werden kann und die Ausmünzung des eingelieferten Silbers nicht ausdrücklich vorgeschrieben wird. Auch wird nachträglich die Entrichtung einer die Kosten deckenden Münzgebühr für das eingelieferte Silber empfohlen.

Die Motivierung dieser Vorschläge bemüht sich, die hauptsächlichen Einwendungen gegen die freie Silberausmünzung mit den aus früheren Verhandlungen bekannten Gründen zu widerlegen, namentlich die Befürchtung, dafs freie Silberausmünzung in den Vereinigten Staaten einen enormen Silberzuflufs aus den europäischen Ländern, die noch mit einem Vorrat bisher nicht abgestofsenen älteren Silberkurants belastet seien, zu Folge haben und dagegen Gold aus dem Lande treiben werde. Die Differenz des einstweilen beizubehaltenden Pari der Wertrelation $16:1$ gegen $15,5:1$ werde dies wirksam verhindern, und wenn die Entwertung des Silbers aufgehört haben werde, verschwinde auch der Grund zu solchen münzpolitischen Verschiebungen. Ebenso wird auch die Befürchtung vor übermäfsiger Silberproduktion zurückgewiesen. Freie Prägung werde den monetaren Silberbestand der Vereinigten Staaten eher vermindern als erweitern, und könne vom Kongrefs, falls später das Bedürfnis einer Vermehrung des zirkulierenden Mediums entstehe, diesem durch umsichtige Ausgabe von Staatsnoten in geeignetster Weise abgeholfen werden. Die Überzeugung, dafs die vollständige Durchführung eines bimetallischen Münzsystems eine gründliche und dauernde Abhilfe für die unerträglichen Nachteile und Störungen der seit 1874 eingetretenen Währungswirren und Schwankungen des Silberwerts verschaffen würde und die Vereinigten Staaten selbständig damit vorgehen sollten, kann nicht zuversichtlicher ausgesprochen werden als in der Ansprache des Herrn St. John. —

Bemerkenswert erscheint, dafs vor kurzem (Januar 1892) ein Silberminenbesitzer, Herr L. R. Ehrich aus Colorado Springs, eine Schrift („The silver question") gegen eine einseitige freie Silberausmünzung veröffentlicht hat, die beweisen soll, dafs diese Mafsregel den Preis des Silbers nur noch mehr drücken werde. Nur ein internationaler Bimetallismus stelle Abhilfe in Aussicht. —

Die am 9. Dezember 1891 dem Kongrefs zugegangene Botschaft des Präsidenten Harrison äufsert sich über die Silberfrage wie folgt:

„Unter dem Gesetze vom 14. Juli 1890 hat der Sekretär des Schatzamts bis zum Schlufs des letzten Fiskaljahrs 48 393 113 Unzen Silber zum durchschnittlichen Preis von 104,5 Cents per Unze gekauft. Der während des Jahres bezahlte höchste Preis war 120,25 Cents, der niedrigste 96,36 Cents. Im Austausch gegen dies Silber sind von den durch das Gesetz autorisierten Noten 50 577,498 Dollars ausgegeben.

Der bis Ende Juni 1891 vorgekommene niedrigste Preis war 96,₃₆ Cents am 22. April 1891, allein am 1. November 1891 war der Preis nur 96 Cents, wonach der Metallwert des Silberdollars sich auf 74¹/₄ Cents stellt." *)

„Bevor der Einfluſs der in Aussicht stehenden neuen Silbergesetzgebung auf den Markt sich fühlbar machte, galt Silber in New York etwa 95,₅ Cents per Unze. Die tüchtigsten Advokaten der freien Ausmünzung im letzten Kongreſs prophezeiten mit gröſster Zuversicht, daſs die durch das Gesetz vorgeschriebenen Ankäufe der Regierung den Silberpreis alsbald auf 129,₂₉ Cents per Unze steigern und so den Metallwert eines Dollars dauernd auf 100 Cents bringen würden. . . . . Die Freunde des freien Silbers sind m. E. nicht alle gleicher Meinung über die Ursachen, die ihre hoffnungsvollen Prophezeiungen zu nichte gemacht haben. Einige thatsächliche Umstände sind aber notorisch. Die Silberexporte von London nach Indien in den ersten 9 Monaten 1890 sind um mehr als 50% (17 202 703 Doll.) gegen den gleichen Zeitraum im Vorjahre zurückgeblieben. Die Ausfuhr einheimischen Silbers aus den Vereinigten Staaten, die im Durchschnitt der letzten 10 Jahre 17 000 000 Dollars betrug, sank im letzten Fiskaljahre auf 13 797 391 Dollars, während zum ersten Mal in neuerer Zeit die Silbereinfuhr die Ausfuhr bedeutend überstieg. Die Silberproduktion der Vereinigten Staaten stieg von 50 000 000 Unzen i. J. 1889 auf 54 500 000 Unzen i. J. 1890. Die Regierung hat jetzt jährlich 54 000 000 Unzen zu kaufen und bei Seite zu legen, was, wenn man das für die Industrie verwendete neue Silberbullion auf 7 140 000 Unzen veranschlagt, 6 640 000 Unzen mehr ausmacht, als die für unsere Ausmünzung verfügbare einheimische Silberproduktion."

„Ich hoffe, daſs der Niedergang des Silberpreises vorübergehend ist und die weitere Wirkung unserer Silbergesetzgebung ihm günstiger sein wird. Daſs die vermehrte Menge Geld, die auf solche Weise dem Gebrauch der Bevölkerung verschafft wurde, not that und daſs diese Gesetzgebung für den Handel und die Preise wohlthätige Folgen gehabt hat, das muſs m. E. jedermann einleuchten. Auch sollte man nicht vergessen, daſs für jeden Dollar der ausgegebenen Schatznoten ein voller Dollarwert in Silberbullion zur Zeit im Schatzamt deponiert ist als Sicherheit für dessen Einlösung."

„Ich bin ferner der Meinung, daſs freie Silberausmünzung unter den gegebenen Umständen unsere geschäftlichen Interessen, daheim und auswärts, schädigen würde. Wir könnten nicht hoffen, eine Gleichmäſsigkeit in der Kaufkraft des Golddollars und des Silber-

---

*) Zu Anfang Februar 1892 war der Preis noch tiefer, auf 90³/₈ Cents, gefallen. — In London ward gegen Mitte Februar 1892 der Silberpreis mit 41¹/₈ Pence per Unze Stand. notiert, der seit Menschengedenken je vorgekommene niedrigste Preis!

dollars im inländischen Verkehr aufrecht zu halten, und im auswärtigen Handel verleiht die Prägung dem Metallgehalt der Münzen keinen Mehrwert. Die Produzenten unseres Landes, seine Landwirte und Arbeiter, haben das höchste Interesse daran, dafs jeder Dollar — Papier oder Münze —, der von der Regierung in Umlauf gesetzt wird, ebenso gut sei wie jeder andere Dollar. Giebt es welche, die weniger wert sind als andere, werden diese sicher zur beständigen Bezahlung der Arbeit und der Produkte benutzt werden. Der Geldverleiher wird sich durch Ausbedingung der Zahlung in Gold schützen, der Arbeiter ist aber niemals in der Lage, dies thun zu können. Die Geschäfte auf eine Silberbasis zu stellen, würde durch das Verschwinden von Gold und Goldnoten und durch Unsicherheit aller Werte auf eine plötzliche und scharfe Einschränkung des Geldumlaufs hinauskommen."

„Die Silberproduzenten können eine gerechte Berücksichtigung beanspruchen, aber sie sollten nicht vergessen, dafs die Regierung gegenwärtig ein der gesamten Produktion unserer Silberminen gleichwertes Quantum Silber ankauft und aus dem Markt nimmt. Das ist mehr, als sie selbst vor zwei Jahren als erreichbar dachten. Ich glaube, dafs es der ernste Wunsch einer grofsen Mehrheit der Bevölkerung (wie mein eigener) ist, dafs ein voller Münzgebrauch des Silbers stattfinde, sobald die Mitwirkung anderer Nationen gesichert werden kann und ein Verhältnis, das gleichmäfsig dem Golde wie dem Silber Zirkulation giebt, festgestellt ist. Der Weltverkehr verlangt die Verwendung beider Metalle, aber ich erblicke keine Aussicht auf Gewinn, sondern auf viel Verlust, wenn wir unser jetziges System, bei dem eine vollständige Verwendung des Goldes und eine starke Verwendung des Silbers stattfindet, mit einem solchen vertauschen würden, wo Silber allein zirkulieren wird. Ein solches Ereignis würde zugleich dem ferneren Fortschreiten der Silberbewegung verhängnisvoll sein. Bimetallismus ist das ersehnte Ziel, die wahren Freunde des Silbers müssen sich aber in Acht nehmen, nicht zu weit zu gehen und einen Silbermonometallismus herbeizuführen, mit seiner notwendigen Begleitung des Abflusses unseres Goldes nach Europa und einer Erleichterung des dortigen Drängens nach gröfserem Goldvorrat. Ich habe mich bemüht durch offizielle und nichtoffizielle Vermittelungen den Stand der öffentlichen Meinung in Europa über diese Frage fortdauernd zu beobachten, habe aber nicht gefunden, dafs dieselbe zur Zeit es rechtfertigen würde, eine internationale Konferenz in Vorschlag zu bringen. Es besteht jedoch in Europa offenbar eine zunehmende Neigung für eine gröfsere Verwendung des Silbers, und ich kenne kein wirksameres Mittel, diese Neigung zu fördern, als bei uns Gold anzusammeln. Goldknappheit in den europäischen Reserven wird das überzeugendste Argument für die Verwendung von Silber sein."

„Die Mehrausfuhr von Gold nach Europa belief sich im letzten Fiskaljahr auf nahezu 68 000 000 Dollars. Dafs hieraus eine monetare Störung nicht entstand, war sehr befriedigend und gab Europa einen neuen Beweis der Stärke und Festigkeit unserer finanziellen Institutionen. Mit dem Ergebnis der Ernten hörte der Goldabflufs rasch auf und eine Rückkehr des Goldes trat ein. Bis zum Dezember hatten wir in New York auf unseren Goldverlust 27 854 000 Dollars wieder eingebracht, und man glaubt zuversichtlich, dafs während des Winters und Frühjahrs die Goldeinfuhr stetig und beträchtlich zunehmen wird."

In einer am 17. November 1891 abgehaltenen Versammlung der New Yorker Handelskammer, von der eine gänzliche Einstellung der Silberprägungen empfohlen war, hatte der Schatzsekretär Foster vorher schon über die „Aufrechthaltung der Parität zwischen Gold und Silber als feste Politik der Regierung" eine bündige Erklärung abgegeben. Alle würden zugestehen (bemerkte er u. a.), durch die Erfahrungen in den letztverflossenen 16 Jahren in Bezug auf Silber etwas gelernt zu haben; bei ihm sei dies in hohem Grade der Fall. Vor 1880 hätten manche verständige Leute geglaubt, unser finanzielles Gebäude sei allein auf Gold zu begründen. Jetzt werde von allen Seiten zugestanden, dafs Gold allein eine zu enge Basis biete, um hierauf die Geldgeschäfte der Welt zu führen. Alle grofsen Finanzautoritäten des Landes hielten 1878 dafür, dafs der damals beschlossenen Silberausmünzung von monatlich 2 000 000 Dollars gegenüber die Parität nicht behauptet werden könne. Trotz der ungünstigen Voraussagungen eminenter Autoritäten hätte die Silberprägung jetzt die Summe von über 400 000 000 Dollars erreicht, wozu noch der Ankauf von 70 000 000 Dollars Silberbullion mit den neuen Schatznoten gekommen sei, und dennoch sei die Parität behauptet.

Ein sehr wichtiger Faktor bei dieser Frage der Parität sei vielleicht nicht ganz übersehen, aber nicht in dem Grade, wie er es verdiene, gewürdigt. Dies sei die enorme Machtvollkommenheit, die der Kongrefs denen, welche zu der Besorgung dieser Frage berufen sind, erteilt hat, mit dem Rückhalt der fast unberechenbaren Hilfsmittel des gröfsten Landes der Erde. Es handelt sich jetzt darum, die Parität des Goldes und Silbers aufrecht zu erhalten mittels einer Politik, welche die Ausübung der hierzu den Autoritäten übertragenen aufserordentlichen Macht am wenigsten in Anspruch nehmen würde.

Der Schatzsekretär erklärte, dafs seines Erachtens bei aller natürlichen und durch Gesetze der Regierung erteilten Macht und bei Benutzung aller Hilfsmittel in vollster Ausdehnung dennoch die Parität der beiden Metalle nicht aufrecht erhalten werden könne, wenn die Politik der freien Ausmünzung die Oberhand gewinne. Er sei aber überzeugt, dafs bei der jetzigen Politik die Parität aufrecht erhalten

werden könne. In den Vereinigten Staaten würden jährlich etwa
30 000 000 Dollars Gold produziert. Die jetzigen Anzeichen seien
dafür, dafs die günstige Handelsbilanz mit dem Auslande für die
nächsten zwei Jahre, und noch für längere Zeit, wenn der gegenwärtige Zolltarif in Kraft bleibe, Goldzufuhren zur Folge haben werde.
Bei unserer jetzigen Münzpolitik kaufen wir monatlich 4 500 000 Unzen
Silber und bezahlen ihren Wert in neuen Schatznoten. Bei dieser
Sachlage werde die Aufgabe der Aufrechthaltung der Parität eine
aufserordentliche Benutzung der zu Gebot stehenden Mafsregeln nicht
erfordern. Falls jedoch die Handelsbilanz in irgend beträchtlicher
Stärke sich gegen die Vereinigten Staaten wenden sollte, was als
ganz unwahrscheinlich zu betrachten, würde allerdings ein Goldabzug
eintreten, allein selbst dann sei sein Vertrauen auf die Hilfsmittel des
Landes der Art, dafs er glaube, wir würden den Sturm aushalten
und die Parität behaupten. Der letzthin stattgefundene Abflufs von
70 000 000 Dollars Gold, ohne hier Verlegenheiten zu bewirken, sei
eine Illustration der wunderbaren finanziellen Kraft des Landes. Bei
freier Ausmünzung würde aber für die Ausgleichungen der Handelsbilanz künftig Silber an die Stelle des Goldes treten. Ein Steigen
des Silberpreises von weniger als 100 Cents auf 129 Cents pro Unze
würde aus der ganzen Welt alles zu verkaufende Silber nach den
Vereinigten Staaten heranziehen, wir würden dann Hunderte von
Millionen Silberdollars den schon vorhandenen 408 000 000 beifügen,
und zwar so schnell, als die Münzämter prägen könnten. Bei freier
Ausmünzung die Parität aufrecht zu halten, sei eine Aufgabe, der
selbst die unermefslichen Hilfsquellen des Landes und die der Regierung gewährten Machtbefugnisse nicht gewachsen seien; die Aufgabe
sei aber leicht beim Ankauf von monatlich 4 500 000 Unzen Silber zu
ihrem Goldwert.

Der Schatzsekretär schlofs seine Rede mit folgender Erklärung,
die wir ihrer aufserordentlich finanziellen und politischen Bedeutung
wegen hier wörtlich aufnehmen wollen, um jedem Mifsverständnis
möglichst vorzubeugen:

„*The resumption act confers authority upon the Secretary of the
Treasury to issue bonds to any extent he may feel called upon to do to
increase or to maintain the gold reserve. The act of July 14. 1890,
commands him to preserve the parity between gold and silver. It has
always been the custom of this country to pay its obligations in gold.
Therefore, should there be any trouble about this, and the present hundred
millions of gold, or reserve fund, we call it, be intrenched upon, it was
in his power under the law to issue bonds for gold, paying 5 per cent,
and replace or increase the reserve fund.*“ —

Was bis jetzt (Mitte Februar 1892) von den neueren Vorgängen
im Kongrefs in betreff der Silberfrage uns bekannt geworden, scheint
darauf hinzuweisen, dafs während der gegenwärtigen Session der
Zustand, wie er durch das Silbergesetz vom 14. Juli 1890 geschaffen ist, vorläufig unverändert fortbestehen wird. Die Majorität
des Ausschusses für Münzwesen hat allerdings beschlossen, dem
Repräsentantenhaus die Annahme der von Herrn Bland beantragten
Bill wegen freier Ausmünzung zu empfehlen, und gilt es für wahrscheinlich, dafs auch die Genehmigung seitens des Hauses erfolgen
wird, allein sehr ungewifs erscheint, ob der Senat seine Zustimmung
erteilen wird. Und selbst wenn dies geschieht, was indes nicht wahrscheinlich ist, wird angenommen, dafs der Präsident sein Veto ein-
legen würde. Dieses aber aufzuheben, was im Februar 1878 bei der
damaligen Bland - Bill durch zwei Drittel Mehrheit im Senat und
Repräsentantenhaus gelang, dürfte dies Mal nicht zu erreichen sein.
Allgemein wird daher erwartet, dafs in der gesetzlichen Lage der
Silberfrage bis zur nächsten Session des Kongresses und vor der Neu-
wahl des Präsidenten wesentliche Veränderungen in der Münzpolitik
nicht stattfinden werden.

Der jetzige Bland'sche Gesetzentwurf ist uns in seinen Details
und im Wortlaut noch nicht bekannt; nach vorläufigen Mitteilungen
darf man indes annehmen, dafs er bei gleicher allgemeiner Tendenz
wie der im vorigen Jahre vom Senat beschlossene Entwurf wegen
freier Silberprägung in einigen Bestimmungen davon abweicht. Es
soll danach künftig die bisherige Ausgabe verschiedener Zertifikate
für Gold und Silber sowie von Schatzamtnoten aufhören und bei unbeschränkter freier Ausmünzung von Gold und Silber nur e i n e Art
Noten bestehen mit rein bimetallischem Charakter, gleichmäfsig ein-
lösbar in Gold- oder Silbermünze nach Belieben des Schatzamts. Die
bisher vorgeschriebenen Ankäufe von Silberbullion fallen weg, dagegen
sind die Einbringer von Gold und Silber befugt, statt die Prägung
abzuwarten, sofort den Wert in Noten zu verlangen. Der Bericht der
Majorität des oben erwähnten Ausschusses bekämpft vornehmlich das
Bedenken, dafs die Freigebung der Ausmünzung auch des Silbers
das monetare Gold dauernd aus dem Lande vertreiben und den Geldumlauf hierdurch einschränken werde. Freie Silberprägung werde den
Preis der landwirtschaftlichen Produkte um mindestens 15 Prozent
erhöhen; ohne dieselbe werde sich auch die gesetzliche Parität des
Silberdollars mit den Golddollars nicht aufrechterhalten lassen. —
Es ist vorauszusehen, dafs über die Modalität einer solchen umfassenden Reform des Geldwesens, wenn auch wegen des Prinzips des
Bimetallismus Übereinstimmung der Majoritäten im Senat und Repräsentantenhause stattfände, schwierige und langwierige Verhandlungen nicht
ausbleiben werden.

Eine Einstellung oder wesentliche Einschränkung des obligatorischen regelmäfsigen Ankaufs von Silberbarren für das Schatzamt, ohne gleichzeitige freie Silberprägung, hat allem Anschein nach einstweilen nicht die mindeste Aussicht, wie sehr solche auch vom Handelsstande gewünscht wird. Es handelt sich bis auf weiteres nur um die Alternative: unbeschränkte, freie Silberprägung auf Grund des Bimetallismus oder Fortsetzung des Ankaufs von jährlich 54 000 000 Unzen fein Silber gegen Ausgabe von Schatzamtnoten, mit voller Geltung als gesetzliches Zahlungsmittel. In beiden Fällen kann, wofern nicht unerwartete besondere Umstände eintreten, es nicht ausbleiben, dafs die Metallbasis der Geldzirkulation in den Vereinigten Staaten thatsächlich Silber bilden wird. Am 1. Januar d. J. waren dort, abgesehen von der Silberscheidemünze, an effektivem Silbergeld vorhanden 488 870 842 Dollars, in völlig gleichem Wert wie die Golddollars, während der monetare Goldvorrat in Wirklichkeit schwerlich den Betrag von 450 Millionen Dollars erreichte. Nach Verlauf von je 12 Monaten steigt der Silbergeldvorrat, der sich notwendig im Lande hält, bei einem Silberpreis wie gegenwärtig um nahezu 50 Millionen Dollars, wogegen es wahrscheinlich ist, dafs gleichzeitig der monetare Goldbestand, der eventuell nur durch beträchtliche finanzielle Opfer des Schatzamts zu halten sein wird, eher abnehmen als zunehmen dürfte.

Die Anhänger des Bimetallismus, zu denen die Silberpartei durchweg gehört, und ebenso die Vertheidiger des durch das Silbergesetz vom 14. Juli 1890 bestätigten Münzsystems sind dem Anschein nach noch immer von dem Vertrauen erfüllt, dafs je auf die eine oder die andere Weise es schliefslich gelingen werde, auf der Basis einer Wertrelation des Silbers zum Golde wie 16:1, und später wie 15,5:1, die Entwertung des Silbers und die starken Schwankungen des Silberpreises auf dem Weltmarkt für längere Zeit zu beseitigen, und die selbstverständliche Bedingung einer solchen gründlichen Abhilfe, die Abwehr eines Goldagio zu bewirken. So lange die „Greenbacks" vom Schatzamt der Vereinigten Staaten auf Verlangen in effektiven Golddollars eingelöst werden und daneben die Möglichkeit gegeben ist, für Schatzamtnoten, Silberdollars und Silberzertifikate Greenbacks einzutauschen, während der Sekretär des Schatzamtes ermächtigt und bereit ist, die Goldreserve des Schatzamts, falls erforderlich, ohne Verzug durch Verkauf von United States Bonds zu behaupten und zu ergänzen, kann von einem irgend erheblichen wirklichen Goldagio in den Vereinigten Staaten nicht die Rede sein. — Wird aber die Durchführung dieser Münzpolitik der Regierung der Vereinigten Staaten unter allen Umständen auf die Dauer möglich sein? Bei aller Anerkennung ihres entschiedenen redlichen Willens, das verfassungsmäfsige Pari zwischen Gold und Silber aufrecht zu halten,

und bei der aufserordentlichen finanziellen und sonstigen wirtschaftlichen Macht jenes gröfsten Gemeinwesens unserer Zeit
werden doch mehrfach Zweifel laut, ob die Durchführung solcher
weitreichender Mafsregeln so sicher sei, wie dort vorausgesetzt wird.
Einige Einwendungen sind freilich von vornherein abzuweisen. Wird
behauptet, dafs die erzwungene Vermehrung des zirkulierenden
Mediums um jährlich etwa 50 Millionen Dollars für das anzukaufende
Silber zu viel für das wirkliche Geldbedürfnis der Bevölkerung sei
und deshalb Gold vertreiben müsse, so ist zu erwidern, dafs der Umlauf der Legal Tender Noten zur Zeit 346 681 016 Dollars beträgt und
es dem Schatzamt nicht verwehrt ist, statt der zu reichlich ausgegebenen Schatzamtnoten den Umlauf des genannten Papiergeldes
durch Ansammlung desselben im Schatzamt entsprechend ein-
zuschränken. Ein gewichtigerer Einwand ist, dafs die progressive
Steigerung der Silberproduktion die vorgeschriebenen Silberankäufe
des Schatzamts weit überholen und den Silberpreis mit elementarer
Macht trotz jener Ankäufe und selbst bei freier Silberprägung immer
tiefer hinabdrücken werde. Nun mufs man allerdings einräumen, dafs
die Silberproduktion in der Zeit von 1876 bis 1889 einen enormen
Zuwachs erhalten hat und dafs, wenn die Silberproduktion noch ferner
in diesem Verhältnis zunehmen sollte, die weitere monetare Verwendung des Silbers, aufser als Scheidemünze, bald zu Ende sein
würde. Allein ist es denn wirklich gewifs oder selbst nur wahrscheinlich, dafs die Silberproduktion auch künftig in solcher Weise
zunehmen wird? Die enorme Progression der Silberproduktion von
1876 bis 1889 erklärt sich dadurch, dafs gerade in dieser Periode die
Erleichterung der Kommunikationen der Häfen mit den Minendistrikten,
die Vervollkommnung der technischen Hilfsmittel und eine fabelhafte
Bonanza einiger Minen in Colorado und Montana die Silberproduktion
ungewöhnlich gefördert haben. Ist es ausgeschlossen, dafs hierin eine
Reaktion eintritt, wie auch sonst gerade in der Bergwerksproduktion
erfahrungsmäfsig die Zeiten ungewöhnlicher Ergiebigkeit mitunter
rasch vorübergehen? Blickt man auf das überraschende enorme Sinken
des Silberpreises von 54 Pence im September 1890 auf 41$\frac{1}{2}$ Pence
im Februar 1892, während die grofsen Silberankäufe des amerikanischen
Schatzamtes in aller dieser Zeit ihren ruhigen Fortgang hatten, so
denkt man unwillkürlich, dafs diese auffällige Erscheinung ihren
praktischen Grund nur in einem aufserordentlichen Fortschreiten der
neueren Silberproduktion haben könne, wie solche Steigerung zuversichtlich vorausgesagt war. Und wie hat es sich nun thatsächlich
mit der nachweisbaren Silbergewinnung in den beiden letztverflossenen
Jahren 1890 und 1891 verhalten? Sehen wir ab von dem unerwarteten
Auftreten eines bedeutenden Silbererzexports aus Australien, dessen
Fortdauer noch unsicher erscheint, und blicken auf die beiden

wichtigsten Silberproduzenten, auf Mexiko und die Vereinigten Staaten, so zeigt sich hier keineswegs in letzter Zeit eine wesentliche Zunahme der in den Verkehr gebrachten Silberquantitäten; nach der Schätzung einiger Sachkenner sogar ein gewisser Rückgang oder doch Stabilität.

Im letzten Jahresberichte des Herrn Valentine (von Wells Fargo & Co.) wird die Silberproduktion der letzten Jahre geschätzt:

Vereinigte Staaten:		Mexiko:	
1888 . . . . . 53 152 747 Dollars		1887—1888	34 912 000 Dollars
1889 . . . . . 64 808 637 „		1888—1889	40 706 000 „
1890 . . . . . 62 930 831 „		1889—1890	41 500 000 „
1891 . . . . . 60 614 004 „		1890—1891	43 000 000 „

In einem Berichte von Theo. Herrmann in Newyork vom 31. Dezember 1891 wird die Ausmünzung und der Export von Piastern in Mexiko für die beiden letzten Kalenderjahre wie folgt angegeben:

Ausmünzung:		Export:	
1890 . . . . . 25 290 000 Piaster		1890 . . . . . 24 930 000 Piaster
1891 . . . . . 24 080 000 „		1891 . . . . . 23 080 000 „

Die vorstehenden Angaben können darüber beruhigen, dafs eine weitere Progression der Silberproduktion, welche alle Versuche und Vorkehrungen, um eine künftige Rehabilitation des Silbers herbeizuführen, von vornherein als illusorisch erscheinen liefse, glücklicherweise sich seit 1889 nicht gezeigt hat.

Ein anderer wichtiger Faktor für die Zukunft der Silberfrage ist noch der Abflufs des Silbers nach Britisch Indien und anderen ostasiatischen Ländern. In unseren früheren Erläuterungen sind hierüber ausführliche statistische Nachweisungen mitgeteilt. Aus diesen ist zu entnehmen, dafs im Jahre 1891 die Silberverschiffungen nach dem Osten einen überaus starken Ausfall erfahren haben. Ähnliche Schwankungen des Silberabflusses nach dem Osten, wie ein Vergleich der Jahre 1890 und 1891 zeigt, haben auch in früheren Jahren wiederholt stattgefunden. Das enorme, nach abwärts sich bewegende Schwanken der indischen und chinesischen Wechselkurse seit Oktober 1890 dürfte eine ausreichende Erklärung der Abnahme des Silberexports nach Ostasien geben. Eine dauernde Verminderung dieses Silberabsatzes halten wir für nicht wahrscheinlich, denn die Zahlungsbilanz zwischen Ostasien und England hat sich in neuerer Zeit nicht wesentlich verändert, und es liegen keinerlei Anzeichen vor, dafs der etwas früher oder etwas später mit Silber auszugleichende Mehrwert der asiatischen Produktenausfuhr in Zukunft beträchtlich abnehmen sollte.

Fassen wir alle in den vorstehenden kurzen Darlegungen und Andeutungen erwähnten Momente zusammen, so ist das Ergebnis ein wenig befriedigendes und eigentlich nur ein negatives, dafs nämlich

die so ungemein wichtige und brennende Silberfrage gegenwärtig
mehr im Dunkeln liegt als je zuvor, und dafs die Aussichten für eine
sogenannte Rehabilitation des Silbers und ein baldiges Aufhören der
unerträglichen Schwankungen des Silberpreises keineswegs günstig
erscheinen. Andererseits dürfte es jedoch voreilig sein, mit aller
Bestimmtheit zu versichern, dafs die Vorkehrungen und Bestrebungen
in den Vereinigten Staaten, der Silberentwertung entgegenzutreten
und eine praktische kommerzielle Stabilität im Wertverhältnis der
Edelmetalle künftig herbeizuführen, ihren Zweck verfehlen und vergeblich sein würden, dafs vielmehr ein weiteres Sinken des Silbers
sicher zu erwarten sei.   Wir in Deutschland können die weitere
Gestaltung dieser Verhältnisse nicht gleichgiltig, aber mit gröfserer
Ruhe ansehen als andere Nationen und zunächst abwarten, wie in
den Vereinigten Staaten die definitive Entscheidung ausfallen und wie
England sich hierzu stellen wird, denn hiervon wird die monetäre
Zukunft des Silbers und aller damit zusammenhängenden Interessen
für längere Zeit wesentlich abhängen. —

Norddeutsche Buchdruckerei, Berlin SW., Wilhelmstrafse No. 32.